# 東大の英語リスニング
## 20カ年［第9版］

武知千津子 編著

教学社

# はしがき

日本の大学の最高峰，東京大学を目指すとなれば，だれも生半可な勉強はしていないでしょう。日夜研鑽を積み，力を蓄えてきたことと思います。英語も相当できるようになってきたはずです。ただその中で，なかなか思うに任せない分野があります。リスニングです。目で文字を追い，わからなければ前に返って確認しなおせる読解と違って，音はどんどん先へ流れて消えていきます。慣れていないと，まさに「雲をつかむような」心もとない気持ちになるかもしれません。ですが，120 分の試験時間のうち，4 分の 1 にあたる約 30 分がこのリスニングに使われます。ここで十分成果を挙げることが，なんとしても必要です。

本書は，ともすればつかみどころなく思える音の世界を，迷わずに進む道案内になるように考えたものです。これまでリスニング対策として，ただ聞いているしかなかった，という人にぜひ活用してもらいたい 1 冊です。過去 20 年分の豊富な練習材料を手順にしたがってやり通した暁には，音がしっかりとした手ごたえを持つようになるはずです。そうしてつかんだ音とともに，「合格」の二文字を手にしてください。

編著者しるす

# CONTENTS

🔊リスニング問題の音声を専用サイトにて配信しています（2023年度ほか省略あり／配信期間：2026年3月末まで）。詳しくは，別冊問題編の目次をご覧ください。

**●掲載内容についてのお断り**

- 本書は，2004～2023年度東京大学の英語リスニング問題を収載しています。リスニング以外の問題は，姉妹品『東大の英語25カ年［第12版］』（1999～2023年度）に収載しています。
- 著作権の都合上，以下の内容を省略しています。
  **1**－(C)，**2**－(A)，**4**－(A)・(B)のスクリプト（放送内容）・全訳



（編集部注）本書に掲載されている入試問題の解答・解説は，出題校が公表したものではありません。

# 本書の使い方

## 1.問題にチャレンジ！

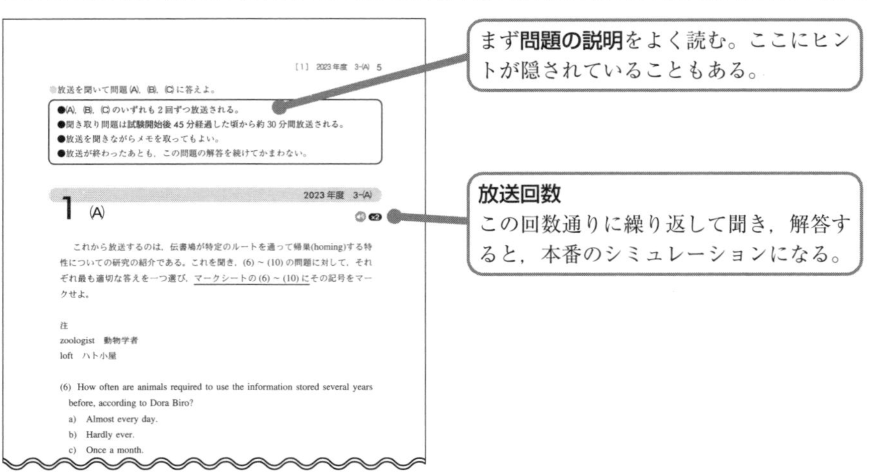


最初に設問文と選択肢に目を通し（所要時間も必ずチェック），聞き取りのポイントやキーワードを推測しよう。あとで **解説** の **[設問文から読み取ろう！]** と照らし合わせて，放送前の準備がきちんとできていたか確認するのも忘れずに。

## 2.解答・解説をチェック！

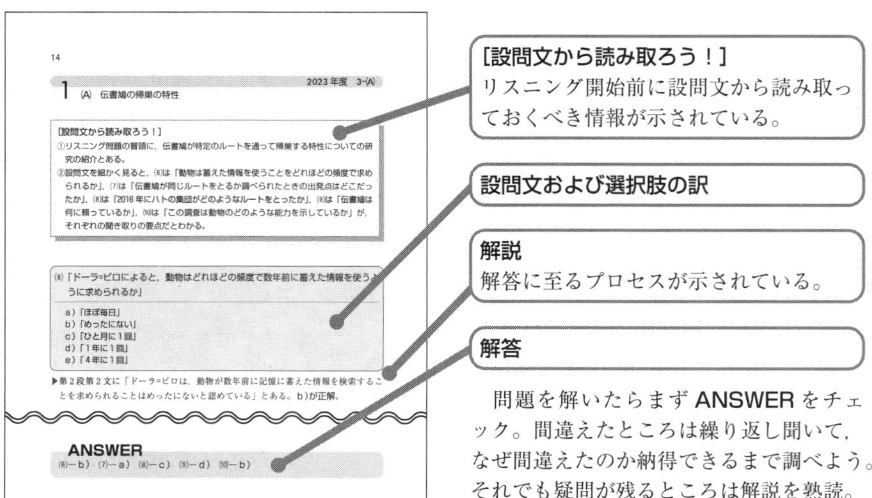


問題を解いたらまず ANSWER をチェック。間違えたところは繰り返し聞いて，なぜ間違えたのか納得できるまで調べよう。それでも疑問が残るところは解説を熟読。

## 3.スクリプト・発音・全訳・ポイントで徹底研究！

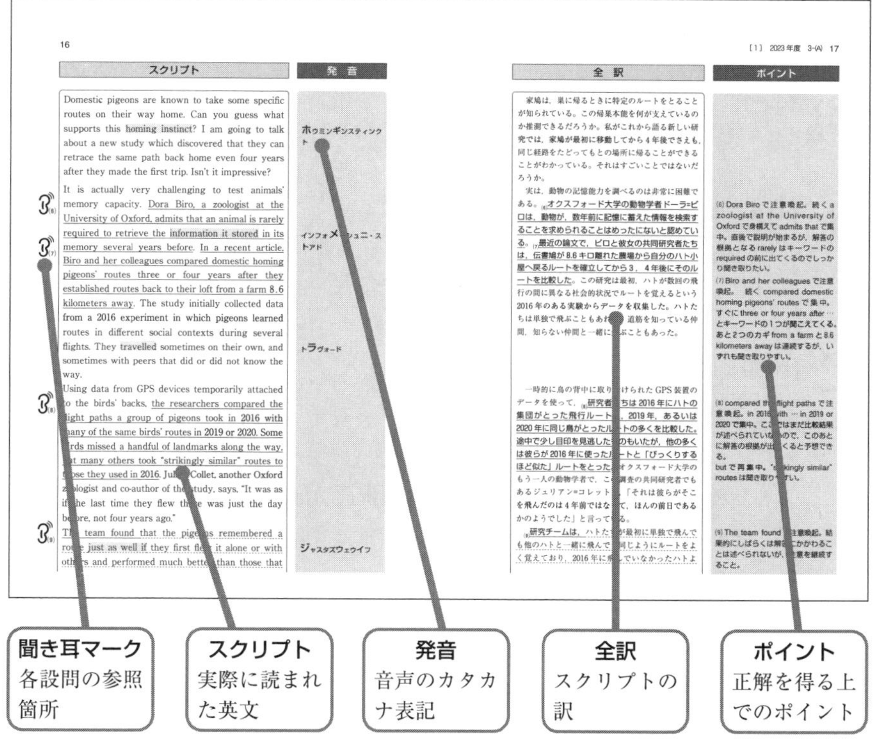


解答・解説を一通りチェックしたら**スクリプト**と**全訳**，**ポイント**を参照しよう。正解できなかった問題は，特に**ポイント**を念入りに読むこと。その上で，音声をもう一度聞いてみよう。個々の単語を聞き取ろうとするより，「音のまとまり・話の流れ」を追うつもりで。

次に，**発音**と該当する箇所の英文を照らし合わせてみよう。ここは自分で口を動かすためのコーナーなので，聞き取りにくかった箇所はスクリプトとカタカナ表記を見て，音声を繰り返し聞きながら**音をまねて実際に発音してみてほしい**。スクリプトを見ながら行うことで，弱く発音される冠詞や代名詞，複数形のｓ，飲み込まれてしまう音（get together のｔなど）がどのような「感じ」に聞こえるか，だんだんわかってくるはずだ（本書では，飲み込まれる音は「**ゲ・トゥギャザ**」のように「・」で表している）。こうした「感じ取る力」は，特にディクテーションで大きな強みを発揮してくれる。「聞く⇔発音する」の組み合わせを使った方が，聞くだけの学習よりもはるかに英語のリズムに乗るコツがつかみやすい。

# 東大リスニングの分析と攻略法

## 分 析 Analysis

### 1 試験時間

例年約 30 分。英語の試験開始後，45 分経過した頃から**約 30 分間**行われている。

### 2 出題形式

＜問題構成＞　2001 年度以降，**3 題**出題されており，そのうちの 2 題が関連する内容になっている（2004・2009・2010・2014・2022・2023 年度を除く）。設問数は 1 題につき 5 問程度のことが多い。基本的には選択肢（2017 年度以前は 4 つ，2018～2023 年度は 5 つ）から選ぶ形式。また，2012 年度までは書き取り（ディクテーション）が出題されていた。

＜解答形式＞　2015 年度に英語の選択問題でマークシート法が採用され，2015～2023 年度のリスニング問題の解答はすべてマークシート法であった（マークシート法の設問は全体で通し番号となっているため，リスニング問題の設問番号は(1)からとなっていない）。

### 3 設問内容

年度によって若干異なるが，**「英問英答」「内容真偽」「内容説明」**が標準的な設問である。なお，2012 年度以前（2011 年度を除く）は毎年ディクテーションが出題されていた。図を用いたもの（2008・2012 年度）のように共通テストに似た形式も見受けられる。また，以前は，英訳文の正誤問題のように，やや特徴のあるものも見受けられた。

## 4 放送内容

### ● 講義

テーマは，科学的なものから社会・文化に関するもの，ニュース報道に近いものまで多岐にわたる。いずれもあまり受験生一般には知られていない事柄が多いと言える。予備知識ではなく，純粋に聞き取り能力を試したいという意図であろう。分量は，年度によりばらつきはあるが，500 語程度は覚悟しておきたい。

### ● 会話

討論や専門的な内容の質疑応答であることが多い。2009・2017 年度のように学生同士の日常的な会話でも，何らかのテーマに関する事実の提示や意見の表明が中心。複数の話者がいるので音声に変化があり，集中力を保ちやすい場合もあるが，2008 年度のように会話に男性が 3 人出てくると，音声だけでは誰がしゃべっているのかややわかりにくくなる。このような場合は，発言内容の方に注意を払う必要がある。

**◇言語は音声！－編著者の実体験◇**

初めて足をおろした異国はオランダだった。アイルランドへ向かう中継地，スキポール空港。この巨大な空港には音が溢れていた。すれ違う人々の発する音が英語であり，フランス語であり，ドイツ語やそれに似たオランダ語，あるいはイタリア語かスペイン語であることはわかる。しかし，英語も含め，ただの音でしかない。慣れぬ耳と頭は音を意味につなげてくれない。ほぼ英語の音しか聞こえないアイルランドに着いても，しばらく事情は変わらなかった。それが 1 日経ち，2 日を過ぎ，3 日目くらいから様子が大きく動く。耳と頭の回路がつながったのだ。ただの音が意味になる。白黒画面がカラーになったかのように，取り巻く世界が鮮やかに命を持った。同時に自分がその世界の中に溶け込む。衝撃的な経験だった。

言語は基本的に音だ。音が私たちの頭の中に意味を喚起する。その変換速度の向上が「言葉がわかるようになる」ということだろう。黙読していてさえ，私たちの声帯は目でたどっている言葉を発音する構えになっているという。それほどまでに，言語は音なのだ。

# 攻 略 法

## 1 試験時間の使い方

### ❶ リスニング開始までの時間

英語の試験時間 120 分の途中にリスニングが入るため，他の問題の解答時間が分断されることになる。リスニングが始まるまでの 45 分間をどの問題，どの作業に費やすかを考えることも，英語の試験全体の成功には欠かせない。過去問を解くときにその点を必ず考慮しておくこと。

### ❷ リスニング開始直前の時間

リスニングが始まるぎりぎりまで他の設問の解答を続けるのは避けたい。リスニングの準備をする必要があるからだ。問題用紙に印刷されている**設問文と選択肢**を前もって読んでおくことが重要である。各パートの場面設定も簡単に書かれていることがあるので，それも読むこと。2015 年度〔3－(B)・(C)〕・2018 年度〔3－(A)〕・2021 年度〔3－(C)〕・2022 年度〔3－(A)〕・2023 年度〔3－(A)〜(C)〕には放送内に出てくる一部の語句の意味が付されていた。そうした情報から，放送の内容や聞き取るべきポイントなどを推測しておきたい。ただし，2011 年度〔3－(B)〕では，選択肢だけが印刷されており，設問は放送だけだった。聞き取りのポイントが事前には絞りにくく難度が高い。このようなケースもありうることを念頭においておこう。

**キーワード**になりそうな語には問題用紙に印を入れておくのもひとつの方法である。ただし，設問文・選択肢の語句と放送中に出てくる語句が，同意の別な語句であることも多いので，字面ではなく「意味」をイメージしてしっかりつかんでおくこと。また，その際に**固有名詞**のチェックをしておきたい。よく知られた人名や地名ならともかく，いきなり放送で“Sumer”（2021 年度）と聞こえてきても何のことかわからず慌ててしまい，肝心なところを聞き逃すことになりかねないからである。

なお，設問文と選択肢もけっこう分量があるので，あらかじめ目を通す時間を計算に入れておく必要がある。これらを一通り読むのにどのくらい時間がかかるのか，過去問でチェックしておくこと。

### ❸ 自分なりの戦略を用意しておく

以上を目安に，リスニングの準備を始めるタイミングを決めておこう。たとえば，上記の作業が 5 分でできるならば，試験開始からの 40 分で予定の問題を仕上げ，次の 5 分間をリスニング問題の準備にあてて放送を待つという戦略がとれる。

## 2 聞き取り中の注意点

### ❶ 放送は基本的に２回繰り返される

２回しかチャンスがない（放送回数は基本的に２回）というのは，放送の分量を考えるとなかなか厳しいものがある。だからこそ，放送前の準備をしっかりしておく必要がある。設問の順番と放送内容の流れは一致していることが多いが，近年は**解答の根拠となる箇所が講義や会話全体に分散している設問**も見られる。放送内容の展開に十分注意を払いたい。

### ❷ 放送の聞き方

１回目は大きな流れをつかむように心がけよう。もちろん，１回目で解答できればそれに越したことはない。また，数値もこの時点でできるだけ**メモ**したい。２回目は１回目で聞き取った内容の確認をしながら，聞き取りにくかった箇所を確実にキャッチできるように集中しておくこと。**集中開始**の**「待ち構えポイント」**は，準備段階でチェックしたキーワードや，１回目の放送でつかんだ大きな流れを手がかりにして，２回目の放送前に必ず把握しておこう。

### ❸ 待ち構える姿勢

要は**メリハリのある聞き取り**を心がけることである。ずっと同じ集中力を保つことはできない。あえて言えば，ずっと集中しようとするのはどこにも集中していないのと同じことである。**ここぞというところを聞き逃さない姿勢**こそが重要である。話の展開を把握し，知りたいことが「さあ来るぞ！」と思える**「待ち構え姿勢」**を持とう。

## 3 日々の勉強で鍛えておくこと

### ❶ 音に慣れる

まず，英語を聞くこと自体に対する抵抗感や苦手意識をなくしておきたい。ともかく英語を聞く時間を確保しよう。単語を覚える際にも，単語集に付属の音声ダウンロードなどがあるなら使うべし。ラジオ講座やCD付きの雑誌など，聴解に使えるものは多々ある。聞き慣れるのが目的なら内容を試験問題に合わせる必要はない。とにかく音に慣れるまでは，自分に理解できる内容のものを大量に聞くこと。

### ❷ 声に出す

英語は何でも声に出すこと。聞くことばかりを考えるのではなく，自分の体で音の流れを覚えたい。単語を声に出して覚える，読解の文章を音読するといった，少しの心がけが最終的には大きな違いになる。**自分で発することができる音は容易に聞き取れる**ものである。ただし，声を出す練習には落とし穴がある。間違った音を身につけてしまっては逆効果である。ネイティブの発音をできるだけまねしよう。

単語レベルから始めて，文レベルでは，イントネーション，語と語の音の連なり，リズムといったことをぜひまねしてほしい。これを実践しておくことが，細部まで正しく聞き取る力をつけるカギだ。

**❸「講義」対策**

放送内容が「講義」の場合に備えて意識しておくべきことは，講義は基本的に論説文と同じ展開だということである。テーマをおおよそ述べ，それに沿ってデータや実例，根拠，話者の考えなどの詳細が述べられていく。実際，東大のリスニングに使われている講義は，ちょっとした読解問題に使える分量と内容である。つまり，「読解は読解，リスニングはリスニング」と分けて考えるのは損なのである。読解をしているときに，リスニング対策も兼ねて，英語の文章の展開をしっかり意識しよう。それがリスニングにおける「待ち構え姿勢」を強化してくれる。

**❹「会話」対策**

放送内容が「会話」の場合に備えるには，臨場感を伴った「イメージづくり」が重要である。話者が変わり，話題も変わりうる，という点で，会話には講義とはまた違った注意力が必要だと言えるが，基本的には「キーワード」があり，一定の時間は同じことを話題にしている。自分も話者たちのそばに座って**話の輪に「黙って」加わっている**という状態をイメージしよう。何なら「黙って」いないで，自分も頭の中で（あるいは声に出して）発言してみればよい。会話の輪に入れたなら，十分理解できていることになる。これは，普段の学習で会話問題を扱う際に常に意識していれば，やがて自然にできるようになる。

**❺ リスニングの最終目標**

聞き取りのコツを別の方向から言えば，**「英語の情報の出し方どおりに理解できる頭の回路」**を作る，ということになる。文レベルでも文章レベルでも，英語を話す（書く）人たちが何をどんな順序で提示していくか，それをただ知識として知っているだけでなく，体感しておくというのが大きな目標だ。「何が，どうした，何を，どこで，どんなふうに，いつ」という順序，あるいは compare「比べる」とくれば「何と何を？」を待ち構えるといった，文型に関わる大きな構造はもちろん，the man who … と聞こえたら「その男は…な人で」と，あとから出てくる情報をうまく取り込む聞き取り方をしよう。

もっと大きな視点に立てば，**「接続表現」**（however / for example / in other words / on the other hand など）が重要である。こうした語は，ただ訳語を知っているというのでは不十分である。話の展開を知らせてくれる重要なカギであるから，リスニングではこれらの「音」が聞こえた時点で，次に来る内容の予測スイッチが入る，というところにまで達しておきたい。リスニングの極意はいかに**「待ち構え姿勢」**がとれるかにあるのだ。

# 解答［2004～2023］

# 1 (A) 伝書鳩の帰巣の特性

**[設問文から読み取ろう！]**

①リスニング問題の冒頭に，伝書鳩が特定のルートを通って帰巣する特性についての研究の紹介とある。

②設問文を細かく見ると，(6)は「動物は蓄えた情報を使うことをどれほどの頻度で求められるか」，(7)は「伝書鳩が同じルートをとるか調べられたときの出発点はどこだったか」，(8)は「2016 年にハトの集団がどのようなルートをとったか」，(9)は「伝書鳩は何に頼っているか」，(10)は「この調査は動物のどのような能力を示しているか」が，それぞれの聞き取りの要点だとわかる。

(6)「ドーラ=ビロによると，動物はどれほどの頻度で数年前に蓄えた情報を使うように求められるか」

a)「ほぼ毎日」
b)「めったにない」
c)「ひと月に 1 回」
d)「1 年に 1 回」
e)「4 年に 1 回」

▶第 2 段第 2 文に「ドーラ=ビロは，動物が数年前に記憶に蓄えた情報を検索することを求められることはめったにないと認めている」とある。b)が正解。

(7)「ビロと彼女の共同研究者たちによる研究は，伝書鳩が…からの同じルートをとるかどうか調べた」

a)「3，4 年の間をあけて，8.6 キロ離れた農場」
b)「GPS 装置をハトの背中につけずに，2016 年に建てられた農場」
c)「10 年の間をあけたあと，8.6 キロも離れたところに位置する丘」
d)「数年後に，3，4 キロ離れた家」
e)「互いに 8.6 キロ離れたところに位置する 3 つか 4 つの異なる場所」

▶第 2 段第 3 文に「ビロと彼女の共同研究者たちは，伝書鳩が 8.6 キロ離れた農場から自分のハト小屋へ戻るルートを確立してから 3，4 年後にそのルートを比較した」とある。a)が正解。

(8)「2016 年にハトの集団がとった飛行ルートは…」

a)「そのルートを知っているハトに付き添われるときは似ていることがわかった」
b)「多くのハトが迷い，さまざまだった」
c)「彼らの 2019 年，あるいは 2020 年のルートと驚くほど似ていた」
d)「自分の進む経路を知らない他のハトたちにはまったくたどれなかった」
e)「2019年，あるいは2020年に飛んでいるハトがとったルートとは大きく違っていた」

▶第 3 段第 1・2 文に「研究者たちは 2016 年にハトの集団がとった飛行ルートと，2019 年，あるいは 2020 年に同じ鳥がとったルートの多くを比較し…多くは彼らが 2016 年に使ったルートと『びっくりするほど似た』ルートをとった」とある。c)が正解。

(9)「その調査は，伝書鳩が…に頼っていることを裏づけている」

a)「彼らが単独で飛ぶときにだけ記憶する情報」
b)「仲間と一緒に飛んでいる間にだけ蓄える目印の記憶」
c)「彼らの体内方位磁石と嗅覚」
d)「彼らの体内方位磁石だけでなく目印の記憶（に）も」
e)「彼らの仲間だけでなく視覚的な目印（に）も」

▶第 4 段第 2 文に「伝書鳩が…巣に飛んで戻るとき，正確な体内方位磁石を使うことは以前から知られていたが，この調査は…戻るルートをたどるのに目印を記憶することも示した」とある。d)が正解。

(10)「ヴァーマー=ビングマンによると，この調査は動物の能力は…ことを示している」

a)「私たちが当然そうだろうと考えがちであるとおりに，ほぼ人間の能力と等しい」
b)「私たちが人間の能力と見なしているものにより近い」
c)「記憶能力の点では人間のものと等しい」
d)「異なるルートの長さを比較するという点では，人間の能力よりもはるかに発達している」
e)「私たちが当然そうだろうと想像するとおりに，人間の能力よりわずかに劣っているだけである」

▶第 5 段最終文に「それ（＝その調査）は，人間の能力に対する私たちの自己中心的な認識と動物たちが実際にできることの間にある距離を少し縮めてくれる」とある。b)が正解。

**ANSWER**

(6)─b）(7)─a）(8)─c）(9)─d）(10)─b）

## スクリプト

Domestic pigeons are known to take some specific routes on their way home. Can you guess what supports this homing instinct? I am going to talk about a new study which discovered that they can retrace the same path back home even four years after they made the first trip. Isn't it impressive?

It is actually very challenging to test animals'
(6) memory capacity. Dora Biro, a zoologist at the
University of Oxford, admits that an animal is rarely
required to retrieve the information it stored in its
(7) memory several years before. In a recent article,
Biro and her colleagues compared domestic homing
pigeons' routes three or four years after they
established routes back to their loft from a farm 8.6
kilometers away. The study initially collected data
from a 2016 experiment in which pigeons learned
routes in different social contexts during several
flights. They travelled sometimes on their own, and
sometimes with peers that did or did not know the
way.

Using data from GPS devices temporarily attached
(8) to the birds' backs, the researchers compared the
flight paths a group of pigeons took in 2016 with
many of the same birds' routes in 2019 or 2020. Some
birds missed a handful of landmarks along the way,
but many others took "strikingly similar" routes to
those they used in 2016. Julien Collet, another Oxford
zoologist and co-author of the study, says, "It was as
if the last time they flew there was just the day
before, not four years ago."

(9) The team found that the pigeons remembered a
route just as well if they first flew it alone or with
others and performed much better than those that

## 発音

homing instinct: ホゥミンギンスティンクト

information it stored: インフォメイシュニ・ストアド

travelled: トラヴォード

just as well if: ジャスタズウェウイフ

## 全 訳

家鳩は，巣に帰るときに特定のルートをとることが知られている。この帰巣本能を何が支えているのか推測できるだろうか。私がこれから語る新しい研究では，家鳩が最初に移動してから 4 年後でさえも，同じ経路をたどってもとの場所に帰ることができることがわかっている。それはすごいことではないだろうか。

実は，動物の記憶能力を調べるのは非常に困難である。(6)オクスフォード大学の動物学者ドーラ=ビロは，動物が，数年前に記憶に蓄えた情報を検索することを求められることはめったにないと認めている。(7)最近の論文で，ビロと彼女の共同研究者たちは，伝書鳩が 8.6 キロ離れた農場から自分のハト小屋へ戻るルートを確立してから 3，4 年後にそのルートを比較した。この研究は最初，ハトが数回の飛行の間に異なる社会的状況でルートを覚えるという 2016 年のある実験からデータを収集した。ハトたちは単独で飛ぶこともあれば，道筋を知っている仲間，知らない仲間と一緒に飛ぶこともあった。

一時的に鳥の背中に取り付けられた GPS 装置のデータを使って，(8)研究者たちは 2016 年にハトの集団がとった飛行ルートと，2019 年，あるいは 2020 年に同じ鳥がとったルートの多くを比較した。途中で少し目印を見逃したものもいたが，他の多くは彼らが 2016 年に使ったルートと「びっくりするほど似た」ルートをとった。オクスフォード大学のもう一人の動物学者で，この調査の共同研究者でもあるジュリアン=コレットは，「それは彼らがそこを飛んだのは 4 年前ではなくて，ほんの前日であるかのようでした」と言っている。

(9)研究チームは，ハトたちが最初に単独で飛んでも他のハトと一緒に飛んでも同じようにルートをよく覚えており，2016 年に飛んでいなかったハトよ

## ポイント

(6) Dora Biro で注意喚起。続く a zoologist at the University of Oxford で身構えて admits that で集中。直後で説明が始まるが，解答の根拠となる rarely はキーワードの required の前に出てくるのでしっかり聞き取りたい。

(7) Biro and her colleagues で注意喚起。 続く compared domestic homing pigeons' routes で集中。すぐに three or four years after … とキーワードの 1 つが聞こえてくる。あと 2 つのカギ from a farm と 8.6 kilometers away は連続するが，いずれも聞き取りやすい。

(8) compared the flight paths で注意喚起。in 2016 with … in 2019 or 2020 で集中。ここではまだ比較結果が述べられていないので，このあとに解答の根拠が出てくると予想できる。
but で再集中。"strikingly similar" routes は聞き取りやすい。

(9) The team found で注意喚起。結果的にしばらくは解答にかかわることは述べられないが，注意を継続すること。

| スクリプト | 発 音 |
|---|---|
| had not made the journey in 2016. Homing pigeons, like other migrating animals, have been known to use accurate internal compasses when they fly back home, but the research showed that they also memorize landmarks to retrace a route back to their lofts many years afterwards. | |
|  The result is not surprising, says Vermer Bingman, who studies animal behavior at Bowling Green State University and was not involved with the study. And he also points out that it provides new confirmation of homing pigeons' remarkable memory. "It closes the distance a little bit between our self-centered sense of human abilities and what animals can actually do." | ァリロビ・ |

From Homing Pigeons Remember Routes for Years, Scientific American on March 1, 2022 by Robin Donovan

## 全 訳

りもずっと成績が良いことを発見した。伝書鳩が，他の渡りをする動物と同様，巣に飛んで戻るとき，正確な体内方位磁石を使うことは以前から知られていたが，この調査は，彼らが何年ものちにハト小屋へ戻るルートをたどるのに目印を記憶することも示した。

この結果は驚くことではないと，(10)ボウリンググリーン州立大学で動物行動学の研究をしていて，この調査には参加していないヴァーマー=ビングマンは言う。そして，彼はその調査が伝書鳩の注目すべき記憶力の新しい確証を与えてくれることも指摘している。「それは，人間の能力に対する私たちの自己中心的な認識と動物たちが実際にできることの間にある距離を少し縮めてくれます」

## ポイント

Homing pigeons で集中。設問にある depend on という語句は出てこないが，internal compasses は聞き取りやすい。
they also で再度集中し，memorize landmarks をしっかり聞き取りたい。

(10) Vermer Bingman で注意喚起。
And he also points out で集中。そのすぐあとでは，homing pigeons' remarkable memory としか述べられていないので引き続き集中。
It closes ～ actually do は，選択肢で使われている表現とかなり異なるので，落ち着いて聞き取り，各選択肢の内容を参照しながら正解を絞り込むこと。

# 1 (B) 大気中の二酸化炭素を減らす取り組み

**[設問文から読み取ろう！]**

①リスニング問題の冒頭に「大気中の二酸化炭素を減らす取り組みについての説明」とある。

②設問文を細かく見ると，(11)は「『ブイ』が意図されていること」，(12)は「材料として海藻を使う理由」，(13)は「気候変動と戦うために取り除く必要のある，化石燃料で生み出される炭素の量」，(14)は「『速いサイクル』で起きていること」，(15)は「オドリンについて正しくない事柄」が，それぞれの聞き取りの要点だとわかる。

(11)「ランニングタイドが設計した『ブイ』は…ことを意図されている」

a)「水の中でゆでられ食べられる」
b)「大気中に漂っていく」
c)「大気中に炭素を放出する」
d)「海底まで沈む」
e)「船に浅い海域を警告する」

▶第1段第4文に「大海に放たれ…流れ去り…その後海底まで沈んで，その残骸はそこに何千年も留まる」とある。d)が正解。

(12)「ランニングタイドが選り抜きの材料として海藻を使う理由ではないのは次のどれか」

a)「海藻は海底まで沈むに任せることができる」
b)「海藻は簡単に捨てられる」
c)「海藻は収穫できる」
d)「海藻は建築材料に使える」
e)「海藻は速く成長し，多くの炭素を吸収できる」

▶第3段第2文の「海藻は1日に2フィートという速さで成長し…大量の炭素を吸収する」がe)，続く第3文の「海藻はその後収穫するか，処分するか，海の底まで自然に漂っていくに任せることができる」が，順にc)，b)，a)にあたる。d)が正解。

(13)「マーティ=オドリンによると，気候変動と効果的に戦うためには，化石燃料で生み出される炭素をどれほど取り除く必要があるか」

a)「数ギガトン」
b)「何百ギガトンも」
c)「何百トンも」
d)「数メガトン」
e)「何千トンも」

▶第 4 段第 3 文に「カギとなる問題は，化石燃料によって放出される何百ギガトンもの炭素をどのようにして…炭素が何千年も地中に閉じ込められたままになる『遅いサイクル』に戻すかということ」とある。b)が正解。

(14)「『速いサイクル』では何が起きているか」

a)「炭素は中性になる」
b)「炭素は海中深く送り込まれる」
c)「炭素は化石燃料に移動する」
d)「炭素は化石燃料から大気へ，そして植物へと移動する」
e)「炭素は地中に閉じ込められたままである」

▶第 4 段第 3 文に「炭素が化石燃料から大気，そして植物へと移動する『速いサイクル』」とある。d)が正解。

(15)「オドリンについて正しくない文は次のどれか」

a)「彼は 2017 年にランニングタイドを設立した」
b)「彼はランニングタイドの CEO である」
c)「彼はメイン州に住んでいる」
d)「彼は大学でロボット工学を教えていた」
e)「彼は漁師の家に生まれた」

▶第 4 段第 2 文の「ランニングタイドの CEO であるマーティ=オドリンがメイン州にある彼の自宅から私に語ってくれた」から，b)，c)は正しい。第 5 段第 1 文に「オドリンはメイン州の漁師の家の生まれで，大学ではロボット工学を学び…2017 年にランニングタイドを設立した」とあり，a)とe)は正しいが，d)は内容に反する。d)が正解。

## ANSWER

(11)−d)　(12)−d)　(13)−b)　(14)−d)　(15)−d)

## スクリプト

Last month, off the coast of Maine in the eastern United States, a team of researchers and engineers released a series of tiny, floating objects into the water. The team called them "buoys," but they looked more like a packet of uncooked ramen noodles glued to green ribbons. They had only one role: to go away and never be seen again. With any luck, their successors would soon be released into the open ocean, where they would float away, absorb a small amount of carbon from the atmosphere, then sink to the bottom of the seafloor, where their remains would stay for thousands of years.

The team is trying to create a business model. They work for a company called Running Tide, which claims it can remove carbon dioxide from the ocean and atmosphere through the magic of kelp. Running Tide is one of a series of carbon-removal companies that have appeared over the past few years with the hope of taking heat-trapping pollution out of the atmosphere and locking it away for centuries. The most famous companies, such as Switzerland's Climeworks or Canada's Carbon Engineering, perform direct air capture, using common industrial processes to chemically clean the air of carbon.

Running Tide's focus is kelp. Kelp grows as fast as two feet a day, which means it absorbs a huge amount of carbon. That kelp could then be harvested, disposed of, or allowed to naturally drift to the bottom of the ocean. It seemed like the perfect natural tool to absorb carbon from the ocean and atmosphere. But that made me suspicious. The idea that humanity could remove carbon dioxide from the atmosphere by growing kelp just sounded too good

## 発音

アスモーラマウンノヴ

モドゥ

ザタヴァピアード

フィータディ

## 全 訳

先月，アメリカ合衆国東部メイン州沖で，研究者とエンジニアのチームが一続きの小さな水に浮く物体を海に流した。(11)チームはそれを「ブイ」と呼んでいたが，むしろ緑のリボンに貼り付けられた調理前のラーメンの包みのように見えた。その役割はたった一つ，流れて行って二度と見えなくなることだった。運がよければ，その後継者たちが間もなく大海に放たれ，そこを流れ去り，大気中の炭素を少し吸収して，その後海底まで沈んで，その残骸はそこに何千年も留まることになるだろう。

このチームはあるビジネスモデルを作ろうとしているのである。彼らはランニングタイドという会社に勤めており，この会社は海藻の魔法で海洋と大気から二酸化炭素を取り除けると主張している。ランニングタイドは，熱をこもらせる汚染物質を大気中から取り除き，何世紀にもわたって閉じ込めることを目的として，過去2，3年の間に登場した一連の炭素除去会社の一つである。スイスのクライムワークスやカナダのカーボンエンジニアリングのような最も有名な会社は，大気中の炭素を化学的に浄化するというよくある工業的方法を使って，直接空気回収を行っている。

(12)ランニングタイドが焦点を当てているのは海藻である。海藻は1日に2フィートという速さで成長し，それは海藻が大量の炭素を吸収することを意味している。その海藻はその後収穫するか，処分するか，海の底まで自然に漂っていくに任せることができるだろう。それは，海と大気から炭素を吸収するための完璧な自然の道具のように思えた。しかし，私は怪しいと思った。海藻を育てることで人類が大気から二酸化炭素を取り除けるという考えは，ただもう話がうますぎて本当とは思えなかったのである。

## ポイント

(11) The team called them “buoys” で注意喚起。They had only one role で集中。直後の go away and never be seen である程度のイメージが描けるが，引き続き注意を払い，sink to the bottom of the seafloor を確実に聞き取りたい。

(12) Running Tide’s focus is kelp. で即集中。kelp の特徴はこのあと立て続けに述べられる。選択肢で使われている sink, discarded が放送ではそれぞれ drift, disposed of となっているが，正解の選択肢にある a building material に相当するものは述べられていないことは比較的容易に判断できる。

| スクリプト | 発音 |
| --- | --- |
| to be true.<br>So I was pleasantly surprised when I met the leaders<br>of Running Tide earlier this month. At its core,<br>carbon removal is about transferring a mass of<br>(13) carbon from one location to another, Marty Odlin,<br>Running Tide's CEO, told me from his home in<br>(15) Maine. The key issue is how to transfer the hundreds<br>of gigatons of carbon released by fossil fuels from the<br>(14) "fast cycle," where carbon moves from fossil fuels to<br>the air to plant matter, back to the "slow cycle,"<br>where they remain locked away in the earth for<br>thousands of years. "What's the most efficient way<br>possible to accomplish that mass transfer?" This<br>question is really, really important. The United<br>Nations recently said that carbon removal is<br>"essential" to remedying climate change, but so far,<br>we don't have the technology to do it cheaply and on<br>a large scale.<br>(15) Odlin, who comes from a Maine fishing family and<br>studied robotics at college, founded Running Tide in<br>2017 on the theory that the ocean, which covers two-<br>thirds of the planet's surface, would be essential to<br>carbon removal. At least for now, the key aspect of<br>Running Tide's system is its buoys. Each buoy is<br>made of waste wood, limestone, and kelp, materials<br>that are meant to address the climate problem in<br>some way : The wood represents forest carbon that<br>would otherwise be thrown out, the limestone helps<br>reverse ocean acidification, and, most importantly,<br>the kelp grows rapidly, absorbing carbon from the<br>land and sea. Eventually, the buoy is meant to break<br>down, with the limestone dissolving and the wood<br>and kelp drifting to the bottom of the seafloor. | removal: リムーヴォー<br>fossil fuels: フォッソーフューウォーズ<br>would otherwise be thrown out: ウッダザワイズビスロウンナウト |

From Kelp Is Weirdly Great at Sucking Carbon Out of the Sky, The Atlantic on May 25, 2022 by Robinson Meyer

## 全 訳

だから，今月の早い時期にランニングタイドのリーダーたちに会ったとき，私には嬉しい驚きがあった。ランニングタイドの中核において，炭素の除去とは大量の炭素を一つの場所から別の場所に移動することなのだと，(13)ランニングタイドのCEOであるマーティ=オドリンがメイン州にある彼の自宅から私に語ってくれたのだ。カギとなる問題は，化石燃料によって放出される何百ギガトンもの炭素をどのようにして，(14)炭素が化石燃料から大気，そして植物へと移動する「速いサイクル」から，炭素が何千年も地中に閉じ込められたままになる「遅いサイクル」に戻すかということである。「その大量の移動を成し遂げるのに可能な中で最も効率のよい方法は何だろうか」 この問いは本当に本当に重要である。国連は最近，気候変動を改善するためには炭素の除去が「不可欠」であると述べたが，これまでのところ，それを安価にそして大規模に行う技術はない。

(15)オドリンはメイン州の漁師の家の生まれで，大学ではロボット工学を学び，地球表面の3分の2を覆う海は炭素除去に不可欠になるだろうという理論に基づいて，2017年にランニングタイドを設立した。少なくとも今のところ，ランニングタイドの方法のカギとなる側面はそのブイである。ブイはそれぞれ，廃材，石灰石，海藻でできており，これらはある点で気候問題に取り組むことを意図した素材である。つまり，木材はそうでなければ捨てられる森林の炭素を表し，石灰石は海洋酸性化を後退させ，そして最も重要なことだが，海藻は素早く成長して陸と海から炭素を吸収する。最終的に，石灰石は溶け，木と海藻は漂って海底に沈んで，ブイは分解するようになっている。

## ポイント

(13) Marty Odlinで注意喚起。The key issueで集中。transferは設問文では使われていないが，the hundreds of gigatons of carbon released by fossil fuelsは聞き取りやすい。

(14) the "fast cycle"で即集中。直後のwhere以下で使われているcarbon moves from fossil fuels to the air to plant matterは選択肢の表現とまったく同じなので，判断しやすい。

(15) Marty Odlinで即集中。人物説明として，Running Tide's CEO, his home in Maineが聞き取れる。このあと話はOdlin自身のことから離れる。

2回目のOdlinで再度集中。残りの情報であるcomes from a Maine fishing family, studied robotics at college, founded Running Tide in 2017の3つが立て続けに流れてくるので，選択肢も参照しながら正解を絞り込む。

# 1　(C)　脱成長とは何か

**[設問文から読み取ろう！]**

①リスニング問題の冒頭に，脱成長に関する本の著者をゲストに迎えたラジオ番組の一部とある。

②設問文を細かく見ると，(16)は「『脱成長』の目的」，(17)は「『成長』という概念」，(18)は「環境保護経済の『定常状態』について」，(19)は「環境保護経済について聞き手が示唆していること」，(20)は「その土地と近い関係で暮らしている人たちの生きている世界との相互作用の仕方」が，それぞれの聞き取りの要点だとわかる。

(16)「ヒッケルによると，『脱成長』の目的は…である」

a)「伝統的な経済と先住民族の哲学を結びつけること」
b)「高収入の国々には環境破壊の責任があると考えること」
c)「環境保護を犠牲にして資本主義を推進すること」
d)「技術革新を通じてすべての人によい生活を与えること」
e)「地球の限界内に留まるように，不平等と資源の使用を減らすこと」

▶ヒッケルの２番目の発言第１・２文に「脱成長とは…資源とエネルギーの使用を計画的に減らすことであり…不平等も減らし…それを地球の限界の範囲内で行うことを意味している」とある。e)が正解。

(17)「ヒッケルによると，『成長』という概念は…」

a)「グローバルサウスの国々によって，高収入の国々に売られてきた」
b)「台頭する環境保護経済という分野の根本的な概念である」
c)「自然界の自然現象だが，経済原理では不自然である」
d)「経済学者には非常に重要だが，再定義の必要がある」
e)「政治的な領域の両側で一般に受け入れられている」

▶ヒッケルの４番目の発言第３・４文に「成長という言葉で…特徴づけられているため，私たちはみんなそれを受け入れ…さまざまな意見のどちらの側であれ…経済成長を強く批判する政党を見つけるのはとても難しい」とある。e)が正解。

(18)「環境保護経済の『定常状態』に関する次の文のうち，ヒッケルがインタビューで述べていることと一致しないのはどれか」

a)「ともに生きている生態系とのバランスを維持することが重要だ」
b)「それは経済や交易に関する先住民族の考え方と似ている」
c)「1年単位でもとに戻せないほど多くのものを環境から決して搾り取ってはならない」
d)「先住民族の共同体から決して天然資源を搾り取ってはならない」
e)「環境が確実に吸収できないほど多くの廃棄物を決して生み出してはならない」

▶ヒッケルの6番目の発言第2文の「環境保護経済の『定常状態』という原理を見てみると…年単位でもとに戻せないほど多くのものを生態系から決して搾り取ってはならない，生態系が確実に吸収できないほど多くの廃棄物を決して生み出してはならない」とc)・e)が一致，同発言第3文の「この概念は，ともに生きている生態系とのこのバランスを維持するということだ」とa)が一致，同発言第4文の「これは…経済や交易に関する先住民族の考え方と似ている」とb）が一致する。残るd)が正解。

(19)「聞き手は，環境保護経済は…と示唆している」

a)「グローバルノース向けに先住民族の知識から生じる考え方の名称を変えた」
b)「先住民族の知識と根本的に異なっている」
c)「先住民族の知識から生じている考え方にきわめて批判的である」
d)「何千年も存在してきた先住民族の知識にちょっと追いついてきている」
e)「何千年も存在してきた先住民族の知識から生じる考え方をただ真似ているだけである」

▶聞き手の最後の発言に「ある意味，環境保護経済は，何千年も存在してきたこういう先住民族の知識の多くにちょっと追いついてきたということですね」とある。d)が正解。

(20)「ヒッケルによると，その土地と近い関係で暮らしている人たちは…生きている世界と相互作用している」

a)「さまざまな方法で」　b)「同様の方法で」　c)「豊かな経済圏と同じ方法で」
d)「何千年も同じままである方法で」　e)「祖先への敬意をもって」

▶ヒッケルの最後の発言第2文に「『その土地と近い関係で暮らしている人たち』は，彼らが依存している，生きている世界と…相互作用するさまざまな方法を持っている」とある。a)が正解。

**ANSWER**

(16)ーe)　(17)ーe)　(18)ーd)　(19)ーd)　(20)ーa)

※著作権の都合上，「スクリプト・発音・全訳・ポイント」を省略しています。

# 2 (A) ヒロベソオウム貝の探索

**[設問文から読み取ろう！]**

①リスニング問題の冒頭に「オウム貝の一種である crusty nautilus の生体を発見した記録」とある。

②設問文・選択肢を細かく見ると，(6)は「話し手が crusty nautilus（ヒロベソオウム貝）に興味をもった理由」，(7)は「話し手が旅をすぐに行うべきだと感じた理由」，(8)は「チームがブリスベンからパプアニューギニアへ飛んだあとに移動した場所」，(9)は「チームが島から海に出て沈めたものとその結果」，(10)は「最初の落胆のあとの行動」が，それぞれの聞き取りの要点だとわかる。

(6)「話し手がヒロベソオウム貝に興味をもったのは…からだ」

a)「海洋生物学者として，その生物のライフサイクルに関心がある」
b)「海岸で見られる空の貝殻が，それが絶滅してしまったかもしれないことを示唆していた」
c)「環境保護に対する関心から，彼らがまだ存在しているのか知りたかった」
d)「海洋生物学者たちが，貝殻の表面の外殻は特定の地域だけで形成すると推測していた」
e)「その生物を覆っている外殻が環境保護の観点で重要である」

▶第１段最終文に「環境保護のために太平洋で仕事をしている海洋生物学者として，私は長年，この種が今でもここで生きているのだろうかと思ってきた」とある。c)が正解。

(7)「話し手が旅をすぐに行うべきだと感じたのは…からだ」

a)「深海の生態系は脅かされているかもしれず，情報を集めることがそれらを保護する助けになりうる」
b)「気候変動のせいで，深海の環境が急速に変わりつつある」
c)「生物たちが絶滅する前にビデオに収めることが重要だった」
d)「採掘会社がその地域の環境調査を妨げる方向に動いていた」
e)「パプアニューギニアの陸上の採鉱で出る廃棄物が，近海に悪影響を及ぼしていた」

▶第３段に「私たちの旅はやや切迫感を帯びている。というのも，パプアニューギニアは近年急速に深海採掘を拡大する方向に動いているからだ。産業によって変えられてしまう前に，ここの深海の生態系の一部に何が存在しているのか記録に収めることは，それらの保護のカギであるかもしれない」とある。a)が正解。

(8)「ブリスベンからパプアニューギニアに飛んだあと，チームは…移動した」

a）「地元の共同体の人たちと会うために，最近保護地域と宣言された島へ」
b）「1980 年代にヒロベソオウム貝が生きたまま見つかった島へ」
c）「首長が海岸は保護されていると宣言した地元の共同体にあいさつをするために」
d）「ヒロベソオウム貝を保護しようとしてきた小さな島の共同体にあいさつをするために」
e）「マヌス島へ，それから地元民が捕らえたヒロベソオウム貝を見るためにもっと小さな島へ」

▶第 4 段第 1・2 文に「ブリスベンから…パプアニューギニア…に飛び，それから…1984 年に生きているヒロベソオウム貝が最後に目撃されたもっと小さな島へ…南下する」とある。b)が正解。

(9)「その島からバナナボートで海へ出たあと，チームは…を沈めた」

a）「300 メートルの深さに 1 つのわな（を沈めた）が，このわなには何もかからなかった」
b）「一晩複数のわな（を沈めた）が，わなはまったくの空であることがわかって落胆した」
c）「水面にブイを浮かべて複数のわな（を沈めた）が，ブイがわなから外れて流された」
d）「速い潮流でわなは役に立たないと知らずに複数のわな（を沈めた）」
e）「同じ深さに 2 つのわな（を沈めた）が，どちらも夜の間に流された」

▶第 5・6 段に「わなを 2 つ沈める。…翌朝… 1 つ目のわなは…空っぽだ。… 2 つ目のわな…も空っぽだ。チームは全員…落胆している」とある。b)が正解。

(10)「最初の落胆のあと…」

a）「年配の漁師たちの助言に基づいて，チームはわなをもっと長時間水中に放置した」
b）「わなを引き上げるのではなく，話し手はそれらを調べるために潜った」
c）「チームは年配の漁師たちが過去に使用してうまくいったわなを使うことにした」
d）「チームはその生物が 1984 年に最後に目撃されたところへわなを持っていった」
e）「わなを最初の試みのときほど深くない水中に設置した」

▶第 7 段に「1984 年の探検を覚えている数人の年配の漁師たちが…若干浅い海域で標本を見つけたことを思い出し…私たちは彼らの助言を採用し…もっと浅い海域にわなを沈め（た）」とある。e)が正解。

**ANSWER**

(6)ー c） (7)ー a） (8)ー b） (9)ー b） (10)ー e）

※著作権の都合上，「スクリプト・発音・全訳・ポイント」を省略しています。

# 2 (B) 内的発話の研究

**[設問文から読み取ろう！]**

①設問文を一読すると，人の心理に関する講義ではないかと推測できる。

②設問文・選択肢を細かく見ると，(11)は「自分の思考を調べる困難」，(12)は「思考と言葉との関係」，(13)は「学生を対象とした調査の方法または結果」，(14)は「人が自分に語りかける状況，方法，内容」，(15)は「ジル=ボルト=テイラーの事例が証拠となる事柄」が，それぞれの聞き取りの要点だとわかる。

(11)「話し手によると，自分自身の頭の中を調べるときの難しさは…ことだ」

a)「自分自身の思考を見ようとすることが，必ずそれを変えてしまう」
b)「自分自身の思考を明らかにすることは，単に明かりをつけることほど簡単ではない」
c)「光自体に光を当てることができないのと同じように，頭はそれ自体について考えることはできない」
d)「自分の思考の中にある暗闇を見ることは心情的に難しいことがある」
e)「自分自身の思考を見ようとするとき，どのようにそれを評価すればよいかはっきりしない」

▶第2段第2・3文に「思考に光を当てようとすると，もともと測りたいと思っているまさにそのものを乱してしまう。それは，暗闇がどのように見えるのか確かめようとして…明かりをつけるのと似ている」とある。a)が正解。

(12)「心理学者ラッセル=ハールバートによると…」

a)「日常生活で，私たちは言葉で考えているが，語彙は驚くほど限られている」
b)「ふつうの状況では，人々は思うほど多くの思考をしていない」
c)「人々は自分が言葉で考えていると思っているが，これは多くの場合正しくない」
d)「私たちが思考の中で使っている言葉は，以前思われていたよりもはるかに多様である」
e)「私たちはさまざまな状況で考えるために言葉を使う」

▶第4段第2文に「『ほとんどの人は，自分が言葉で考えていると思っているが，そのことに関して多くの人が間違っている』と彼は言う」とある。c)が正解。

(13)「16人の大学生が関わった小規模な調査では…」

a)「短い話を読んだあと，大学生たちは自分の意見を記録するように言われた」
b)「サンプルとして採られた思考のうち，内的発話を伴うものはほとんどなく，ほとんどは言葉にならないものだった」
c)「学生が本を読みながら抱いた思考の3分の1しか言葉を伴っていなかった」
d)「サンプルとして採られた思考の25パーセント以上が内的発話を伴っていた」
e)「短い話を聞きながら，大学生は自由に思考するように言われた」

▶第5段最終文に「サンプルとして採られた思考のうち，ともかく言葉を含んでいるものは4分の1しかなく，内的発話を含んでいるものはわずか3パーセントだった」とある。b)が正解。

(14)「ファミラ=レイシーの研究では，被験者は…自分に語りかけた」

a)「幅広いテーマについて」
b)「とりわけ，歩いたりベッドに入ったりそこから出たりするときに」
c)「感情的な状況で」
d)「他の人に話しかけるのと同じように」
e)「主に他の人のことについて」

▶第7段第2文に「研究の参加者たちが…あらゆることについて，自分に語りかけていることを発見した」とある。a)が正解。

(15)「ジル=ボルト=テイラーの事例は…ことの証拠として言及されている」

a)「年を取るにつれて，内的発話が私たちのアイデンティティにとってより重要になる」
b)「脳の損傷は，内的発話に影響されることがある」
c)「内的発話は，私たちの自己意識にとって重要である」
d)「内的発話が欠如すると，私たちは自分がだれなのかに関して熟考するようになることがある」
e)「内的発話がないと，短期的な記憶が消滅する」

▶第9段第1文に「内的発話が内省にとって重要である証拠も増えている」とあり，このあとテイラーのことが述べられている。c)が正解。

**ANSWER**

(11)―a) (12)―c) (13)―b) (14)―a) (15)―c)

## スクリプト

What were you thinking about a second ago? Or, rather, how were you thinking about it? It's a surprisingly tricky question to answer.

(11) Investigating what's going on inside our own minds doesn't seem to be a difficult task. But by trying to shine a light on those thoughts, we're disturbing the very thing we want to measure in the first place. It's like turning a light on quickly to see how the darkness looks.

(12) Psychologist Russell Hurlburt at the University of Nevada, Las Vegas, has spent the last few decades training people to see inside their own minds more clearly in an attempt to learn something about our inner experiences. What he's found suggests that the thoughts running through our heads are a lot more varied than we might suppose.

For one thing, words don't seem to be as important in our day-to-day thoughts as many of us think they are. "Most people think that they think in words, but many people are mistaken about that," he says.

(13) In one small study, for example, 16 college students were given short stories to read. While reading, they were asked at random times what they were thinking. Only a quarter of their sampled thoughts included words at all, and just 3% involved inner speech.

But for psychologists like Hurlburt, researching inner speech is not an easy task. Simply asking people what they're thinking about won't necessarily prompt an accurate answer, says Hurlburt. That is partly because we're not used to paying close attention to our wandering minds.

(14) Famira Racy, who is the co-ordinator of the Inner

## 発音

サムシンガバウター (something about our)

オンリーアクゥオートヴゼサンポードソート (Only a quarter of their sampled thoughts)

## 全 訳

1秒前，あなたは何を考えていただろうか。と言うより，それをどのようにして考えていただろうか。これは驚くほど答えるのがやっかいな問いである。

(11)自分自身の頭の中で何が起きているのか調べることは，難しい作業ではないように思える。しかし，そうした思考に光を当てようとすると，もともと測りたいと思っているまさにそのものを乱してしまう。それは，暗闇がどのように見えるのか確かめようとして素早く明かりをつけるのと似ている。

ラスベガスにあるネバダ大学の(12)心理学者ラッセル=ハールバートは，私たちの内的経験について何らかのことを知るために，自分自身の頭の中をもっとはっきり見られるように人々を訓練することにこの数十年を費やしてきた。彼が明らかにしたことは，私たちの頭の中を駆け抜けていく思考は，私たちが思うよりもずっと多様であることを示唆している。

ひとつには，日々の思考において言葉は，私たちの多くが考えるほど重要ではないらしいのである。「ほとんどの人は，自分が言葉で考えていると思っていますが，そのことに関して多くの人が間違っています」と，彼は言う。

(13)例えば，ある小規模な調査で，16人の大学生が読むための短い話を渡された。読んでいる最中に，彼らは何を考えているか不定期に尋ねられた。サンプルとして採られた思考のうち，ともかく言葉を含んでいるものは4分の1しかなく，内的発話を含んでいるものはわずか3パーセントだった。

しかし，ハールバートのような心理学者にとって，内的発話を調べることは簡単な作業ではない。単純に人々に何を考えているか尋ねることは，必ずしも正確な答えを促すことにはならない，とハールバートは言う。それは，一部には，私たちが自分の取りとめのない思考にしっかり注意を払うことに慣れていないからである。

(14)カナダのマウントロイヤル大学にある内的発話

## ポイント

(11) Investigating what's going on inside our own minds で注意喚起。直後は doesn't seem と推測が述べられている。
But で集中。we're disturbing the very thing we want to measure が聞き取れれば解答は可能。続く It's like … the darkness looks の比喩も考えるヒントにしたい。

(12) Psychologist Russell Hurlburt で注意喚起。しばらく Hurlburt の紹介が続く。
What he's found suggests で集中。ここではまだ解答に直接つながる情報は出てこないが，Hurlburt の発見や考えが述べられると考えて引き続き集中。
For one thing, words don't seem to be as important … as many of us think they are. でほぼ解答可能。続く，"Most people … mistaken about that," で確信が持てるだろう。

(13) In one small study で即集中。選択肢には調査方法を述べたものも含まれるので，気を抜かずに丁寧に聞き取る。要注意は Only a quarter や3%という数値と，これらが何を表すものかである。1回目の放送でつかみきれない場合は，選択肢をよく読み直してある程度絞り込み，2回目で決着をつけたい。

(14) Famira Racy で注意喚起。しば

## スクリプト

Speech Lab at Mount Royal University in Canada and her colleagues, recently used a method called thought listing—which, unsurprisingly, involves getting participants to list their thoughts at certain times—to take a broader look at why and when people use inner speech, as well as what they say to themselves. They found that the participants in the study were talking to themselves about everything from school to their emotions, other people, and themselves, while they were doing everyday tasks like walking and getting in and out of bed.

(15) According to Racy, research shows that inner speech plays an important role in self-regulation behaviour, problem solving, critical and logical thinking and future thinking.

There's also growing evidence that inner speech is important for self-reflection. After scientist Jill Bolte Taylor recovered from a stroke she suffered when she was 37, she wrote about what it was like to experience a "silent mind" without inner speech for several weeks. It was such an overwhelming task, she wrote, to simply sit there in the centre of a silent mind, trying to remember who she was and what she was doing.

But even though current research can't yet shine a light on those bigger truths about the inner workings of our minds, learning how to pay attention to your thoughts could help you on an individual level.

## 発音

ゲティンインナナウタヴ

サファードウェン

カーント（これはイギリス発音。アメリカの発音ならキャーントと聞こえる）

From What the voice inside your head says about you, BBC Future on August 20, 2019 by Kelly Oakes

## 全 訳

研究所の責任者ファミラ=レイシーと彼女の共同研究者たちは，思考リスト作成と呼ばれる方法を最近使った。これは意外ではないだろうが，被験者にある特定の時点の自分の思考をリストにしてもらうことを含んでおり，人が頭の中で何を考えているかだけでなく，なぜ，いつ，人は内的発話を使うのかをもっと広く検討するのが目的である。研究者たちは，この研究の参加者たちが，歩いたりベッドに入ったり出たりといった日常的な作業をしながら，学校のことから，自分の感情，他の人たちのこと，自分のことまであらゆることについて，自分に語りかけていることを発見した。

レイシーによると，研究は(15)内的発話が自己規制行動，問題解決，批判的・論理的思考，未来思考で重要な役割を果たしていることを示している。

また，内的発話が内省にとって重要である証拠も増えている。科学者のジル=ボルト=テイラーは，37歳のときに彼女を襲った脳卒中から回復したあと，何週間も内的発話のない「沈黙した頭」を経験するのはどういうことかについて記した。沈黙した頭の真ん中でただそこに座り，自分はだれなのか，何をしているのか思い出そうとするのは非常にたいへんな作業だったと彼女は書いている。

しかし，現在の研究が私たちの頭の中の働きについて，こうしたより大きな真実にまだ光を当てることができていないとしても，自分の思考に注意を払う方法を学ぶことは，個人レベルでは助けになりうるだろう。

## ポイント

らく，Racy の紹介と調査方法が続くが，注意を切らさずにいたい。the participants in the study で集中。were talking to themselves about everything が聞き取れれば解答は可能。ただし，while …walking and getting in and out of bed は選択肢にも見られる語句なので，迷わず正解を選べるようにこの部分も丁寧に聞くこと。

(15) inner speech plays an important role で注意喚起。There's also growing evidence で集中。直後に解答の直接の根拠となる inner speech is important for self-reflection が出てくる。キーワードとなる Jill Bolte Taylor が出てくるのはこのあとであり，選択肢では self-reflection という語が使われていないので，2回目の放送では聞き取るべき箇所を確実に押さえること。

# 2 (C)　科学捜査の実情

**[設問文から読み取ろう！]**

①設問文・選択肢を一読すると，犯罪の科学捜査に関する講義ではないかと推測できる。

②さらに細かく見ると，(16)は「forensics とは何か」，(17)は「DNA の証拠に関して」，(18)は「録音について」，(19)は「enhanced audio recordings（音質を高めた音声録音）について」，(20)は「音声録音の文字起こしについて」が，それぞれの聞き取りの要点だとわかる。

(16)「講義によると，forensics とは何か」

a)「質を高めた音声録音の信頼性の分析」
b)「目撃者の話の分析」
c)「刑事裁判での先進技術の使用」
d)「被疑者に有罪判決を下すための DNA の証拠の使用」
e)「犯罪を捜査するための科学的手法の使用」

▶第 1 段第 4 文に「forensics とは，犯罪を捜査するためにどのように科学的手法を適用するかに関するものだ」とある。e)が正解。

(17)「この講義で，教官は DNA の証拠が…ことを話している」

a)「場合によっては操作するのが簡単すぎることもある」
b)「法廷に間違った自信を与えることがある」
c)「間違いなく使える」
d)「不正確である可能性がたいへん高い」
e)「いつも信頼できるとは限らない」

▶第 1 段第 7 文に「DNA の証拠はまだ 100 パーセント信頼できるわけではない…それがいつでも利用できるわけではない」とある。e)が正解。

⒅「教官によると…」

a）「特定の声をだれのものか識別するのは難しい」
b）「録音からある人物が疲れているかどうか知るのは難しい」
c）「ある声を録音の音声と一致させるのは簡単だ」
d）「目撃者の証言を録音するのは重要だ」
e）「犯罪者を有罪にするのに録音を使うことは不可能だ」

▶第3段第1～3文に「映画では録音と被疑者の声が一致するかどうかを数秒以内に確認できるが，現実にはこのような驚くべき技術は存在しない」ことが述べられている。a)が正解。

⒆「『音質を高めた音声録音』に関する次の文のうち，正しくないのはどれか」

a）「聞き手に間違った印象を与える可能性がある」
b）「音声信号を操作することで作られる」
c）「刑事裁判の法廷に提出されることがある」
d）「裁判官たちにいっそう自信をもたせる」
e）「録音をより理解しやすいものにする」

▶第6段第3文に「科学捜査員はそれが録音を理解しやすくするわけでは『ない』ことを示している」とあることと一致しないe)が正解。

⒇「教官によると，音声録音を書き起こしたものは…」

a）「誤解を招く可能性がある」
b）「法廷では決して使えない」
c）「かなり信頼できる」
d）「たいてい非常に質が悪い」
e）「法廷に提出されなければならない」

▶第6段最終文に「録音を文字に起こしたものが法廷で提出されることがあり，これはこの間違った自信をいっそう強めてしまう」とある。a)が正解。

**ANSWER**

⒃－e） ⒄－e） ⒅－a） ⒆－e） ⒇－a）

## スクリプト

Hi, my name is Jane Kentala, the instructor for this introductory course in Forensic Science. First, what's forensic science, or forensics? In order to convict a criminal, we need evidence that the suspect has committed the crime. Forensics is about how to apply scientific methods to investigate a crime. I'm sure you've all seen movies in which they used DNA to convict the criminal. In real life, however, while some suspects have been found guilty based on DNA evidence, some of them were judged innocent many years later based on a more reliable DNA technique. So, we must keep in mind that, even today, DNA evidence is still not 100% reliable *and,* very importantly, not always available. So what other types of evidence can be used instead of or in addition to DNA?

The testimony of a witness? Can we trust the witness' recall of the events, is it really reliable? Can their memory be influenced by their expectations or affected by trauma? What if a witness has only *heard* voices? Can a person reliably distinguish a voice from another? We will discuss all of these issues

later. But for today let's talk about audio recordings made at the crime scene or over the phone.

In many movies, the audio recordings are clear enough to understand most of the words recorded, and it is just a question of matching the recording with the voice of the suspect. The investigators usually do this with fantastic technology that can produce a match within a few seconds. I'm afraid that in reality, however, this amazing technology doesn't exist. At least, not yet. Why?

To assess the possible match between a person's voice and the recording of a voice, the speech can be analyzed with computer software. Although speech

## 発音

クリミノー
フォレンスィックスイザバウト
ウィ・ネス
トローマ

## 全　訳

こんにちは，私の名前はジェイン=ケンタラ，この科学捜査の入門コースの教官です。(16)まず，科学捜査，あるいは法科学とは何でしょうか。犯人に有罪判決を下すためには，私たちは被疑者が罪を犯した証拠が必要です。法科学とは，犯罪を捜査するためにどのように科学的手法を適用するかに関するものです。(17)犯人に有罪判決を下すためにDNAが使われる映画を，きっとみんな見たことがあると思います。ですが，現実にはDNAの証拠に基づいて有罪とされた被疑者もいるものの，その中には何年もあとになって，より信頼できるDNA技術によって無罪とされた人もいました。ですから，私たちは今日でもDNAの証拠はまだ100パーセント信頼できるわけではないこと，そしてこれがとても重要なのですが，それがいつでも利用できるわけではないことを念頭においておかなくてはなりません。では，DNAの代わりに，あるいはそれに加えて，他にどんな種類の証拠が使えるのでしょうか。

目撃者の証言でしょうか。事件に関する目撃者の記憶は信頼できるでしょうか。それは本当に当てにできるでしょうか。彼らの記憶が彼らの期待に影響を受けたり，トラウマに左右されたりすることはないのでしょうか。もし目撃者が声を「聞いた」だけだとしたらどうでしょう。人はある声を別の声と間違いなく区別できるのでしょうか。こうした問題はすべてあとで議論します。ですが，今日は(18)犯行現場や電話越しに行われた録音について話しましょう。

多くの映画では，録音は記録された言葉のほとんどが理解できるくらい十分にクリアで，単に録音と被疑者の声が一致するかどうかの問題です。捜査官は通常こうしたことを，数秒以内に一致を確認できる見事な技術でやってのけます。ですが，残念ながら現実にはこのような驚くべき技術は存在していません。少なくとも今はありません。なぜでしょうか。

ある人物の声と録音の声が一致する可能性を評価するために，話し声をコンピュータのソフトウェアで分析できます。音声科学者は話し声のさまざまな特徴を分析できますが，ある声と別の声を区別するのにどの特徴が使えるのかはまだ明らかではありま

## ポイント

(16) what's forensic science, or forensics で注意喚起。続く箇所にある a criminal や the crime で犯罪に関係することであるとわかる。Forensics is about で集中。how to apply scientific methods to investigate a crime と正解の選択肢で使われている語句がほぼ重なるので，選びやすいだろう。

(17) used DNA to convict the criminal で注意喚起。このあと In real life, however, とあることから，ある程度話の方向性が見える。DNA evidence で集中。is still not 100% reliable は聞き取りやすい。

(18) let's talk about audio recordings で注意喚起。In many movies 以下でしばらく映画の話が続くが，この部分を十分聞き取っておくことが重要。I'm afraid that in reality, however, で集中。this amazing technology doesn't exist が解答の根拠となるが，それがわかるのは映画での話の把握があってこそである。

## スクリプト

scientists can analyze various features of speech, it is not yet clear which features can be used to distinguish one voice from another. That is because speech does not only vary *between* individuals, it also varies *within* the same person. Obviously, the voice of a person may be affected by sickness, tiredness and let's not forget alcohol, but it may also vary according to whom that person is speaking to, the social context, environmental conditions, and so on.

An additional problem lies in the quality of the recording, which is more often than not, very poor. And I mean, really, really poor. Since the recording has been done most likely in secret or by accident, it is usually done with a low quality microphone, possibly hidden in a suitcase, sometimes far from the center of the crime and with considerable background noises. This lack of quality interferes further with the ability to analyze the speech in the recording properly. Not only can it be difficult to identify who is speaking, but it may be difficult to even figure out what has been said or done.

In an attempt to solve this problem, a recording is sometimes "enhanced" before being presented in a court of law. This is usually done through manipulation of the speech signal, which gives the *impression* that we can understand the recording better. And I say "*impression*", because forensic researchers have demonstrated that it does NOT make the recording easier to understand. Instead, it provides a false sense of confidence in what people "*think*" they heard.

To make matters worse, a transcript of the recording is sometimes presented to the court of law, which further increases this false sense of confidence, while the reliability of the transcript remains questionable.

## 発音

poor: ポァ

Not only can it be: ナ・トンリーキャニビー

in a court of law: イナコータヴラー

## 全 訳

せん。それは，話し声は個人「間」で変わるだけでなく，同じ人物「の中」でも変わるからです。言うまでもなく，人の声は，病気，疲労によって影響を受けるかもしれません。それにお酒も忘れてはいけませんね。ですが，それに加えてその人物が話しかけている相手，社会的状況，周りの状態などによっても声は変わるかもしれません。

さらなる問題は録音の質にあり，これはたいてい非常にひどいです。私が言っているのは，本当に本当にひどいということです。そうした録音はたいていひそかに，あるいは偶然に行われているのですから，低品質のマイクが，ことによるとスーツケースの中に隠され，時には犯罪が行われている中心から遠く離れている状態で，また背景の騒音がかなりある状態で行われるのが普通なのです。このように質が欠如しているために，録音音声を適切に分析する能力がさらに影響を受けます。だれが話しているのか特定することが困難になりうるだけでなく，何が話されたり行われたりしたのかを探り出すことさえ難しいかもしれません。

この問題を解決しようとして，(19)録音は法廷で提出される前に「音質を高め」られることがあります。これは通常，音声信号の操作をすることで行われますが，そのため録音がよりよく理解できるという「印象」を与えます。そして私が「印象」と言ったのは，科学捜査員はそれが録音を理解しやすくするわけでは「ない」ことを示しているからです。そうではなく，それは人々が聞こえた「と思う」ものについて間違った自信を与えてしまうのです。さらに悪いことに，(20)録音を文字に起こしたものが法廷で提出されることがあり，これはこの間違った自信をいっそう強めてしまいます。しかし，この書き起こされたものの信頼性は疑わしいままなのです。

## ポイント

(19) “enhanced” で注意喚起。以下，解答にかかわる内容がかなり続くが，it does NOT make the recording easier to understand は聞き取りやすい。参照箇所の最後のほうに出てくるので，集中を切らさず粘り強く放送内容についていきたい。

(20) a transcript of the recording で即集中。正解の根拠となる箇所は少し先だが，選択肢には court に関するものもあるので，is sometimes presented to the court of law も確実に聞き取っておきたい。
increases this false sense of confidence と正解の選択肢で使われている語句は異なるが，選択肢と照らし合わせて絞り込める。なお，キーワードの前に To make matters worse とあることも，話の方向性を示すものである。

# 3 (A)　贋作絵画の見破り方

**[設問文から読み取ろう！]**

①リスニング問題の冒頭に贋作絵画についての美術研究者へのインタヴューとある。

②設問文を細かく見ると，(6)は「『クラクルーア』とは何か」，(7)は「なぜチャーニーのお気に入りがエリック=ヘボーンなのか」，(8)は「虫食い穴とは何か」，(9)は「贋作絵画がそれと認識されないのはなぜか」，(10)は「何によって最もはっきりと贋作を本物と識別できるか」が，それぞれの聞き取りの要点だとわかる。

(6)「『クラクルーア』とは何か」

a)「長年にわたって絵画を覆うことによって生じる傷」
b)「絵具が膨張したり収縮したりして生じる線」
c)「絵画の表面にクモが作る跡」
d)「絵画を食い荒らす虫によって作られる模様」
e)「芸術家によって作られる絵画上のシミ」

▶チャーニーの２番目の発言第１文に「クラクルーアは網目のようなひび割れで，時間の経過とともに，油絵具が膨張したり収縮したりするのに伴い自然に生じる」とある。b)が正解。

(7)「チャーニーが書いたすべての人の中で，なぜエリック=ヘボーンが彼のお気に入りなのか」

a)「彼は自分が模写した作品を描いた芸術家と同じ水準の技術を持っているから」
b)「彼が贋作のテーマに関する数冊の本を書いているから」
c)「彼が絵画を模倣する数多くのテクニックを発明したから」
d)「彼が最も有名だから」
e)「彼がクラクルーアをうまく再現する唯一の人物だから」

▶チャーニーの４番目の発言第１文に「彼は自分が模倣した人たちと同じ芸術的水準にあった唯一の人物だ」とある。a)が正解。

(8)「虫食い穴に関する次の文のうち正しくないのはどれか」

a)「機械的に再現するのは難しい」
b)「規則的な形をしていない」
c)「模倣するのが最も難しい絵画の側面の一つである」
d)「昆虫が絵画を食うことで作るものである」
e)「適切な道具を使うことで簡単に再現できる」

▶チャーニーの最後の発言第1段第3文に「道具を使って人の手で再現しようとすると…とてつもなく難しい」とあることから，e)が正解。

(9)「チャーニーによると，多くの贋作の絵画がそれと認識されない理由は…ことだ」

a)「綿密な検査を受ける芸術作品がほとんどない」
b)「専門家が絵画の額縁を見ることはまれである」
c)「贋作者が絵画を模倣する方法をあまりにも多く持っている」
d)「贋作の絵画を特定する効果的な方法が十分にない」
e)「時間の経過で絵画がどのように変化するかに関する知識があまりにも少ない」

▶チャーニーの最後の発言第2段第2文に「問題はその贋作が深い分析という段階にはめったに至らないことだ」とある。a)が正解。

(10)「我々は…贋作を本物の作品と最もはっきり識別できる」

a)「様式がその芸術家の知られている他の作品と一致することを調べることによって」
b)「絵画で使われている正確な材料を特定することによって」
c)「絵画の裏にある文字や他の印を見ることによって」
d)「絵画に付された文書化された来歴を研究することによって」
e)「絵画を調べる最新の科学的な技法を使うことによって」

▶チャーニーの最後の発言第2段第3文に「(作品自体がかなりよいもので来歴の文書が本物らしく見えれば) あえて科学的検査をする人はいない」とある。逆に言えば，科学的検査で分析すれば，贋作であることは突き止められるということになる。e)が正解。

## ANSWER

(6)―b) (7)―a) (8)―e) (9)―a) (10)―e)

## スクリプト

DAVE DAVIES, HOST❶ : If you had the artistic talent to create impressive paintings, could you imagine devoting that skill to copying the work of past artists? Our guest is art scholar Noah Charney, whose new book looks at the techniques, interesting characters and consequences of faking art, dating back to the Renaissance.

Noah Charney, welcome to the program. So what physical things would you look for in a painting to help determine its authenticity?

NOAH CHARNEY❶ : Well, for an oil painting, one of the things that has to be copied is called craquelure.

(6)

DAVIES❷ : Can you tell us what craquelure is?

CHARNEY❷ : Craquelure is the web of cracks that appears naturally in oil paint over time as it expands and contracts, and it has a pattern on the surface like a spider web. What you can do is study that pattern and determine whether it was artificially produced to make it look old quickly or whether it appeared naturally.

DAVIES❸ : How do you create craquelure?

CHARNEY❸ : Some of the characters in my book gave accounts of their own recipes because they wanted to be famous, and one of them is Eric Hebborn—and

(7)

## 発音

クリエィ・ティンプレッスイヴ

ヘゥ・ダターミン

ゲィヴァカウンツアヴ

## 全 訳

デイブ=デイビーズ，聞き手❶：もしあなたが人に感銘を与える絵画を制作する芸術的才能を持っているとしたら，その才能を過去の芸術家の作品を模倣するのに使うことを想像できるでしょうか。今日のゲストは，美術研究者のノア=チャーニーさんです。チャーニーさんの新しい著書は，ルネサンス期にさかのぼる贋作の技術，興味深い特徴とその後の結果に注目しています。

ノア=チャーニーさん，番組へようこそ。さて，本物であると判断する手がかりに，どんな物理的なものを絵画の中に探すのでしょうか。

ノア=チャーニー❶：そうですね，油絵の場合は，模写しなければならないものの一つは(6)<u>クラクルーア</u>と呼ばれます。

デイビーズ❷：クラクルーアとはどのようなものか教えていただけますか。

チャーニー❷：<u>クラクルーアは網目のようなひび割れで，時間の経過とともに，油絵具が膨張したり収縮したりするのに伴い自然に生じます</u>。表面にクモの巣のような模様が出ます。人にできるのは，その模様を調べ，手っ取り早く古く見せるために人工的に作られたのか，自然に生じたのかを判断することです。

デイビーズ❸：クラクルーアをどうやって作るのでしょう。

チャーニー❸：私の著書に登場する人物の中には，有名になりたいがために，自分のやり方を説明してくれた人もいて，そのうちの一人が(7)<u>エリック=ヘボーン</u>

## ポイント

(6) craquelure で注意喚起。続く Can you tell us what craquelure is? で集中。直後に説明が始まることがわかるので集中しやすい。expands and contracts が選択肢にも使われている語であり，判断しやすい。appears naturally と言っていることもしっかりと聞き取ること。

(7) Eric Hebborn で注意喚起。続い

| スクリプト | | 発　音 |
|---|---|---|
| | if I'm allowed to have a favourite, it would be him. | アィマラウタハヴア |
| DAVIES❹ | : Why is that? | |
| CHARNEY❹ | : He's the only one who I would argue was at the same artistic level as the people he imitated. In his recent book, he explains how to cover an oil painting in something like butter, and then you literally bake the painting like cookies in an oven and it produces something that looks like craquelure. This takes time and effort but he was able to successfully achieve it. | インナナヴン |
| DAVIES❺ | : What else matters—labels, letters, the material that it's painted on? | レィボウズ |
| CHARNEY❺ | : Well it's very important to look at the back of paintings and prints. There's a lot of information there that people tend not to look at, like old stamps from auctions or previous owners. There might be information on the frame itself—where the canvas was purchased, for instance. These sorts of details are very important, but people tend to look at the front of a painting and not turn it over. | フレィマ・セウフ |
|  (8) DAVIES❻ | : And wormholes also tell a story, right? | |
| CHARNEY❻ | : Yes, and that is one of the most difficult things to reproduce. These are literally holes that tiny insects make. They eat their way through | |

## 全 訳

です。そしてもし，お気に入りの人物がいるのを許してもらえるなら，それは彼ですね。

デイビーズ❹：それはなぜですか。

チャーニー❹：私に言わせれば，彼は自分が模倣した人たちと同じ芸術的水準にあった唯一の人物なのです。彼は最近の自著で，油絵をバターのようなもので覆い，それから文字どおりクッキーのようにオーブンで焼いて，クラクルーアのように見えるものを作り出す方法を説明しています。これには時間と労力が必要ですが，彼はうまくそれをやり遂げられました。

デイビーズ❺：他に重要なことは何でしょう。ラベルとか文字とか，絵が描かれている画布とかでしょうか。

チャーニー❺：そうですね，絵画や版画の裏を見るのはとても重要です。そこには，オークションや以前の所有者の古いスタンプのように，人々が見ない傾向のある情報がたくさんありますから。額縁自体に情報があることもあります。たとえば，キャンバスはどこで購入したとか。そうした種類の細かいことはとても重要ですが，人々は絵画の表面を見る傾向があり，絵をひっくり返してみることはしないです。

デイビーズ❻：そして，(8)虫食い穴も何か語ってくれるのですよね。

チャーニー❻：そうです，それは再現するのが最も難しいものの一つです。これは文字どおり小さな昆虫が作る穴です。虫は突き抜けるように絵を食うのです

## ポイント

て if I'm allowed to have a favourite, it would be him とあることで解答参照箇所だとわかる。Why is that? で集中。at the same artistic level as the people he imitated は選択肢とはやや異なる言い方になっているが，the same level がカギとなる。

(8) wormholes で注意喚起。Yes と Charney が応じたところで集中。ここからやや長く聞き取る必要がある。選択肢をあらかじめ読んでおき，述べられたことと照らし合わせて正解をしぼること。

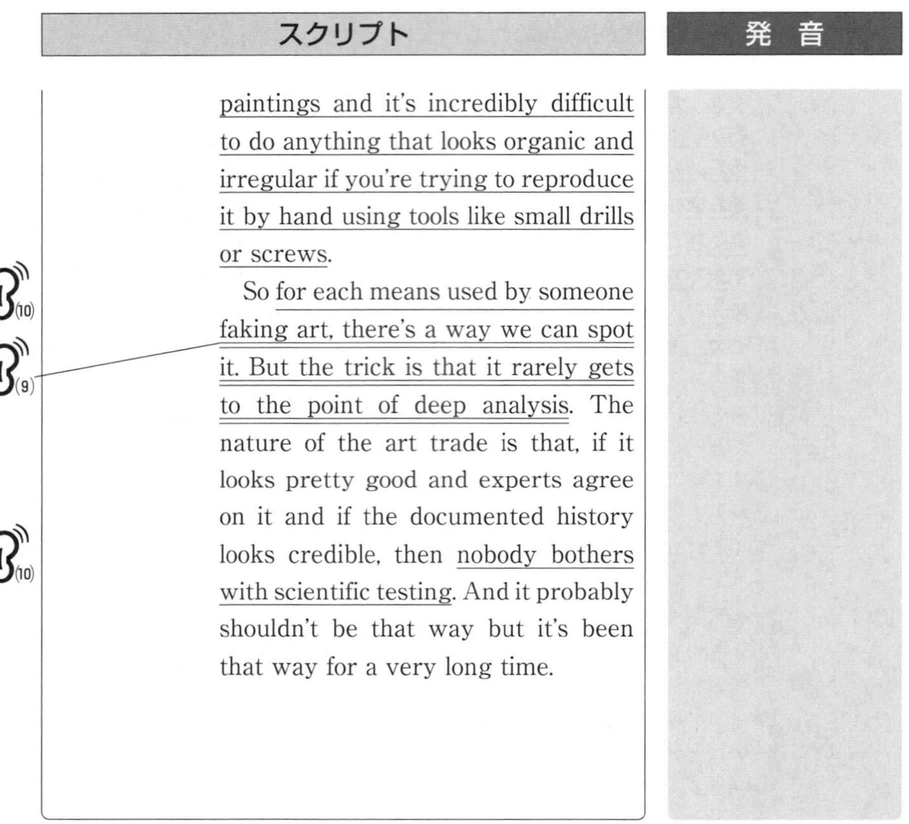


paintings and it's incredibly difficult to do anything that looks organic and irregular if you're trying to reproduce it by hand using tools like small drills or screws.

So for each means used by someone faking art, there's a way we can spot it. But the trick is that it rarely gets to the point of deep analysis. The nature of the art trade is that, if it looks pretty good and experts agree on it and if the documented history looks credible, then nobody bothers with scientific testing. And it probably shouldn't be that way but it's been that way for a very long time.

From Could The Masterpiece Be A Fake? Profit, Revenge And 'The Art Of Forgery', NPR on June 23, 2015
The transcript was produced by WHYY Inc. and distributed by NPR.

## 全 訳

が，小さなドリルやねじといった道具を使って人の手で再現しようとすると，生物由来で不規則に見える仕事をするのは，とてつもなく難しいのです。

(10) ですから，(9)贋作を作る人が使う手段の一つ一つに対して，それを突き止めることができる方法があるわけです。ですが，問題はその贋作が深い分析という段階にはめったに至らないことです。芸術品取引の性質は，もし見た目が相当よいもので，その点で専門家の意見が一致すれば，そしてもし文書化された来歴が信用に足るように見えるなら，(10)あえて科学的検査をする人はいない，というものです。たぶんそうあるべきではないのでしょうが，非常に長い間そのように行われてきたのです。

## ポイント

(9) faking art で注意喚起。続く there's a way we can spot it も聞き取っておくと正解の選択に役立つ。But the trick is で集中。it rarely gets to the point of deep analysis は選択肢とかなり異なる表現になっているが，rarely，analysis ははっきり発音されており，これらを判断材料にしたい。

(10) (9)で聞き取った内容でおおよその判断がつくが，選択肢 d)に使われている語 the documented history で注意喚起。then nobody bothers with scientific testing を聞き取れれば，(9)の解答参照箇所にあった it rarely gets to the point of deep analysis と合わせて，正解の判断がつくだろう。

# 3 (B) 贋作の価値

**[設問文から読み取ろう！]**

①リスニング問題の冒頭に「(A)と内容的に関連した会話である」と述べられている。

②設問文を細かく見ると，(11)は「ロスコの贋作絵画の特徴」，(12)は「ロスコの作品によく似た絵画がだました相手」，(13)は「その絵の現在の所在」，(14)は「絵画の真贋を判断するために芸術界が頼るもの」，(15)は「芸術の贋作に関してチャーニーが述べた意見」が，それぞれの聞き取りの要点だとわかる。

(11)「ロスコの贋作絵画の特徴として，チャーニーが言及していないのは次のどれか」

a)「それは大きな絵画である」
b)「それは抽象画である」
c)「それはロスコの様式で描かれている」
d)「それは一度ロスコが使ったキャンバスに描かれている」
e)「それは赤色と黒色を使っている」

▶チャーニーの最初の発言第 2 文に「キャンバスに描かれた作品だ」とはあるが，ロスコが使ったキャンバスであるとは述べられていない。d)が正解。

(12)「会話によると，その絵画はロスコの作品にたいへんよく似ていたので…をだました」

a)「ノア=チャーニー」
b)「サザビーズの会長」
c)「最初にその絵画について書いたコラムニスト」
d)「マンハッタンの裁判所の判事」
e)「その裁判を取材している記者」

▶ケリーの 2 番目の発言最終文に「買い手をだますのに十分なほど優れたものだったようで，その買い手は…サザビーズの会長」とある。b)が正解。

⒀「その絵画は今どこにあるか」

a）「それは破棄された」
b）「それは教育に使用されている」
c）「それは法廷にある」
d）「それは美術館のコレクションになっている」
e）「それはノア=チャーニーの所有物になっている」

▶ケリーの最初の発言最終文に「その絵画は…マンハッタンの法廷に…置かれていると思う」，続くチャーニーの発言の冒頭に「そうです」とある。c)が正解。

⒁「ある絵画が本物かどうか判断するために，芸術界が通常頼るのは次のどれか」

a）「様式の分析」
b）「文書化された来歴」
c）「専門家の意見」
d）「所有者の記録」
e）「厳密な検査」

▶チャーニーの3番目の発言第3・4文に「これまでずっと専門家の意見にあまりにも頼りすぎてきた…まだ人々はそれに頼っている」とある。c)が正解。

⒂「芸術の贋作に関してノア=チャーニーが述べた意見は次のどれか」

a）「それらは，それらにだまされる人たちの面目をつぶす」
b）「それらは，誰かがそれらから利益を得ることを防ぐために破棄されるべきだ」
c）「それらは，教育目的のために保存されるべきだ」
d）「それらは，それらがどのようにして作られたか明らかにするために，科学的に検査されるべきだ」
e）「それらは，他のどの芸術作品とも同じように扱われ，美術館に展示されるべきだ」

▶チャーニーの5番目の発言第1文に「私はそれが保存されて，教育目的のために贋作として美術館に展示されることを望む」とある。c)が正解。

**ANSWER**

⑾—d） ⑿—b） ⒀—c） ⒁—c） ⒂—c）

| スクリプト | 発音 |
| --- | --- |
| MARY LOUISE KELLY, HOST ❶ : In a Manhattan court, a trial is taking place that has attracted the art world's attention. The trial is about a painting that was believed to be by the famous artist Mark Rothko and valued at more than eight million dollars. Or at least it was right up to the moment it was discovered that the painting is not by Rothko but is in fact a fake and worth, well, a lot less than eight million dollars. To learn more we called up Noah Charney. He's the author of a new book on art fakes. (11) Mr. Charney, describe the painting for us if you would. (13) I gather it's actually in the court room there, propped up next to the witness stand? | trial: トラィウォウ<br>propped up: プラップダッ・ |
| (11) NOAH CHARNEY ❶ : It is. It's a large-scale work on canvas. It's red and black. And it's abstract the way we think of most of the Rothko works. Certainly, in terms of style, it looks like an authentic painting by Rothko. | like an authentic: ライカノーセンティッ・ |
| KELLY ❷ : Now, it must be an awfully good fake. I was reading through some of the reports of the trial, and one columnist wrote, (12) it's so good it almost looks as though Rothko was guiding the painter's hand. Apparently it was good enough to fool the buyer, who is none other than the chairman of Sotheby's, the best-known art auction | columnist: カラッ・ニスト |

## 全 訳

メアリー=ルイーズ=ケリー，司会者❶：マンハッタンの裁判所で，芸術界の注目を集めている裁判が行われています。その裁判は，有名な画家のマーク=ロスコによるもので，800 万ドル以上の価値があると考えられていた絵画に関するものです。と言いますか，少なくとも，その絵がロスコのものではなく実は贋作で，まあ 800 万ドルよりはるかに価値が低いとわかる瞬間まではそうでした。もっと詳しく知るために，ノア=チャーニーさんにお電話しました。芸術作品の贋作に関する新しい本の著者です。(11)チャーニーさん，よろしければその絵画のことを説明してください。(13)その絵画は実際にはマンハッタンの法廷にあり，証人席の横に置かれていると思いますが。

ノア=チャーニー❶：そうです。(11)キャンバスに描かれた大きな作品です。赤色と黒色の。そしてロスコのほとんどの作品について私たちが思うとおり，抽象画です。たしかに，様式の観点では，ロスコによる本物の絵のように見えます。

ケリー❷：では，ものすごくよくできた贋作ということでしょうね。裁判に関する記事をいくつか読んでいると，あるコラムニストが，(12)ロスコがその画家の手を導いているかのように見えるほどよくできていると書いていました。どうやら買い手をだますのに十分なほど優れたものだったようで，その買い手は誰あろう，世界で最も有名な競売会社サザビーズの会長な

## ポイント

(11) Mr. Charney, describe the painting for us で注意喚起。
Charney の発言が始まったところで集中。ここからの一連の説明を選択肢と照らし合わせながら正解をしぼる。キーワードの canvas には複雑な説明は加えられておらず，判断しやすい。

(13)設問の順序と放送内での言及の順序が同じではなく，設問をあらかじめよく把握しておく必要がある。it's actually in the court room 自体は聞き取りやすい。直後の Charney の発言 It is. もしっかり確認すること。

(12) it's so good it almost looks as though Rothko was guiding the painter's hand で注意喚起。
Apparently it was good enough で集中。動詞 fool の意味を知っていればより有利だが，知らなくても正解の the chairman of Sotheby's がそのまま出てくるので，判断できるだ

| スクリプト | 発音 |
|---|---|
| house in the world. | |
| CHARNEY❷ : It's an interesting question because knowing whether an artwork is fake is a centuries-old problem. Sometimes, painters of fakes become more famous than the original artists whose style they have copied. And so as an object, it's an absolutely beautiful one. | |
| KELLY❸ : Are fakes getting better? | |
| CHARNEY❸ : Fakes might be getting better, but they wouldn't have to be. And this is where it's a little bit complicated. There has always been too much dependence on expert opinion, which is subjective. It's not good, but that's what people still rely on. So when experts say that this is original, people are inclined to believe them. | エクスパータピニアン |
| KELLY❹ : You mean an expert like the owner of the gallery that sold this painting? | |
| CHARNEY❹ : Exactly. And so there's a dependence and a sort of general agreement within the art world that has existed for centuries now that says, you know, if we say this is genuine, it is to the best of our knowledge, and that's that. There are two other things to consider, though. You can do research that looks at the documented history of the object to see if it matches what we see on the surface. And then there's scientific testing. And very few fakes would pass scientific tests. | イグザッ・クリィ |

(14)

## 全 訳

んですから。

チャーニー❷：それは興味深い問題ですね。ある芸術作品が贋作かどうか知ることは，何世紀にもわたる問題ですからね。ときには贋作の画家が，自分が様式を模倣した元の芸術家よりも有名になることがあります。ですから，物としては，そうした贋作は極めて見事な物だということになります。

ケリー❸：贋作はだんだん巧妙になっているのですか。

チャーニー❸：贋作はよりうまくなっているかもしれませんが，そうである必要はないでしょうね。そしてここがちょっと複雑なところです。(14)これまでずっと専門家の意見にあまりにも頼りすぎてきたのですが，それは主観的なものです。それではよくないのですが，まだ人々はそれに頼っているわけです。ですから専門家が本物だと言えば，人々はそれを信じがちです。

ケリー❹：この絵を売った画廊のオーナーのような専門家ということですか。

チャーニー❹：そのとおりです。ですから，芸術界の内部にはこれまで何世紀にもわたって存在してきた依存や一種の全般的な合意があります。おわかりでしょうが，その合意とは，私たちがこれは本物だと言えば，わかる限りでそれは本物であり，話はそれで終わりというものです。ですが，他にも考慮すべきことが2つあります。作品の表面に見られるものと一致しているかどうか確かめるために，作品の文書化された来歴を調べるという調査ができます。それから，科学的検査もあります。科学的検査に合格

## ポイント

ろう。

(14) There has always been too much dependence で即集中。on expert opinion は聞き取りやすいが，設問文では rely on が使われているため，dependence では準備ができていないかもしれない。このあと that's what people still rely on が出てくるので，2回目の放送では待ち構えて聞き取りたい。

| スクリプト | | 発　音 |
|---|---|---|
| | But they don't have to, and painters of fakes know this. If it looks pretty good, and if the history of the artwork appears convincing enough, then it will almost never be tested scientifically. | |
| (15) KELLY❺ | : Any idea what will happen to this painting at the end of the trial? | ゥワッウォゥ |
| CHARNEY❺ | : I would like to see it survive and be put on display in a museum as a fake, for educational purposes. But some countries require that fake artworks be destroyed. And that's a shame because it's a beautiful object and it's something we can learn from as long as it does no harm and doesn't trick anyone in the future. | |
| KELLY❻ | : All right. That's art historian Noah Charney. Thank you so much. | |
| CHARNEY❻ | : Thanks for having me. | |

From Art World Captivated By 'Fake Rothko' Trial, NPR on February 3, 2016　改変あり

## 全 訳

する贋作はほとんどないでしょう。とはいえ合格する必要はなく，贋作画家はこのことを知っているのです。もし贋作がとても素晴らしい見栄えで，芸術作品の来歴が十分もっともらしければ，科学的に検査されることはほぼないでしょう。

ケリー❺ ：(15)最終的に裁判でこの絵はどうなると思いますか。

チャーニー❺：私はそれが保存されて，教育目的のために贋作として美術館に展示されることを望みますね。ですが，偽物の芸術作品は破棄することを求める国もあります。それは残念なことです。美しい物だし，何の害もなく，将来誰もだますことがない限り，そこから学ぶことができるものだからです。

ケリー❻ ：なるほど。美術史家のノア=チャーニーさんでした。どうもありがとうございました。

チャーニー❻：ありがとうございました。

## ポイント

(15)選択肢から，Charney は贋作がどう扱われるべきだと思っているか聞き取る必要があることがわかる。what will happen to this painting で注意喚起。I would like to で集中。survive が正解の選択肢 c)の be preserved に相当することがすぐ結びつかなくても，for educational purposes はそのままなので，判断はしやすい。

# 3 (C)　文明の崩壊が持つ意味

**[設問文から読み取ろう！]**

①設問文を一読すると,「文明」「崩壊」という語が繰り返されていることがわかる。

②設問文を細かく見ると, ⒃は「マヤ文明の崩壊に関する事実」, ⒄は「文明の崩壊について講義で言及されていること」, ⒅は「古代メソポタミアのシュメール文明の崩壊に関する事実」, ⒆は「1970 年代のニューヨーク市の停電に関する講演者の意見」, ⒇は「以前の社会より現代社会が崩壊する可能性が高い理由」が, それぞれの聞き取りの要点だとわかる。

⒃「マヤ文明の崩壊と一致しないのは次の文のどれか」

a)「文明が衰退するにつれて, 死亡する人の数が増した」
b)「文明の没落にもかかわらず, 繁栄し続けた地域もあった」
c)「人口の低下で見捨てられた都市もあった」
d)「スペイン人の到来まで文化的活動の一部は続いた」
e)「マヤ文明は比較的急速に崩壊した」

▶第 1 段第 3 文に「マヤ文明の崩壊は…300 年にわたって進行した」とある。e)が正解。

⒄「文明の崩壊について, 講義で言及されていないのは次の文のどれか」

a)「それは, 生態系全体が永遠に失われる森林火災のようである」
b)「それは, 成長と没落の自然な過程の一部である」
c)「それは, 民族国家がヨーロッパで出現することを可能にした」
d)「それは, 私たちが通常歴史をエリートたちの観点から見るため, 否定的な見方をされる傾向がある」
e)「社会の最貧者たちに起きたことの記録はほとんどない」

▶第 2 段最終文に「崩壊は森林火災, つまり進化の源と再建の余地を与える創造的破壊のようだ」とある。a)が正解。

⒅「講義によると，古代メソポタミアのシュメールの崩壊は…」

a）「都市だけに影響を及ぼした没落の例である」
b）「重い課税につながった」
c）「紀元前 2000 年の終わりに起こった」
d）「シュメール社会の下層階級の人たちには安堵をもたらすものだった」
e）「土地の所有者にとっては，起こりうる最高のことだった」

▶第3段最終文に「シュメール文明が終わり残酷な支配者が都市から消えたことは，小作農が過酷な労働と重税から逃れられることを意味した」とある。d)が正解。

⒆「1970 年代のニューヨーク市の停電に関する講演者の意見に最もよく一致する文を選べ」

a）「多くの人が地下鉄の事故で負傷した」
b）「文明の崩壊は，どこでもいつでも起こりうる」
c）「ニューヨーク市は，犯罪を減らすためにもっと対策をとるべきだった」
d）「科学技術への私たちの依存は今，他のどの時代よりも大きい」
e）「停電のせいで，犯罪者が刑務所から逃げられた」

▶第4段第2文に「私たちはこれまでになく国家のインフラストラクチャーに依存している。インフラがなければ大混乱が生じうる」，直後の第3文に「1977 年にニューヨーク市を襲った…停電を例にとろう」とあることから，ニューヨーク市の停電は，現代がこれまでになくインフラに依存した時代であることを示すための一例であることがわかる。d)が正解。

⒇「講義によると，現代社会が以前の社会と比べて崩壊する可能性が高いのは…からである」

a）「気候変動が緊急の脅威になる」
b）「人々が暗い未来の可能性を案じている」
c）「世界がかつてないほど相互に関連している」
d）「現代社会の政治構造がより脆弱である」
e）「今では戦争がずっと大きな破壊力を持っている」

▶第6段第1・2文に「世界がいっそう相互に関連し合い複雑になっている…が，互いに関連し合ったシステムは，孤立したものより偶発的な機能停止に陥りやすい」とある。c)が正解。

**ANSWER**

⒃－e） ⒄－a） ⒅－d） ⒆－d） ⒇－c）

## スクリプト

In our history, the end of a civilization has rarely been sudden and unexpected. Usually the process is long, slow and leaves society and culture continuing for many years. The collapse of the Mayan civilization in Central America, for example, took place over three centuries between 750 and 1050 CE. It was marked by a 10 to 15 per cent increase in death rate and some cities were abandoned, but other areas flourished, and writing, trade and urban living remained until the arrival of the Spanish in the 1500s.

The collapse of civilizations can also provide benefits for some. The emergence of the nation-state in Europe wouldn't have happened without the end of the Western Roman Empire many centuries before. This has led some scholars to speculate that collapse is like a forest fire—an act of creative destruction that provides resources for evolution and space for reorganization.

Our visions of past collapses are typically seen through the eyes of its most privileged victims: the elite, whose lives, unlike those of the poor, remain comparatively well documented. But for the peasants of Sumer in ancient Mesopotamia, for instance, the political collapse that took place at the beginning of the second millennium BCE was the best thing that could have happened. Researchers have known for some time that early states had to restrict the freedom of much of their population. The end of the Sumerian civilization and the disappearance of harsh rulers from cities meant that the peasants could escape from hard labor and heavy taxation.

None of this means, however, that we should not be concerned about the prospects for a future fall.

## 発音

レエァリィ
※reallyと聞き間違えないよう注意しよう。

アザレリアズ

プリヴィリィ・ヴィクティムズ

クダヴハプンド

## 全 訳

私たちの歴史においては，(16)文明の終焉が突然で予想外なものであることはめったになかった。通常その過程は長期にわたるゆっくりとしたもので，社会や文化は何年も継続し続ける。たとえば，中央アメリカのマヤ文明の崩壊は，紀元 750 年から 1050 年までの 300 年にわたって進行した。その崩壊では 10 パーセントから 15 パーセントの死亡率の増加が目立ち，いくつかの都市は見捨てられたが，他の地域は繁栄しており，文筆，貿易，都市生活は，1500 年代にスペイン人がやって来るまで残っていた。

(17)文明の崩壊は一部の人たちに恩恵をもたらすこともある。ヨーロッパの民族国家の出現は，西ローマ帝国が何百年も前に終わっていなければ起こらなかっただろう。このことから，学者の中には崩壊は森林火災のようだと考える人もいる。つまり，進化の源と再建の余地を与える創造的破壊の行為というわけである。

過去の崩壊に関する私たちの見解は，一般にその最も特権的な犠牲者，すなわち，貧しい人たちと違って，その生活が比較的よく記録されているエリートたちの目を通して見られたものである。(18)しかし，たとえば，古代メソポタミアのシュメールの小作農たちにとっては，紀元前 2000 年の初めに起こった政治的崩壊は，起こりうる中では最高のことだった。しばらく前から，研究者たちは初期の国家がその住民の多くの自由を制限しなくてはならなかったことを知っている。シュメール文明が終わり残酷な支配者が都市から消えたことは，小作農が過酷な労働と重い課税から逃れられることを意味した。

しかし，こうしたことはどれも，将来の崩壊の可能性について心配しなくてよいという意味ではない。

## ポイント

(16) the end of a civilization で注意喚起。このあとの has rarely been sudden and unexpected / the process is long, slow もヒントになる。The collapse of the Mayan civilization で集中。このあとしばらく集中して聞き取る必要があるが，解答の参照箇所が連続して出てくるので，選択肢と照らし合わせながら正解をしぼる。

(17) The collapse of civilizations で注意喚起。emergence で集中。(16)と同様，ここからしばらく解答の参照箇所が続く。選択肢をあらかじめ読んでおくことが欠かせない。キーワードになる a forest fire だけでなく，選択肢全体の内容を把握しておく。放送で a forest fire が an act of creative destruction と言い換えられていることに注意する。

(18) But for the peasants of Sumer in ancient Mesopotamia で即集中。カギとなる Sumer が出てくるまでに解答の参照箇所の 1 つとなる for the peasants がすでに出ているが，直前であり，耳に残っているのではないかと思われる。不確かな場合は 2 回目の放送でしっかり聞き取ること。

| スクリプト | 発 音 |
|---|---|

(19)

We are more dependent than ever on state infrastructure ; lack of this can cause chaos. Take the near-total loss of electricity that affected New York City in 1977. Crime and destruction surged ; 550 police officers were injured, and 4,500 people were arrested. This was the outcome of the financial crises in the 1970s as well as a simple loss of electricity. By contrast, a power cut in 1877 in New York City probably wouldn't even have been noticed.

> state infrastructure: スティティンフラストラクチュア
>
> simple loss of: シンパラソウヴ

Modern civilizations might be less capable of recovering from deep collapse than earlier ones. Individual hunter-gatherers knew how to live off the land—yet people in industrial society lack basic survival skills. Knowledge is increasingly held not by individuals but by groups and institutions. It is not clear if we could recover if our present society collapsed.

(20)

Finally, it's significant that the world has become more interconnected and complex. This enhances our capabilities but interconnected systems are more prone to random failure than isolated ones. Interconnectedness in financial systems can initially provide protection, but after a certain point it can actually cause everything to collapse. Historically this is what happened to Bronze Age societies in the Mediterranean. The interconnectedness of these people increased the prosperity of the region, but also set up a row of dominoes that could be knocked down by a powerful combination of earthquakes, warfare, climate change and rebellions.

> can actually: カナクチュオリ

Collapse, then, is a double-edged sword. Sometimes it's a chance to revive decaying institutions, yet it can also lead to loss of population, culture and political structures. If in the past, collapse has had

> sword: ソード

## 全 訳

(19)私たちはこれまでになく国家のインフラストラクチャーに依存している。インフラがなければ大混乱が生じうる。1977 年にニューヨーク市を襲ったほぼ全面的な停電を例にとろう。犯罪と破壊行為が急増した。550 人の警官が負傷し，4,500 人が逮捕された。これは，単純な停電だけでなく 1970 年代の財政危機の結果だった。対照的に，1877 年のニューヨーク市の送電停止は，おそらく気づかれさえしなかっただろう。

現代文明は，以前の文明よりも深刻な崩壊から立ち直る力が弱いかもしれない。狩猟採集民の一人一人は，その土地で生きていく方法を知っていた。しかし，産業社会の人々は，基本的な生存技術を持っていない。知識はますます個人ではなく集団や組織に握られるようになっている。もし私たちの現在の社会が崩壊したら，私たちが回復できるかどうかはわからない。

最後になるが，(20)世界がいっそう相互に関連し合い複雑になっていることは重要である。このことは私たちのさまざまな能力を拡大してくれるが，互いに関連し合ったシステムは，孤立したものより偶発的な機能停止に陥りやすい。金融システムの相互関連性は，初めは保護を与えてくれるが，ある時点を越えると，実はすべてを崩壊させてしまう可能性がある。歴史的には，これが地中海の青銅器時代の社会に起きたことである。この地域の人たちの相互関連性は地域の繁栄を高めたが，地震，戦争，気候変動，反乱の強力な組み合わせによって打ち倒されるドミノの列を作っていたのだ。

したがって，崩壊は諸刃の剣である。時には，腐敗した機構を回復する機会ではあるが，人口，文化，政治構造の喪失につながる可能性もある。過去において崩壊がよい結果も悪い結果ももたらしたとして

## ポイント

(19)注意喚起のキーワードである New York City in 1977 が出てくる時点で，解答の参照箇所 We are more dependent than ever on state infrastructure はすでに出てきている。続く部分で具体的な被害に言及しているので，消去法である程度解答を絞り込める。2 回目の放送で，何の例としてこの出来事が取り上げられたのか，確実に聞き取ること。We are more dependent than ever on state infrastructure は，選択肢では別な言葉で表現されているので注意。

(20) interconnected and complex で注意喚起。This enhances で集中。直後は our capabilities だが，but で再び interconnected が聞こえてくる。are more prone to random failure は，設問で使われている more likely to collapse とは異なるが，このあとにも Interconnectedness … can actually cause everything to collapse と続くことから判断できる。

スクリプト

発音

both positive and negative consequences, in the modern world it might only lead to a dark future.

From Civilisational collapse has a bright past - but a dark future, Aeon on May 21, 2019 by Luke Kemp

## 全 訳

も，現代においては崩壊はただ暗い未来につながるだけなのかもしれない。

## ポイント

# 4 (A) 子育ての庭師モデルと大工モデル

**[設問文から読み取ろう！]**

①リスニング問題の冒頭に「心理学者の著書に関するインタヴュー」とある。

②設問文を細かく見ると，(6)は「子育ての大工モデルの特徴」，(7)は「先進国で優勢な子育てモデルを生み出した社会変化」，(8)は「インタヴューで言及されている事柄」，(9)は「人間の子ども時代が長い理由」，(10)は「インタヴューされる側とする側の考え」が，それぞれの聞き取りの要点だとわかる。

(6)「子育ての大工モデルと合わないものは次のどれか」

a)「子育ては，基本的な素材を特定の形に形成するようなものだと考える」
b)「子育ての最終的な目標についてのはっきりとした考えを含んでいる」
c)「子どもを上手に育てるための特定の計画に従うことを伴う」
d)「今日の先進国で優勢な子育てモデルである」
e)「親と他の行為主体との協力を必要とする」

▶ゴプニックの2番目の発言第2段第2文に「庭師は…固定した対象ではなく，パートナー…を相手に仕事をする」とあり，e)の「他の行為主体との協力を必要とする」と一致する。これは庭師モデルであり，大工モデルではない。e)が正解。

(7)「先進国で優勢な子育てモデルを生み出すのに比較的重要だった人間社会の変化は次のどれか」

a)「産業経済の発展」　b)「高等教育の出現」
c)「自分の子どもを持つ前に子どもの世話をするという経験の減少」
d)「大きな拡大家族の隆盛」　e)「狩猟採集社会から定住農耕社会への移行」

▶ゴプニックの3番目の発言第2段第1文に「20世紀の間に，家族は規模が小さく…なり…家族を営み始める多くの人が，子どもの世話をする経験はあまりない…ということが初めて起こった」とある。c)が正解。

(8)「インタヴューの中で言及されていない発言は次のどれか」

a)「現代社会においては，人々はまず子どもの世話をする経験をすることなく，家族を営み始めることが多い」
b)「子育ては，20世紀に変わり始めた」

c)「子育ては，学業や仕事と同じようなものだと見なされてきた」
d)「子育ては，まず仕事で成功すればより順調にすすむ」
e)「子どもを上手に育てるために適切な手引きを探す親もいる」

▶ a)・b)はゴプニックの３番目の発言第２段第１文の内容と一致する。c)は続く第２文，e)は同最終文の内容と一致する。「子育てと仕事の成功」に言及した箇所はない。d)が正解。

(9)「人間の子ども時代が特に長い理由としてゴプニックが言及しているのは次のどれか」

a)「それは人間が言語を獲得できるようにする」
b)「それは人間がより柔軟性と適応力を持てるようにする」
c)「それは人間がより大きな脳を発達させられるようにする」
d)「それは人間が人生をより十全に経験できるようにする」
e)「それは人間が自分を取り巻く環境を守れるようにする」

▶ゴプニックの４番目の発言第４・５文に「長い子ども時代が，新しい状況にどのように適応すればよいか考えることができる…時期を与えてくれ…人間がこんなにも多くの異なる環境で生きることを可能にしてくれる」とある。b)が正解。

(10)「この会話によると，ゴプニックと司会者ヴェダンタムの考えを最もよく表しているのは次の文のどれか」

a)「ゴプニックもヴェダンタムも大工モデルのほうがよいと考えている」
b)「ゴプニックもヴェダンタムも庭師モデルのほうがよいと考えている」
c)「ゴプニックとヴェダンタムは両方のモデルに多くの評価すべき点を見出している」
d)「ゴプニックは大工モデルのほうがよいと考えているが，ヴェダンタムは庭師モデルのほうがよいと考えている」
e)「ゴプニックは庭師モデルのほうがよいと考えているが，ヴェダンタムは大工モデルのほうがよいと考えている」

▶ヴェダンタムの５番目の発言に「私には，庭師モデルが，そういう長く続く人間の子ども時代という条件に完璧に合うものに思える」とあり，続いてゴプニックが「まさしくそのとおり」と述べている。b)が正解。

## ANSWER

(6)―e) (7)―c) (8)―d) (9)―b) (10)―b)

※著作権の都合上，「スクリプト・発音・全訳・ポイント」を省略しています。

# 4 (B) 現代の子育ての問題

**[設問文から読み取ろう！]**

①リスニング問題の冒頭に「(A)と関連した会話である」と述べられている。
②設問文を細かく見ると，(11)は「大工モデルの子育てにありそうな結果」，(12)は「ヴェダンタムのまとめたゴプニックの主張」，(13)は「ゴプニックの主張に対するウェブの異議」，(14)は「ウェブの説明に対するゴプニックの考え」，(15)は「ウェブが引き出した結論」が，それぞれの聞き取りの要点だとわかる。

(11)「ゴプニックによると，大工モデルの子育てにありそうな結果は何か」

a)「子どもたちは危険を冒すことによってより多くのことを成し遂げるだろう」
b)「子どもたちは不確かなことによりうまく対処できるようになるだろう」
c)「子どもたちは注意深くなる可能性が高まるだろう」
d)「子どもたちはのちの人生でよりバランスのとれた人になるだろう」
e)「子どもたちはより大きな自由から利益を得るだろう」

▶ゴプニックの最初の発言第2文に「彼ら（＝現代の若者）は…危険を冒すことが以前より少ない」，同最終文に「これは大工の筋立てからちょっと予測できることだ」とある。c)が正解。

(12)「ヴェダンタムによると，ゴプニックは何を主張しているか」

a)「子どもたちは危険を冒すことによって価値ある教訓を学ぶ」
b)「子どもたちは幼いときから特殊な技能を伸ばす必要がある」
c)「親は自分の子どもたちのための特定の目標を持つ必要がある」
d)「大工モデルは子どもたちの自由感を増すように考えられている」
e)「現代の子育ての考え方がうまくいくためにはほんのちょっとした調整が必要なだけである」

▶ゴプニックの2番目の発言第1文「大工の筋立てでは…子どもに危険を冒したり，探求したり，自立したりする自由を与えていない」を受けて，ヴェダンタムの3番目の発言第1文に「ゴプニック博士，あなたの主張は，子どもたちが自由に学んだり探求したりできる環境を作り出すことによって…よりうまく対処できるようになる子どもたちを育てるということですね」とある。a)が正解。

⒀「ゴプニックの主張に対してウェブはどのような異議を唱えているか」

a）「子どもたちに多くの自由を与えることは，彼らの将来の機会を制限しかねない」
b）「不安をなくそうとするなら，しっかりとした人生が必要である」
c）「成功しようとするなら，一つを選ぶ前に多くのことを試してみる必要がある」
d）「オリンピック選手になるためには，14歳になる前にレッスンを受け始めなくてはならない」
e）「人生における成功の基礎には，子どもの天性の能力がある」

▶ウェブの最初の発言第1～3文でオリンピック選手を例に挙げ，特定のことをうまくできる人が報われると主張したあと，第4・5文で「子どもに自分のしたいことを考えさせ…14歳でアイススケーターに本当になりたいとわかったとしても，その時点では…おそらく遅すぎる。それが問題だ」と述べている。a)が正解。

⒁「ウェブが説明する問題について，ゴプニックはどう思っているか」

a）「子どもたちは，自分の親を信じるように奨励されるべきだ」
b）「子どもたちは，成功するためにそんなに懸命に努力することを期待されるべきではない」
c）「競争的な文化にいる親は，自分の子どもたちに多大な要求をするべきだ」
d）「親は，子どもたちが成功するのを手助けするために，可能な限りあらゆる強みを与えるべきだ」
e）「私たちはこのような状況にいる親に同情すべきだ」

▶ゴプニックの3番目の発言第2・3文に「10代の子どもたちが…毎晩2時まで寝ないで勉強している…そんなのはどうかしている」とある。b)が正解。

⒂「ウェブはこの議論から最終的にどのような結論を引き出しているか」

a）「人生は不公平な競争のようだ」
b）「子育てモデルのほとんどは，人生に対する十分な備えを子どもたちにさせていない」
c）「子どもたちが人生で成功する手助けをどのようにしてやればよいのか理解している親は十分にはいない」
d）「子育ては，非常に報われない活動であるかもしれない」
e）「本当の問題は社会にある」

▶ウェブの3番目の発言第2文に「変わる必要があるのは子育てではなく，社会が学校での出来に対してどのように賞罰を与えるかである」とある。e)が正解。

**ANSWER**

⑾－c）　⑿－a）　⒀－a）　⒁－b）　⒂－e）

※著作権の都合上，「スクリプト・発音・全訳・ポイント」を省略しています。

# 4 (C) 作物増産の新技術

**[設問文から読み取ろう！]**

①設問文を一読すると，農作物栽培の進歩や研究に関する講義だとわかる。

②設問文を細かく見ると，(16)は「促成栽培の最近の進歩」，(17)は「中国で農作物の病気への抵抗性を高めた年」，(18)は「遺伝子編集が病気への抵抗性を高めることを示すのに使われていない作物」，(19)は「研究プロジェクトが行われていない地域」，(20)は「将来の食糧確保に必要なもの」が，それぞれの聞き取りの要点だとわかる。

(16)「促成栽培の最近の発達を可能にした科学的進歩はどれか」

a)「宇宙飛行技術の向上」
b)「LED 技術の進歩」
c)「気象制御技術の改善」
d)「収穫方法の効率化」
e)「炭素アーク灯の発明」

▶第 2 段第 4 文に「1 日に 22 時間青と赤の LED 照明を照らし…作物をだまして早期に花を咲かせる」，第 3 段最終文に「LED 技術の進歩のおかげで，科学者たちが個々の作物種に合うように照明の設定を調節する際の正確性が大いに向上した」とある。b)が正解。

(17)「中国の科学者たちが，世界できわめて重要な作物の一つを病気に抵抗性のあるものにすることで突破口を開いたのはいつか」

a)「2002 年」
b)「2004 年」
c)「2008 年」
d)「2012 年」
e)「2014 年」

▶第 4 段最終文に「10 年後，中国の研究者たちが，世界で最も重要な作物の一つであるコムギ…も抵抗性のあるものにした」とある。直前の文に「2004 年」とあるので，e)が正解。

⒅「下の作物リストのうち，遺伝子編集がどのように植物を病気から守ってきたかを示すために使われていないのはどれか」

a)「バナナ」
b)「オオムギ」
c)「コメ」
d)「ダイズ」
e)「コムギ」

▶第 5 段第 1 文のダイズに関する言及は「遺伝子編集手段は…トウモロコシやダイズに特定の化学物質に対する抵抗性をつける…ために使われてきた」とあり，「病気から守る」ためではない。d)が正解。

⒆「研究プロジェクトが現在行われている場所として言及されていないのは次のどれか」

a)「オーストラリア」
b)「中国」
c)「ヨーロッパ」
d)「インド」
e)「韓国」

▶第 6 段第 2 文に「ヒッキー博士のチームは，次の数年にわたってインド…の農家を手助けするために，こうした発見を使うつもりである」とある。インドではまだ新技術が使われていないことがわかる。d)が正解。

⒇「ヒッキーによると，食糧確保という将来の難題に応えることは…を必要とする」

a)「促成栽培の継続的な進歩」
b)「人口増加を抑制する努力」
c)「遺伝子編集の新しい突破口」
d)「利用できるあらゆる技術の応用」
e)「新しい手段の開発」

▶第 7 段第 1 文に「ヒッキーによると，将来の食糧確保という難題に応えようというのであれば，促成栽培と遺伝子編集を，今ある他のあらゆる手段と組み合わせる必要がある」とある。d)が正解。

## ANSWER

⒃－b） ⒄－e） ⒅－d） ⒆－d） ⒇－d）

## スクリプト

Farmers and plant breeders are in a race against time. According to Lee Hickey, an Australian plant scientist, "We face a grand challenge in terms of feeding the world. We're going to have about 10 billion people on the planet by 2050," he says, "so we'll need 60 to 80 percent more food to feed everybody."

Breeders develop new kinds of crops—more productive, disease-resistant—but it's a slow process that can take a decade or more using traditional techniques. So, to quicken the pace, Dr. Hickey's team in Australia has been working on "speed breeding," which allows them to harvest seeds and start the next generation of crops sooner. Their technique was inspired by NASA research on how

to grow food on space stations. They trick crops into flowering early by shining blue and red LED lights 22 hours a day and keeping temperatures between 17 and 22 degrees Celsius. They can grow up to six generations of wheat in a year, whereas traditional methods would yield only one or two.

Researchers first started growing plants under artificial light about 150 years ago. At that time, the light was produced by what are called carbon arc lamps. Since then, advances in LED technology have vastly improved the precision with which scientists can adjust light settings to suit individual crop species.

Researchers have also adopted new genetic techniques that speed up the generation of desirable characteristics in plants. Historically, humans have relied on a combination of natural variation followed by artificial selection to achieve these gains. Now,

## 発音

ワラーコーウド

クラ・スピースィズ

ハヴァラライド

## 全　訳

農家や植物育種家は時間と戦っている。オーストラリアの植物学者のリー=ヒッキーによると，「私たちは世界中の人を食べさせていくという点で重大な難題に直面している。2050 年には，地球上におよそ 100 億人が存在することになる。したがってすべての人を食べさせるためには，60 パーセントから 80 パーセント多くの食糧が必要だ」と，彼は言う。

育種家たちは，より生産性がよく病気に抵抗性のある，新しい種類の作物を開発するが，それは従来の技術を使うと 10 年以上かかることもあるゆっくりとした過程である。したがって，そのペースを速めるために，(19)オーストラリアのヒッキー博士のチームは，これまでよりも早く種を収穫し作物の次の世代を育て始められる「促成栽培」に取り組んできた。彼らの技術は，宇宙ステーションでの食物の育て方に関する NASA の研究に触発された。(16)彼らは，1 日に 22 時間青と赤の LED 照明を照らし，温度を摂氏 17 度から 22 度に保つことで，作物をだまして早期に花を咲かせる。従来の方法だと年に 1，2 世代しか産出されないのに対して，彼らは 1 年でコムギを最高 6 世代まで育てることができるのだ。

研究者たちが最初に人工照明で植物を育て始めたのはおよそ 150 年前のことだ。当時は，炭素アーク灯と呼ばれるもので生み出された光を使っていた。それ以降，LED 技術の進歩のおかげで，科学者たちが個々の作物種に合うように照明の設定を調節する際の正確性が大いに向上した。

研究者たちはまた，植物の望ましい特徴の発生を早める新しい遺伝子技術を採用している。歴史的に，人類はこうした恩恵を得るために，自然な変異とそれに続く人工的な選別の組み合わせに頼ってきた。今では，育種家はたいへん速く正確に DNA を変

## ポイント

(16) speed breeding で注意喚起。They trick crops into flowering early で集中。LED は聞き取りやすい。この前の NASA research on how to grow food on space stations では，まだ育て方の具体的な内容は述べられていないので，あわてず待つこと。

## スクリプト

## 発音

(17) breeders use gene-editing tools to alter DNA with great speed and accuracy. (19) In 2004, scientists working in Europe identified a variation on a single gene that made a type of barley resistant to a serious disease. (17)(19) Ten years later, researchers in China edited the same gene in wheat, one of the world's most important crops, making it resistant as well.

(18) Gene-editing tools have been used to protect rice against disease, to give corn and soybeans resistance to certain chemicals, and to save oranges from a type of bacteria that has destroyed crops in Asia and the Americas. (19) In South Korea, scientists are using these tools to rescue an endangered variety of bananas from a devastating soil disease.

With cheaper, more powerful technology, opportunities are opening up to improve crops around the world. Dr. Hickey's team plans to use these discoveries to help farmers in India, Zimbabwe and Mali over the next couple of years, since he wants the discoveries to benefit developing countries, too.

(20) According to Hickey, we will need to combine speed breeding and gene editing with all the other tools we have if we are to meet the food security challenges of the future. "One technology alone," he says, "is not going to solve our problems."

However, while basic speed breeding is generally accepted, many are reluctant to embrace gene-editing technology. They worry about unexpected long-term consequences. The benefits of this revolutionary technology, they feel, must be weighed against its potential dangers.

## 全 訳

更する遺伝子編集手段を使っている。(17)2004 年，(19)ヨーロッパで研究している科学者たちが，オオムギの一種を深刻な病気に対して抵抗性のあるものにしている単一遺伝子の変異を特定した。(17)(19)10 年後，中国の研究者たちが，世界で最も重要な作物の一つであるコムギの同じ遺伝子を編集し，それも抵抗性のあるものにした。

(18)遺伝子編集手段は，コメを病気から守り，トウモロコシやダイズに特定の化学物質に対する抵抗性をつけ，アジアや南北アメリカで作物を台なしにしたある種のバクテリアからオレンジを守るために使われてきた。(19)韓国では，バナナの絶滅危惧種を破壊的な土壌の病気から救うために，科学者たちがこうした手段を使っている。

比較的安価で効果的な技術のおかげで，世界中の作物を改良するためのさまざまな機会が開かれつつある。ヒッキー博士のチームは，次の数年にわたってインド，ジンバブエ，マリの農家を手助けするために，こうした発見を使うつもりである。その発見が発展途上国にも利益になってほしいと考えているからである。

(20)ヒッキーによると，将来の食糧確保という難題に応えようというのであれば，促成栽培と遺伝子編集を，今ある他のあらゆる手段と組み合わせる必要がある。「一つの技術だけでは，私たちが抱えている問題を解決することにはなりません」と，彼は言う。

しかし，基本的な促成栽培が一般に受け入れられている一方，多くの人が遺伝子編集技術を採用するのには乗り気でない。彼らは，長期的な予想外の結果を心配しているのである。この革命的な技術の恩恵は，その潜在的な危険と天秤にかけてみなくてはならないと，彼らは感じているのだ。

## ポイント

(17)具体的な年号が出てくる In 2004 で注意喚起。ここは scientists working in Europe だが，引き続き注意を傾ける。Ten years later で集中。続く researchers in China / one of the world's most important crops で正解を確認できる。

(18) Gene-editing tools で注意喚起。続く have been used で即集中。to protect rice against disease をしっかり聞き取り，to give corn and soybeans resistance to certain chemicals で正解に結びつける。あらかじめ選択肢を確実にチェックしておく必要がある。

(19)選択肢にある国への言及は放送のあちらこちらに散らばっている。正解の India が出てくるまでに，他の選択肢の国で行われている研究のことが述べられており，消去法で正解が残せる。Dr. Hickey's team plans to use these discoveries … in India で正解の確認を行う。(18)と同様，あらかじめ選択肢をしっかり確認しておくこと。

(20) According to Hickey で注意喚起。we will need で即集中。to combine speed breeding and gene editing with all the other tools we have をしっかり聞き取る。if we are to meet the food security challenges of the future で解答参照箇所であることが確認できる。

2019年度　3-(A)

# 5 (A) 現代社会におけるチームスポーツの役割

**[設問文から読み取ろう！]**

①設問文を一読すると，スポーツに関する講義だとわかる。
②さらに細かく見ると，(7)は「講義が行われている場所」，(8)は「古代スポーツが，人々の社会内での居場所を見つける手助けとなった例」，(9)は「チームスポーツの核となる要素」，(10)は「学校制度にとってのチームスポーツの主な目標」，(11)「現代のチームスポーツの重要点に関する通念と講演者の考え」が，それぞれの聞き取りの要点だとわかる。

(7)「この講義が行われている場所を最もよく説明しているのは次のどれか」

a)「地方自治体の中央施設」　b)「スキー・リゾート」
c)「大学町」　d)「古代史跡」
e)「運動練習場」

▶司会者の発言第1文に「冬期連続講義」，ターナー博士の発言第1段第3文に「山の斜面〔ゲレンデ〕」，続く同段最終文冒頭に「新雪」とある。b)が正解。

(8)「人々が社会における自分の居場所を見つける手助けをする古代スポーツの例として，講演者はどのようなものを挙げているか」

a)「戦闘の訓練としてのスポーツ」
b)「通過儀礼として機能するスポーツ」
c)「宗教儀式の中で行われるスポーツ」
d)「理想的な社会秩序を表すスポーツ」
e)「教育の初期の形態として役立つスポーツ」

▶ターナー博士の発言第2段第2文に「通過儀礼，つまり人々を彼らの社会的役割にうまくなじませるというのもある」とある。b)が正解。

(9)「講演者が言及しているチームスポーツの核となる要素のどれとも合わないのは次のどれか」

a)「能力」　b)「鍛錬」　c)「幸運」　d)「ルール」　e)「戦術」

▶ターナー博士の発言第4段第3文に「チームスポーツの基本的な要素…技能，戦略，運，そして…ルール」とある。b)の「鍛錬」に相当するものが含まれていない。b)が正解。

⑽「学校制度にとってのチームスポーツの主な目標を最もよく説明しているのは次のどれか」

a)「それらは，学生に良き市民になってもらいたいと思っている」
b)「それらは，学生に規則に従い，権威に敬意を払ってもらいたいと思っている」
c)「それらは，学生にフェアプレーを実行してもらいたいと思っている」
d)「それらは，学生に他者に思いやりを示してもらいたいと思っている」
e)「それらは，学生にチームワークを重んじてもらいたいと思っている」

▶ターナー博士の発言第4段最終文に「今日，学校制度は…こうしたスポーツを推奨し…ここでの主な目的は，学生たちを信頼できる社会の一員にすることだ」とある。a)が正解。

⑾「ターナー博士は講義の終わりに近いところで，現代のチームスポーツは（ ㋐ ）に至上の価値を置いているようだが，実際には（ ㋑ ）も同じくらい重要だと主張している」

a) ㋐「努力」 ㋑「不正を行うこと」
b) ㋐「フェアプレー」 ㋑「勝利」
c) ㋐「技能」 ㋑「運」
d) ㋐「集団」 ㋑「個人」
e) ㋐「勝つこと」 ㋑「負けること」

▶ターナー博士の発言第5段第4文に「道徳的行動やフェアプレーよりも勝利が重視され」とあることから，一般にスポーツにおいては「勝つこと」に価値があると考えられていることが読み取れ，空所㋐には winning が入りそうだと見当がつく。また，第6段第3文に「敗北は…勝利と同じくらい重要だ」とある。e)が正解。

**ANSWER**

⑺―b) ⑻―b) ⑼―b) ⑽―a) ⑾―e)

## スクリプト

## 発音

(7)

Moderator❶ : Welcome, everyone, to the 2019 Winter Lecture Series of the Society for Social Research, held this year in the beautiful village of Seefeld, Austria, where we're looking at sports and culture. We're delighted to have the renowned anthropologist Clifford Turner here to start things off. Before going any further, I'd like to thank the staff for their hard work and extend a hearty mountain greeting to those joining us on our live video stream. And now, Dr. Turner ——.

ウェワー

Dr. Turner❶ : Thanks, Harry. Hello, everyone. I believe I saw many of you on the slopes today. Fresh snow, amazing scenery —— a great place to talk about sports.

(8)

As you know, a lot of research in our field looks at ancient sports in contexts where they're closely tied either to religious ceremonies —— say, dealing with the spirit world, pleasing the gods —— or to practicing core tasks of survival like hunting and combat. Then, of course, there are rites of passage, you know, fitting people into their social roles. That's all fascinating stuff, but tonight I'd like to focus on team sports in modern societies.

## 全　訳

司会者❶：みなさん，社会調査研究会の(7)2019年度冬期連続講義へようこそ。今年は，私たちがスポーツや文化に注目しているオーストリアの美しい村ゼーフェルトでの開催です。高名な人類学者クリフォード=ターナーさんに口火を切っていただくべく，ここにお越しいただき，嬉しく思います。お話に入る前に，スタッフのみなさんには，懸命に仕事をしていただいたことを感謝し，私どものライブ・ビデオストリームにご参加いただいているみなさんに心からの大きなごあいさつを申し上げたいと思います。では，ターナー博士…。

ターナー博士❶：ありがとう，ハリー。みなさん，こんばんは。今日，多くの方を山の斜面〔ゲレンデ〕でお見かけしたと思います。新雪で見事な景色ですね。スポーツについて語るにはうってつけの場所です。

ご存知のように，私たちの分野における多くの研究が(8)古代のスポーツに目を向けていますが，それは，そうしたスポーツが，たとえば精神世界を扱ったり，神を喜ばせたりするというような宗教的儀式か，あるいは，狩猟や戦闘といった生存の中心となる任務の訓練と密接に結びついているという文脈においてのことです。それから，もちろん通過儀礼，つまり人々を彼らの社会的役割にうまくなじませるというのもあります。どれも興味深いものですが，今夜は現代社会におけるチームスポー

## ポイント

(7) the 2019 Winter Lecture Series で注意喚起。司会者のあいさつにはこのあと the beautiful village, we're looking at sports and culture ともある。ターナー博士の I saw many of you on the slopes today で集中。直後に Fresh snow と続く。後知恵だが司会者の a hearty mountain greeting も，開催地にひっかけたしゃれである。

(8) ancient sports で注意喚起。このあと宗教儀式，生存のための訓練としてのスポーツのことが述べられる。Then, of course で集中。rites of passage というキーワードに fitting people into their social roles と続くのをしっかり聞き取りたい。

## スクリプト

I argue that modern sports, especially team sports, serve a different set of functions. They're much more about representation —— projecting a model of our society, either as we wish it were or as we think it really is. And although sports still help us fit into society, the target today isn't any particular role, just adjusting to life in general.

So, what am I saying here ? On the one hand, sports offer an ideal image of society, life as we think it should be —— competition, sure, but with clear, fair rules. (9) Think of the basic elements of team sports : skill, strategy, chance, and rules that govern how to play the game and how to determine a winner. And there's a close tie to social education.  Today, school systems promote these sports as a way to teach teamwork, fair play, discipline, respect for authority, respect for opponents : their main objective here is to turn students into responsible members of society.

So, that's sports reflecting how we think things ought to be. But that function always exists alongside

## 発 音

サーヴァディフレン・セタヴ

モドーロヴァワ

ワタマィ

## 全 訳

ツに焦点を当てたいと思います。

現代スポーツ，特にチームスポーツは，さまざまに異なる機能を果たしていると，私は主張します。それらは，そうであればよいのにというものであれ，実際そうだと考えているものであれ，私たちの社会のモデルを投影すること，その表現に，以前よりもずっと関わるものです。そして，スポーツは今でも私たちを社会になじませるのに役立っていますが，今日の目標は，何か特定の役割というものではなく，生活全般に適応するというものです。

では，私はここで何を訴えているのでしょう。一方では，スポーツは社会の理想のイメージ，私たちがそうあるべきだと考えている生活，つまり競争は確かにありますが，明確で公正なルールのあるものを提示しています。(9)チームスポーツの基本的な要素を考えてみてください。技能，戦略，運，そしてどのように競技を行うか，どのように勝者を決めるのかを規定するルールです。また，社会教育との密接なつながりもあります。(10)今日，学校制度は，チームワーク，フェアプレー，規律，権威への敬意，対戦相手への敬意を教える方法として，こうしたスポーツを推奨しています。ここでのその主な目的は，学生たちを信頼できる社会の一員にすることです。

したがって，今述べたのは，物事がどうあるべきだと私たちが考えているかを反映しているスポー

## ポイント

(9) Think of the basic elements of team sports で即集中。続く skill, strategy, chance, and rules をしっかり聞き取る。選択肢で使われている語句と異なるものがほとんどだが，落ち着いて考えれば何が述べられていないかわかる。

(10) Today, school systems promote で注意喚起。as a way to teach で集中。ただし，their main objective まで少し間がある。設問文の the chief goal がキーワードであることをあらかじめしっかりおさえておく必要がある。

| スクリプト | 発音 |
|---|---|
| another one, the representation of *non*ideal life, life as we experience it, so-called "real life." This second function begins to take over as we move toward professional sports. Here, the competition is more intense; more emphasis is placed on victory than on moral behavior or fair play, and so more attention is paid to the terrible consequences of failure, "the agony of defeat." You've heard what people say: "If you're not cheating, you're not trying"; "Just win, baby." | エクスピアリエンセ・<br>ザノンモロウ |
| (11) But here's the interesting thing: It's a paradox. That language, those sayings hide and even try to deny half the purpose of the ritual! In fact, the experience we fear —— defeat —— is as important as the victory we desire. Sports, in this sense, is preparing us to deal with *real* "real life." Bad things happen. Things don't always break our way. And we often lose. As we say, "That's life." | オヴダリチュウォ |
| Okay, now I want to back up a step and return to earlier points before I go further... | バッカッパステッ・ |

## 全 訳

ツです。ですが，その機能は，常にもうひとつの機能と一緒に存在しています。つまり，理想的ではない生活，私たちが経験しているとおりの生活，いわゆる「実生活」を表すというものです。この2番目の機能は，プロスポーツに向かうほど強くなり始めます。ここでは，競争はいっそう激しくなります。(11)**道徳的行動やフェアプレーよりも勝利が重視され**，そのため失敗という惨めな結果，「敗北の苦悩」により多くの注意が向けられます。人々が何を言うか聞いたことがあるでしょう。「ずるをしていないというのなら，努力していないということだ」とか，「ともかく勝て，いいな」とかいったことです。

**しかし，ここが興味深いところです**。それは矛盾です。そういう言葉，そのような言い草は，**儀式の目的の半分**を隠し，否定さえしようとしているわけですから！**実は，私たちが恐れる経験，つまり敗北は，私たちが欲する勝利と同じくらい重要なのです**。スポーツは，この意味では，私たちに本当の「実生活」に対処する準備をさせているのです。悪いことは起こるものです。物事はいつも私たちの道を切り開いてくれるわけではありません。そして，私たちはしばしば負けるのです。よく言うとおり，「それが人生だ」というわけです。

はい，では一歩戻って，話を先に進める前に，もとの要点に返りたいと思います…

## ポイント

(11) But here's the interesting thing で注意喚起。ターナー博士が「興味深い」と思うことがこのあとに述べられると予測できる。少し間が空くが，In fact で集中。the experience we fear のあと，それを言い換えた defeat と is as important as the victory をしっかり聞き取ること。

2019年度　3-(B)

# 5 (B) 現代社会におけるスポーツの意義に関する議論

**[設問文から読み取ろう！]**

①リスニング問題冒頭の説明に「(A)と内容的に関連した会話である」と述べられている。
②設問文を細かく見ると，(12)は「ヴァン=クレイがターナーの分析に反対している理由」，(13)は「ヴァン=クレイがつけ加えている新しい論点」，(14)は「ドゥボアが，ヴァン=クレイはターナーに対して公平ではないと言う理由」，(15)は「ドゥボアがラグビー選手の事例から引き出した結論」，(16)は「スポーツが最も影響力を持つとドゥボアが考える場面」が，それぞれの聞き取りの要点だとわかる。

(12)「ヴァン=クレイがターナーの分析に反対しているのはなぜか」

a)「彼は，ターナーの分析が現代の世界に合っていないと考えている」
b)「彼は，ターナーの分析が社会化を十分重視していないと考えている」
c)「彼は，ターナーの分析がチームスポーツに焦点を当てすぎだと考えている」
d)「彼は，ターナーの分析があまりにも西洋志向だと考えている」
e)「彼は，ターナーの分析が政治を強調しすぎていると考えている」

▶ヴァン=クレイの最初の発言第1文に「ターナー博士の研究は…現代のグローバルな状況とかけ離れているように思う」とある。a)が正解。

(13)「スポーツに関する議論にヴァン=クレイがつけ加えている新しい論点は何か」

a)「スポーツは，社会的，政治的改革で役割を果たすことはけっしてできない」
b)「スポーツは，すべての社会において核となる価値観を反映しているわけではない」
c)「スポーツは，娯楽ではなく実生活を反映している」
d)「あるスポーツによって反映されている価値観は，社会によって異なる」
e)「スポーツがある社会から別の社会に移ると，もう核となる価値観を反映しなくなる」

▶ヴァン=クレイの最初の発言最終文に「あるスポーツが別の社会に移ると，もともとの意味を失い，新しい意味を持つようになる」とある。d)が正解。

(14)「ドゥボアが，ヴァン=クレイはターナーに対して公平ではないと言っているのは…からだ」

a)「ターナーは実際にはヴァン=クレイと意見が一致している」
b)「ターナーはヴァン=クレイの異議を聞く機会がなかった」
c)「ヴァン=クレイはターナーの主張を正確に説明していない」
d)「ヴァン=クレイの論点は，ターナーが分析していた状況とは関係がない」
e)「ヴァン=クレイの論点は証明されていない」

▶ヴァン=クレイは最初の発言第4・最終文で，スポーツの意味は社会を越えて同じではないと述べている。ドゥボアは最初の発言第2・3文で「彼はあるひとつの社会の内部で，スポーツがどのように機能するかを話していた」と述べている。d)が正解。

(15)「ラグビー選手の事例からドゥボアが引き出した最終的な結論は何か」

a)「ラグビーのようなスポーツでゲイであることを公言するのは難しい」
b)「保守的な社会で（同性愛者であることを）公言するのは困難だ」
c)「社会とスポーツは互いに影響し合うことがある」
d)「社会はスポーツをよいほうに変えることがある」
e)「ラグビーのようなスポーツはあまりにも男性優位である」

▶「ラグビー選手の事例」とは，ドゥボアが2番目の発言最終文で，スポーツが政治的変化を起こせる例として挙げた「自分はゲイであると公言したラグビー選手」のこと。これを「逆の例…社会の変化のほうが，スポーツに携わる人たちが前進するのをいかに可能にするかという例だ」と述べるヴァン=クレイに対し，ドゥボアは3番目の発言第1文で「まさにそれだ。スポーツと社会は強化し合っている」と述べている。c)が正解。

(16)「ドゥボアは，スポーツが最大の影響力を持てるのは…ときだと考えている」

a)「スポーツが既成の考え方に異議を唱える」
b)「スポーツが政治的意味をほとんどあるいはまったく持たない」
c)「スポーツが進歩的な態度によって変わる」
d)「スポーツがきちんとしたフェアプレーの感覚を教える」
e)「スポーツが競技の規則にどのように従えばよいかを私たちに教える」

▶ドゥボアの最後の発言第1文に「スポーツが変化を生み出す最大の可能性を持つのは，そうした期待に異議を唱えるときではないか」とある。「そうした期待」とは，直前のヴァン=クレイの発言にある「スポーツは政治の外にあるものだと期待されている」という内容。また，ドゥボアは最後の発言第2文でも，breaking with prior expectations「これまでの期待と決別すること」と述べている。a)が正解。

**ANSWER**

(12)—a）(13)—d）(14)—d）(15)—c）(16)—a）

## スクリプト

Moderator❶ : Before we open the floor to questions about Dr. Turner's presentation, let's hear from our panelists : sports psychologist Dr. Lisa DeBoer and cultural anthropologist Dr. Dale Van Klay. Dr. Van Klay, can we start with you ?

Van Klay❶ : Well, I like Dr. Turner's work, but to be honest, it seems out of touch with the modern global scene. I agree that sports is a kind of social education, that is, a way of teaching important social values, but his model is fixed. We have a global sports culture now. You can't just treat a particular sport as if it carries a fixed set of values. Once a sport moves to another society, it loses its original meanings and gains new ones.

Moderator❷ : What's your opinion, Dr. DeBoer ?

DeBoer❶ : I think that is not being fair to Dr. Turner. I am sure he would agree with that, but he wasn't talking about sports spreading from one culture to another. He was talking about how sports function within a single society. An interesting case is France's 2018 World Cup team —— the French media loved it because it showed this image of a

## 発音

his model is : ヒズモドーリズ

as if it carries : アズイフィッ・キャリーズ

would agree with that : ウッダグリ―ウィザ・

## 全訳

司会者❶：ターナー博士の発表をお聞きのみなさんからの質問を受ける前に，パネリストからお話を聞きましょう。スポーツ心理学者のリサ=ドゥボア博士と文化人類学者のデール=ヴァン=クレイ博士です。ヴァン=クレイ博士，まずお話しいただけますか。

ヴァン=クレイ❶：そうですね，(12)私はターナー博士の研究は好きですが，正直に言いますと，現代のグローバルな状況とかけ離れているように思います。スポーツが一種の社会教育，つまり，(13)重要な社会的価値観を教える方法であるということには賛同しますが，彼のモデルは固定的です。今は，グローバルなスポーツ文化があります。ある特定のスポーツを，あたかも固定した価値観を伝えるかのように扱うことはできません。あるスポーツが別の社会に移ると，もともとの意味を失い，新しい意味を持つようになります。

司会者❷：あなたのご意見はどうですか，ドゥボア博士。

ドゥボア❶：(14)それはターナー博士に対して公正な見方ではないと思います。そのような見方に彼はきっと賛成するでしょうが，彼はある文化から別の文化へと広がっていくスポーツのことを話していたわけではありません。あるひとつの社会の内部で，スポーツがどのように機能するかを話していたのです。興味深い事例は，

## ポイント

(12) I like Dr. Turner's work, but で注意喚起。逆接を表す but で like ではない点を述べようとしているのがわかる。to be honest で集中。it seems の it が Dr. Turner's work を受けていることを意識して聞くこと。out of touch with the modern global scene は，正解の選択肢と表現が異なっているが，内容の紛らわしい選択肢はない。

(13) I agree that … but で注意喚起。反論を述べようとしているのがわかる。その反論が You can't just treat a particular sport as if it carries a fixed set of values とより詳しく述べられている。ここで集中。「～(では) ない」と否定するなら，「では何なのか，どうなのか」と，話し手の考えが続くと予測できる。

(14) that is not being fair to Dr. Turner で注意喚起。but で集中。he wasn't talking about … とまず否定で入り，He was talking about … と肯定で言い直している。ここまでで聞き取ったヴァン=クレイの主張を念頭において，このドゥボアの発言内容の意味するところを考える。

| スクリプト | | 発　音 |
|---|---|---|
| | diverse France with players from a variety of ethnic backgrounds. They wanted that diversity to be truly the French reality. This example also raises something Dr. Turner didn't touch on : sports as a means for social or political change. Think of last year in the United States, when African-American football players protested police violence by refusing to join the opening ceremony... | パリィティコー |
| Van Klay❷ | : And think about the angry reaction that produced! I mean, that rather goes against the basic idea of sports, doesn't it? People want sports to be free from politics. | |
| DeBoer❷ | : I disagree. Sports have always been about politics —— what about the nationalism and flag-waving? But sports are also capable of introducing political change. Women and minorities in many cases found equal treatment in sports before they won rights in society. For example, the rugby | ビーナバゥ |

## 全 訳

フランスの2018年のワールドカップのチームです。フランスのメディアがそのチームに大いに好意的だったのは，さまざまな民族的背景を持つ選手がいたことで多様なフランスのイメージを示していたからです。メディアは，そのような多様性が真にフランスの現実であってほしいと思っていました。この例はターナー博士が言及しなかったことも提起しています。つまり，社会的あるいは政治的変化の手段としてのスポーツです。アメリカ合衆国の昨年のことを考えてください。アフリカ系アメリカ人のフットボール選手たちが開会式に参加するのを拒否することで，警察の暴力に抗議しました…

ヴァン=クレイ❷：そして，それが生み出した怒りの反応について考えてみてください！ 私が言いたいのは，それはむしろスポーツの基本概念に反するのではないですか，ということです。人々は，スポーツが政治とは関係ないものであってほしいと思っています。

ドゥボア❷：私はそうは思いません。スポーツはこれまでずっと政治に関わるものでした。国粋主義や国旗を振る愛国心の誇示はどうですか？ でも，(15)**スポーツは政治的変化を起こすこともできます**。女性や少数派が，社会的な権利を勝ち取る前でも，スポーツでは平等な扱いをされるという事

## ポイント

(15) For example, the rugby player …で即集中。このラグビー選手が何をしたかを聞き取る。ただし，これはすでに述べられたsports are also capable of introducing political change の例である。ヴァン=クレイ

| スクリプト | | 発音 |
|---|---|---|
| | player in the England league who recently came out as gay became a famous role-model. | ケィマウタズ |
| Van Klay❸ | : I would argue that that might be an example of the reverse, of how changes in society make it possible for people in sports to take steps forward. | |
| DeBoer❸ | : Well, that's just it —— they're mutually reinforcing. In a sport like rugby, where male culture has been such an unfortunate element of the game, at least in certain societies, it's doubly hard to come out. But when someone does, that makes it easier for others in the rest of society. | |
| (16) Van Klay❹ | : I'm not saying that sports can't have political meaning, only that they're expected to be outside politics. | |
| DeBoer❹ | : But isn't it exactly when they challenge that expectation that sports have the greatest potential to produce change? The examples of the American football players and the rugby player both show that breaking with prior expectations of what a sport should be is key to the political meaning. And, of course, those ex- | |

## 全訳

例がたくさんありました。たとえば，最近自分がゲイであることを公言したイングランド・リーグのラグビー選手は，有名な模範になりました。

ヴァン=クレイ❸：それは逆の例になるのではないかと言いたいですね。つまり，社会の変化のほうが，スポーツに携わる人たちが前進するのをいかに可能にするかという例です。

ドゥボア❸：そうですね，まさにそれですよ。スポーツと社会は強化し合っているんです。ラグビーのような，男らしさの文化が，少なくとも特定の社会においてその競技の残念な要素であり続けているスポーツでは，ゲイであることを表明するのはいっそう困難です。ですが，だれかが実行すれば，社会の他の領域の人たちがそうするのがもっと容易になります。

ヴァン=クレイ❹：(16)私はスポーツが政治的意味を持ちえないと言っているのではなく，ただ，スポーツは政治の外にあるものだと期待されていると言っているだけです。

ドゥボア❹：でも，スポーツが変化を生み出す最大の可能性を持つのは，まさにそうした期待に異議を唱えるときではありませんか？ アメリカンフットボールの選手たち，ラグビーの選手の例はどちらも，スポーツはどうあるべきかというこれまでの期待と決別することが，政治的な意味にとって重要だということを示して

## ポイント

の an example of the reverse で再び注意喚起。of how changes in society … steps forward をしっかり聞き取る。ドゥボアの Well, that's just it で集中。they're mutually reinforcing の they が何を指すかよく考えること。また，2回目の放送で，ラグビー選手の事例が何の例として挙げられたか確認したい。

(16)ドゥボアの発言にあるキーフレーズ sports have the greatest potential が出てくる時点では，解答の中心となる発言はすでに終わっている。同文が強調構文であると気づけることと，そこまでの議論を聞き取れていることが重要。2回目の放送で，ドゥボアの発言にある that expectation とは何かをさかのぼる形で確認すること。そうすれば直後の文の prior expectations of what a sport should be が同一の内容を指すことがわかり，さらにこれが a) で established assumptions と言い換えられていることにも気づけるだろう。

| スクリプト | 発 音 |
| --- | --- |
| pectations govern the culture of the game, too. When a sport challenges these, it can teach society more than just fair play. I think that's another way of understanding what Dr. Turner meant when he talked about sports as a kind of social education. | |

## 全 訳

います。そして，当然のことですが，そうした期待が競技文化に影響を及ぼしてもいます。スポーツはこうした期待に異議を唱えるとき，単なるフェアプレー以上のことを社会に教えることができます。それが，ターナー博士が一種の社会教育としてのスポーツについて語ったときに何を意味していたのかを理解する，もうひとつの方法だと思います。

## ポイント

# 5 (C) 幼児期の記憶がない理由

**[設問文から読み取ろう！]**

①設問文を一読すると，幼児期の記憶に関する講義だとわかる。
②設問文を細かく見ると，(17)は「講演者の子ども時代初期の記憶」，(18)は「1980 年代以前の心理学者の考え方」，(19)は「1980 年代に行われた研究の結果」，(20)は「2005 年に行われた研究の結果」，(21)は「講演者の主張」が，それぞれの聞き取りの要点だとわかる。

(17)「講演者の幼い子ども時代の記憶のひとつと最も一致するのは次のどれか」

a)「海のそばで石を集めている」
b)「遊び場で指を使って絵を描いている」
c)「海の生き物についての映画を見ている」
d)「自分の寝室で文字をなぞっている」
e)「上記のいずれでもない」

▶第１段第１文に「遊び場で石を集めている，自分の寝室で指を使って絵を描いている，海の生き物についての映画を見ている，１枚の白い紙の文字をなぞっている」とある。c)が正解。

(18)「1980 年代以前には，ほとんどの心理学者が幼い子ども時代の記憶は…と考えていた」

a)「自己防衛のために遮断されている」　b)「『建設現場』で築かれている」
c)「もともと不安定である」　d)「記憶される可能性が 40 パーセントしかない」
e)「ゆがんだ形で永続する」

▶第３段最終文に「一般に受け入れられていた考えは，幼い子ども時代の記憶が永続しないのは，そもそもそれらはまったく永続性がないからだというものだった」とある。また，直後に「1980 年代になって初めてこうした理論を検証する努力が行われた」とあることから，これが 1980 年代以前の考えだと判断できる。c)が正解。

(19)「1980 年代に行われたある研究でわかったことではないのは次のどれか」

a)「生後６カ月では，記憶は少なくとも１日持続する」
b)「生後９カ月では，記憶は１カ月持続する」
c)「２歳では，記憶は１年持続する」
d)「４歳半の子どもは，少なくとも 18 カ月の間は詳細な記憶を呼び起こせる」
e)「３歳以下の子どもの記憶は持続するが，限界がある」

▶第4段第2・3文に「3歳以下の子どもの記憶は…持続するが，限界がある…。生後6カ月では…少なくとも1日続き，生後9カ月では1カ月続く。2歳までには1年持続するようになる」とある。「4歳半の子どもが18カ月の間は詳細な記憶を呼び起こせる」は1991年の研究の結果。d)が正解。

⑳「2005年の研究でわかったことは下の文のうちどれか」

a)「子どもは大人よりも速く記憶を形成するが，その後忘れるのも速い」
b)「子どもの記憶は，大人の経験を築くにつれて消えていく」
c)「5歳半の子どもは，3歳のときに形成された記憶の80パーセントを保持している」
d)「7歳半の子どもは，3歳のときに形成された記憶の半分を保持している」
e)「3歳の子どもは，自分の記憶の14パーセントしか保持していない」

▶第5段第2文に「7歳半の子どもは，その記憶（＝3歳のときの記憶）の40パーセントしか思い出せないが，5歳半だとその2倍多くのことを思い出せる」とある。c)が正解。

㉑「講演者が最も訴えたいのは…ということだ」

a)「子ども時代の記憶が失われるのは，それが急速に発達している脳で形成されるからだ」
b)「私たちの最も初期の記憶は，かつて考えられていたよりもあてになる」
c)「幼児の脳はまだ発達途中であり，そのおかげで非常に柔軟である」
d)「私たちは最も価値のある記憶を保持できるように，子ども時代の記憶のほとんどを忘れる」
e)「私たちは，大人になってからよりも幼い子ども時代のほうが脳細胞間の連結がたくさんある」

▶第1段最終文に「そうした（幼いころの）年月はどこへ行ってしまったのだろう」とあるように，この講演のテーマは幼児期の記憶がない理由である。最終段第1・2文に「子ども時代の記憶は建設現場で，つまり急速な成長と変化を受けている立て込んだ労働現場で築かれ…結果的に，そうした記憶の多くは効果的に取り除かれ」とある。a)が正解。

**ANSWER**

⒄—c） ⒅—c） ⒆—d） ⒇—c） ㉑—a）

| スクリプト | 発 音 |
|---|---|

(17) When I try to remember my life before my fifth birthday, I recall only a few passing images — collecting rocks in a playground, finger-painting in my bedroom, watching a film about ocean creatures, tracing letters on a sheet of white paper. And that's all. But I must have experienced so much more back then. Where did those years go?

バタィマスタヴ

(21)

Psychologists have a name for this dramatic loss of memory: "childhood amnesia." On average, our memories reach no farther back than age three. Everything before then is dark.

(18) The famous psychologist Sigmund Freud gave childhood amnesia its name in the early 1900s. He argued that adults forget their earliest years of life, up to age four, in order to shut out disturbing memories. Some psychologists accepted this claim, but most adopted another explanation for childhood amnesia: Children simply couldn't form stable memories until age seven. So, for nearly 100 years, the commonly accepted view was that early childhood memories didn't endure because they were never durable in the first place.

シャラゥ・

(19) The 1980s brought the first modern scientific efforts to test these theories. One experiment after another in that decade revealed that the memories of children three and younger do in fact persist, but with limitations. At six months of age, infants' memories last for at least a day; at nine months, for a month; by age two, for a year. And a later 1991 study showed that four-and-a-half-year-olds could recall detailed memories from a trip to an amusement park 18 months before.

フォーア・リースタ

## 全 訳

(17)5 歳の誕生日以前の自分の人生を思い出そうとするとき，遊び場で石を集めている，自分の寝室で指を使って絵を描いている，海の生き物についての映画を見ている，1 枚の白い紙の文字をなぞっているといった，とりとめもないイメージがいくつか浮かぶだけだ。それで終わりである。しかし，幼いあの頃，もっとずっと多くのことを経験したのは間違いない。(21)そうした年月はどこへ行ってしまったのだろう。

心理学者たちは，記憶のこの劇的な喪失に対する名前を持っている。「幼児期健忘」である。平均して，私たちの記憶は 3 歳より前にさかのぼることはない。それ以前のすべては闇なのだ。

(18)1900 年代初期，著名な心理学者であるジークムント=フロイトは，幼児期健忘にその名前を与えた。彼は，人生の初期，4 歳までのことを大人が忘れるのは，心を乱すような記憶を締め出すためだと主張した。この主張を受け入れた心理学者もいたが，多くは幼児期健忘の別の説明を採った。子どもは 7 歳までは単に安定した記憶を形成することができないというものである。ゆえに，100 年近くの間一般に受け入れられていた考えは，幼い子ども時代の記憶が永続しないのは，そもそもそれらはまったく永続性がないからだというものだった。

(19)1980 年代になって，こうした理論を検証する現代的な科学的努力が初めて行われた。その 10 年間に実験が次から次へと，3 歳以下の子どもの記憶は実は持続するが，限界があることを明らかにした。生後 6 カ月では，幼児の記憶は少なくとも 1 日続き，生後 9 カ月では 1 カ月続く。2 歳までには 1 年持続するようになる。のちの 1991 年の研究では，4 歳半の子どもは 18 カ月前に遊園地へ出かけたときの詳細な記憶を呼び起こせることが示された。

## ポイント

(17) When I try to remember my life で注意喚起。I recall で集中。そのあとに列挙される事柄と選択肢を照らし合わせて正しいものを選ぶ。「何を」と「どこで」の組み合わせを間違えないように注意。

(18)年代として初出の in the early 1900s で注意喚起。but で集中。逆接のあとに重要な事柄が述べられる。Children simply couldn't form … をしっかり聞き取る。この内容が，そのあとで the commonly accepted view …と解答につながる形でまとめ直される。また，これが 1980 年代以前に受け入れられていた考えであることは，直後のThe 1980s brought the first … で確認できる。

(19) The 1980s で注意喚起。One experiment after another で集中。revealed 以下で述べられる内容を選択肢と照らし合わせ，当てはまらないものを選びだす。

## スクリプト

(20) Yet, at around age six, children begin to forget many of their first memories. A 2005 study of memories formed at age three found that seven-and-a-half-year-olds recalled only 40% of them, while five-and-a-half-year-olds remembered twice as many. This work revealed a striking fact: Children can create and access memories in their first few years of life, yet most of those memories will soon vanish at a rate far beyond what we experience as adults.

(21) What might explain the puzzle of this sudden forgetting? Research conducted in the last decade has begun to reveal the solution. Throughout childhood, the brain grows at an incredibly rapid rate, building out structures and producing an excess of connections. In fact, far more links are created between cells in those early years than the brain ends up with in adulthood. Without such flexible brains, young children would never be able to learn so much so quickly. However, most of the excess connections must eventually be cut away to achieve the efficient structure and function of an adult mind.

The problem, it turns out, is not so much that our childhood memories are unstable as that they are built in a construction zone, a crowded work site undergoing rapid growth and change. As a result, many of those memories will be effectively removed, others covered up, and yet others combined with later memories and impressions. And that is just as it should be. Nature values the overall process of development more than those first memories. Far from being the result of an infant's mental weakness or the need to block out bad memories, childhood amnesia, that first forgetting, is a necessary step on the path to adulthood.

## 発音

フォーリーパーセンタヴデム

フォーゲリン・

アタニンクレディブリィ

ブラッカウバッ・

From This Is Where Your Childhood Memories Went, Nautilus on March 8, 2018 by Ferris Jabr

## 全 訳

それでも，6 歳くらいで子どもは初期の記憶の多くを忘れ始める。(20)3 歳のときに形成された記憶に関する 2005 年のある研究では，7 歳半の子どもは，その記憶の 40 パーセントしか思い出せないが，5 歳半だとその 2 倍多くのことを思い出せることがわかった。この研究は衝撃的な事実を明らかにした。子どもは人生の最初の 2，3 年の記憶を作ったり思い出したりできるが，こうした記憶のほとんどはまもなく，私たちが大人になってから経験するのよりもはるかに速い速度で消えていくということだ。

(21)この突然の忘却の謎を何が説明してくれるだろうか。この 10 年間で行われた研究は，その答えを明らかにし始めている。子ども時代を通じて，脳は信じられないほど急速に成長し，構造を建て増し，過剰な連結を作り出す。実は，そうした初期の細胞間の連結は，最終的に大人になったときの脳よりもはるかに多く作られるのである。そのような柔軟な脳がなければ，幼い子どもはそんなにも多くのことをそんなにも素早く学ぶことは決してできないだろう。しかし，過剰な連結のほとんどは，大人の頭の効率的な構造と機能を獲得するために，最終的には切り離されなければならない。

明らかになったのは，問題は，子ども時代の記憶が不安定だということよりむしろ，子ども時代の記憶は建設現場で，つまり急速な成長と変化を受けている立て込んだ労働現場で築かれているということだ。結果的に，そうした記憶の多くは効果的に取り除かれ，覆い隠されるものもあるが，それでいてのちの記憶や印象と結びつくものもあるということだ。そして，それはまさにそうあるべきなのだ。本質的には，そうした初期の記憶よりも全体的な発達の過程が重視される。幼児の精神の脆弱さの結果であるとか悪い記憶の遮断の必要によるとかいうのとはまったく違って，幼児期健忘，あの最初期の忘却は，大人に向かう道筋における必要な一歩なのである。

## ポイント

(20) A 2005 study で即集中。年齢や思い出せる記憶の割合などいくつも数値が出てくるので，それらをしっかり聞き取る。twice as many の意味も落ち着いて考えること。一方，This work revealed … でも実験で明らかになったことが述べられるが，Children, memories, vanish, experience, adults などの単語につられて b）を選ばないように注意。

(21)講義のテーマ（Where did those years go?：第 1 段最終文）が，What might explain the puzzle of this sudden forgetting? で再度述べられている。ここで注意喚起。reveal the solution で集中。Throughout childhood … connections をしっかり聞き取る。However で再度集中。ここで述べられた内容が，直後の The problem … and change とともに解答に大きくかかわってくる。解答の根拠となる説明は最後の 2 段全体にわたっているが，おおよそここまでで判断はつくだろう。

# 6 (A)　マサイ族の互恵制度

**[設問文から読み取ろう！]**

①リスニング問題冒頭の説明に umbilical cord が「へその緒」の意だとある。

②設問文を細かく見ると，(6)は「『コード』システムが防いできた危険」，(7)は「『コード』システムの機能の仕方」，(8)は「ギセンバ博士が困惑する事実」，(9)は「マサイ族の研究でのギセンバ博士の関心事」，(10)は「コンピュータ・シミュレーションによる発見」が，それぞれの聞き取りの要点だとわかる。

(6)「ギセンバ博士によると，『コード』システムが伝統的に防いできた危険のひとつは何か」

a)「窃盗のせいでお金を失う危険」
b)「あまりにも多くの義務に巻き込まれる危険」
c)「妊娠中の母子への危害という危険」
d)「雨の降らない時期が長引いて畜牛を失う危険」
e)「共同体全体に広がる伝染病で畜牛を大規模に失う危険」

▶ギセンバ博士の２番目の発言最終文に「その財産（＝畜牛）は…常に泥棒や雨不足などの脅威にさらされている」とある。この脅威を軽減する仕組みが４番目の発言にある「オソトゥア」であり，５番目の発言で，博士自身はこの仕組みを「コード」システムと呼んでいることがわかる。d)が正解。

(7)「『コード』システムが実際にはどのように機能するのか，最もよく説明しているのは次のどれか」

a)「それは，母親と胎児をつなぐへその緒のようである」
b)「友人関係の集団と同様，集団に属する人たちは互いに自由に頼みごとができる」
c)「だれもが，困ったときに助けてくれる１人の他者とつながっている」
d)「困ったとき，同じネットワーク内の人たちは進んで助け合わなくてはならない」
e)「手助けは，必要とされる際，ネットワークに属するだれからであれ要請があり次第，必ず与えられる」

▶ギセンバ博士の６番目の発言に「ネットワークに属する人はだれでも，困ったときには助けを求めることができ，頼まれた人は助ける義務がある」とある。e)が正解。

(8)「ギセンバ博士が『困惑するような事実』と言っているのはどんなことか」

a)「人間は最も気前がよい動物である」
b)「チンパンジーですら互いに対して気前がよくはない」

c)「幼い子どもは，大人が何か落としたとき，大人を助けようとする」
d)「人間は，自分にとって何も得にならなければ他者を助けない傾向がある」
e)「幼い子どもは大人が何かを落とすのを見ると，それは偶然だと知っている」

▶ギセンバ博士の 8 番目の発言第 1 文に「人間は他の動物より気前がよい…ようだ」とあり，直後に「それは困惑するような事実だ」とある。a)が正解。

⑼「マサイ族の研究における，ギセンバ博士の『主な関心』とは何か」

a)「マサイ族は，牧畜文化がどのように危険を減らすか理解するのに役立つ」
b)「マサイ族は，人間の気前のよさの発達を理解するのに役立つ」
c)「マサイ族は，現代社会がいかに気前のよさを保ち，増すことができるかを示している」
d)「マサイ族は，気前のよさが根本的な特徴であるような文化の好例である」
e)「マサイ族は，いかにひとつの仕組みが多くの異なる危険から社会を守れるかを示している」

▶ギセンバ博士の 9 番目の発言に「私の主な関心は，そのような傾向がどのようにして進化した可能性があるかを理解することにある。そこで，マサイ族の登場，ということだ」とあり，「そのような傾向」は，直前の聞き手の発言にある「人々の他者を助ける傾向」を受けている。b)が正解。

⑽「コンピュータ・シミュレーションによる主な発見に最もよく合致するのは下の文のどれか」

a)「気前のよい人は長生きする傾向がある」
b)「気前のよい社会は，より利己的な社会と同じくらい成功している」
c)「家族制度に属する個人は，そうでない人よりも長生きする」
d)「見返りを期待せずに与えることが行われている場合，共同体はよりうまく生き延びる」
e)「非常に厳しい問題が共同体全体に影響を及ぼす場合，気前よく与えることは，事態を悪くしかねない」

▶ギセンバ博士の 11 番目の発言第 2 文に「『コード』システムがある場合，一族が生き延びていく率が最も高いことがわかった」とある。「コード」システムがあるのは，比較された 3 つの社会のうち，10 番目の発言で博士が最後に挙げた「見返りを期待せずに無償で与える社会」である。d)が正解。

## ANSWER

⑹－d） ⑺－e） ⑻－a） ⑼－b） ⑽－d）

| スクリプト | 発　音 |
|---|---|
| Interviewer❶ : Welcome to another edition of *Window on the World*. My guest today is Dr. Abi Gisemba, who has recently returned from living for two years among the Maasai people of Eastern Africa. Dr. Gisemba, why don't you tell us about your research ? | テラサバゥチョー |
| Dr. Gisemba❶ : Well yes. I suppose the theme is cooperation. My argument is that we humans have a kind of instinct to help each other. | |
| Interviewer❷ : And your experiences with the Maasai support that argument...? | |
|  Dr. Gisemba❷ : Very much so. Traditional Maasai culture and society is based on herding. Wealth means cattle. But that wealth is under constant threat from thieves and lack of rain and so on, no matter how careful or hard-working you are. | カンストゥン・スレッ・フラム |
| Interviewer❸ : I see. | |
| Dr. Gisemba❸ : However, Maasai culture has evolved a system which reduces the risk—a system of mutual obligations. | |
| Interviewer❹ : People have to help each other ? | |
| Dr. Gisemba❹ : Exactly. They call it *osotua* — the word *osotua* means the tube through which a pregnant woman gives her baby its essential nutrition before it's born. | |
| Interviewer❺ : Oh, you mean the umbilical cord. | |

## 全訳

聞き手❶：今回も『世界への窓』にようこそ。今日のゲストはアビ=ギセンバ博士です。博士は東アフリカのマサイ族の人たちと2年間暮らし，最近戻ってこられました。ギセンバ博士，調査についてお話しいただけますか？

ギセンバ博士❶：ええ，いいですよ。テーマは協力ということだと思います。私の主張は，私たち人間は互いに助け合うという一種の本能を持っているということです。

聞き手❷：それで，マサイ族との経験はその主張を裏づけると…？

ギセンバ博士❷：大いにそうです。(6)伝統的なマサイの文化と社会は，牧畜に基礎を置いています。財産とは畜牛のことです。しかし，その財産は，どれほど注意していても，あるいは懸命に働いても，常に泥棒や雨不足などの脅威にさらされています。

聞き手❸：なるほど。

ギセンバ博士❸：ですが，マサイの文化はその危険を減らす仕組みを発展させてきました。相互義務という仕組みです。

聞き手❹：人々が互いに助け合わなくてはならない，ということですか？

ギセンバ博士❹：そのとおりです。彼らはそれを「オソトゥア」と呼んでいます。「オソトゥア」という言葉は，妊娠している女性が，生まれる前に不可欠な栄養を赤ん坊に与える管を意味します。

聞き手❺：ああ，へその緒のことですね。

## ポイント

(6) Traditional Maasai culture and society で注意喚起。同文直後の Wealth means cattle をしっかり聞き取る。under constant threat で集中。from thieves and lack of rain を押さえよう。これが，次のギセンバ博士の a system which reduces the risk の the risk が指す内容である。この system が *osotua* であり，それをギセンバ博士が "Cord" system と呼んでいることは特に難なく聞き取れるだろう。設問文にある "Cord" system が出てきたときにはすでに解答の根拠となる発言は終わってしまっているので，設問文の traditionally「伝統的に」，risk「危険」などの語を頼りに予測を立て，先に述べたような方針で聞き取りに臨みたい。

## スクリプト　　発 音

Dr. Gisemba❺ : Yes, the umbilical cord. That's why I call it the "Cord" system.

(7) Interviewer❻ : How does it work ?

Dr. Gisemba❻ : Everyone has a kind of network of others they can ask for help. Anyone in the network can ask for help if they're in trouble, and the person asked is obliged to help.

ヘゥピィフゼァリントラボゥ

Interviewer❼ : Rather like our own friendship networks...?

Dr. Gisemba❼ : No, it's much more fundamental, and it's taken much more seriously. Parents pass their Cord network down to their children. And no one keeps track of who asks or who gives. There is no expectation of being paid back.

Interviewer❽ : Extraordinary...

Dr. Gisemba❽ : This is an extreme example, but in fact humans seem to be more generous than other animals, more inclined to help others. And that is a puzzling fact. They help even if there's no advantage to the individual who helps. Did you know that if a small child — as young as 18 months perhaps — sees an adult drop something "accidentally," the child will pick the thing up for the adult, or try to alert the adult ? Even our closest evolutionary relatives, chimpanzees, don't do that.

## 全 訳

ギセンバ博士❺：そうです，へその緒です。ですから，私はそれを「コード」システムと呼んでいます。

聞き手❻：(7)それはどのように機能するんですか？

ギセンバ博士❻：だれもが，助けを求めることのできる相手に関する一種のネットワークを持っています。そのネットワークに属する人はだれでも，困ったときには助けを求めることができ，頼まれた人は助ける義務があります。

聞き手❼：私たちの間にある友情のネットワークのように…？

ギセンバ博士❼：いいえ，もっとずっと根本的なもので，はるかに重く受け取られているものです。親は自分のコードのネットワークを子どもたちに受け継がせます。そして，だれが依頼し，だれが手を貸すのかをたどれる人はいません。見返りの期待はまったくありません。

聞き手❽：驚きです…。

ギセンバ博士❽：これは極端な例ですが，実際，(8)人間は他の動物よりも気前がよい，つまり，他者を助けたがるようなのです。そして，それは困惑するような事実です。人は，手を貸す個人にとって何の得もない場合でも手助けをします。こんな話を知っていますか？　幼い子どもが，おそらく生後18カ月という幼い子でも，大人が「誤って」何かを落とすのを見ると，その子はその大人の代わりにそれを拾い上げたり，その大人に注意を促そうとしたりするものなのです。進化の上で私たちの最も近い親戚にあたるチンパ

## ポイント

(7) How does it work？で即集中。続くギセンバ博士の説明 Everyone has … obliged to help. をしっかり聞き取る。この2文に，正解を選択する上で必要となる情報がすべて含まれている。また，選択肢 b)に関しては，続く部分の like our own friendship networks ...？と，それに対して No と否定したあとに加えられる説明でさらに確認できる。

(8)選択肢 a)と d)に humans が用いられているのを手掛かりに，humans seem to be で即集中。more generous than other animals が正解の選択肢の the most generous animals と同意であることに気づきたい。そのためにも，やはり選択肢はできるだけ先に読んでおきたい。このあと a puzzling fact とキーワードが出てくるので，2回目の放送では必ず前述の内容を聞き取れるように待ち構えること。

| スクリプト | 発 音 |
|---|---|
| (9) Interviewer 9 : So your real interest is in people's tendency to help others? | |
| Dr. Gisemba 9 : Well, actually, my main interest is in understanding how that tendency might have evolved, which is where the Maasai come in. | マィタヴィヴォゥヴ・ |
| (10) Interviewer 10 : Oh I see. And I believe you have a computer model...? | モドゥ |
| Dr. Gisemba 10 : We ran a computer simulation that measured life expectancy in three different kinds of societies: no giving at all, giving with the expectation of being repaid, and finally, giving freely without expectation of return... | |
| Interviewer 11 : Like the "Cord" system... | |
| Dr. Gisemba 11 : Yes. And when we compared the simulated societies, we found that the "Cord" system produced the highest family survival rates. | |
| Interviewer 12 : So it does make sense, after all, from the evolutionary point of view? | |
| Dr. Gisemba 12 : The only exception is when the whole group faces some large-scale risk which threatens them all equally—a really serious epidemic, for example. In that situation, giving without expectation of return doesn't help. But in that situation, nothing helps, so giving generously does no worse. | スレ・ゥンゼモーリクォリィ |

## 全 訳

ンジーでもそんなことはしません。

聞き手❾：では，(9)あなたの本当の関心は，他者を助けるという人間の傾向にあるのですね？

ギセンバ博士❾：えー，実際には，私の主な関心は，そのような傾向がどのようにして進化した可能性があるかを理解することにあります。そこで，マサイ族の登場，ということです。

聞き手❿：ああ，なるほど。たしか，(10)コンピュータ・モデルをお持ちだったかと…？

ギセンバ博士❿：私たちは3つの異なる種類の社会における寿命を計算するコンピュータ・シミュレーションを行いました。与えることのまったくない社会，見返りを求めて与える社会，そして最後に，見返りを期待せずに気前よく与える社会…。

聞き手⓫：「コード」システムのように…。

ギセンバ博士⓫：そうです。そして，シミュレーションした社会を比較したとき，「コード」システムがある場合，一族が生き延びていく率が最も高いことがわかりました。

聞き手⓬：ということは，いずれにしても，進化という観点からすると理屈に合いますね？

ギセンバ博士⓬：唯一の例外は，集団全体が，たとえば，本当に深刻な伝染病のように，彼ら全員を同じように脅かすような大規模な危険に直面したときです。そのような状況では，見返りを期待せずに与えることは，役に立ちません。しかし，そのような状況では，どうしようもありませんから，気前よく与えることが状況を悪くすることはありません。

## ポイント

(9) your real interest で注意喚起。続く people's tendency to help others もしっかり聞き取りたい。次のギセンバ博士の my main interest で集中。ここで述べられる that tendency が「他者を助ける傾向」であることをつかんでいれば，楽に解答できる。

(10) a computer model で注意喚起。次のギセンバ博士の a computer simulation で集中。どのようなシミュレーションだったかをしっかり聞き取る。giving freely without expectation of return が聞き手の次の発言で Like the "Cord" system と言い換えられていることに注意。続くシミュレーションの結果を確認して，内容に合う選択肢を特定する。

2018 年度 3-(B)

# 6 (B) 気前のよさの是非をめぐる議論

**[設問文から読み取ろう！]**

①リスニング問題冒頭の説明に「(A)のラジオ番組の続きである」と述べられている。
②設問文を細かく見ると，(11)は「『気前よく与えること』の危険」，(12)は「現代都市社会がマサイの社会と異なる点」，(13)は「フィジーの『ケレケレ』の仕組み」，(14)は「会話から推測されるギセンバ博士の考え」，(15)は「会話から推測されるパーク氏の考え」が，それぞれの聞き取りの要点だとわかる。

(11)「パーク氏によると，『気前よく与えること』の主な危険は何か」

a)「もし人々が働かなければ，最終的には雇用に適さなくなる」
b)「それは，人々が何もお返しをせずに何かを受け取ることを促す」
c)「無償で物を与えられる人々は，自力で何かをしたいと思わなくなる」
d)「無償で与えることが非常によくある社会では，それは評価されなくなる」
e)「人々が無償で物を与えられると，彼らは達成感をまったく得られない」

▶パーク氏の２番目の発言第３文に「もし無条件で…気前よく人に物を与えるだけなら，それは怠惰を促し，依存を促す」とある。c)が正解。

(12)「パーク氏によると，現代の都市社会がマサイの社会と異なる重要な点は何か」

a)「マサイ族のほうが，物質的に必要とするものが少ない」
b)「マサイ族のほうが，気前のよさの本能が強い」
c)「マサイ族には，収入を再分配する税制がない」
d)「マサイ族のほうが，隣人たちの財産について嫉妬する可能性が高い」
e)「マサイ族のほうが，周りの人たちが困っているかどうか知るのが簡単だ」

▶パーク氏の４番目の発言第２文に「財産が主に畜牛という形なら，隣人が本当に困っているかどうか見てとるのはだれでも簡単にできる」とある。e)が正解。

(13)「ギセンバ博士によると，フィジーの『ケレケレ』の仕組みは，どのように気前のよい行動を促すか」

a)「フィジー人は，忠実な友人に対して気前がよい傾向がある」
b)「フィジー人は，最もお金を必要とする人たちに対して気前がよい傾向がある」
c)「気前がよいという評判のフィジー人は，報われる傾向にある」

d)「フィジー人は，自分のお金により気前よくなれるように，懸命に働く」
e)「気前がよいという評判を持つフィジー人は，他の人たちよりも多くのお金を与える」

▶ギセンバ博士の3番目の発言第1文に「友人から最も多くのお金を受け取る人は，彼ら自身が与えることについてよい評判を持っている人たちだ」とある。c)が正解。

⑭「この会話に基づくと，ギセンバ博士が最も同意しそうな意見は以下のどれか」

a)「社会は貧しい人たちに対して親切ではなくなりつつある」
b)「財産が容易に隠せる社会は，気前がよくない」
c)「気前のよさの仕組みの中では，人々が不正を行おうとする可能性は低い」
d)「現代の財政制度は，裕福な人から貧しい人へのお金の再分配をより容易にしている」
e)「一部の人が異常に裕福であるかぎり，どんな社会も文明化しているとは見なせない」

▶ギセンバ博士の3番目の発言第2文に「気前のよさの仕組みは，人に『仕組みを悪用する』ように誘うというより，実際には正直な行動を促す」とある。c)が正解。

⑮「この会話に基づくと，パーク氏が同意する意見は次のどれか」

a)「政府は貧しい人たちを助けるべきではない」
b)「貧しい人たちが基本的に必要とするものは，寄付でまかなうべきである」
c)「無償で与えるという仕組みは，小さな共同体では機能するかもしれない」
d)「税金制度は，自発的な寄付に置き換えられるべきである」
e)「知らない人よりも友人のほうに気前よくするべきではない」

▶パーク氏の6番目の発言第1・2文に「ギセンバ博士の調査は，人々が互いのことを知っている小さな共同体に基づいたもので…気前のよさは，こうした状況ではうまく機能する」とある。c)が正解。

**ANSWER**

⑾―c) ⑿―e) ⒀―c) ⒁―c) ⒂―c)

| スクリプト | 発音 |
|---|---|
| Interviewer❶ : Thank you, Dr. Gisemba. I'd like to turn to my second guest, Mr. Eugene Park, who chairs a conservative political group called "Self-Reliance." I wonder how you react, Mr. Park, to these ideas about giving freely, giving for nothing? | アィディィアザバウ・ |
| Mr. Park❶ : Well, Dr. Gisemba's research was very interesting, but there's a danger of making a false generalization here. Just because the Maasai practice giving freely doesn't mean that this system can be applied to other societies. (15) | |
| Interviewer❷ : In fact, you believe that there are dangers in the kind of generosity Dr. Gisemba has described? (11) | |
| Mr. Park❷ : That's right. We believe that, as far as possible, people should provide for themselves, rather than depending on other people. If you just give people things freely without conditions — whether they work or not, whether they succeed or whether they fail—well, that encourages laziness, it encourages dependence. It sounds like heaven, but it doesn't work in the real world. | リォウォーゥ・ |
| Interviewer❸ : Dr. Gisemba, I wonder how you respond to that? | |

## 全 訳

聞き手❶ ：ギセンバ博士，ありがとうございました。さて，もう一人のゲスト，ユージン=パークさんのお話を伺いたいと思います。パーク氏は「セルフ=リライアンス」という保守系政治団体の代表を務めていらっしゃいます。パークさん，こうした，気前よく与える，つまり見返りなく与えるという考え方について，どのようにお感じでしょうか？

パーク氏❶ ：そうですね，ギセンバ博士の調査は非常に興味深かったです。しかし，(15)これには間違った一般化をしてしまう危険性があります。マサイ族が気前よく与えるということを実践しているからというだけでは，この仕組みが他の社会にも当てはまるということにはなりません。

聞き手❷ ：実のところ，あなたはギセンバ博士が説明したような種類の気前のよさにはさまざまな(11)危険があるとお考えですよね？

パーク氏❷ ：そのとおりです。私たちは，他の人たちに頼るよりもむしろ，できるかぎり人は自活すべきだと考えています。もし無条件で，つまり彼らが働いていようといまいと，また成功しようと失敗しようと，気前よく人に物を与えるだけなら，まあ，それは怠惰を促し，依存を促します。天国のように聞こえますが，現実の世界では機能しません。

聞き手❸ ：ギセンバ博士，それについてはどうお考えでしょう？

## ポイント

(11)聞き手の there are dangers で注意喚起。設問で問われている danger の話題になると考えて待ち構える。議論のテーマにかかわる give people things freely が聞こえたところで集中。結論は whether 節のあとに述べられるのでしっかり聞き取る。laziness が聞き取れれば解答可能だが，さらに it encourages dependence とあることで確認できる。

| スクリプト | | 発音 |
|---|---|---|
| Dr. Gisemba❶ | : Well, my research question was, why do humans have an instinct for generosity? Mr. Park's question is, how should we organize society for the best? These are two different questions... | |
| Mr. Park❸ | : The problem is, some people are going to think, "If humans have an instinct for generosity, then governments ought to be generous too." Dr. Gisemba rightly sees that these issues are separate, but some people are going to make the jump—mistakenly—from her question to mine. | |
| Interviewer❹ | : But some people might say, why not connect these questions? If humans have an instinct to help one another, and if, as Dr. Gisemba has shown, societies that give freely are more likely to prosper, then why shouldn't governments be generous too? | |
| (12) Mr. Park❹ | : Well, modern urban societies are organized very differently from Maasai society. If wealth is mainly in cattle, everyone can easily see whether a neighbor is truly in need or not. With us, wealth is often invisible, hidden in bank accounts for example, so it's easy for people who aren't really in need to cheat the | トゥルーリンニーダ・ナッ・ |

## 全 訳

ギセンバ博士❶：そうですね，私の研究での疑問は，なぜ人は気前よさの本能を持っているのだろうということでした。パークさんの疑問は，最善の結果のためには私たちはどのように社会を組織するべきか，ということです。これらは2つの異なる疑問で…。

パーク氏❸：問題は，「人間が気前よさの本能を持っているのであれば，それなら政府も気前がよくて当たり前だ」と考えるようになる人がいるということです。ギセンバ博士は，当然のことながら，これらの問題が別個のものだと理解しておられますが，中には，博士の論点から私の論点へ，間違って飛躍してしまう人も出るでしょう。

聞き手❹：ですが，これらの疑問をどうして結び付けてはいけないのかと言う人もいるかもしれませんね。もし人間が助け合う本能を持っているのなら，そして，ギセンバ博士が示したように，気前よく与える社会のほうが繁栄する可能性が高いのなら，なぜ政府も気前よくあるべきではないのでしょう？

パーク氏❹：そうですね，(12)現代の都市社会は，マサイ族の社会とは組織のされ方が非常に異なっています。もし財産が主に畜牛という形なら，隣人が本当に困っているかどうか見てとるのはだれでも簡単にできるでしょう。私たちに関しては，財産は，たとえば銀行口座の中に隠されているというように，多くの場合目に見えません。したがって，実は

## ポイント

(12) modern urban societies are … differently from Maasai society で注意喚起。If wealth is mainly in cattle で集中。正解の選択肢と異なる語句が使われているが，easily, in need などで判断できる。

スクリプト | 発音

system.

Dr. Gisemba❷ : But systems of generosity can be found in other societies as well. Take Fiji, for example. In Fijian culture, wealth is easier to hide, yet they have a system which is very like the "Cord" system. It's called *kerekere*, which means "to request." In one experiment, fifty Fijian men were simply given an amount of money equal to a day's wages. On average, they only kept 12 % for themselves, and almost half gave all the money away.

(13)

ギヴンナナマウンタヴ

Mr. Park❺ : Of course, it's fine for people to give money away if they choose to. In fact, we think that the government should encourage donations to charities, churches, and so on. But if you just hand out money to anybody who asks, you reward the undeserving as well as the deserving.

Dr. Gisemba❸ : But if you analyze the *kerekere* system, you find that the people who receive the most money from their friends are those who themselves have a good reputation for giving. So it seems that systems of generosity actually encourage honest behavior, rather than inviting people to "cheat the system."

(14)

## 全訳

困っているわけではない人間がその仕組みを悪用するのは簡単です。

ギセンバ博士❷：でも，気前のよさという仕組みは，他の社会にも見られます。例えばフィジーを取り上げましょう。フィジーの文化では，財産はもっと隠しやすいですが，それでも「コード」システムと非常に似た仕組みを持っています。(13)それは「ケレケレ」と呼ばれており，「要請する」という意味です。ある実験では，フィジーの50人の男性が，1日の労働に相当する額のお金を単に与えられました。彼らが自分のために取ったのは，平均して12パーセントにすぎず，半数近くはそのお金を全部，人に与えてしまいました。

パーク氏❺：もちろん，人がそれを選択するならお金を人に与えるのは素晴らしいことです。実際，私たちは政府が慈善事業や教会などへの寄付を奨励すべきだと思っています。しかし，求めている人ならだれにでもお金を手渡してしまうなら，当然受けるべき人たちだけではなく，受けるに値しない人たちにもいい思いをさせてしまいます。

ギセンバ博士❸：ですが，「ケレケレ」の仕組みを分析すれば，友人から最も多くのお金を受け取る人は，彼ら自身が与えることについてよい評判を持っている人たちだとわかります。ですから，(14)気前のよさの仕組みは，人に「仕組みを悪用する」ように誘うというより，実際には正直な行動を促すと思われます。

## ポイント

(13) It's called *kerekere* で注意喚起。展開している会話が *kerekere* をめぐるものであることをつかんでおく。少し間が空くが，再びこの語が登場する the *kerekere* system で集中。解答の根拠となる the people who … for giving の部分はやや情報量が多いので，落ち着いてしっかり聞き取り，選択肢と照らし合わせながら判断しよう。

(14)解答の根拠を放送全体から求める必要がある。ゆえに会話の流れより，ギセンバ博士が generosity を高く評価していることをつかんでおくことが重要。特に2回目の放送では，話し手の感想が述べられる合図である it seems で即集中。また，systems of generosity … "cheat the system." で正解の選択肢と同じ語句が2つ使われている点は大きなヒントとなる。

| スクリプト | 発音 |
|---|---|
|  Mr. Park❻ : Well, another important difference is that Dr. Gisemba's research is based on small communities where people know each other. Maybe generosity works under these circumstances, but this is very different from a large government system that forces people to pay taxes to help others they've never met — the so-called "safety net." We think that this should provide only a basic minimum and no more. | |
| Dr. Gisemba❹ : I think there are good reasons to make the "safety net" as generous as we can afford. Firstly, we value fairness : life can be very unfair and we want to correct that if we can. Second, we want to live in a civilized society, and it's not civilized for large numbers of people to live below the poverty line. | ウィクンナフォー・ |
| Mr. Park❼ : Of course, I'm not arguing that governments should let people who are genuinely in need starve to death. But it can't be right either for the government to force hard-working taxpayers to support people who could support themselves. | |
| Interviewer❺ : Well, I suppose politics has always been about finding a balance between competing philosophies. There we must end. But let me thank you both. | |

## 全　訳

パーク氏❻　：えー，⒂もう１つの重要な違いは，ギセンバ博士の調査は，人々が互いのことを知っている小さな共同体に基づいたものである点です。おそらく，気前のよさは，こうした状況ではうまく機能するでしょうが，これは，会ったこともない他人を助けるために人々に税金を払うこと，いわゆる「セーフティー・ネット」ですが，それを強いる規模の大きな統治制度とは非常に異なります。これ（＝セーフティー・ネット）は，最低限度のものだけを与えてそれ以上は与えるべきではないと我々は考えます。

ギセンバ博士❹：「セーフティー・ネット」は，可能なかぎり気前のよいものにすべきだという正当な理由はたくさんあると思いますよ。まず，私たちは公正さを重視します。人生は非常に不公正なこともあり，可能ならこれを正したいと思います。次に，私たちは文明社会で暮らしたいと思っています。そして，数多くの人たちが貧困線以下の暮らしをしているのは文明的とは言えません。

パーク氏❼　：もちろんそうです。私は本当に困っている人たちが飢えて死ぬのを政府が放っておくべきだと主張しているのではありません。ですが，政府が勤勉な納税者に，しようと思えば自活できる人を養うように強制するのも正しいわけがありません。

聞き手❺　：えー，政治は常に，相容れない考え方の間にバランスを見出すことに関わるものだと思います。さて，ここで終わりにしなくてはなりませんが，お二人ともありがとうございました。

## ポイント

⒂これも，解答の根拠を放送全体から求める必要がある問題。パーク氏の最初の発言にある there's a danger … to other societies の内容からパーク氏の取る立場をおさえておけば，参照箇所にすばやく反応できる。another important difference で注意喚起（important という語から，おそらくパーク氏が強調したい内容が続くだろうと予測する）。Dr. Gisemba's research is based on で集中。small communities というキーワードをしっかり聞き取り，直後の文の under these circumstances が何を指すか理解したい。

# 6 (C) 巨大波の実態

**[設問文から読み取ろう！]**

①リスニング問題冒頭の説明に，「海洋で見られるある現象に関する講義」とある。
②設問文を細かく見ると，(16)は「巨大波に関する古い考えに反すること」，(17)は「ドイツの貨物船を襲った巨大波の高さ」，(18)は「2003年の人工衛星画像による巨大波の調査期間」，(19)は「新説の主張の特徴」，(20)は「巨大波の脅威から身を守る将来の方法」が，それぞれの聞き取りの要点だとわかる。

(16)「巨大波は以前に思われていたよりも…」

a)「ありふれている」
b)「巨大である」
c)「激しい」
d)「予測可能である」
e)「突然である」

▶第1段最終文に「新しい証拠が，巨大波は…人が思うよりもずっと頻繁に発生することを裏づけている」とある。a)が正解。

(17)「証拠は，ドイツの貨物船を襲った巨大波は，少なくとも…メートルの高さだったことを示唆している」

a)「9」
b)「12」
c)「20」
d)「26」
e)「27」

▶第2段第2・最終文に「極度の力が打ちつけた跡のある回収された救命ボートは，水面から20メートルの高さに備えられていた」ことが述べられている。c)が正解。

(18)「2003年，人工衛星画像を使った調査で…という期間に高さ25メートル以上の波が10個見つかった」

a)「1週間」
b)「3週間」

c）「10 週間」
d）「1 年」
e）「10 年」

▶第 5 段第 2 文に「2003 年の 3 週間にわたるある調査では 3 万枚の衛星画像を使い，25 メートル以上の高さの 10 個の波が見つかった」とある。b)が正解。

⒆「新説の特別な主張とは…ということである」

a）「波はそのエネルギーの観点で考えるほうがよい」
b）「波は必ずしも個々のものとして扱うべきではない」
c）「波の形成は，思っていたよりもさらに予測不能である」
d）「個々の波は，他の波を追い越したり，それと一緒になったりすることがある」
e）「巨大波を早めに警告するシステムは，開発するのが難しいだろう」

▶第 6 段第 2 文に「標準的な理論では波を個別のものとして扱う」とあるが，それに対して逆接の But で始まる第 3 文には，「新しい説では，複数の波が集団を形成し，長時間そのままの状態である傾向を持つことを示唆している」とある。b)が正解。

⒇「語り手は…のような，巨大波の脅威から身を守る方法が，将来見つかるかもしれないと示唆している」

a）「その形成を防ぐこと」
b）「それらに対する船乗りたちの認識を高めること」
c）「地球温暖化が海洋系に与える影響を減らすこと」
d）「それらに襲われたときに耐えられる構造を設計すること」
e）「それらによって船が沈没したときに失われる命を確実に少なくすること」

▶最終段最終文に「新しい取り組みが進展中であり，それには巨大波の…破壊的な衝撃を切り抜けられる，新しい設計も含まれている」とある。d)が正解。

**ANSWER**

⒃―a） ⒄―c） ⒅―b） ⒆―b） ⒇―d）

## スクリプト

(16) For centuries, sailors have told stories about monster waves, giant waves as tall as a 9- or 10-storey building that suddenly rise in the middle of the ocean, as if out of nowhere. And for centuries, those who live on land, having never seen them, have dismissed stories of these waves as fairy tales — exaggerations or outright fantasies — like the old stories of mermaids and dragons. But new evidence confirms that monster waves are real, and happen much more often than anyone thought.

(17) In 1978, a German cargo ship disappeared in the middle of the Atlantic, with the loss of 27 crew. Investigators recovered a lifeboat that showed signs of having been struck by an extreme force. The lifeboats on that ship were stored 20 metres above the water.

Then, in 1995, a huge wave hit an oil drilling platform off Norway during a hurricane. Twelve-metre waves were hitting the platform. Everyone was inside to escape the storm, so no one saw the monster wave, but laser equipment measured it at 26 metres high.

According to the standard theory of how waves form, a wave that enormous should occur only once every 10,000 years.

(18) Scientists were shocked and began using satellite images to locate and count these monster waves. A study of one three-week period in 2003, using 30,000 satellite images, found 10 waves that were 25 metres or more in height.

(19) How can this phenomenon be explained? The standard theory treats waves as individuals that grow larger when one wave overtakes and merges

## 発　音

アズトーラザ

アズィファウタヴ

ザメドーロヴ

ヒッタンノィウ

メジャーディタッ・

## 全訳

(16)何世紀にもわたって，船乗りたちは巨大波に関する話をしてきた。これは，まったくどこからともなく，海の真っただ中で突然に盛り上がる，9階建て，10階建てのビルほどの高さの巨大な波のことである。そして，何世紀にもわたって，陸上で暮らしている人たちはこのような波を見たことがなかったため，人魚や竜に関する昔話のように，この波のことをおとぎ話，つまり誇張やまったくの空想として片づけてきた。しかし，新しい証拠が，巨大波は現実のものであること，そして人が思うよりもずっと頻繁に発生することを裏づけている。

1978年，(17)あるドイツの貨物船が大西洋の真ん中で姿を消し，27人の乗組員の命が失われた。捜索隊は，極度の力が打ちつけた痕跡のある救命ボートを回収した。その船の救命ボートは，水面から20メートルの高さに備えられていたのである。

そして1995年には，ハリケーンが発生しているときにノルウェー沖にある石油掘削施設を巨大な波が襲った。12メートルの波が施設に打ちつけていた。全員が嵐を避けるために内部にいたため，巨大波を見た人はいなかったが，レーザー機器はそれが26メートルの高さだったことを測定していた。

波の形成に関する標準的な理論によると，それほど巨大な波は，1万年に1回しか起こらないはずである。

科学者たちはショックを受け，こうした巨大波の位置を突き止め，数を数えるために人工衛星の画像を使い始めた。(18)2003年の3週間にわたるある調査では3万枚の衛星画像を使い，25メートル以上の高さの10個の波が見つかった。

この現象はどのように説明できるだろうか。(19)標準的な理論では波を個別のものとして扱い，1つの波が別の波を追い越し，それと一緒になるときに波はより大きくなると考える。しかし，新しい説では，

## ポイント

(16) For centuries「何世紀にもわたって」とあることから，のちに「しかし現在は」などの展開が予測でき，実際そうなる。But までの内容を理解できれば，それとは対照的な内容が正解だと目星が付くので，ある程度注意を傾けておこう。But new evidence confirms で集中。happen much more often は聞き取りやすい。

(17) a German cargo ship で注意喚起。Investigators で集中。「捜索隊」の報告が続くと考えられる。解答の根拠となる 20 metres までは少し間があるが，聞き取らなくてはならない内容・数値は設問文と選択肢から明らかなので，容易に判断できる。

(18)キーワードの2003が出てきたときには，正解の数値はすでに述べられたあとだが，直前なので耳に残っているのではないだろうか。紛らわしい選択肢もない。2回目の放送でしっかり確認すること。

(19) The standard theory で注意喚起。このあと「新説」が述べられること

| スクリプト | 発　音 |
|---|---|
| with another. But a new theory suggests that waves can organize themselves into groups, which tend to stay together over time. According to that theory, waves within groups can pass energy to each other, creating terrifying waves like the ones that struck in 1978 and 1995. If this theory proves true, it might be possible to forecast these giants, and thus give an early warning to ships and oil platforms that are in danger. | ワンザッ・ストラッキン |
|  The sea, as sailors have always known, is unpredictable, yet still we try to prepare for the most dangerous ocean events. Monster waves can do immense damage — another such wave sank an American cargo ship in October 2015, taking 33 lives. And as global warming pumps more energy into the earth's wind and ocean systems, these extraordinary events are likely to become more frequent. That is why new approaches are being developed to keep ships and oil platforms safe, including new designs that can survive the devastating impact of monster waves, waves that were once thought to exist only in the imagination of sailors. | サンカナメリカン |

## 全　訳

複数の波が集団を形成し，長時間そのままの状態である傾向を持つことを示唆している。その説によると，集団内の複数の波が互いにエネルギーを渡し合うことができ，1978 年と 1995 年に襲ったような恐ろしい波を形成する。もしこの説が正しいとなれば，このような巨大波を予測することができ，したがって，危険にさらされる船舶や石油掘削施設に早めの警告ができるかもしれない。

船乗りたちは以前からずっと知っていることだが，海は予測ができない。(20)それでも，我々は最も危険な海での出来事に備えようとしている。巨大波は甚大な被害をもたらしうる。2015 年 10 月には，また別のそうした波がアメリカの貨物船を沈め，33 人が犠牲となったのである。そして，地球温暖化が地球の風と海洋のシステムにさらなるエネルギーを注入するため，こうした途方もない出来事がもっと頻繁に起こる可能性がある。そのため，船舶や石油掘削施設を安全に保つために，新しい取り組みが進展中であり，それには巨大波の，かつては船乗りの空想の中にしか存在しないと思われていた波の，破壊的な衝撃を切り抜けられる，新しい設計も含まれている。

## ポイント

が予測できる。なお，The standard theory treats waves as individuals を聞き取れば，対照的なものであろう「新説」の内容もある程度予測できる。But a new theory で集中。ここで述べられていることと，The standard theory の内容とを考え合わせれば，解答は容易。

(20) yet still we try to prepare … ocean events で注意喚起。このあと prepare の具体例が述べられると考えられる。実際には少し間があるが，That is why new approaches are being developed で集中。designs，can survive がキーワード。

# 7 (A) コンピュータは知性を持つか

**[設問文から読み取ろう！]**

①設問文を一読すると，主に人工知能「アルファ碁」に関する講義だとわかる。

②さらに細かく見ると，(6)は「『ディープ=ブルー』がカスパロフを負かした理由」，(7)は「碁のほうがチェスよりも人工知能の評価基準として優れている理由」，(8)は「2016年3月の対イ=セドル戦の前のアルファ碁について」，(9)は「イに対するアルファ碁の勝利が印象的だった理由」，(10)は「この文章に最もふさわしくない表題」が，それぞれの聞き取りの要点だとわかる。

(6)「話し手によると，なぜディープ=ブルーはカスパロフを負かすことができたのか」

a)「カスパロフはその対局を真剣に受け止めていなかった」
b)「ディープ=ブルーは何人かの人間の専門家から手助けを受けていた」
c)「ディープ=ブルーの計算処理能力が，カスパロフの手に余った」
d)「コンピュータ相手の対局のストレスが，カスパロフの手に余った」

▶第3段第2・3文に「ディープ=ブルーが使っている強力な処理プロセッサーは何百万もの可能な手を分析できるが，それほど多くの選択肢を考えられる人間はいない」とある。c)が正解。

(7)「碁のほうがチェスよりもコンピュータの知性を試すのによいと一部の人が主張したのは…からである」

a)「碁は，視覚的パターンの認識により依存する」
b)「碁の棋士は，チェスの選手よりも賢いと言われている」
c)「碁で熟達するのにはチェスよりも長い時間がかかる」
d)「碁の対局には，分析すべき可能性があまりにも多い」

▶第4段第3文に「碁は（チェス）より大きな盤で行われ，可能な手ははるかに多い」とある。d)が正解。

(8)「2016年3月のイ=セドルとの対局の前に，アルファ碁は…」

a)「自分を相手に練習対局をたくさん行った」
b)「ヨーロッパのある強いアマチュアとの対戦に勝った」
c)「碁のプロとの対戦に4対1で勝った」
d)「さまざまな人間の対局相手と数多く練習対局をした」

▶第6段第5文に「その後の6カ月で，このコンピュータは自身との対局を何百万回も行い，徐々に腕を上げる方法を学んでいった」とある。a)が正解。

(9)「イに対するアルファ碁の勝利が印象的だったのは…からだ」

a)「それはまだある弱点を示した」
b)「それはディープ=ブルーよりもはるかに強力だった」
c)「それが創造的で独創的な手を見つけることができた」
d)「それはずっと多くの可能性を計算できた」

▶第7段第4文に「戦略の創造的な使い方で，つまり，いくつかの手の独創性で，コンピュータのほうが優れているように見えた」とある。c)が正解。

(10)「この文章の表題として最も適さないものを選べ」

a)「ディープ=ブルーからアルファ碁へ」
b)「人間の知性は，類を見ないものか？」
c)「コンピュータの能力の最近の増大」
d)「コンピュータの知性の進化」

▶第3段でディープ=ブルーの計算能力の高さが，第5段以降はアルファ碁の創造性や独創性が述べられており，最終段第1・2文には「カスパロフを負かしたプログラム（=ディープ=ブルー）は単純な計算で勝利したが，アルファ碁はコンピュータも知性や創造性を示せることを証明しているようだ」とある。放送全体でコンピュータの能力の質が変化したことについて語られていると考えられるが，c)では，処理能力〔計算力〕のみが増加したと受け取れるため，表題としては不足である。c)が正解。

**ANSWER**

(6)—c) (7)—d) (8)—a) (9)—c) (10)—c)

## スクリプト

As human beings, we like to think that there is something unique about our minds that makes us superior to the rest of the world. So it was a great shock when in 1997 a supercomputer called "Deep Blue" beat the world chess champion, Garry Kasparov. A mere machine had won at a purely mental challenge, defeating one of the strongest players ever.

(6)

How had that happened? People came up with various excuses. Perhaps Kasparov had got tired, or perhaps he felt frightened of the machine. There was even a suggestion that the team of scientists overseeing Deep Blue were giving it some unfair assistance.

But the true explanation is Deep Blue's sheer computing power. The powerful processors used by Deep Blue could analyse millions of possible moves. No human being could possibly consider so many options. So, when Kasparov lost, many people said: "Deep Blue's victory is just another demonstration of a machine's power or strength: it doesn't really show intelligence or creativity".

(7)

But if chess is not a test of intelligence, what is? Some people argued that the game of "Go" would be more appropriate. Go is played on a larger board, and there are many more possibilities. Human Go players often say they are compelled to choose a move by instinct, not by calculation. It seemed that computers would never have the creative intelligence to defeat a human Go champion.

But then, in March 2016, a computer program called AlphaGo did defeat one of the world's best human players, the South Korean professional Lee

## 発音

イ・ウォズグレィ・ショッ

クダナライズ

ディッ・ディフィータ

## 全 訳

人間として，私たちの知性には，世界の他のすべてよりも私たちをすぐれたものにしてくれる何か独特なものがあると，私たちは考えたがる。そのため，1997年に「ディープ=ブルー」というスーパーコンピュータが世界チェスチャンピオンのガルリ=カスパロフを負かしたとき，それはたいへんな衝撃だった。単なる機械が，史上最も強い選手のひとりを破って，完全に知的な課題で勝ったのである。

(6)どうしてこのようなことが起こったのだろうか。人々はさまざまな言い訳を考えた。おそらく，カスパロフは疲れていたのだろう，たぶん彼は機械に恐怖を感じていたのだろうといった具合である。ディープ=ブルーを監督していた科学者集団が何か不正な手助けをしていたというほのめかしさえあった。

しかし，本当の理由は，ディープ=ブルーの純粋な計算能力だ。ディープ=ブルーが使っている強力な処理プロセッサーは，何百万もの可能な手を分析できた。それほど多くの選択肢を考えられる人間など到底いない。そのため，カスパロフが負けたとき，多くの人たちはこう言ったものだ。「ディープ=ブルーの勝利は，機械の能力や強みをまた示したにすぎない。それでは知性や創造性を示したことにはならない」

(7)だが，もしチェスが知性を試す手段でないとしたら，何がそうなのだろうか。「碁」のほうが適切だと主張する人もいた。碁は，（チェス）より大きな盤で行われ，可能な手ははるかに多い。人間の棋士はよく，計算ではなく，直感で手を選ぶように駆り立てられると言う。コンピュータは，人間の碁のチャンピオンを負かすだけの創造的知性は決して持っていないだろうと思われた。

しかしその後，2016年3月に，アルファ碁というコンピュータプログラムが，世界最高峰の棋士のひとりである韓国のプロ，イ=セドルを実際に下し

## ポイント

(6) How had that happened？で注意喚起。that は「単なる機械が史上最も強い（チェスの）選手のひとりを破ったこと」であり，その理由が以下に述べられることがわかる。But the true explanation で集中。注意喚起個所の直後のさまざまな excuses「言い訳」のあと，本当の説明が始まる。Deep Blue's sheer computing power や The powerful processors などキーワードが複数回聞こえるのでしっかり聞き取ろう。

(7) a test of intelligence で注意喚起。Some people argued で集中。many (more) possibilities というキーワードが選択肢にもある。

## スクリプト

## 発音

Sedol. In a five-game match, the computer won by four games to one.

(9) Two aspects of this victory were particularly
impressive. The first was how much the machine had
(8) improved. Six months before the match with Lee
Sedol, AlphaGo had played a professional European
Go player, a much weaker opponent. Although the
computer won that match, it still showed certain
weaknesses. In the following six months, however,
the computer played many millions of games against
itself, gradually learning how to improve. By the time
it played Lee in March, it was much stronger. Lee
acknowledged that the machine had been too strong
for him, although he said that it was a defeat only for
him personally, not for "humankind".

ゲイムザゲインスティ・セウフ

(9) The second impressive aspect was the way in which the machine played. It did not seem superior in calculating power. In fact, it made some mistakes. But in its creative use of strategy, in the originality of some of its moves, the computer seemed superior. This could not be described as a victory for mere calculating power.

イ・メイサ・ミステイクス

(10) The program which defeated Kasparov at chess did so merely by simple calculation. But AlphaGo's success seems to prove that computers can also show intelligence and creativity. Perhaps that is why one commentator described AlphaGo as not just "the best player of the past two thousand years" but also as "a work of art".

## 全 訳

たのである。5局の対戦で，コンピュータが4対1で勝利したのである。

(9)この勝利の2つの局面が特に印象的だった。1つめは，機械の進歩の度合いであった。(8)イ＝セドルとの対局の6カ月前，アルファ碁は，対戦相手としてはもっと弱い，ヨーロッパのプロの棋士と対戦した。このコンピュータはその対局で勝利したものの，まだある種の弱点も見せた。しかし，その後の6カ月で，このコンピュータは自身との対局を何百万回も行い，徐々に腕を上げる方法を学んでいった。3月にイと対戦するまでには，以前よりずっと強くなっていたのである。イは，その機械は自分には強すぎたと認めた。ただし，これは彼個人の敗北であって，「人類」の敗北ではないと述べた。

(9)2つめの印象的な側面は，機械の碁の打ち方だった。アルファ碁は計算能力で優れていたようには見えなかった。実際，いくつか間違いをした。しかし，戦略の創造的な使い方で，つまり，いくつかの手の独創性で，コンピュータのほうが優れているように見えたのである。このことは，単なる計算能力の勝利とは言えなかった。

(10)チェスでカスパロフを負かしたプログラムは，単純な計算で勝利したにすぎなかった。しかし，アルファ碁の成功は，コンピュータも知性や創造性を示せることを証明しているように思える。おそらく，だからこそ，ある解説者は，アルファ碁を「過去2000年で最高の棋士」であるだけでなく，「芸術作品」でもあると評したのである。

## ポイント

(9) Two aspects of this victory で注意喚起。impressive で集中。直後の The first was に続いて聞こえてくる how much the machine had improved に相当するものは選択肢にはなく，the second が述べられるのを待つことになる。The second impressive aspect で再び注意喚起。But で集中。注意喚起個所の直後には，It did not seem superior と否定的な内容があり，But で impressive aspect を述べ始めることがわかる。キーワードとなる creative，originality は後者が選択肢と異なる品詞だが，聞き取るのに支障はないだろう。

(8) before the match with Lee Sedol で注意喚起。however で集中。注意喚起個所の直後で「European Go player との対局に勝ったがまだ弱点も見せた」とあることをくつがえす内容が however のあとに述べられる。against itself というキーワードは選択肢と同じである。

(10) The program which defeated Kasparov で注意喚起。ディープ＝ブルーに再度言及し，まとめに入ると考えられる。But で集中。アルファ碁は can also show intelligence and creativity と述べられている。But の前にある simple calculation というディープ＝ブルーの評価との対比は，第3・7段それぞれの最終部分にもあり，放送全体でコンピュータの能力の質が変化したことについて論じていることを把握したい。

2017 年度　3-(B)

# 7　(B)　コンピュータの功罪に関する会話

**[設問文から読み取ろう！]**

①リスニング問題冒頭の説明に「(A)と内容的に関連した会話である」と述べられている。
②設問文を細かく見ると，(11)は「人間がコンピュータよりも意思決定が下手なことがある理由」，(12)は「チェスのプログラムが決断する方法」，(13)は「アレックスがコンピュータに重要な決定をしてほしくない理由」，(14)は「人間の医師よりコンピュータのほうが『思いやりがある』可能性」，(15)は「ダニエルがコンピュータについて心配する理由」が，それぞれの聞き取りの要点だとわかる。

(11)「メガンによると，人間がコンピュータより意思決定をするのが下手なことがある理由のひとつは何か」

a)「人間は，間違った情報に基づいて意思決定をする」
b)「人間は，主観的な欲望に混乱させられる」
c)「人間は，不愉快な決定に直面すると，あまりにも簡単にあきらめる」
d)「人間は，数多くの選択肢から選ぶのが得意ではない」

▶メガンの２番目の発言第４文に「(人間は) 考えなくてはいけない可能な結果がたくさんあるときにもうまくやれない」とある。d)が正解。

(12)「メガンによると，チェスのプログラムはどのようにして決断をしているか」

a)「プログラムが，対戦相手の手の打ち方を評価する」
b)「プログラムが，以前に行った対局の手番を使う」
c)「プログラムが，可能な手をひとつひとつ体系的に評価する」
d)「プログラムが，人間の専門家の入力に基づいた手番を使う」

▶メガンの３番目の発言第３・４文に「コンピュータは，木の枝のような可能性の見取り図を作り，それぞれの枝をランクづけして，最もランクの高い選択肢を選ぶ」とある。c)が正解。

⒀「なぜアレックスは，コンピュータに重要な決定をしてほしくないのか」

a)「コンピュータのプログラムは，警備上の危険を引き起こす可能性がある」
b)「コンピュータには，善悪の感覚がない」
c)「コンピュータのプログラムは，突然故障したり，欠陥があったりすることが多い」
d)「コンピュータは，自分の決定することに個人的な関心を持たない」

▶アレックスの4番目の発言第2文に「コンピュータは自分の選択の結果を気にしない」とある。d)が正解。

⒁「メガンによると，コンピュータはどのように，人間の医師よりも『思いやりがある』かもしれないのか」

a)「コンピュータは，患者の気持ちを解釈するようにプログラムされうる」
b)「コンピュータは，患者それぞれが必要な薬の量を計算できる」
c)「コンピュータは，患者とより温かくふれあうようにプログラムされうる」
d)「コンピュータは，より簡単に個人的な情報を共有するように患者を促すことができる」

▶メガンの5番目の発言第3文に「コンピュータはあらゆる検査をすべて素早く分析し，それぞれの人に必要なぴったりの治療を施すことができる」とある。b)が正解。

⒂「ダニエルがコンピュータに関して心配する理由のひとつは何か」

a)「彼は，コンピュータが戦争を始めるかもしれないと考えている」
b)「彼は，コンピュータが人間を支配するかもしれないと考えている」
c)「彼は，コンピュータが警察隊の支配権を握るかもしれないと考えている」
d)「彼は，コンピュータが人々が働く必要性を取り除くかもしれないと考えている」

▶ダニエルの2番目の発言第4・最終文に「コンピュータが世界を支配することに決めたとすると，人間をペットとして飼い始めるかもしれない」とある。b)が正解。

## ANSWER

⑾－d） ⑿－c） ⒀－d） ⒁－b） ⒂－b）

| スクリプト | 発音 |
|---|---|
| Alex❶ : How was the computer club today, Megan? | |
| Megan❶ : Oh, it was great, Alex! We were visited by an executive from a European software company. Her talk was called "How Computers Make Decisions". | |
| Alex❷ : I never thought of computers making decisions before. I thought they just followed the rules that we give them. After all, they don't have ambitions or desires like we do. | |
| (11) Megan❷ : But that doesn't mean that they have worse judgment. In fact, maybe the opposite. The speaker said that humans are affected by tiredness, or by sickness, or by their superficial impressions about a topic. They also do badly when there are many possible outcomes to consider—like when we want to find an apartment to live in, or to map the quickest route between two places. Humans quickly get overwhelmed by the choices. | ファインダパー・メントウリヴィン |
| Alex❸ : So computers can be better than us at making decisions? | |
| Daniel❶ : To a dangerous degree—if you ask me. | |
| (12) Megan❸ : Oh, Daniel! What about strategy games such as chess? The computer maps out possibilities like branches on a tree. It gives a rating to each branch, and then it just picks the option with the highest | |

## 全 訳

アレックス❶：今日のコンピュータ部はどうだった，メガン？

メガン❶：ええ，とてもよかったわ，アレックス！　ヨーロッパのソフトウエア会社の重役の人が来てくれたのよ。話は「いかにコンピュータは意思決定をするか」というものだったの。

アレックス❷：コンピュータが意思決定をするなんて前には考えたことがなかったな。コンピュータは，人が与えた規則に従っているだけだと思っていたよ。どちらにしたって，コンピュータは僕たちみたいな野心や欲望なんか持っていないだろ。

メガン❷：でも，だからってコンピュータが私たちよりまずい判断をするわけじゃないの。実は(11)<u>その逆かもしれないのよ</u>。今日話してくれた人は，人間は疲労や病気，話題に関する表面的な印象などに影響されるって言うの。<u>それに，考えなくてはいけない可能な結果がたくさんあるときにも，うまくやれないわ</u>。たとえば，住むアパートを見つけたいとか，２つの場所の最短移動経路を調べるとかね。<u>人間は選択肢（の多さ）にすぐ圧倒されるわ</u>。

アレックス❸：じゃあ，コンピュータは僕たちよりも意思決定をするのが上手だということ？

ダニエル❶：危険なほどにね，僕に言わせれば。

メガン❸：あら，ダニエル！　(12)<u>チェスみたいな</u>戦略ゲームはどうなの？　<u>コンピュータは，木の枝みたいな可能性の見取り図を作るのよね。それぞれの枝をランクづけして，最もランクの高い選択肢を選ぶんでしょ</u>。それを

## ポイント

(11) maybe the opposite で注意喚起。直後には選択肢と重なる情報がないので，They also do badly で集中。when there are many possible outcomes to consider がうまく理解できなくても，続く文の Humans quickly get overwhelmed by the choices. で判断できる。

(12) such as chess で注意喚起。The computer maps out で集中。続く possibilities like branches on a tree で述べられていることがイメージできれば，選択肢と照らし合わせて正解が選べるだろう。特にキーワードの possibilities をしっかり聞き取りたい。直後の文 It gives a rating to each branch … が理解できれば盤石である。

| スクリプト | 発音 |
| --- | --- |
| rating. It can do that very, very quickly. | |
| (13) Alex❹ : Still, I don't think I'd want to live in a world in which computers made all the important decisions. After all, they don't *care* about the results of their choices. Chess computers try to win the game only because we program them to. | ウォーゥドゥインウィッチ |
| Megan❹ : That's true. But the speaker today also said that sometimes decisions made by computers can seem *more* caring. (14) | |
| Alex❺ : How can that be ? | |
| Megan❺ : In medicine, for example, doctors often can't adjust treatments to each individual, because that would mean handling too much information. They just provide standard amounts of medicines, for example. But a computer can quickly analyse all the tests and give each individual the exact treatment that they need. Isn't this more "caring", in a sense, than human doctors ? | |
| Alex❻ : What do you think, Daniel ? Should we let computers make all the choices for us ? | |
|  (15) Daniel❷ : I'm worried that we will lose control if we give machines too much information. I read recently that personal health data held by a private company in Britain was leaked onto the internet. Besides, you say | |

## 全 訳

とてもとても素早くできるのよね。

アレックス❹：それでも，(13)重要な決定をすべてコンピュータがするような世界に，僕は住みたいとは思わないだろうな。そもそも，コンピュータは自分の選択の結果のことなんか気にしないだろ。チェスをするコンピュータがゲームに勝とうとするのは，ただ人間がそうプログラムしたからにすぎないよね。

メガン❹：そのとおりね。でも，今日話してくれた人は，コンピュータがした決定のほうが，(14)より思いやりがあるように見えることもあるって言ってたわ。

アレックス❺：どうしてそんなことがありうるの？

メガン❺：たとえば，医学では，お医者さんは，治療を患者さんひとりひとりに合わせられないことが多いの。それだとあまりにもたくさんの情報を扱うことになるから。いわば，彼らは標準的な量の投薬をしているだけなのね。でも，コンピュータはあらゆる検査をすべて素早く分析して，それぞれの人に必要なぴったりの治療を施すことができるわ。これって，ある意味では人間のお医者さんよりも「思いやりがある」んじゃない？

アレックス❻：ダニエル，君はどう思う？　人間に代わって，コンピュータに全部選んでもらうべきかな？

ダニエル❷：機械にあまりにも情報を与えすぎると(15)制御できなくなるんじゃないかって心配なんだ。最近読んだんだけど，イギリスの民間企業が持っていた個人の健康データがインターネット上に流出したんだって。それに，

## ポイント

(13) computers made all the important decisions で注意喚起。After all で集中。「そもそも」は問題の要点を述べることを表す。解答の根拠は，they don't *care* about the results of their choices で，カギとなるのは don't *care* と their choices の表現とその選択肢中での言い換えである。

(14) *more* caring で注意喚起。In medicine, for example 以下，しばらく人間の医師の話が続くが，コンピュータはその逆ということになるので，ここも大きなヒント。But a computer can で集中。give each individual the exact treatment that they need とさきほどの人間の医師の実態，選択肢の内容を照らし合わせて判断する。

(15) I'm worried で注意喚起。we will lose control … は結果的に選択肢と一致する事柄ではないが考えるヒントにはなる。Besides でさらに「懸念」が続くことがわかるので集中。take over the world と keeping us as pets を考え合わせて解答したい。

| スクリプト | 発音 |
|---|---|
| that computers can make better decisions than humans. Suppose they decide to take over the world? They might start keeping us as pets! | |
| Megan❻: Oh, don't be so dramatic. Even the most advanced computers just follow the instructions in their software. Plus, they need electricity—which we provide. | |
| Alex❼: Maybe the problem isn't so much giving control to the computers, as giving it to the companies that run them. I don't think that computers are trying to take over the world, but I do think that companies are. | |
| Daniel❸: You both don't see what's happening! Before long, it'll be the computers that are running the companies! | |
| Alex❽: Well, we can't *un*invent them, can we? What do you think we should do? | |
| Daniel❹: I think we have to set them against each other. Divide and rule. We need computers to police the computers. | セッゼマゲィンスティーチアザー |

## 全 訳

人間よりもコンピュータのほうがよい決定ができるって言うんだよね。じゃあ，コンピュータが世界を支配することに決めたとしようよ。コンピュータは僕たちをペットとして飼い始めるかもしれないな！

メガン❻：もう，そんなにオーバーなこと言わないで。いちばん進んだコンピュータだって，ソフトウエアの指示に従っているだけじゃない。それに，コンピュータは電気が必要でしょ。それも私たちが与えているのよ。

アレックス❼：たぶん，問題はコンピュータに支配権を渡すことというより，コンピュータを動かしている企業に支配権を渡すことなんだろうね。コンピュータが世界を支配しようとしているとは思わないけれど，企業はそうだと思うな。

ダニエル❸：君たち２人とも，何が起きているかわかっていないよ！　じきに，企業を運営しているコンピュータが出てくるさ！

アレックス❽：うーん，コンピュータの発明をなかったことにはできないよね？　どうすればいいと思う？

ダニエル❹：コンピュータが互いに反目し合うようにしなくてはいけないんじゃないかと思うな。分割して統治せよ，だよ。コンピュータにコンピュータを見張らせる必要があるね。

## ポイント

# 7 (C) 姉の思い出

[設問文から読み取ろう！]

①リスニング問題冒頭の説明に「(話し手の) 姉 Uche（ウチェ）についての回想である」とある。

②設問文を細かく見ると，(16)は「話し手がウチェといつから仲がよいか」，(17)は「ウチェが気が強いと見なされた理由」，(18)は「ウチェがかつてしたこと」，(19)は「この姉妹の違っているところ」，(20)は「ウチェに関する描写のまとめ」が，それぞれの聞き取りの要点だとわかる。

(16)「話し手は…（とき）からずっと姉のウチェと仲がよい」

a）「彼女が泣くのをウチェがいつもなだめた」
b）「彼女が階段の上で泣いているのをウチェが止めた」
c）「ウチェが4歳で彼女に愛着を抱くようになった」
d）「ウチェが彼女の手を取って，新しい家を案内した」

▶第2段第2文に「私は寝つきの悪い赤ん坊で，夜泣きをすると姉しかなだめることができなかった」とある。a)が正解。

(17)「ウチェが気が強いと見なされたのは…からだ」

a）「彼女は侮辱を無視した」
b）「彼女は男の子の服を着ていた」
c）「彼女は乱暴な言葉遣いをしていた」
d）「彼女は社会的に期待されることを無視した」

▶第5段第1文冒頭に「ウチェは気が強かった」という記述があり，それを「型どおりのことをしない少女」と言い換えている。同段の「隣家の男の子に悪口を言われたときに，生け垣を乗り越えて男の子を叩きに行き，謝るように言われても自分の非は認めなかった」というエピソードからも，d)が正解。

(18)「ウチェはかつて…」

a）「自分が見つけた材料でドレスを作った」

b）「隣人の息子を叩いたことを謝った」
c）「話し手のために，オクラをレバーソースで調理した」
d）「母親に言わずに，母親からサンダルを取った」

▶第６段第１文に「彼女は一度，母親の衣裳部屋にしのびこみ，ハイヒールのサンダルを学校に持って行ったことがある」とある。d)が正解。

⑲「この姉妹が違っていると述べられていないのは次のどれか」

a）「忍耐強さ」
b）「ヘアスタイル」
c）「タフさ」
d）「職業」

▶第５段第１文に「彼女は我が家きっての気が強い子だった」とあるのがｃ)の「タフさ」，第９段第１文の「私は作家になった。彼女は医者として成功している」がｄ)の「職業」，第９段第３～最終文に「私は天然パーマの髪…彼女の長いストレートヘア」とあるのがｂ)の「ヘアスタイル」の違いを表している。ａ)の「忍耐強さ」については述べられていない。a)が正解。

⑳「姉に関する話し手の描写を最もよくまとめているのは次の文のどれか」

a）「ウチェは好奇心旺盛で大胆である」
b）「ウチェは強くて面倒見がよい」
c）「ウチェはお金持ちで気前がよい」
d）「ウチェはおしゃべりで知的だ」

▶怖がる話し手の手を取って階段を上がってくれたり（第１段），夜泣きする話し手をあやしたり（第２段）したエピソードから，「面倒見がよい」と言える。また，第５段で述べられている，悪口を言った隣人の息子を叩いて，謝罪を拒否したエピソードから「強い」と言える。b)が正解。

ａ)は「好奇心旺盛」という点が本文で語られていない。ｃ)の「お金持ち」，「気前がよい」，またｄ)の「おしゃべり」，「知的」についても，直接これらを表すエピソードが語られていない。

## ANSWER

⑯―a）⑰―d）⑱―d）⑲―a）⑳―b）

## スクリプト

## 発音

(20) I remember standing at the foot of the long stairway in our new house. I was too frightened to climb. Then my sister Uche silently took my hand and we went up together. I was four ; she was fifteen. It is my earliest memory of my attachment to her.

(16) My mother tells me that the close relationship between me and my sister started much earlier. I was a restless baby, whose nightly screaming was soothed only by her. When I was first given regular food, my mother tried to feed me okra and liver sauce. But I would eat it only if my sister fed me.

イ₋ティッ・オンリィフ

In my teenage years she was the glamorous big sister who was studying medicine at university. I looked up to her : Her beautiful face, her smooth grape-dark skin, the gap in her teeth inherited from our mother.

I was always impressed by her original style. She made long earrings from parts of an abandoned chandelier and made bows for her shoes from old handbag straps. She designed her own clothes — dresses with colorful ribbons, lavishly shaped trousers — for the tailor in the market to make for her. Many of her clothes were handed down to me. At the age of thirteen, I wore elegant, fitted dresses when my classmates were still in little-girl clothes.

オリジノ₋スタイゥ

スティリンリト₋

(20) (17) (19) She was the tough one in the family — the unconventional girl. When she was in primary school, the neighbor's son called her a devil, and she climbed over the hedge, beat him up, and climbed back home to continue her game of table tennis. That evening, the neighbors came over to complain to my parents. Asked to apologize to the boy, my sister said, "But he called me a devil."

デヴォ₋

## 全 訳

⒇ 私は，私たちの新しい家の長い階段の下に立っていたのを覚えている。怖くて上がれなかった。すると，姉のウチェが黙って私の手を取って，私たちは一緒に上がった。私は4歳，姉は15歳だった。それが，彼女に対する私の愛着の最も初期の記憶である。

⒃私の母は，私と姉の親しい関係はもっと早く始まったと言う。私は寝つきの悪い赤ん坊で，夜泣きをすると姉しかなだめることができなかった。私が初めて通常食を与えられたとき，母は私にオクラとレバーソースを食べさせようとした。しかし，姉が食べさせてくれるのでなければ食べようとしなかった。

私が10代の頃，彼女は大学で医学を学ぶ，魅力的な姉だった。私は彼女を尊敬していた。その美しい顔立ち，滑らかで濃いブドウ色の肌，母から遺伝した歯の隙間（もすべて魅力的だった）。

彼女の独特なスタイルにはいつも感銘を受けた。彼女は捨てられたシャンデリアの部品から，長いイヤリングを作り，古いハンドバッグの持ち手から靴につける蝶結びを作った。カラフルなリボンのついたドレス，ゆったりとした形のズボンといった自分の服は自分でデザインして，市場の仕立屋に作ってもらった。彼女の服の多くは後で私のものになった。13歳のとき，級友がまだ幼い女の子用の服を着ていたのに，私は優雅でぴったり体に合うように作られた服を着ていた。

⒇⒄⒆ 彼女は我が家きっての気が強い子だった。型どおりのことはしない少女だったのである。小学生のとき，隣の家の息子が彼女のことを悪魔呼ばわりすると，彼女は生け垣を乗り越えて行き，彼をぶちのめし，再び生け垣を乗り越えて戻って来て卓球のゲームを続けた。その夜，隣の人が私の両親に文句を言いに来た。男の子に謝るように言われたとき，彼女は「でもその子が私を悪魔って言ったのよ」と言った。

## ポイント

⒇解答の根拠を放送全体で判断することが求められる。設問文・選択肢をあらかじめ読み，各エピソードで描かれている「ウチェ像」を確実に頭の中に築きたい。第1段の新しい家でのエピソード，第2段の話し手が赤ん坊の頃のエピソード，第5段の隣人の息子と渡り合ったエピソードから，b)の strong and caring の両方が描かれていることを聞き取る。

⒃ the close relationship で注意喚起。I was a restless baby で集中。whose nightly screaming was soothed only by her の意味をしっかり理解したい。正解の選択肢は言葉づかいが異なり，他の選択肢も紛らわしい。述べられている状況それぞれを正確に聞き取りたい。

⒄ She was the tough one で注意喚起。the unconventional girl で集中。結果的に unconventional がキーワードとなるが，続く隣家の少年とのエピソードがどのようなことだったかをしっかり聞き取り，各選択肢と照らし合わせて選ぶ。

⒆解答の根拠となる個所が散在するため，設問文と選択肢をあらかじめ読んでおくことが欠かせない。ただ，選択肢が単語レベルであり，a)の patience はその類語も含めて放送中に登場しないことに気づくことが重要である。

| スクリプト | 発 音 |
|---|---|

(18)

She once sneaked into my mother's wardrobe and took her high-heeled sandals to school. They were promptly seized by the teacher. She told my mother about it more than ten years later, describing the sandals in detail, laughing.

ワンスニークティントゥ

She laughs easily and often. She sends funny jokes by e-mail.

She is the second and I am the fifth of my parents' six children.

(19)

I became a writer; she is a successful doctor. We have different tastes. She touches my natural curly hair and says, "What is this rough mop?" I point to her long, straight hair and joke, "That looks like plastic!"

Still, we ask each other's opinions of outfits and hairstyles. We have long conversations about my book events and her medical conferences. We talk and e-mail often. I love to spend weekends with her, her wonderful husband, Udodi, who is like a big brother to me, and her eighteen-year-old twin daughters.

There is something very solid about her. To be her little sister is to feel always that a firm cushion exists at my back. When our father went into hospital last year, it was her steady voice that quieted my despair.

ホスピトーラスティヤー

"You work so hard," she told me once, simply and plainly, when I was struggling to finish a book, and it made everything seem better.

She turned fifty in early March. "Don't get me cards that say, 'Happy Fiftieth Birthday,'" she told my brothers and sisters and me. "Just 'Happy Birthday' is fine."

## 全 訳

(18)彼女は一度，母の衣裳部屋にしのびこみ，ハイヒールのサンダルを学校に持って行ったことがある。それはすぐに先生に取り上げられてしまった。彼女は 10 年以上も経ってからそのことを母に話し，笑いながらどんなサンダルだったか，細かいところまで描写した。

彼女はすぐによく笑う。おかしなジョークをメールで送ってくる。

両親の 6 人の子どものうち，姉は 2 番目，私は 5 番目である。

(19)私は作家になった。彼女は医者として成功している。私たちには好みの違うところがいろいろある。彼女は私の天然パーマの髪に触って，「このもじゃもじゃの髪は何？」と言う。私は彼女の長いストレートヘアを指して，「プラスチックみたいに見えるわ！」と冗談を言う。

それでも，私たちは服装やヘアスタイルに関して互いの意見を聞く。私の本のイベントや，彼女の医学会議について長々と会話する。しょっちゅうおしゃべりをしたり，メールしたりする。私は，姉と，私にとっては兄のような彼女のすてきな夫ウドディ，彼女の 18 歳になる双子の娘たちと一緒に週末を過ごすのが大好きだ。

彼女には何かとても信頼できるところがある。彼女の妹であるということは，しっかりしたクッションが背中のところにいつもあると感じるということだ。昨年，父が入院したとき，私の絶望的な気持ちを静めてくれたのは，彼女の落ち着いた声だった。

「働き過ぎよ」と，一度彼女は私に，なにげなく，はっきりと言ったことがある。ちょうど私はある本を仕上げようと奮闘していたときだったが，彼女の言葉で何もかもがよくなったように思えた。

3 月の初めに，彼女は 50 歳になった。「『50 回目の誕生日おめでとう』なんていうカードは送らないでね」と彼女は，私の兄弟姉妹，そして私に言った。「ただ『誕生日おめでとう』で十分よ」

## ポイント

(18) She once で即集中。took her high-heeled sandals は正解の選択肢と took や sandals が共通であり，判断しやすい。ただし，他の選択肢についても，カギとなる単語が放送内にあるため，慎重に聞き取ること。

2016 年度　3-(A)

# 8 (A) 美術品の価格高騰

**[設問文から読み取ろう！]**

①設問文を一読すると，著名な画家の絵が主な話題になっていることがわかる。

②さらに細かく見ると，(6)は「ある絵の販売で重大だったこと」，(7)は「ピカソの絵とドラクロワの絵の最も異なる点」，(8)は「ピカソの絵とアンリ=マティスの関係」，(9)は「ある絵の価格の変化」が，それぞれの聞き取りの要点だとわかる。

(6)「話し手によると，その絵の販売に関しては何が重大だったか」

a)「それは匿名のバイヤーに売られた」
b)「それは予測よりずっと安く売られた」
c)「それは歴史的なオンライン=オークションの最中に売られた」
d)「それは公開の競売に掛けられるあらゆる絵画の最高額で売られた」

▶第1段第4・5文に「デジタル時代以前の芸術作品が，公開の競売でのあらゆる記録を破った。ピカソの『アルジェの女たち』…が，1億7900万ドルという新記録で売れた」とある。d)が正解。

(7)「話し手によると，ピカソの絵が，その刺激となったドラクロワの絵と，最もはっきり異なっているのはどのようなことか」

a)「独創性の度合い」
b)「場面の場所」
c)「描写の快活さ」
d)「描かれている女性の数」

▶第2段最終文に「原画はほの暗く静かな場面を表しているが，ピカソは動きや色彩に満ちた場面を描いている」とある。c)が正解。

(8)「話し手によると，ピカソの絵は，アンリ=マティスとどのような関係にあるか」

a)「それは，ピカソからマティスへの贈り物だった」
b)「それは，マティスがよく用いた色を使っている」
c)「それは，マティスから借用したテーマに基づいている」
d)「それは，マティスの死後，ピカソが初めて描いた絵だった」

▶第 3 段第 2 文に「ピカソの絵画は，テーマとアイディアをマティスから受け継いだものだ」とある。c)が正解。

(9)「話し手によると，その絵の価格は…上がった」

a)「1956 年の 25 万ドルから現在の 1 億 7900 万ドルまで」
b)「1956 年の 3 万 2000 ドルから 1997 年の 1 億 7900 万ドルまで」
c)「1997 年の 3200 万ドルから現在の 1 億 7900 万ドルまで」
d)「1956 年の 25 万ドルから 1997 年の 1 億 7900 万ドルまで」

▶最終段第 3・4 文に「1997 年には，今回の絵画 1 枚だけで 3200 万ドルで売れ…現在，1 億 7900 万ドルで売れた」とある。c)が正解。

**ANSWER**

(6)―d） (7)―c） (8)―c） (9)―c）

## スクリプト

Welcome to *Art in Focus*, our weekly discussion of news and controversies in art around the globe. Last week we discussed the financial challenges facing young artists, particularly those working in digital media, where countless completely identical copies can be made of any individual work by anyone with a small amount of know-how. (6) The big news of this week presents a thought-provoking comparison. A work of art from the pre-digital age has broken all records for a public auction. A famous painting called "Women of Algiers," by Pablo Picasso, was recently sold for 179 million dollars, a new world record. The auction room grew quiet as the price went up and up. Then people clapped and cheered at the final price—20 million over the estimate! According to the auctioneer, it was — quote — "One of the greatest moments in auction history!"

The work is the last of a series of 15 paintings which Picasso produced in a burst of creativity during 1954 and 1955. (7) The subject of the paintings was inspired by a work of a similar name, "Women of Algiers in their apartment," by the French artist Eugène Delacroix, painted in 1834, featuring three women relaxing inside an apartment. But while the Delacroix original is painted in a realistic style, almost like a photograph, the Picasso version distorts the image in various ways, showing different angles at the same time. Where the original shows a dim and quiet scene, Picasso paints a scene full of movement and color.

Picasso finished the series on Valentine's Day, 1955. (8) His great friend and rival, Henri Matisse, had died the previous year, and Picasso's painting takes up themes

## 発音

ディジトーミーディア

インサイダナパー・メントウ

ティカッ・スィームズ

## 全　訳

『アート=イン=フォーカス』へ，ようこそ。毎週，世界中の芸術に関するニュースや論争についての討論をお届けしております。先週は，若い芸術家，とりわけデジタルメディアで仕事をしている人たちが直面している財政問題を議論しました。デジタルメディアでは，ほんの少しのノウハウがあれば，誰にでも個々の作品の完全なコピーが無数にできるわけです。今週の(6)大きなニュースは，示唆に富む実例を示しています。デジタル時代以前の芸術作品が，公開の競売でのあらゆる記録を破りました。パブロ=ピカソの『アルジェの女たち』という有名な絵画が1億7900万ドルという新記録で最近売れました。オークション会場は価格が上がるにつれて静まり返りました。それから，予測を2000万ドル超える最終価格に，人々は拍手と歓声を送ったのです！　競売人によると，その言葉を引用すれば，「オークションの歴史で最も素晴らしい瞬間の一つ」でした。

その作品は，ピカソが1954年から1955年の間に，創造性を爆発させて生み出した15連作の最後の一つです。(7)これらの絵画の主題は，『部屋の中のアルジェの女たち』という似た題名の作品に刺激を受けたものですが，この作品は1834年にフランスの画家ウジェーヌ=ドラクロワが描いたもので，3人の女性が部屋でくつろいでいる様子を描いています。しかし，ドラクロワの原画が，ほぼ写真のごとく写実的に描かれているのに対して，ピカソ版は，さまざまな点で姿がゆがめられ，異なる角度から見たものを同時に描いているのです。原画はほの暗く静かな場面を表していますが，ピカソは動きや色彩に満ちた場面を描いています。

ピカソは1955年のバレンタインデーにこの連作を描き上げました。彼の親友でありライバルでもある(8)アンリ=マティスは，その前年に亡くなっており，ピカソの絵画はテーマとアイディアをマティス

## ポイント

(6) The big news で注意喚起。A famous painting で集中。解答の根拠となる個所までやや間がある。sold で再び集中。選択肢を読んでおけば，ここでは数字が重要なのではないとわかる。その金額が a new world record であることをしっかり聞き取る。

(7) was inspired で注意喚起。Eugène Delacroix と聞こえてきたところで注意度を上げる。But while という対照を表す接続詞で集中。ただし，最初に述べられる対照性の中には，選択肢に当てはまるものがない。次にくる Where にも対照を表す意味があることは知っておきたい。このあとに述べられる内容が正解の根拠となる。選択肢をあらかじめ確認しておく必要がある。

(8) Henri Matisse で注意喚起。Picasso's painting で集中。直後に

## スクリプト

## 発音

and ideas from Matisse. It is, in part, a tribute to the memory of his dead friend.

The painting also illustrates the strong influence of inflation in the art market. The entire series of 15 paintings was bought in 1956 for a quarter of a million dollars. In 1997, this painting alone sold for 32 million dollars. And now, less than 20 years later, it has sold for 179 million. This kind of rapid rise in prices would make any investor sit up and take notice, and we are now experiencing a global boom in the sale of artworks by well-known artists. But are these artworks really worth what people are paying for them? Could any painting really be worth hundreds of millions of dollars? Is there any limit to this? And most importantly of all, what happens when art museums, many of which are funded by taxpayers, can't afford to buy art anymore? Next, we'll take up these issues with two experts.

ウォズバーティン

ラピッドゥ・ライズィン

## 全　訳

から受け継いだものです。それは，部分的には，亡くなった友人への手向けなのです。

その絵画はまた，美術市場におけるインフレーションの強い影響も表しています。15の連作絵画の全作品は，1956年には25万ドルで販売されました。(9)1997年には，今回の絵画1枚だけで3200万ドルで売れました。そして，それから20年も経っていない現在，1億7900万ドルで売れたわけです。こうした類の急激な価格上昇のせいで，どんな投資家も興味を持ち，関心を払うことでしょうし，実際，有名な芸術家の作品の販売が世界中でブームになっているのです。ですが，こうした芸術作品は，人々が支払っている額に見合う価値が本当にあるのでしょうか。どんな絵画であれ，本当に何億ドルもの価値がありうるのでしょうか。これには限界があるでしょうか。そして，最も大切なのは，美術館は，その多くが税金で運営されているのですが，その美術館がもう作品を買う余裕がなくなったら，どうなるのかということです。今度は，二人の専門家とともにこうした問題を取り上げます。

## ポイント

解答の根拠となる情報が聞こえてくる。themes や from Matisse など選択肢と同一の語が使われており，聞き取りやすい。ただし themes の正しい発音を心得ておかなくてはならない。

(9) In 1997 で注意喚起。直後の this painting で即集中。解答の根拠となる数値はそのあと立て続けに出てくるが，選択肢はすべて「1億7900万ドルまで」が共通なので，ポイントとなるのは「何年のいくらから」のほうである。前に in 1956 for a quarter of a million dollars（15の連作絵画全作品の価格）があるために迷った場合は，2回目でしっかり聞き取ること。

# 8 (B) 美術品の価値に関する議論

**[設問文から読み取ろう！]**

①リスニング問題冒頭の説明に「(A)の続きである」とあり，設問文を一読すると主に絵画の価値・価格が話題になっていることがわかる。

②設問文を細かく見ると，(10)は「ファティマ=ナーセルの言う絵画の価値」，(11)は「個人所有の傑作の価値に起こりうること」，(12)は「人が絵画に高額を払う理由」，(13)は「人が美術品を買う理由」，(14)は「ナーセルとメンデスの意見が一致しそうな点」，(15)は「次週の『アート=イン=フォーカス』の話題」が，それぞれの聞き取りの要点だとわかる。

(10)「ファティマ=ナーセル（B）は，絵画の価値について何と言っているか」

a)「それは，その芸術家の評判によって決まる」
b)「それは，その作品の芸術的な質によって決まる」
c)「それは，主要な博物館の予算によって決まる」
d)「それは，そのために提供される最高額によって決まる」

▶ Bの最初の発言第１・２文に「何でも人がそれに喜んで払う金額分の価値がある。1億7900万ドル払いたいと思うならそれだけの価値がある」とある。d)が正解。

(11)「ルーカス=メンデス（C）によると，個人が所有する傑作の価値には何が起こりうるか」

a)「もう批評できなくなるため，価値は増す可能性がある」
b)「若い芸術家がそれらを研究できなくなるため，価値が下がる可能性がある」
c)「博物館がそれらを展示しようと競い続けるため，価値は増す可能性がある」
d)「個人の所有者が十分な手入れをしないかもしれないため，価値は下がる可能性がある」

▶ Cの２番目の発言最後の２文に「重要な作品が，一般の人や批評家，そして最悪なことに若い芸術家たちの目に触れなくなり…その作品の持つ影響力もその価値も下がる」とある。b)が正解。

(12)「ルーカス=メンデスによると，なぜ人々はこのような絵画に高額を払うのか」

a)「その絵画が傑作だと信じているから」
b)「彼ら自身の社会的地位が上がると信じているから」
c)「銀行にお金を預けておくより良いと信じているから」
d)「その絵画は未来の世代のために保存されるべきだと信じているから」

▶ Cの４番目の発言最後の２文に「自分のお金の投資先を探しているだけだ。銀行が払う利子率が低いことはわかっているから…」とある。c)が正解。

⒀「人々が美術品を買う理由として，ファティマ=ナーセルが言及していないのは次のどれか」

a)「財産を増やすため」
b)「子どもを教育するため」
c)「遺産として残すため」
d)「芸術そのものを鑑賞するため」

▶ Bの４番目の発言第４～７文に美術品購入の理由が列挙されている。「芸術に対する愛好かも…子どもへの遺産かも…コレクションの一部かも…また純粋な投資かもしれない」とある。b)にあたる項目は言及されていないため，b)が正解。

⒁「どのような点で，ファティマ=ナーセルとルーカス=メンデスは，最も意見が一致しそうか」

a)「『アルジェの女たち』は非常に優れた絵だ」
b)「道路や橋は，個人が所有するべきではない」
c)「芸術作品を個人が売ることは，その価値を下げるかもしれない」
d)「『アルジェの女たち』のような絵画は，心から芸術を愛する人たちにだけ売るべきだ」

▶ Bの４番目の発言第４文に「それは本当に素晴らしい絵だ」，Cの３番目の発言最終文に「この絵は『国際的な』宝だと私は思う」とある。いずれもオークションで売れたピカソの絵，『アルジェの女たち』のことを言っている。a)が正解。

⒂「次週の『アート=イン=フォーカス』の主な話題は何だと司会者（A）は言っているか」

a)「贋作だと思われていたが，本物だということがわかったもの」
b)「贋作だとわかった有名な傑作」
c)「自分のオリジナルの絵画を何百万ドルもの額で売る現代画家」
d)「今では自分自身の絵画で名声を得ている，以前は犯罪者だった人」

▶ Aの最後の発言第２段第２・３文に「かつて贋作販売で何百万ドルも稼いだ画家の話を伝える。彼は最終的には逮捕され投獄されたが…自分自身の絵で，最も人気があり有望な芸術家の一人となっている」とある。d)が正解。

**ANSWER**

⑽－d） ⑾－b） ⑿－c） ⒀－b） ⒁－a） ⒂－d）

| スクリプト | 発音 |
| --- | --- |
| A (Moderator)❶ : I'm joined here in the studio by two experts on modern art, to discuss this remarkable news. Lucas Mendez is a specialist in twentieth-century art who writes for the magazine *Image*, and is the author of a book on Picasso. Fatima Nasser is an economist with special interest in the art market, and intellectual property in general. | インテレクチュオープロゥパリーインジェネロー |
| (10) Let me turn to you first, Fatima. I suppose many people will be asking whether any work of art can possibly be worth so much... | |
| B (Fatima Nasser)❶ : Well, of course, anything is worth what someone is willing to pay for it. If someone wants to pay 179 million dollars, as the former Prime Minister of Qatar did on this occasion, then that's what the painting is worth. If no one were willing to pay a cent for this painting, then it wouldn't be worth anything. | ディードン |
| C (Lucas Mendez)❶ : No, I can't agree with that. *Value* isn't the same thing as *price*. A thing's price can be out of line with its true value, or — as in this case — can actually diminish its value. | |
| (11) A❷ : What do you mean — *diminish* its value? | |
| C❷ : When a great work of art goes into private ownership like this, what tends to happen is that it disappears from view. It's true, private owners do lend to museums and galleries, for limited periods. But in most cases, the work disappears into private storage. | フォリミリッ・ピアリア・ズ |
| Museums can't compete with these inflated prices, and the result is that important works | |

## 全　訳

A（司会者）❶：現代美術の専門家お二人にこちらのスタジオにお越しいただき，この注目すべきニュースについて論じます。ルーカス=メンデスさんは，20世紀の美術の専門家で，『イメージ』誌に寄稿しておられ，ピカソに関する本の著者でいらっしゃいます。ファティマ=ナーセルさんは，美術市場，そして知的財産一般に特別の関心を寄せている経済学者でいらっしゃいます。

(10)まずファティマさん，あなたにお伺いいたします。多くの人が，芸術作品はそんなに価値があるのかと考えていると思うのですが…

B（ファティマ=ナーセル）❶：えー，もちろん，何でも人がそれに喜んで払う金額分の価値があります。カタールの元首相が今回したように，もし誰かが1億7900万ドル払いたいと思うのなら，それがその絵画の価値です。もしこの絵に誰も1セントすら払いたいと思わないなら，それは何の価値もないということです。

C（ルーカス=メンデス）❶：いや，私はそんなことに賛成できませんね。「価値」は「価格」と同じものではありません。物の価格は，その本当の価値に見合わないことがあります。あるいは，今回のように，実は(11)その価値を落とすことがあるんです。

A❷：どういう意味でしょうか，価値を「落とす」というのは。

C❷：素晴らしい芸術作品が今回のように私的な所有になってしまうと，起こりがちなことは，それが見えなくなるということです。確かに，私的な所有者が博物館や美術館に期間限定で貸し出すことはあります。しかし，たいていは，その作品は個人の保管の中に姿を隠してしまいます。

博物館は，このような価格高騰と張り合うことはできませんし，その結果として，ピカ

## ポイント

(10) Let me turn to you first, Fatima. で注意喚起。直後で芸術作品の価値について尋ねることを確認。話し手が変わったところで集中。英語では要点をまず述べる。選択肢と放送では言葉づかいが異なるので，消去法も使いながら正解したい。

(11) diminish its value で注意喚起。goes into private ownership で集中。これに続く部分では it disappears from view という情報しか得られない。引き続き集中だが，It's true は「確かに…だが」と譲歩の表現なので，But で集中度を上げる。解答の根拠となる not seen by young artists が出てくるまでしばらくかかるので，あらかじめ選択肢をしっかり読んでおく必要がある。

| スクリプト | 発　音 |
|---|---|
| like Picasso's "Women of Algiers" are not seen, by the public, by critics, and worst of all, not seen by young artists. That reduces their influence *and* their value. | |
| (14) B❷ : I suppose you don't deny that people have the right to spend their money as they choose? If public institutions like museums can't compete, then it's up to the government to give them more money. And that means it's up to people like *you*, Lucas, to persuade politicians to do that. | |
| C❸ : Don't you think that some things belong to everybody? If everything just went to whoever pays the most, as you suggest, we'd be willing to sell historic buildings or documents, for example. In my opinion, it's criminal to sell national treasures; they just shouldn't be for sale. And this painting, I believe, is an *inter*national treasure. | |
| (12) A❸ : Let's talk about another point. Why is it, Fatima, that people are prepared to pay so much? Do they really love art that much? | トーカバゥタナザー |
| B❸ : Well... | |
| C❹ : Of course not! It's an investment. People believe that the price of a masterpiece like "Women of Algiers" can only go up. They're just looking for somewhere to invest their money. They know that rates of interest paid by banks are low, so... | |
| (13) B❹ : Wait a minute! It's no business of ours what motivates people to buy. They can buy for any reason they like. It might be love of art — | |

## 全 訳

ソの『アルジェの女たち』のような重要な作品が，一般の人や批評家，そして最悪なことに若い芸術家たちの目に触れなくなります。それでは，その作品の持つ影響力もその価値も下がりますよ。

B❷：(14)人が自分の好きなようにお金を使う権利を持っていないと言っているのではないですよね。もし博物館のような公共の施設に競争力がないのなら，それらにもっとお金を出すのは，政府の責任です。そして，政治家をそうするように説得するのは，ルーカス，あなたのような人たちに任されているということですよ。

C❸：ある種のものは万人のものだとは思いませんか。あなたが言うように，何もかも，誰であれいちばん多く支払う人のものになってしまうのなら，たとえば，歴史的建造物や文書まで喜んで売ってしまうことになるでしょう。私の考えでは，国の宝を売るのは犯罪的です。そういうものは販売するべきものではありません。そして，この絵は，「国際的な」宝だと私は思います。

A❸：もう一つの点を話し合いましょう。(12)ファティマ，いったいなぜ，人々はそんなにお金を用意するのでしょう。彼らは本当に美術をそんなに好きなのでしょうか。

B❸：ええと…

C❹：もちろん違います！ 投資ですよ。人々は，『アルジェの女たち』のような傑作の値段は上がる一方だと信じているんです。自分のお金を投資する先を探しているだけです。銀行が払う利子率が低いことはわかっていますから，それで…

B❹：ちょっと待ってください！ (13)人がどんな動機で買うかは，私たちが関与することではありません。何であれ自分の好きな理由で買っ

## ポイント

(14)解答の根拠となる個所が議論中に散在しており，設問文と選択肢をあらかじめ読んでおくことが欠かせない。b)はC（＝ルーカス＝メンデス）の主張であり，c)・d)に当たることは2人とも述べていない。2人の議論の進め方にしっかりとついていきたい。

(12) people are prepared to pay so much で注意喚起。A（＝司会者）はここで Fatima と呼びかけているが，B（＝ファティマ＝ナーセル）が Well と言ったところでC（＝ルーカス＝メンデス）が言葉をさえぎっていることに注意。Of course not で集中。It's an investment である程度判断できるが，Cの発言を最後まで聞けば確信をもって選べるだろう。

(13) what motivates people to buy で注意喚起。「言及していない」ものを選ぶので，聞き取る分量は多くなる。列挙されるので，選択肢と照らし合わせながら選ぶ。

| スクリプト | 発 音 |
|---|---|

(13) it really is a very nice painting after all. Or it might be as a legacy for their children. It might (14) be as part of a collection. Or it might be as a pure investment. We can't go around saying that people must only buy things for motives we approve of. That's just far too much state control of the individual.

C❺ : Not at all. Some things are so important that they can't be trusted to private ownership: basic infrastructure like roads and bridges, defense, protection of the environment. All I'm saying is that culture has that sort of importance too.

A❹ : Well, as you can see, this is a topic which causes strong disagreements. We have to leave our discussion there. Thank you both. On a personal note, I can tell you that I wouldn't pay that much for the painting myself. I'm not even sure I *like* it! A photo of the painting is currently up on our website, so you can decide for yourself.

クレンリーアッパナワー

(15)

And next week, we look at a very different side of the art business. We tell the story of a painter who is so good at copying the style of old masters that he once made millions of dollars from selling fakes. He was eventually caught and jailed, but his skill as a painter has made him one of the most popular up-and-coming artists for his own paintings. That's next week on *Art in Focus*.

## 全 訳

てかまいませんよ。芸術に対する愛好かもしれません。いずれにしても，それは本当に素(14)晴らしい絵ですしね。あるいは，子どもへの遺産かもしれません。コレクションの一部かもしれませんし，また純粋な投資かもしれません。私たちが認める動機でだけ物を買わなくてはならないなどと人々に言って回ることなどできませんよ。そんなことは，個人に対するあまりにも行き過ぎた国家統制です。

C❺：まったくそんなことはありません。(14)個人の所有に任せておけないほど大切なものもあります。道路や橋のような基本的インフラ，国防機構，環境保護です。私が言っているのは，文化とはそういう重要性も持っているということです。

A❹：えー，ご覧のとおり，これは激しい意見の対立を引き起こす話題です。ここで議論を終えなくてはなりません。お二方とも，ありがとうございました。私の個人的な考えでは，私自身はあれほどの額は払わないだろうと申し上げます。あの絵が好きかどうかさえわかりません！ あの絵の写真が現在，私たちのウェブサイトにアップされていますので，みなさんはご自分で判断していただけます。

(15)さて，来週は，芸術ビジネスのまったく違った面を見ます。昔の巨匠の作風をまねることがたいへんうまいため，かつて贋作販売で何百万ドルも稼いだ画家の話をお伝えします。彼は最終的には逮捕され投獄されましたが，彼の画家としての腕前のおかげで，彼は自身の絵画で，最も人気があって有望な芸術家の一人となっています。それは，次週の『アート=イン=フォーカス』で。

## ポイント

(15) And next week で注意喚起。We tell the story of a painter で集中。「画家」が話題であることがここで判明する。fakes や caught and jailed といったキーワードから，正解を選ぶ。

2016年度　3-(C)

# 8 (C) 蚊に刺される理由

**[設問文から読み取ろう！]**

①設問文を一読すると，人が蚊に刺される理由や条件について論じた講義だとわかる。

②さらに細かく見ると，(16)は「蚊に刺されることについて『20パーセントの人』とはどのような人たちか」，(17)は「蚊が刺すことと主に人の血液型との関係」，(18)は「子どもが大人より蚊に刺されにくい理由」，(19)は「足首や足を刺されやすい理由」，(20)は「『良い知らせ』の内容」が，それぞれの聞き取りの要点だとわかる。

(16)「蚊が人を刺すことについて，話し手はどんなことを言っているか」

a)「20パーセントの人はめったに刺されないか，まったく刺されない」
b)「20パーセントの人は他の人よりよく刺される」
c)「20パーセントの人は虫よけスプレーでも刺されるのを防げない」
d)「20パーセントの人に効き目のある，刺されることに対する新しい治療法を科学者たちが発見した」

▶第2段第2文に「推定20パーセントの人は…他の人よりもよく蚊に刺される」とある。b)が正解。

(17)「話し手が述べていないのは次のどれか」

a)「蚊は，人からたんぱく質を得るために人を刺す」
b)「ほとんどの人は，自分の血液型を示す化学物質を発している」
c)「蚊の15パーセントは，人の血液型を識別できない」
d)「B型の人は，A型の人よりもよく蚊に刺される」

▶第3段第2～5文に「蚊は私たちの血液からたんぱく質を得るために刺す…ある研究では…蚊はO型の人に，A型の人の2倍近くたかる…B型の人はその中間くらいだった。…約85パーセントの人は，自分がどの血液型かを示す化学的な信号を皮膚から発し，15パーセントの人は発していない」とある。c)の内容にあたる事柄は述べられていないため，c)が正解。

(18)「話し手によると，子どもが大人ほど刺されない理由の一つは何か」

a）「子どもは大人よりもよく動き回る」
b）「子どもは大人よりも皮膚が滑らかである」
c）「子どもは大人よりも吐き出す二酸化炭素の量が少ない」
d）「子どもは大人よりも皮膚にとまった蚊によく気づく」

▶第4段第1文に「蚊が目標の居場所を特定するカギとなる方法の一つは，呼気に放出される二酸化炭素をかぎつけることである」，第3・4（最終）文に「より多くの息を吐く人（＝体のより大きい人）は他の人よりも蚊を引き寄せやすい。これが，子どものほうが一般的に大人よりも刺されにくい理由の一つである」とある。c）が正解。

⒆「話し手によると，なぜ人々は足首や足を刺される傾向があるのか」

a）「体のそれらの部分は，露出しやすいから」
b）「体のそれらの部分は，汗をかきやすいから」
c）「体のそれらの部分には，多くのバクテリアがいるから」
d）「体のそれらの部分は，触れられていることにそれほど敏感ではないから」

▶第5段第1文に「人間の皮膚に生息するバクテリアも，蚊を引き寄せることに影響する」，最終文に「足首や足には，相当なバクテリアのコロニーがある」とある。c)が正解。

⒇「『良い知らせ』とは何か」

a）「人を刺さないように，蚊の遺伝子を操作できるかもしれない」
b）「蚊を自然に寄せつけなくするように，人の遺伝子を操作できるかもしれない」
c）「自然のままの血液のたんぱく質は，人を蚊に刺されないようにするのに活用されるかもしれない」
d）「蚊に抵抗力のある人たちが自然に作り出している化学物質が，もっと効果的なスプレーを作るのに活用されるかもしれない」

▶最終段第3～最終文に「良い知らせもある。ほとんど蚊を引き寄せず，ほぼ刺されない人もおり…こうした人が発している化学物質が特定され…蚊を寄せつけなくする，進歩した虫よけスプレーにつながるかもしれない」とある。d)が正解。

**ANSWER**

⒃－b） ⒄－c） ⒅－c） ⒆－c） ⒇－d）

| スクリプト | 発音 |
|---|---|
| You come in from a summer hike covered with red mosquito bites, only to have your friends say that they haven't been bitten at all. Or you wake up from a night of camping to find your ankles and wrists burning with bites, while other people are untouched. | ハヴンビーンビ・ウンナロー |
| (16) You're not alone. It turns out that an estimated 20 % of people are especially delicious to mosquitoes, and regularly get bitten more often than others. And while scientists don't yet have a treatment for the condition, other than insect spray, they do have a number of ideas about why some of us are bitten more often than others. | ユーアナッタロウン |
| (17) One factor that could play a role is blood type. This would not be surprising since, after all, mosquitoes bite us to take proteins from our blood, and research shows that they find certain blood types more appetizing than others. One study found that in a controlled setting, mosquitoes landed on people with Type O blood nearly twice as often as those with Type A. People with Type B blood fell somewhere in the middle. Additionally, based on their genes, about 85 % of people release a chemical signal through their skin that indicates which blood type they have, while 15 % do not. And mosquitoes are more attracted to people who release that chemical regardless of which type they are. | インザミドゥ<br>ワィオ |
| (18) One of the key ways mosquitoes locate their targets is by smelling the $CO_2$ emitted in their breath. They can detect $CO_2$ from as far as 50 meters away. As a result, people who simply breathe out more air — generally, larger people — have been shown to attract more mosquitoes than others. This is one of the reasons why children generally get | |

## 全 訳

あなたは夏のハイキングから，蚊に刺された赤い痕だらけになって帰宅するのに，友人はまったく刺されなかったと言う。あるいは，あなたはキャンプで一晩過ごして目覚めると，足首や手首が刺されてかゆみに襲われているのに，他の人たちは無傷である。

あなただけではない。(16)推定20パーセントの人は，特に蚊にはおいしく，いつも他の人よりもよく刺されるということがわかっている。そして，科学者は，この状況への対策は虫よけスプレー以外にはまだないものの，一部の人が他の人よりもよく刺される理由については多くの考えを持っている。

原因となる要素の一つは，(17)血液型である。これは，驚くほどのことではないだろう。というのも，いずれにしても蚊は私たちの血液からたんぱく質を得るために刺すからであり，研究で蚊はある種の血液型に対して，他のものより食欲がわくとわかっている。ある研究では，管理された状況では，蚊はO型の人に，A型の人の2倍近くたかることがわかった。B型の人はその中間くらいだった。さらに，遺伝子をもとに調べると，約85パーセントの人は，自分がどの血液型かを示す化学的な信号を皮膚から発し，15パーセントは発していない。そして，蚊は，血液型に関係なく，そうした化学物質を発している人に，より引きつけられるのである。

蚊が目標の居場所を特定するカギとなる方法の一つは，(18)呼気に放出されている二酸化炭素をかぎつけることである。蚊は，50メートルも離れたところから二酸化炭素をかぎつけることができる。結果的に，単により多くの息を吐く人は，一般的に言って体がより大きい人だが，そういう人は他の人よりも蚊を引き寄せやすいとわかっている。これが，子どものほうが一般的に大人よりも刺されにくい理由

## ポイント

(16) an estimated 20%で即集中。delicious to mosquitoesである程度判断できるが，続くregularly get bitten more often than othersを聞き取れば，確信をもって解答できる。

(17)選択肢をあらかじめ読んでおく必要がある。4つの選択肢中3つが「血液型」について述べていることから，blood typeで注意喚起。講義（論説系）であることから，解答の根拠になる個所はまとめて出てくることも予想される。第3段全体にわたって集中を切らさないように聞き取りたい。

(18)選択肢をあらかじめ読んでおきたい。選択肢の一つに$CO_2$が入っているため，$CO_2$が聞こえたところで注意喚起。設問文にある「子どもが大人ほど刺されない」は，第4段の最後に出てくるが，解答の根拠はその直前にある。キーワードの$CO_2$で集中度を上げ，高めた集中を第4段の終わりまで切らさないこと。

## スクリプト

bitten less than adults.

Other research has suggested that the bacteria that naturally live on human skin also affect our attractiveness to mosquitoes. In a 2011 study, scientists found that having large amounts of bacteria made skin more appealing to mosquitoes. This might explain why mosquitoes are especially likely to bite our ankles and feet, which naturally have significant bacteria colonies.

As a whole, underlying genetic variation is estimated to account for 85% of the differences between people in their attractiveness to mosquitoes —regardless of whether it's expressed through blood type or other factors. Unfortunately, we don't yet have a way of modifying these genes.

But there is good news: some people rarely attract mosquitoes and are almost never bitten. A group of scientists in the UK have identified some chemicals emitted by these people. This discovery may lead to advanced insect sprays that can keep mosquitoes away from all of us, even the delicious 20%.

## 発 音

ハ・サジェスティッダ

## 全 訳

の一つである。

他の研究は，⒆人間の皮膚にもともと生息するバクテリアも，蚊を引き寄せることに影響すると示唆している。2011 年のある研究で，科学者は，バクテリアの量が多いことで，皮膚は蚊にとっていっそう魅力的になることを発見した。このことは，蚊が特に足首や足を刺すことが多い理由の説明になるかもしれない。というのも，足首や足には，もともと相当なバクテリアのコロニーがあるからだ。

全体として，背後にある遺伝子的な違いが，蚊の引き寄せやすさの違いの 85 パーセントを説明すると考えられ，それは血液型や他の要素によって現れるかどうかに関係ない。残念ながら，この遺伝子を変える方法はまだない。⒇しかし，良い知らせもある。ほとんど蚊を引き寄せず，ほぼ刺されない人もいるということだ。英国のある科学者集団が，こうした人が発している化学物質を特定した。この発見は，私たち全員に，おいしい 20 パーセントの人にさえ，蚊を寄せつけなくする，進歩した虫よけスプレーにつながるかもしれない。

## ポイント

⒆これも選択肢をあらかじめ読んでおく。選択肢の一つに bacteria が入っているので，bacteria が聞こえたところで注意喚起。⒅と同様に，設問文の「蚊は人の足首と足を刺しやすい」が出てくるのは第 5 段の最後であるが，やはりキーワードの bacteria で集中度を上げて，第 5 段の最後までを注意深く聞き取ることで，正解に至れるだろう。

⒇ good news で注意喚起。これも選択肢をあらかじめ読んでおけば，chemicals と聞こえたところで集中度を上げることができる。sprays も判断材料になるだろう。

# 9 (A) 世界最大の望遠鏡

**[設問文から読み取ろう！]**

①設問文を一読すると，telescope「望遠鏡」に関する話であることがわかる。

②さらに細かく見ると，(6)は「新しい望遠鏡の最も重要な特徴」，(7)は「望遠鏡に関して話者が述べた内容」，(8)は「望遠鏡の反射鏡を構成する反射板の幅」，(9)は「望遠鏡の配置場所の利点」，(10)は「この計画のプラス面の結果」が，それぞれの聞き取りの要点だとわかる。

(6)「その新しい望遠鏡の最も重要な特徴はどのようなものになるか」

a)「それは 800 倍まで拡大できるだろう」
b)「それは国際協力と親善を強化するだろう」
c)「それは現存するすべての望遠鏡を合わせたよりも多くの光を集めるだろう」
d)「それは地球の大気によってゆがんだ画像を修正し鮮明にするだろう」

▶第２段第３文に「それこそ，この望遠鏡を本当に特別なものにしていることだ」とある。「それ」が指すのは直前の「光を集めるその能力は，今ある望遠鏡を全部合わせたよりも大きくなる」である。c)が正解。

(7)「話し手がしていない主張はどれか」

a)「新しい望遠鏡は，海抜 3,000 メートルのところに建設される」
b)「新しい望遠鏡は，アタカマ砂漠の中央部に建設される」
c)「新しい望遠鏡は，宇宙空間を拠点とする望遠鏡に由来する技術を使う」
d)「新しい望遠鏡は，今あるどの望遠鏡よりも大きな反射鏡を備える」

▶ a)は第１段第１文，b)は第１段第２文，d)は第２段第１文の内容と一致する。c)は第４段第３文の「新しい技術は，地上に配置する望遠鏡が，以前思われていたよりもはるかに多くのことができることを意味している」に反する。c)が正解。

(8)「その望遠鏡の中心となる反射鏡は…反射板で構成されている」

a)「5 センチ幅の」
b)「100 センチ幅の」

c）「140 センチ幅の」
d）「800 センチ幅の」

▶第 4 段第 6 文に「新しい望遠鏡の中心となる反射鏡は 800 枚近い小さな反射板で構成されており，その 1 枚 1 枚は幅 1.4 メートル，厚さ 5 センチである」とある。c)が正解。

⑼「話し手は，新しい望遠鏡の配置場所の利点をいくつか挙げている。次のうち言及されていないのはどれか」

a）「そこは空気が非常に澄んでいる」
b）「そこは地球上で最も乾燥した場所の一つである」
c）「そこは建設費が低い国にある」
d）「そこは南の空が見える場所であり，それは天文学者にとってより興味深いことである」

▶ a)は第 3 段第 3 文，b)は第 1 段第 2 文および第 3 段第 3 文，d)は第 3 段最終文の内容と一致する。c)にあたる内容は述べられていない。c)が正解。

⑽「この計画のプラス面の結果として言及されていないのは次のうちのどれか」

a）「より多くの若者が，科学者になりたいと思うかもしれない」
b）「この計画に出資している国々の関係が向上するだろう」
c）「将来の望遠鏡が，ゆがんだ画像を修正するのに，コンピュータを使えるようにしてくれるだろう」
d）「望遠鏡以外のものの開発に役立つ，技術的進歩を促すだろう」

▶最終段最終文に「この計画は各国間の友好を強化し，他の分野に応用できる技術的進歩を促し，また，若い人たちが科学や技術分野の仕事に就く気持ちを鼓舞することになるだろう」とある。c)が正解。

**ANSWER**

⑹—c) ⑺—c) ⑻—c) ⑼—c) ⑽—c)

## スクリプト

## 発音

(7) A new telescope, which will be the world's largest, is to be built 3,000 metres above sea level, on top of a mountain in Chile. There — (9) in the middle of the Atacama Desert, one of the driest places on earth—it will have the best possible conditions for observation. Astronomers are expecting it to answer many of the deepest and most important questions in their subject.

(6) The new telescope (7) will have a mirror 39 metres across, making it by far the largest optical telescope in the world. Although a mirror of this size presents huge technical difficulties, (6) its light-gathering capacity should be greater than all existing telescopes put together. That's what makes this telescope truly special. Experts predict that it will even be able to capture images of planets orbiting distant stars. And because looking out into space is also looking back in time, astronomers hope to discover new information about the early history of the universe.

ラージエストプティコー

ザッツウォ・メイクス

(9) Is it surprising that a telescope funded by Europe should be based so far away in Chile ? Not at all. The very clean and dry air of the Atacama Desert is one advantage. Another is that the southern sky is more interesting to astronomers : as one expert said, 'The centre of our Milky Way galaxy is to the south, so there is more to see'.

Then, is it surprising that the telescope is to be based on earth ? Recent telescope projects have been based in space, like the Hubble Telescope. But (7) new technology means that land-based telescopes can do

ラン・ベィス・テリス

コウプス

## 全　訳

(ア)世界最大となる新しい望遠鏡が，海抜 3,000 メートルの，チリのある山の頂上に建設されることになっている。そこは，(9)地球上最も乾燥した場所の一つである(ア)アタカマ砂漠の中央部で，観測に望みうる最適な条件になるだろう。天文学者たちは，彼らの研究分野で最も深遠で重要な疑問の多くに，この望遠鏡が答えてくれることを期待している。

(6)この新しい望遠鏡は，(ア)直径 39 メートルの反射鏡を備えることになっており，そのため，世界で群を抜いて最大の光学望遠鏡になる。このような大きさの鏡には，たいへんな技術的困難がいろいろとあるが，(6)光を集めるその能力は，今ある望遠鏡を全部合わせたよりも大きなものになるはずだ。それこそ，この望遠鏡を本当に特別なものにしていることである。専門家たちは遠くの恒星の周りを回っている惑星の画像をとらえることもできるだろうと予測する。そして，宇宙を覗き見ることは，時間をさかのぼって見ることにもなるので，天文学者たちは宇宙の初期の歴史について，新たな情報が発見できることを望んでいる。

ヨーロッパが資金を出している(9)望遠鏡が，そんなにも遠く離れたチリに配置されるのは驚くべきことだろうか。まったくそんなことはない。アタカマ砂漠の非常に澄んで乾燥した空気が，利点の一つである。もう一つの利点は，南の空のほうが，天文学者たちにとってはより興味深いということだ。ある専門家が言ったように，「天の川銀河の中心は，南の方向にあるから，見るべきものがより多い」のである。

それでは，その望遠鏡が地上に配置されることは驚くべきことだろうか。近年の望遠鏡の計画は，ハッブル望遠鏡のように，宇宙空間を拠点としてきた。しかし，(ア)新しい技術は，地上に配置する望遠鏡が，以前思われていたよりもはるかに多くのことができ

## ポイント

(ア)解答の根拠となる部分が講義のあちらこちらに散らばって出てくるため，先に選択肢に目を通しておくことが欠かせない。それぞれの選択肢の内容に関わる語句が聞こえた時点で集中する。a)は 3,000 metres above sea level，b)は in the middle of the Atacama Desert，d)は will have a mirror が選択肢とまったく同じ語句の並びになっており，それをしっかりキャッチすれば，消去法で正解に至ることができる。

(6) The new telescope で注意喚起。ここから「新しい望遠鏡」の説明が始まる。まず大きさが述べられるが，これに関する選択肢はない。次に光を集める能力の話が出ているが，そのあとに That's what makes this telescope truly special. とあるため，この能力に関する選択肢が正解であることは，あらかじめわかるわけではない。したがって，2 回目の放送で十分に確認をとること。

(9) be based so far away in Chile で注意喚起。その 2 文あとに clean と dry が聞こえてくる。それが advantage であると述べられていることも聞き逃さないこと。そうすれば，直後の Another でもう一つの「利点」が述べられることがわかり集中できる。the southern sky is more interesting to astronomers は選択肢とほぼ同じであり，容易に判断できる。

(ア)新しい技術が地上配置の望遠鏡に使われていることがわかる。c)の

| スクリプト | 発音 |
| --- | --- |
| far more than previously thought. When light passes through the earth's atmosphere it is affected in various ways—for example, by moisture, by varying wind speeds, or by different temperature layers. However, it is now possible, using computers, to keep images sharp, in spite of these distortions. (8) The new telescope's main mirror will be made up of almost 800 small reflective plates, each of which is 1.4 metres across and 5 centimetres thick. These plates can be moved, under computer control, so that the image is less affected by atmospheric distortion. | |
| (10) The huge cost of the project — over a thousand million euros — is to be shared by about fifteen European countries. But governments and scientists alike believe that the benefits of this 39-metre-telescope project will far exceed its costs. Apart from any scientific discoveries, the project will strengthen friendships between countries, stimulate technological progress that can be applied in other areas, and inspire young people to take up a career in science or technology. | strengthen: ストゥレン・スン<br>applied in other areas: アプライディンナザーエアリアズ |

## 全　訳

ることを意味している。地球の大気を通過する際，光はさまざまな点で影響を受ける。たとえば，水蒸気，変化する風速，あるいは異なる温度の層などの影響である。しかし，今ではこうしたゆがみがあっても，コンピュータを使って画像を鮮明なものに保つことができる。(8)新しい望遠鏡の中心となる反射鏡は 800 枚近い小さな反射板で構成されており，その 1 枚 1 枚は，幅 1.4 メートル，厚さ 5 センチである。これらの反射板は，コンピュータ制御で動かすことができ，そのおかげで，画像は大気によるゆがみの影響がより少なくなるのである。

(10)この計画の膨大な費用は，10 億ユーロを超えるが，約 15 のヨーロッパの国々で分担することになっている。しかし，各国政府も科学者たちも同じように，この 39 メートルの望遠鏡計画の恩恵は，その費用をはるかにしのぐものになると信じている。科学的発見だけでなく，この計画は各国間の友好を強化し，他の分野に応用できる技術的進歩を促し，また，若い人たちが科学や技術分野の仕事に就く気持ちを鼓舞することになるだろう。

## ポイント

technology derived from telescopes based in space との食い違いに気づきたい。

(8) The new telescope's main mirror で注意喚起。reflective plates で集中。選択肢は centimetres wide，放送は 1.4 metres across と異なる語句が使われているが，他の選択肢に紛らわしい数字がないので，1 回の聞き取りでクリアしたい。

(10) the project で注意喚起。the benefits で集中。このあと，立て続けに「恩恵」が語られるが，述べられていないものを選ぶ問題であり，選択肢中に紛らわしいものがないため，消去法で正解を残せる。

# 9 (B) 巨大望遠鏡の建設に関する会話

2015 年度　3-(B)

**[設問文から読み取ろう！]**

①リスニング問題冒頭の説明に「(A)と(B)は内容的に連続しており，(B)は(A)をふまえたうえでの問題である」とある。

②設問文・選択肢を細かく見ると，(11)は「話し手たちが勘違いしていること」，(12)は「話し手たちの意見が一致していないこと」，(13)は「ショーンの職業」，(14)は「デイビッドが望遠鏡計画に懐疑的な主な理由」，(15)は「ジョディーが言う巨大小惑星の地球衝突に関して，ショーンが指摘していること」が聞き取りの要点だとわかる。

(11)「話し手たちの意見が一致している誤った項目はどれか」

a)「新しい望遠鏡の反射鏡の大きさ」
b)「世界で最も乾燥している砂漠はどれか」
c)「新しい望遠鏡の建設者はだれか」
d)「施設を地下に設ける一般的な理由」
e)「天文台の条件が望遠鏡の性能に与える影響」

▶ジョディーが 9 番目の発言第 2 文で，反射鏡の直径を 25 メートルと言うと，続くショーンの発言で 28 メートルと訂正され，その後のジョディーの発言でも同意している。しかし実際には 39 メートルである（(A)の第 2 段第 1 文)。a)が正解。

(12)「話し手たちが，明らかに合意できていない項目はどれか」

a)「新しい望遠鏡の反射鏡の大きさ」
b)「世界で最も乾燥している砂漠はどれか」
c)「新しい望遠鏡の建設者はだれか」
d)「施設を地下に設ける一般的な理由」
e)「天文台の条件が望遠鏡の性能に与える影響」

▶ショーンが 4 番目の発言でアタカマ砂漠が「世界一乾燥している」と言うと，続くジョディーは「世界一かどうか怪しい」，デイビッドは「サハラ砂漠だ」と言う。ジョディーが「カラハリ砂漠かも」と続け，「アタカマ砂漠だ」とくり返すショーンに，デイビッドが「ありえない」と応じている。この後は砂漠の話は出てこず，最も乾燥している砂漠については意見の一致は見られない。b)が正解。

(13)「ショーンは生計を立てるために何をしていると考えられるか」

a）「彼は理髪師である」　b）「彼はコメディアンである」
c）「彼は研究者である」　d）「彼は眼科医である」

▶ショーンの2番目の発言第1文に「うちの待合室用に買った雑誌」，8番目の発言最終文に「僕のクリニックを患者さんたちが出て行くときは，もっと目が良くなっているだろう」とある。d)が正解。

⒁「デイビッドは望遠鏡の計画に懐疑的である。彼が疑わしく感じる主な理由は次のどれか」

a）「その巨大な望遠鏡は宇宙の素晴らしい画像を与えてくれるかもしれないが，それでかかる費用が正当化されるわけではない」
b）「国々は，高い地位を得ようとして巨大な望遠鏡を建設するが，そのような戦略は決して成功しない」
c）「巨大な望遠鏡を建設するのに使われるお金は，都市部の塔のようなものに使うほうがよい」
d）「巨大な望遠鏡は，ただ過去に宇宙がどのような様子だったかがわかるだけで，現在の状況については教えてくれない」

▶デイビッドの8番目の発言最終文に「納税者のお金を無駄にしているように思える」とある以外に，2番目の発言第2文「お金を使うのが好きに違いない人もいる」，最後の発言第2文「科学者たちは…今度はダズントマター（どうでもいい物質）を発見するだろう」という皮肉が述べられている。全体として，莫大なお金をかけても意味がないという気持ちがうかがえる。a)が正解。

⒂「ジョディーが，地球が巨大小惑星に衝突されたら，新しい惑星を見つける手助けを新しい望遠鏡がしてくれるかもしれないと言ったときに，ショーンが指摘する具体的な事実は何か」

a）「新しい惑星は，人類の命を支えてくれないかもしれない」
b）「新しい惑星は，人類がそこに移住した後に，小惑星に衝突されるかもしれない」
c）「新しい惑星は，人類がそれを目にするころには，小惑星に衝突されてしまっているかもしれない」
d）「新しい惑星は，人類がそこへ向かう間に，小惑星に衝突されるかもしれない」

▶ショーンの終わりから2番目の発言に「僕たちが見るころには，その惑星にも巨大小惑星がぶつかってしまっているかもしれない」とある。c)が正解。

## ANSWER

⑾―a）　⑿―b）　⒀―d）　⒁―a）　⒂―c）

| スクリプト | 発　音 |
|---|---|
| Jodi❶ : Hi Shawn ! | |
| Shawn❶ : Hi Jodi ! What's new ? | |
| Jodi❷ : Uhmm, a telescope ? I just heard a radio program about a giant telescope they're planning. | プロウグラマバウタ |
| (13) Shawn❷ : Oh, I read about that in a magazine I got for my waiting room ! In Chile, right ? The Atacama Desert. | レダバウザティンナ |
| Jodi❸ : Yeah, on a mountain. They're going to level off the top and build a billion-euro observatory, in the middle of nowhere. | |
| David❶ : Hi guys ! | |
| Jodi❹ & Shawn❸ : Hi David ! | |
| (14) David❷ : A billion-euro telescope in the middle of nowhere ? Somebody must like spending money. They'll have to bring food in.... | |
| Jodi❺ : And water—it's in the desert. | |
| (12) Shawn❹ : Yeah, the driest desert in the world. | |
| Jodi❻ : I doubt it's the *driest*— | |
| David❸ : I thought the Sahara was the driest. | |
| Jodi❼ : or Kalahari— | |
| Shawn❺ : No, it's the Atacama— | |
| David❹ : It can't be. I've never heard of it. If it were the driest, I'd have heard of it. But why would they build a telescope in a desert anyway ? Dust, sandstorms — won't that hurt visibility, maybe even damage the lenses ? | アイダヴァハーダヴィ・ |

## 全訳

ジョディー❶：あら，ショーン！
ショーン❶：やあ，ジョディー！ 何か変わったこと，ある？
ジョディー❷：うーん，望遠鏡かな。ちょうどラジオ番組で，計画中の巨大な望遠鏡のことを聞いたところよ。
ショーン❷：ああ，(13)うちの待合室用に買った雑誌でそのことは読んだよ！ チリだよね？ アタカマ砂漠だ。
ジョディー❸：そうそう，山の上にね。頂上をならして，何にもないところの真ん中に10億ユーロの天文台を建てるのよ。
デイビッド❶：やあ，お二人さん！
ジョディー❹とショーン❸：おや，デイビッド！
デイビッド❷：何にもないところのど真ん中に10億ユーロの望遠鏡だって？ (14)お金を使うのが好きに違いない人もいるんだね。そういう人は食料を運ばなくちゃいけない…
ジョディー❺：それに水ね。砂漠の中だから。
ショーン❹：そうだね。(12)世界でいちばん乾燥している砂漠だ。
ジョディー❻：いちばんかどうか…
デイビッド❸：サハラ砂漠がいちばん乾いていると思っていたよ。
ジョディー❼：それか，カラハリ砂漠とか…
ショーン❺：いや，アタカマ砂漠だよ…
デイビッド❹：ありえないね。そんなの聞いたことないよ。そこがいちばん乾燥しているんなら，聞いたことがあるはずだ。でも，それはともかく，なんで砂漠に望遠鏡を造ったりするんだい。ほこりもあるし，砂嵐だってある。そういうので見えにくくなるんじゃない？ レンズに傷がつくことだって

## ポイント

※(11)と(12)は選択肢が5つあり，まったく同じであることに注意。あらかじめ目を通し，それぞれの話題がどう展開するかしっかり聞き取る必要がある。

(13) for my waiting room はいきなり出てくるので，1回目では聞き逃す可能性はある。聞き取れたら，「待合室」とは無関係な選択肢を除外しておく。8番目の発言の my clinic も突然出てくるが，ここは直後に see better があるので，そこから正解を絞り込める。

(14) Somebody must like spending money.の皮肉な言い方に注意。8番目の発言の a waste of taxpayers' money は，はっきりデイビッドの価値観を表している。望遠鏡そのものについて否定的な見解は費用に関するものであることをここでつかみたい。

(12) the driest desert in the world で注意喚起。直後でジョディーが I doubt と言っており，この後話し手が変わるたびに異なる砂漠名が挙がる。最終的にデイビッドが It can't be.と言ってアタカマ砂漠が最も乾燥していることを否定した後，「でも，なぜ砂漠に？」と話題が変わるという展開をしっかりたどる。

| スクリプト | 発音 |
|---|---|

Shawn❻ : Uh, David, it's on top of a mountain. There won't be much dust at 3,000 metres.

Jodi❽ : Shawn's right. Visibility will be amazing up there.

David❺ : Ah, I see what you mean.

Jodi❾ : That's why it's the perfect place for the world's biggest telescope. The mirror will be twenty-five metres across. Can you believe it ?

(11)

Shawn❼ : It was *more* than that, wasn't it ? I thought they said twenty-eight—

Jodi❿ : Oh, that's right : twenty-eight metres ! Imagine how far we'll be able to see with that.

Shawn❽ : Right, and not just far in distance—far back in time, too. That's something I can't do. People leave my clinic being able to see better, but never back in time !

(13)

Jodi⓫ : It's going to have its own swimming pool, too.

David❻ : So, a twenty-eight-metre telescope. And with its own swimming pool ! I didn't even know telescopes could swim.

Shawn❾ : Ha ha. People are going to be living up there, you know. They're putting it all underground : pool, shopping centre, gym, all underground.

## 全 訳

ありそうだよ。

ショーン❻ ：えーっとね，デイビッド，山の頂上なんだ。3,000 メートルのところには，たいしてほこりはないだろうね。

ジョディー❽ ：ショーンの言うとおりよ。そういう高いところなら見通しはきっとすごいわ。

デイビッド❺ ：ああ，言ってること，わかるよ。

ジョディー❾ ：だから，世界一大きい望遠鏡には完璧な場所なの。(11)反射鏡は直径 25 メートルになるんですって。信じられる？

ショーン❼ ：それより大きかったんじゃなかったっけ？ 28 メートルって言ってたと思うな…

ジョディー❿ ：ああ，そうだったわ。28 メートルよ！ それでどんなに遠くまで見えるか想像してみて。

ショーン❽ ：本当だね。それにただ距離的に遠くが見えるっていうだけじゃないんだよ。時間もずっとさかのぼって見えるんだ。それが僕にはできないことなんだよね。(13)僕のクリニックを患者さんたちが出て行くときは，もっと目が良くなっているだろうけれど，時間をさかのぼることなんて絶対できないからね！

ジョディー⓫ ：水泳用のプールもできることになっているんですって。

デイビッド❻ ：じゃあ，28 メートルの望遠鏡に専用プール付きってことか！ 望遠鏡が泳げるなんて知らなかったよ。

ショーン❾ ：はは。わかってるだろうけれど，山の上に人が住むことになるんだよ。何でも地下に造るんだって。プールにショッピングセンター，ジム，全

## ポイント

(11) twenty-five metres across で注意喚起。(A)で「直径 39 メートル」が聞き取れていれば，これが間違った情報であることがわかり，集中できる。その後，twenty-eight が聞こえ，それに that's right と同意するときに再び twenty-eight metres と言っているので，確認しやすい。

| スクリプト | 発音 |
|---|---|
| David⑦ : So... is the telescope going to be underground, too ? | |
| Jodi⑫ : David, you're such a comedian. | |
| David⑧ : Seriously though, why are they putting all that stuff underground ? To hide from aliens ? All that extra expense. Sounds like a waste of taxpayers' money to me. (14) | |
| Jodi⑬ : Uh, 3,000 metres. Have you ever tried to put up a tent on a mountaintop at 3, 000 metres ? Freezing cold, high winds... | プッ・タパテンタナ |
| David⑨ : But it's a desert—I think the problem will be the heat. | |
| Shawn⑩ : Heat, cold, either way it'll be pretty extreme. Jodi's right : It makes sense to live underground. | |
| David⑩ : Oh, I see. So, who's building it ? I heard India and China were teaming up on a huge new telescope somewhere. | インディア・ンチャイナ |
| Jodi⑭ : This one's European. | |
| Shawn⑪ : Yeah, European. | |
| David⑪ : And as soon as this one's done, the Americans or the Japanese will build one a metre wider. It's all about prestige. Sure, we'll get some wonderful new pictures of space, but it's like building the tallest tower. One country goes high, right away the next wants to go higher. Not because it's more useful. Just to show off. | |

## 全　訳

部地下なんだ。

デイビッド❼：じゃあ…望遠鏡も地下なのかい？

ジョディー⓬：デイビッドったら，本当におかしいんだから。

デイビッド❽：でも，まじめな話，なんでそういうものを全部地下に造るんだい？　エイリアンから隠れるためか？　(14)余計にお金をかけてだよ。納税者のお金を無駄にしているように，僕には思えるなあ。

ジョディー⓭：うーん，3,000 メートルだからね。3,000メートルの山のてっぺんにテントを張ろうとしたことはある？　凍えるように寒いし，風も強いし…

デイビッド❾：でも砂漠だよ。問題は暑さだと思うな。

ショーン❿：暑さも寒さも，どっちもすごく極端なんだよ。ジョディーの言うとおりさ。地下で暮らすのが理に適ってる。

デイビッド❿：ああ，なるほどね。で，だれが造るの？　インドと中国がどこかに新しい巨大望遠鏡を造るのに協力しあっているって聞いたけど。

ジョディー⓮：これはヨーロッパのよ。

ショーン⓫：そうそう，ヨーロッパ。

デイビッド⓫：で，これが完成したらすぐにアメリカ人とか日本人とかが，もう 1 メートル幅の大きいのを造るんだろうね。全部威信の問題なんだよ。確かに，宇宙の新しい見事な画像なんかが手に入るだろうけれど，いちばん高い塔を建てるようなものだよ。ある国が高くすると，すぐに次のがもっと高いのを望む。そのほうが有用だからじゃない。ただ見せびらかすため

## ポイント

| スクリプト | 発音 |
|---|---|
| Jodi⑮ : Well, with towers you might be right. But these new telescopes really will be useful. They said we'll be able to get pictures of faraway planets. Not stars—*planets*. If the earth gets hit by a giant asteroid, we could all escape to a planet discovered by this new telescope! (15) | |
| Shawn⑫ : Well, Jodi, I'm afraid we'll just be seeing the new planet as it used to be—by the time we see it, it might've already been hit by a giant asteroid, too! | |
| David⑫ : Jodi's probably right, though — I'm sure they'll discover lots of useful things. Scientists have already found *Antimatter* and *Dark Matter*—maybe now they'll discover *Doesn't Matter*, a substance that has no effect on the universe whatsoever! | |
| Shawn⑬ : You're killing me, David. Look, even if it doesn't save our lives, the new telescope will give us a lot of new information. We'll understand more about the universe. Is there a better reason to climb to the top of a mountain? | イーヴンニフィ・<br>トゥザタッパヴア |

## 全　訳

さ。

ジョディー⑮：そうねえ，塔ということなら，そのとおりかもしれないわ。でも，こういう新しい望遠鏡は，本当に役に立つのよ。遠く離れた惑星の画像が撮れるって言ってたわ。恒星じゃなくて，惑星よ。(15)もし地球に巨大な小惑星が衝突したら，この新しい望遠鏡で発見された惑星に，私たちみんな逃げていけるわ！

ショーン⑫：えっとね，ジョディー，残念だけど，僕たちが目にする新しい惑星は，その昔の姿なんだよ。僕たちが見るころには，その惑星にも巨大小惑星がぶつかってしまっているかもしれないんだよ！

デイビッド⑫：でも，たぶんジョディーが正しいんだろうな。きっと役に立つものをいっぱい発見するんだろうね。科学者はもう「アンチマター（反物質）」や「ダークマター（暗黒物質）」も発見しているからね。今度は「ダズントマター（どうでもいい物質）」を発見するんだろうよ。宇宙にはまったく何の影響も及ぼさない物質をね！

ショーン⑬：笑わせてくれるねえ，デイビッド。いいかい，たとえ僕たちの命を救ってくれなくても，この新しい望遠鏡は，新しい情報をたくさん与えてくれるよ。宇宙についてもっと理解が進むさ。山の頂上まで登るのにもっとふさわしい理由があるかい？

## ポイント

(15) hit by a giant asteroid で注意喚起。続くショーンの発言 I'm afraid で集中。ジョディーの考えを否定する見解が述べられるとわかるため。直後は選択肢とは異なる表現が使われているが，by the time we see it 以降は選択肢とほぼ同じ語句になっているのでしっかり聞き取りたい。

2015 年度　3-(C)

## 9 (C) 新しい通信技術の問題点

**[設問文から読み取ろう！]**

①設問文を一読すると，新しい通信技術に関する講義だと考えられる。

②さらに細かく見ると，(16)は「過去における通信の実態」，(17)は「新通信技術の最悪の側面」，(18)は「新技術のよい面」，(19)は「学生の成績が下がった原因」，(20)は「変化に抵抗する若者がとっている方法」が聞き取りの要点だとわかる。

(16)「講義によると，次のどの主張が正しいか」

a)「話し手は，電子メールが当初よいものだったと考えている」
b)「1992 年以前は，携帯メールは親密さと速度を結びつけていた」
c)「話し手は，厳密にいつ革命が始まったか言うことができると考えている」
d)「1995 年あたりより以前は，毎晩夜のニュース放送は一つだった」

▶第 2 段第 2 文に「しばらくは，電子メールは…親密さと速度とを結びつけてくれた」とある。a)が正解。

(17)「話し手が，新しい通信技術の最悪の側面と見なしていると思われるのは次のどれか」

a)「非常に癖になりやすい」
b)「私たちが集中するのを困難にしている」
c)「正しいスペリング能力や句読法が退化している」
d)「やりとりが，より短くなり人間味がなくなっている」

▶第 4 段第 3 文に「おそらく最悪の側面は，注意を払う能力の喪失だろう」とある。b)が正解。

⒅「話し手が，新しい技術のよい面として挙げているのは次のどれか」

a）「通信の幅を広げている」
b）「民主主義の推進に役立っている」
c）「物事により深く没入できるようにしてくれている」
d）「音楽やダンスに，人を呼び集めてくれている」

▶第３段第２文に「インターネット通信は，民主主義の昔のような盛り上がりが整う手助けになる」とある。b)が正解。

⒆「学生が…とき，テストの点は平均で 20 パーセント低かった」

a）「テストを受ける前に一人で勉強した」
b）「テストを受けながらウェブにアクセスした」
c）「テストを受けながらメールのチェックをした」
d）「テストを受けながら携帯メールを受け取った」

▶第４段第５文に「テストを受けている最中に携帯メールで邪魔をされた学生の平均点は…20 パーセント低かった」とある。d)が正解。

⒇「話し手によると，彼女が述べている変化に，一部の若者はどのように抵抗しているか」

a）「警報を鳴らすことによって」
b）「私たちが失ったものを説明することによって」
c）「昔の生活様式を採用することによって」
d）「電気なしで生活しようとすることによって」

▶最終段第２文に「一部の若者が…以前私たちがしていたような，昔の時間がかかるやり方を生かし続けている」とある。c)が正解。

## ANSWER

⒃―a） ⒄―b） ⒅―b） ⒆―d） ⒇―c）

## スクリプト

(16)

Human consciousness is in the midst of a revolution. The change is profound — and troubling, not least because it is hardly noticed. The last moment before most of us were on the internet and had mobile phones — perhaps around the mid-1990s — seems like a hundred years ago. Back then, letters came once a day. Phones were wired to the wall. News came by radio, television, or print, and at appointed hours. Some of us had a newspaper delivered every morning. Those deliveries and broadcasts marked the day like church bells. You read the paper over breakfast. You opened the mail when you came home from work. You learned the day's news in the evening, at six o'clock, and then again at ten. Time passed in fairly large units.

Then, letters turned into e-mails. For a while, e-mails had all the depth and complexity of letters — they combined intimacy with speed. But they quickly collapsed into something more like text messages, which were first introduced in 1992. Communication was reduced to short practical phrases, while formalities like spelling and punctuation were cast aside. We began to correspond in fragments. Meanwhile, the World Wide Web caught everyone in its silky attractions. Soon, it was normal for a crowd to board a train or cross a busy street while everyone in it stared at the tiny screens in their hands.

The new technologies have brought about some good things. Internet communication can help to coordinate the old dance of democracy, bringing people out in public together. Yet for every productive hour we invest in using the internet, we waste countless others that could have been spent going

## 発音

インザミ・スタヴァ

アンダタポィンティダワーズ

スクリーンズインゼーハンズ

クッダ・ビーン

## 全 訳

人間の意識は(16)革命のさなかにある。変化は深刻である。そして，特にそれがほとんど意識されていないために厄介である。私たちの大半がインターネットを使い，携帯電話を手にする前の最後の瞬間は，おそらく1990年代半ばあたりだが，100年も前のことのように思える。その頃は，手紙は1日に一度来た。電話は壁に固定されていた。ニュースはラジオやテレビ，あるいは印刷物で，決まった時間に来た。中には，新聞を毎朝配達してもらっている人もいた。そうした配達や放送は，教会の鐘のように1日の節目になっていた。朝食を摂りながら新聞を読んだ。仕事から家に帰ってくると郵便物を開いてみた。その日のニュースは夕方6時とそれからもう一度10時に知った。時間はかなり大きな単位で過ぎていた。

それから，手紙が電子メールに変わった。しばらくは，電子メールは手紙の持つ深みや複雑さを備えていた。親密さと速度とを結びつけてくれたのである。しかし，電子メールはすぐに，1992年に初めて導入された携帯メールのようなものへと崩壊してしまった。やりとりは，短い実務的な決まり文句に変わり，正字法や句読法のような正しい形式は捨て去られた。私たちは，断片でやりとりし始めたのである。一方で，ワールド=ワイド=ウェブが，その洗練されたさまざまな魅力にみんなを取り込んだ。やがて，群衆の誰もが自分の手の中の小さな画面を見つめながら，電車に乗ったり交通量の多い通りを渡ったりするのが当たり前のことになった。

(18)新しい技術は，よいことももたらしてくれた。インターネット通信は，民主主義の昔のような盛り上がりが整う手助けになり，人々を公の場に引き出し，一つにしてくれる。それでも，インターネットを使うのに費やす生産的な1時間ごとに，本や会話や思索に満ちた散歩によって，もっと物事を深めるのに使えたであろう数限りない他の時間を無駄にし

## ポイント

(16)選択肢は内容がそれぞれ大きく異なり，解答の根拠となる個所がまとまって出てくるわけではないかもしれないという予測が必要。
revolution で注意喚起［選択肢 c)］。it is hardly noticed「ほとんど意識されていない」とあることから c) は講義の内容と異なるのではないかと判断できる。その後も特にいつ始まったかは述べられない。このあとに出てくる年代 the mid-1990s も perhaps「おそらく」や around「～あたり」で，exactly とは言い難い。
around the mid-1990s で注意喚起［選択肢 d)］。直後の文の冒頭，Back then「(さかのぼって) その当時」で，まだこの年代の話が続いていることを確認。news in the evening で集中。at six o'clock, and then again at ten は聞き取りやすい。
e-mails で注意喚起［選択肢 a)］。For a while「しばらくは」で，やがて変化が起こることが予想できる。もともとどんなものかについての話し手の評価がわかりにくくても，But they quickly collapsed into …「しかし，それらはすぐに…へと崩壊した」から，悪い方への変化だと判断できる。
text messages で即集中［選択肢 b)］。which were first introduced in 1992 で b) の内容が誤りだとわかる。

(18) The new technologies で注意喚起。good things で集中。dance が比喩的な意味で使われているが，その後の democracy は，はっきり発音されており，聞き取りやすい。この後，Yet「それでも」と相反する内容が続く合図が入り，「よい面」としては，民主主義に関するもので

| スクリプト | 発　音 |
|---|---|
| deeper, with a book, a conversation, a thoughtful walk.<br>Previous technologies expanded communication. But the latest ones seem to have reduced it. Perhaps (17) the worst aspect has been the loss of our ability to pay attention. Information is constantly interrupted by other information. One study found that (19) the average scores of students who were interrupted with text messages while taking a test were 20% lower than those of students who were not interrupted. Another found that students, when studying alone, couldn't focus for more than two minutes without surfing the web or checking their e-mail.<br>(20) I wonder sometimes if there will be a reaction against the fragmented consciousness the new technologies have created. Here and there, around the world, some young people are keeping alive the old, time-consuming way we used to do things, rediscovering the value of working with their hands and of life outside electronic noise and distraction. But is it too little, too late? Do we still have time to sound the alarm? The future does not look promising, and it will be hard to explain what we have lost to someone who's distracted. | ロッサヴァワラビリティ |

## 全訳

ている。

以前の技術は通信の幅を広げてくれた。しかし，最近の技術はそれを狭めてしまったように思える。おそらく(17)**最悪の側面は，注意を払う能力の喪失**だろう。情報は，絶えず他の情報で邪魔されてしまう。ある調査では，(19)**テストを受けている最中に携帯メールで邪魔をされた学生の平均点は**，邪魔をされなかった学生の平均点より**20パーセント低い**ことがわかった。別の調査では，学生が一人で勉強しているとき，ウェブを閲覧したりメールをチェックしたりせずに2分以上集中できないことがわかった。

私は時に，新しい技術が生み出している断片化した意識への(20)**反発**が起こるのだろうかと思うことがある。世界中のあちこちで，**一部の若者たちが**，自分の手を使って作業をすることと，電子的な音や気を散らすもののない暮らしの価値を再発見して，**以前私たちがやっていたような，昔の時間がかかるやり方を生かし続けている**。だが，それはあまりにも小規模で，手遅れではないのか。まだ警報を鳴らす時間はあるのだろうか。未来は明るいようには見えない。そして，気が散っている人に，私たちが何を失ってしまったのかを説明するのは難しいだろう。

## ポイント

あると判断できる。

(17) the worst aspect で即集中。the loss of our ability to pay attention は，選択肢と異なる表現だが，他に紛らわしいものはないので，慌てずに各選択肢の内容を検討すること。

(19) the average scores で注意喚起。students who でどんな学生の成績かを集中して聞き取る。キーワードの 20％ のほうが後に出てくることになり，選択肢にも多少紛らわしいものがあるので，2回目の放送では確実に内容をつかむこと。

(20) a reaction against で注意喚起。「抵抗」を思わせる表現だからである。some young people で集中。その後の the old … way we used to do things が聞き取れれば，正解を選ぶことができる。

2014年度 3-(A)

# 10 (A) 動物園が教えてくれること

**[設問文から読み取ろう！]**

①設問文を一読すると，zoo「動物園」に関する講義だと考えられる。

②さらに細かく見ると，(1)は「先史時代に動物園がなかった理由」，(2)は「17世紀の哲学者が動物に関して述べたこと」，(3)は「工業時代に起きたこと」，(4)は「20世紀に起きたこと」，(5)は「動物園から学べること」が，それぞれの聞き取りの要点だとわかる。

(1)「なぜ先史時代には動物園がなかったのか」

ア「野生動物は恐ろしかったから」
イ「野生動物は神聖だと思われていたから」
ウ「野生動物は日常生活の普通の部分だったから」
エ「上記のいずれも当てはまる」

▶第3段第1文に「先史時代には，動物は人間世界に組み込まれた一部分だったので，動物園は必要なかった」とある。**ウが正解。**

(2)「話し手によると，17世紀のフランスの哲学者であるルネ=デカルトは，動物について何と言ったか」

ア「彼は，動物は売買されるべきではないと言った」
イ「彼は，子どもは動物と触れ合うべきだと言った」
ウ「彼は，動物の魂は彼らの物理的身体の一部であると主張した」
エ「彼は，動物は根本的に人間とは異なると主張した」

▶第4段第2～4文に「人間は身体と魂でできているが，動物は身体しか持たず，魂のない機械だ」というデカルトの言葉が挙がっている。**エが正解。**

(3)「話し手によると，工業時代に何が起こったか」

ア「子どもが外で遊ぶ時間が減った」
イ「動物園がもっと実物らしく自然を模倣し始めた」
ウ「子どもたちは動物を模したものと過ごす時間が増えた」
エ「動物園が文学や芸術にもっと頻繁に登場し始めた」

▶第 4 段最終 2 文に「工業時代には本物らしく見える動物のおもちゃが人気で，子どもたちは見た目や手触りがほぼ本物と同じおもちゃやぬいぐるみと過ごした」とある。ウが正解。

(4)「話し手によると，20 世紀に何が起こったか」

ア「人々は，ペットとしてかわいらしい動物のほうを好み始めた」
イ「人々は，ペットを子どものように扱い始めた」
ウ「動物のおもちゃや漫画のキャラクターは，一大産業になった」
エ「動物のおもちゃや漫画のキャラクターは，人間の特徴を与えられた」

▶第 5 段第 1 文後半に「動物の人間化」，同段第 3 文に「親も子も，人間のように見えて，かつそのようにふるまう動物を望むようになった」とある。エが正解。

(5)「話し手によると，動物園から何を学ぶことができるか」

ア「動物は，私たちへの自然からの贈り物であるということ」
イ「動物だけでなく，自然すべてを保護する必要があるということ」
ウ「本物の自然は，私たちが想像する自然とは異なったものであるということ」
エ「人間の生活と自然は，同じ現象の 2 つの側面であるということ」

▶最終段第 2 文に「本物の動物と出会うことで，否応なく，我々は想像と現実の境界線を思い出す」とある。ウが正解。

**ANSWER**

(1)―ウ (2)―エ (3)―ウ (4)―エ (5)―ウ

## スクリプト

Why do we go to zoos? Millions of people around the world visit zoos each year, but the reason is hard to explain. Many of those visitors are children, whose lives are already surrounded by animal images. But the animals they see in zoos are little like the toys, cartoons, and decorations that fill their homes. For such children, the encounter with real animals can be confusing, even upsetting.

The great interest that children have in animals today might lead one to suppose that this has always been the case. Yet, it was not until the Industrial Era that reproductions of animals became a regular part of childhood. That was also when zoos became an important part of middle-class life.

(1) In prehistoric times, there had been no need for zoos, as animals were an integral part of the human world. Wild animals might be harmless or terrifying, common or sacred, but in every case our distant ancestors lived together with them in a shared natural environment.

The trail that leads to your local zoo may have

(2) begun with the Seventeenth Century French philosopher René Descartes. He taught that humans were composed of a physical body and an eternal soul. Animals, by contrast, had only bodies. They were soulless machines. Therefore, they came to be regarded as material commodities that could be

(3) controlled and exploited like a natural resource. In the Industrial Era, the human domination of animals could be seen in the popularity of real-looking animal toys. Children rode rocking-horses that had realistic features, and they slept with stuffed bears, tigers, and

## 発音

ジィンダストゥリアレラ

ゼェ・ハ・ビーン

アナンィターノーソー

ハノンリー

## 全 訳

なぜ私たちは動物園に行くのだろうか。世界中の何百万もの人が毎年動物園を訪れるが，その理由は説明が難しい。そうした訪問者の多くは子どもたちであり，彼らの暮らしはすでに動物のイメージに取り囲まれている。しかし，彼らが動物園で見る動物は，彼らの家を満たしているおもちゃや漫画や装飾品とほとんど似ていない。そういう子どもたちにとっては，本物の動物との遭遇は，彼らを困惑させたり，うろたえさせたりさえする可能性がある。

今日，子どもたちは動物に対して大きな関心を抱いているので，人はこれが常に実情であったのだと思うかもしれない。しかし，動物の複製品が子ども時代の日常生活の一部になったのは，やっと工業時代になってからのことである。それはまた，動物園が中流階級の人たちの生活の重要な一部になった時代である。

(1)先史時代には，動物園の必要はなかった。動物は人間世界に組み込まれた一部分だったからだ。野生動物は無害でもあり恐ろしいものでもあり，ありふれたものでもあり神聖なものでもあったが，どのような場合でも，私たちの遠い祖先は，共有された自然環境の中で動物たちとともに暮らしていたのである。

地元の動物園につながる道は，(2)17世紀のフランスの哲学者であるルネ=デカルトから始まったかもしれない。彼は，人間は物理的な身体と永遠の魂でできていると教えた。動物は，対照的に，身体しか持っていない。動物は魂を持たない機械のようなものだ。したがって，動物は天然資源のように，管理し利用できる物質的商品と見なされるようになった。(3)工業時代になると，人間の動物に対する支配は，本物らしく見える動物のおもちゃの人気に見てとれるようになった。子どもは本物のような外観をした揺り木馬にまたがり，ほとんど実物のような見た目と手触りの，ぬいぐるみのクマやトラやウサギと一緒に寝た。

## ポイント

(1) In prehistoric times で注意喚起。there had been no need for zoos で設問関係個所であることを確認。続く as「～なので」で集中，このあとが「本命」。animals were an integral part of the human world が解答の直接の根拠だが，integral が不明な場合でも，続く文の lived together with them や a shared natural environment から推測したい。

(2) the Seventeenth Century で注意喚起。続く French philosopher René Descartes で設問関係個所であることを確認。He taught で集中。直後は人間に関してだが，人間が body＋soul であることを聞き取っていれば，次の Animals, by contrast, had only bodies, さらに They were soulless machines で動物が body のみであることがしっかり確認できる。

(3) In the Industrial Era で注意喚起。the human domination of animals could be seen で集中。in the popularity of real-looking animal toys の toys をしっかりと聞き取りたい。続く部分でも本物の動物らしく見えるおもちゃやぬいぐるみが子どもの身近にあった様子が述べられている。

## スクリプト

rabbits that looked and felt almost genuine.

(4) The Twentieth Century marked a further development: the conversion of animals into people. This was the age of Babar the Elephant, Hello Kitty, and the Lion King. Where parents and children had previously wanted animals that looked like animals, they now wanted animals that looked — and acted — like humans. In the realm of toys and childhood imagination at least, wild animals became familiar in the literal sense: they became part of the family.

For that reason, a visit to the zoo can be disappointing for children today. Where they hope to see the living, breathing versions of their character friends, they find instead unfamiliar creatures who cannot speak, smile, or interact with them.

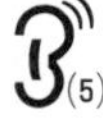

(5) But perhaps that disappointment is the best gift a zoo can offer. Encountering genuine animals reminds us forcefully of the boundary between imagination and reality. When we come face-to-face with real animals in a zoo, perhaps we will recall our true relationship not only to animals but to the entire natural world.

## 発 音

インナリトローセンス

ウィ・ズム

ギフタズークンノファ

## 全　訳

(4)20 世紀にはさらなる発展があった。動物の人間化である。これは，ぞうのババール，ハローキティ，そしてライオンキングの時代であった。以前は親も子も動物らしく見える動物を望んでいたのに，今度は人間のように見えて，かつ，そのようにふるまう動物を望むようになった。少なくとも，おもちゃの王国や子ども時代の想像の中では，野生動物は文字通りの意味でなじみ深い（familiar）ものになったのである。つまり，動物は家族（family）の一部になったのだ。

そのため，動物園を訪れることは，今日の子どもたちを落胆させかねない。自分のキャラクターのお友だちの，生きて呼吸をしているバージョンを見たいと思っているのに，その代わりに，おしゃべりすることも，微笑むことも，自分とやりとりすることもできない未知の生物がいるのである。

しかし，おそらく(5)その落胆が，動物園の与えてくれる最善の贈り物なのだ。本物の動物と出会うことで，否応なく，我々は想像と現実の境界線を思い出すのである。動物園で本物の動物に面と向かうと，たぶん私たちは，動物だけでなく自然界全体と人間の本当の関係を思い出すことだろう。

## ポイント

(4) The Twentieth Century で注意喚起。conversion が不明でも，続く文で This was the age of …「これは…の時代だった」で具体例が示され，第 3 文後半の they now wanted animals that looked—and acted—like humans が考えるヒントになる。

(5) the best gift a zoo can offer で注意喚起。Encountering genuine animals で集中。the boundary between imagination and reality「想像と現実の境界線」に，正解の選択肢にある real，imagine の派生語があることをしっかり聞き取る。nature「自然」に関連する語は，最終部分に we will recall our true relationship … to the entire natural world とあり，ここで確認が取れる。

# 10 (B) 世界博覧会の歴史と意義

2014 年度 3-(B)

**[設問文から読み取ろう！]**

①設問文を一読すると，すべてに trade fair「見本市」，fair「博覧会」，world's fair「世界博覧会」，expo「(万国) 博覧会」のいずれかがある。「博覧会」が話題となっていることがわかる。

②さらに細かく見ると，(1)「中世の見本市の特徴」，(2)「19 世紀の博覧会の特徴」，(3)「世界博覧会で促進されたもの」，(4)「2010 年の上海エキスポが証明したこと」，(5)「人々が世界博覧会を楽しみ続けている理由」が，それぞれの聞き取りの要点だとわかる。

(1)「中世の見本市についてリリアン博士が言及していないのは次のどれか」

ア「簡単に輸送できる品物に集中していた」
イ「同じ場所で定期的に催されていた」
ウ「それらの主な目的は品物の売買だった」
エ「それらの品物には，織物，香辛料，皮革が含まれていた」

▶リリアン博士の 2 番目の発言第 2 文に「中世の見本市は，基本的にある場所から別の場所に簡単に輸送できる，織物，香辛料，皮革といった品物を売買する機会だった」とある。言及されていない内容にあたるものを選ぶ。**イが正解。**

(2)「リリアン博士によると，19 世紀の博覧会を表しているのは次のどれか」

ア「最大の博覧会がロンドンで開催された」
イ「各国政府が博覧会を支援した」
ウ「品物を宣伝するために，だんだんと娯楽が使われるようになった」
エ「新しいビジネスの手法が，売買過程を変えた」

▶リリアン博士の 2 番目の発言第 4 文以降に特徴が Firstly …，On top of that …，Finally …という形で 3 つ述べられており，その 3 番目に「各国政府が企画や資金提供にかかわるようになった」とある。**イが正解。**

⑶「世界博覧会で促進されたものとしてリリアン博士が言及していないのは，次の技術のうちのどれか」

ア「衛星」
イ「テレビ」
ウ「電気照明」
エ「動く歩道」

▶リリアン博士の4番目の発言を見ると，第2文に「電球」，第3文に「テレビ放送」，第4文に「動く歩道」を挙げている。アが正解。

⑷「リリアン博士によると，2010 年の上海エキスポは何を証明したか」

ア「世界博覧会は，まだ人気があるということ」
イ「世界博覧会は，まだ利益をもたらすということ」
ウ「世界博覧会は，環境に良いということ」
エ「世界博覧会は，国際理解を促進しうるということ」

▶リリアン博士の5番目の発言第2～4文に，「多くの人が世界博覧会などもう存在しないと思っているだろうが，2010 年のエキスポはその逆の証明となっていて，7000 万人を超える人が訪れた」と述べられている。アが正解。

⑸「リリアン博士によると，人々が世界博覧会に行くのを楽しみ続けている主な理由は何か」

ア「全体の経験が非常に強烈だとわかるから」
イ「他の多くの人と参加するのが楽しいから」
ウ「最新の技術がとても魅力的だとわかるから」
エ「メディアを通じてすでに見たことがあるものをじかに見るのが楽しいから」

▶リリアン博士の6番目の発言第1文に「世界博覧会に期待できるものは…全体的なインパクトと関係がある」，最終文に「そうした経験は本当に圧倒的で，だからこそ，人は世界博覧会に出かけたいと思う」と述べられている。アが正解。

**ANSWER**

⑴―イ ⑵―イ ⑶―ア ⑷―ア ⑸―ア

| スクリプト | 発音 |
|---|---|
| Host❶ : The news that the next world's fair will be held in Milan, Italy, in 2015 started us wondering about the history and purpose of world's fairs. So we invited historian Rose Lillian to our studio to hear more about them. Dr. Lillian, thank you for coming. | |
| Lillian❶ : Thank you for inviting me. | |
| Host❷ : Now, the world's fair, the idea behind these expositions, or expos, is almost medieval in origin, isn't it ? | メディーヴォーリンノリジン |
| Lillian❷ : Well, trade fairs have certainly been around for a long time. (1) Medieval trade fairs were basically chances to buy and sell goods that were easily transported from place to place: you know, textiles, spices, leather, that kind of thing. But in England and France (2) in the Nineteenth Century, a few things changed. Firstly the focus shifted to showing off new technologies. On top of that, the atmosphere became more like a carnival, with public entertainment and rides. Finally, and crucially, national governments became involved in the planning and funding. The end result of this process was the Crystal Palace Exhibition in London in 1851. | テ・ノロジーズ |
| Host❸ : London in 1851. What made that fair so special ? | |
| Lillian❸ : Well, it was far more than a trade fair, and it's been the model for world's fairs ever | イッピーンナモドー |

## 全 訳

司会者❶：次回の世界博覧会が，2015 年にイタリアのミラノで開かれるというニュースで，私たちは世界博覧会の歴史と目的を知りたいと思うようになりました。それで，そうしたお話をさらに伺うために，歴史家のローズ=リリアンさんをスタジオにお招きしました。リリアン博士，お越しくださってありがとうございます。

リリアン❶：お招きいただきありがとうございます。

司会者❷：さて，世界博覧会といいますか，こうした博覧会，もしくはエキスポの背景となる考えは，その起源がほぼ中世にあるんですよね。

リリアン❷：そうですね，見本市は確かに昔からあります。(1)中世の見本市は，基本的にある場所から別の場所に簡単に輸送できる品物の売買をする機会でした。たとえば，織物，香辛料，皮革といったものです。ですが，(2)19 世紀のイングランドとフランスでは，いくつか変化がありました。まず，狙いが新技術を見せるということに移ったことです。それに加えて，一般向けの娯楽や遊園地の乗り物などが用意されて，雰囲気がもっとお祭り的なものになりました。最後に，そしてこれが重要なのですが，各国政府が企画や資金提供にかかわるようになったんです。この変化が最終的にもたらした結果は，1851 年のロンドンの水晶宮博覧会でした。

司会者❸：1851 年のロンドンですか。なぜその博覧会がそれほど特別なものになったんですか。

リリアン❸：そうですね，それは見本市をはるかに超えたものでしたし，それ以降の世界博覧会のモデルになっているからです。

## ポイント

(1) Medieval trade fairs で即集中。立て続けに特徴が述べられるので，集中を切らさずに聞き取りたい。しかし，選択肢とほぼ同じ語句が使われており，あらかじめ選択肢に目を通しておけば，比較的容易に解答できる。

(2) in the Nineteenth Century で注意喚起。a few things changed「いくつかのことが変化した」と続くので，順次述べられるという心構えができる。Firstly「まず」，On top of that「それに加えて」，Finally「最後に」のそれぞれで集中，そのつど選択肢と照らし合わせて取捨すれば，正解を選ぶことができる。

| スクリプト | 発音 |
|---|---|
| since. Of course, advertising and selling are still a large part of it, but expos since 1851 have been as much about education, conveying values, and shaping plans for the future as they've been about the promotion of goods. When U.S. President Franklin Roosevelt spoke at the 1939 New York World's Fair, he described that event as a tribute to technology and innovation. And that's been true of most of the modern fairs. (3) | |
| Host❹ : Can you give us some examples ? | |
| Lillian❹ : Oh, there are so many. We can start with the light bulbs shown by Thomas Edison at the International Exhibition of Electricity in Paris in 1881. We can move forward to the first American television broadcasts, from that 1939 fair in New York. Or the moving sidewalks that first became widely known at Expo '70 in Osaka. World's fairs have been terrifically important for promoting technological advances. | ワィリーノウンナ・ |
| Host❺ : Well, jump forward to Milan next year. We live in times when even satellite television is old technology compared to the Internet. Who needs a world's fair and what could possibly be seen in Milan that a thousand times more people can't learn about online ? | |
| Lillian❺ : Well, that's a very good question. I would say, first of all, I think many people believe world's fairs no longer exist. But the last expo held in China in 2010 is proof to the contrary. More than 70 million people  (4) | |

## 全 訳

もちろん，今でも宣伝や販売が博覧会の大きな部分ですが，1851年以降のエキスポは，商品の販売促進と同じくらい，教育，価値観の伝達，将来の計画の方向付けに関連するものになっています。1939年のニューヨーク世界博覧会でアメリカ大統領のフランクリン=ローズベルトがスピーチをしたとき，彼はその催しを(3)技術と革新の証と称しました。そして，それは現代の博覧会のほとんどに当てはまります。

司会者❹：いくつか例を挙げていただけますか。

リリアン❹：ああ，とてもたくさんありますよ。まず，トーマス=エジソンが1881年にパリの国際電気展覧会で展示した電球を挙げられますね。それから，アメリカで初のテレビ放送です。さっきの1939年のニューヨークの博覧会ですね。あるいは，1970年の大阪万博で初めて広く知られるようになった動く歩道があります。世界博覧会は，技術の進歩を推し進めていくためには，これまでずっと非常に大切でした。

司会者❺：では，来年のミラノの話に進みましょう。私たちは，衛星放送ですら，インターネットに比べると古い技術になっている時代に生きています。どういう人が世界博覧会を必要とし，また非常に多くの人がオンラインでは知ることのできないどんなものをミラノで見られるというのでしょうか。

リリアン❺：ええ，とても良い質問ですね。まず，世界博覧会などもう存在しないと思っている人がたくさんいると思うと言っておきましょう。ですが，(4)2010年に中国で開かれた前回のエキスポは，その逆の証明となっています。7000万人

## ポイント

(3) technology and innovation で注意喚起。some examples で集中。使われる語句は選択肢とほぼ同じであり，単語レベルの聞き取りなので容易である。

(4) China in 2010 で即集中。proof to the contrary「逆の証明」とはどういうことか，そこまでの話の内容をたどっておきたいが，続く文 More than 70 million …で多くの人

スクリプト

発音

actually went to that fair in Shanghai. Its theme was building better cities for tomorrow. And there were some extraordinary exhibits on things like construction technologies and environmental protection. And there were many innovative buildings with fantastic, exciting designs.

(5) Host❻ : But can we still expect world's fairs to show us something new and fascinating?

Lillian❻ : I think what we expect from world's fairs probably has less to do with specific technologies than with the overall impact. There's something about actually being at these fairs that you can't get from the Internet. You can certainly look at photographs and videos, but it's the difference between watching your favorite sports team on TV and actually being in the stadium. That experience, in many ways, is just so overwhelming, and that's why people continue to love going to world's fairs.

ウィ・ジローヴァァオーリンパクトゥ

Host❼ : Well, Dr. Lillian, thank you very much for talking with us.

Lillian❼ : Oh, it's been my pleasure. Thank you so much.

Host❽ : That's historian Rose Lillian. She's a scholar of world's fairs.

## 全　訳

を超える人たちが実際に上海のその博覧会に行ったんです。そのテーマは，将来のためのより良い都市の建設でした。そして，建築技術や環境保護といった，非常に良くできた展示もいくつかありました。それに，素晴らしく心躍るような設計の革新的な建築物がたくさんありました。

司会者❻：(5)ですが，まだ私たちは世界博覧会が何か新しく魅力的なものを見せてくれることを期待できるでしょうか。

リリアン❻：世界博覧会に期待できるものは，特定の技術というより，全体的なインパクトと関係があると思います。実際にこうした博覧会に行ってみるということには，インターネットからは得られない何かがあります。確かに写真やビデオを見ることはできるでしょうが，それは好きなスポーツチームをテレビで見ることと，実際にスタジアムに行くこととの違いと同様です。多くの点で，そうした経験は本当に圧倒的で，だからこそ，人は変わらず世界博覧会に出かけて行きたいと思うんです。

司会者❼：はい，リリアン博士，お話しくださって本当にありがとうございました。

リリアン❼：ええ，こちらこそ。ありがとうございました。

司会者❽：歴史家のローズ=リリアンさんでした。世界博覧会の研究者でいらっしゃいます。

## ポイント

が訪れたことがわかる。また，設問文にある Shanghai はこの文の最後に出てくるため，1回目で聞き逃した場合は，2回目に前述の集中ポイントですぐ態勢を整えること。

(5) can we still expect world's fairs で注意喚起。設問文と共通する語句はないが，「『まだ』期待できるか」という問いが，設問文の「博覧会を『楽しみ続ける』」という部分をある程度思わせる。したがって，それに続くリリアン博士の返答に集中。the overall impact が解答のヒントの一つになる。結果的には最終部分の That experience … is just so overwhelming が決め手だが，設問文の the main reason と直接関係する語句 that's why はこのあとになるので，2回目はこのリリアン博士の発言を集中して聞きたい。

2014 年度　3-(C)

# 10 (C) ビジネスで成功する秘訣

**[設問文から読み取ろう！]**

①設問文を一読すると，boss「上司」，employee「従業員」，employer「経営者」，business「企業」といった語が見られ，仕事・職場が話題になっていると考えられる。

②さらに細かく見ると，(1)「2人が会話をしている日の曜日」，(2)「上司の不愉快な性格がもたらす悪い結果」，(3)「経営者が従業員に犠牲を受け入れさせる方法」，(4)「企業の問題の解決法」，(5)「来週のテレビ番組のテーマ」が，それぞれの聞き取りの要点だとわかる。

(1)「アシュリーとビクターが会話をしている。それは何曜日か」

ア「土曜日」
イ「日曜日」
ウ「月曜日」
エ「不明」

▶アシュリーの最初の発言第1文の「昨日のテレビ番組を見たか」という問いに対して，ビクターの返事は「仕事だったので見なかった」，続くアシュリーの2番目の発言第2文で「日曜日の夜なのに？」とあるので，会話は月曜日に行われているとわかる。**ウが正解**。

(2)「ビクターは，上司の不愉快な性格がもたらす悪い結果をいくつか挙げている。ビクターが言及していないのは次のどれか」

ア「社員が辞めてしまうかもしれない」
イ「社員があまり仕事をしなくなるかもしれない」
ウ「社員が尊重されていないと感じるかもしれない」
エ「社員が不正直になるかもしれない」

▶ビクターの6番目の発言最終部分の「仕事を辞めるかもしれない」がアと一致，同7番目の発言最終文の「尊重されていないと感じたら，仕事をしない」がイと一致，同発言はウの内容とも一致すると言える。したがって**エが正解**。

(3)「アシュリーによると，一部の経営者はどのようにして従業員に進んで犠牲を受け入れさせるか」

ア「魅力的で，利口であることによって」
イ「親しみやすくし，他の人を立てることによって」
ウ「決断力があり，礼儀正しくあることによって」
エ「自分本位で，攻撃的であることによって」

▶アシュリーの８番目の発言第１文に「責任者の中にはとても魅力的で頭のいい人たちもおり…会社のために犠牲を払うように言われたりしているのに，尊重されていると人に感じさせる方法を持っている」とある。アが正解。

(4)「ビクターによると，今日の一部の企業の問題を解決するかもしれないのは次のどれか」

ア「より良い経営技能を持つように，経営幹部たちを訓練すること」
イ「経営最高幹部たちの行動を制限するような仕組みを作ること」
ウ「労働者たちと経営者たちに企業の所有権を共有させること」
エ「本当に良い責任者たちをもっと多く経営の上層部に入れること」

▶ビクターの９番目の発言第２文に「それが今の企業のおかしなところではないか。本当に人を気づかういい人が十分，上にいないということだ」とある。エが正解。

(5)「テレビ番組の来週のテーマは何か」

ア「労働者の権利」
イ「政治と政府」
ウ「親切な人がビジネスで成功する方法」
エ「企業における意思決定の方法」

▶アシュリーの最終発言第２文に「来週は，労働者と経営者が一緒に意思決定をしている会社についてだ」とある。エが正解。

**ANSWER**

(1)―ウ　(2)―エ　(3)―ア　(4)―エ　(5)―エ

| スクリプト | 発音 |
|---|---|
| Ashley❶ : Victor, did you see the Weekly Business Report on TV last night? They showed a documentary called "How to Get Ahead in Business." | ハウタゲッタヘッディン |
| Victor❶ : No, Ashley, I had to work. | |
| Ashley❷ : Work? On a Sunday night? That's one of the things they talked about — heartless bosses who make their employees work too hard. | |
| Victor❷ : That's not what happened. My boss is a nice guy. He let me work last night so I could take today off! | |
| Ashley❸ : So, maybe your boss is okay. But psychologists studied hundreds of top executives, and guess what? Many had aggressive, self-centered personalities. Basically, they didn't care about other people. | セウフセナードパースナリリィズ |
| Victor❸ : But don't leaders have to treat people well to build connections and get others to follow them? | |
| Ashley❹ : That's what I thought, too, but not always. I guess those unpleasant characteristics sometimes help people climb the ladder of success. The psychologists showed that a lot of executives aren't very honest, rarely admit they're wrong, think they're better than others, never feel guilty. And they've succeeded because of those characteristics, | ワラィソートゥー<br>ララー<br>アララヴ |

## 全 訳

アシュリー❶：ビクター，(1)昨日の晩のテレビで，ウィークリー=ビジネス=リポートを見たかい？ 「ビジネスで一歩先んじる方法」っていうドキュメンタリーをやっていたんだ。

ビクター❶：いいや，アシュリー，仕事しなくちゃいけなかったからね。

アシュリー❷：仕事？ 日曜日の夜に？ それこそ，番組で言っていたことの一つだよ。社員を働かせすぎる思いやりのない上司だね。

ビクター❷：そうじゃないんだ。僕の上司はいい人だよ。僕が今日休みを取れるように，昨日の晩仕事をするのを許可してくれたんだ！

アシュリー❸：それなら，君の上司は問題なさそうだね。でも，心理学者たちが何百人もの経営最高幹部を調べたんだ。で，どうだったと思う？ その多くが攻撃的で自己中心的な性格だったってさ。基本的には，彼らは他の人たちのことなんて気にかけていないっていうことだ。

ビクター❸：だけど，上に立つ人間は，他の人との関係を築いて自分についてきてもらうのに，人ときちんと接しないといけないんじゃないかな？

アシュリー❹：僕もそう思っていたんだけれど，いつもそうとは限らない。(2)そういう不愉快な性格も，ときには人が成功の階段を上がるのに役立つことがあると思うんだよ。心理学者たちは，経営幹部の多くは，それほど正直ではないし，自分の非を認めることはめったにないし，他の人より自分のほうが優れていると思っていて，良

## ポイント

(1) did you see … last night で注意喚起。アシュリーのこの問いに対するビクターの返事にアシュリーが Work? On a Sunday night? と応じていることから月曜日とわかる。始めは何となく聞いてしまうかもしれないが，会話の状況を思い描くのに，「いつ・どこ・だれ・何」といった情報はそのつどキャッチしておきたい。

(2) those unpleasant characteristics で注意喚起。実際には，解答できるまで，ここ以降かなりの量を聞かなくてはならない。講義や専門的なインタビューなら，関連する項目が整理された状態で示されるが，友だち同士の日常的な会話ではこのようなこともありうる。選択肢をあらかじめ読み，自らもその場にいるつもりで話についていけば，解答そのものは困難ではない。

| スクリプト | 発 音 |
|---|---|
| not in spite of them! For example, one thing that really helped their careers is they don't feel sympathy for others. | |
| Victor❹ : Sympathy? | |
| Ashley❺ : Right, sympathy. Like, when I told you my dog died, you were as sad as I was. | ワーラズサーダズ |
| Victor❺ : I know. I felt terrible. But that's just natural. You're my best friend, Ashley! | |
| Ashley❻ : Well, it wouldn't be natural for a lot of those bosses, Victor. They'd just tell you to stop feeling sorry for yourself and get back to work! | |
| Victor❻ : That would make me feel even worse. I couldn't work for someone like that; I might even quit. | フィーリーヴンワース |
| Ashley❼ : Anyway, the documentary said being self-centered and over-confident helps people make quick, strong decisions and motivate others. It helps them get things done. | |
| Victor❼ : But what if those quick, strong decisions are bad decisions? And don't good bosses have to respect their employees? You work harder if you feel respected and you work less if you don't. | |

## 全 訳

心の呵責を感じることもないということを明らかにしたんだ。そして，彼らはそういう性格のおかげで成功したんだって。そういう性格にもかかわらず，じゃなくてね！ たとえば，彼らの成功を実際に手助けしたことの一つは，彼らが他人に同情しないということなんだ。

ビクター❹：同情？

アシュリー❺：そう，同情だよ。ほら，僕の犬が死んだことを君に言ったとき，君は僕と同じくらい悲しんでくれただろう。

ビクター❺：ああそうだね。つらかったよ。でも，そんなの当然じゃないか。君は僕の親友なんだからね，アシュリー！

アシュリー❻：それがね，さっき言ったような上司たちの多くには当然じゃないんだよ，ビクター。そういう上司たちは，自分を憐れむのはやめて，仕事に戻れ！って言うだろうね。

ビクター❻：そんなことを言われたら，もっと落ち込むなあ。**そんな人の下でなんて，僕なら働けないよ。仕事を辞めちゃうかもしれない**。

アシュリー❼：ともかく，そのドキュメンタリーでは，自己中心的で自信過剰なおかげで，素早く力強い決定を下し，人に刺激を与えることができるって言っていたよ。そのおかげで物事をやり遂げられるんだって。

ビクター❼：でも，その素早く力強い決定がまずい決定だったらどうなるんだい？ それに，良い上司は社員を尊重しなくちゃいけないんじゃないかな。**自分が尊重されていると感じたら，もっと一生懸命働くし，尊重されていないと感じたら仕事しない**よね。

## ポイント

| スクリプト | 発音 |
|---|---|
| (3) Ashley 8 : Well, some of those executives are very charming and clever—they have a way of making people feel respected even when they're being pushed to the limit or asked to make sacrifices for the company. They convince employees that it's in their own best interest. | ザッツィツィンネエアロウン |
| Victor 8 : I don't care how charming your boss is, you're still not going to be happy if he asks you to work late all the time or reduces your salary! | |
| Ashley 9 : You'd be surprised. Some people are so good at making others think what they want them to think. People like that usually get their own way. That's why they get promoted, and the nice guys get left behind. | |
| (4) Victor 9 : That sounds awful! Maybe that's what's wrong with businesses today—not enough nice people at the top who honestly care about others. | |
| Ashley 10 : Well, the documentary did mention one big problem. All those unpleasant characteristics can help someone succeed, but when people like that make it to the very top and then make bad or selfish decisions, there's no way to bring them under control, and the whole company can be destroyed. | |
| Victor 10 : I can imagine. But somehow my nice boss made it to the top and our company is | |

## 全 訳

アシュリー❽：うーん，(3)さっき言ったような責任者の中にはとても魅力的で頭のいい人たちもいるんだ。限界まで追い込まれたり，会社のために犠牲を払うように言われたりしているのに，尊重されていると人に感じさせる方法を，そういう人は持っているんだ。社員にそれが彼ら自身のためになるんだと納得させるんだよね。

ビクター❽：上司がどれだけ魅力的か知らないけれど，それでも，もしいつも遅くまで仕事をしてくれって言われて，そうしないと給料を下げられたりしたら，うれしくないじゃないか！

アシュリー❾：びっくりすると思うけれど，他の人に自分が彼らに考えてほしいと思うことを考えさせるのがとてもうまい人もいるんだよ。そういう人たちは，普通，自分のやりたいようにやっている。だからこそ，彼らは昇進して，いい人はおくれをとるんだ。

ビクター❾：なんか，ひどいなあ！ たぶん，(4)それが今の企業のおかしなところなんじゃないかなあ。本当に人を気づかういい人が十分，上にいないってことがね。

アシュリー❿：そうだな，そのドキュメンタリーでも確かに一つ大きな問題があるって言っていたよ。そういった不愉快な性格は，誰かが成功する手助けになることもあるけれど，そういう人が一番上に立って，まずい決定とか自己中心的な決定をしたとき，彼らを制御する方法がなくて，会社全体が崩壊しかねないって。

ビクター❿：想像できるね。でも，僕の良い上司はどうにか上に立って，僕の会社は

## ポイント

(3) charming and clever で即集中。このあとに設問文にある sacrifices が出てくるため，1回目で聞き逃すかもしれないが，2回目でしっかり聞き取りたい。このように，設問文のキーワードのほうが，解答の根拠となる語句よりもあとに出てくることがありうるので，あらかじめ選択肢にも目を通しておくことが欠かせない。

(4) what's wrong with businesses today で即集中。続いて述べられる not enough nice people at the top を解消する内容になる選択肢を選ぶ。放送と正解とで共通する語は nice だけだが，他の選択肢に紛らわしいものがないので，比較的容易に選べる。

| スクリプト | | 発　音 |
|---|---|---|
| | doing just fine. | |
|  (5) Ashley⓫ : | Lucky you! Hey, next week is about companies where the workers and managers make decisions together. They call that "shared governance." Don't work so you can watch it with me! | |

## 全 訳

うまくいっているよ。

アシュリー⑪：運がいいなあ！ ねえ，(5)来週は労働者と経営者が一緒に意思決定をしている会社についてだよ。「共同管理」って言うみたいだ。一緒に番組を見られるように，仕事はするなよ！

## ポイント

(5) next week で即集中。workers and managers make decisions together の decisions は，はっきり聞き取れる。選択肢と照らし合わせれば，解答は容易である。

2013 年度　3-(A)

# 11 (A) 「家」という概念

**[設問文から読み取ろう！]**

①設問文を一読してみると，home という言葉に関する講義だと考えられる。

②さらに細かく見ると，(1)は「home の概念」，(2)は「話し手が自宅に対して抱いていた認識の変化」，(3)は選択肢から「ある場所を home と感じる条件」，(4)は「home の永久の喪失の例」，(5)は「今日の世界の home の概念」が，それぞれ聞き取りの要点だとわかる。

(1)「話し手は『家』という概念について何と言っているか」

ア「それは，時間をかけてゆっくりと出現した」
イ「それは，私たちの心が空間を構成する方法である」
ウ「それは，人間の本性の本能的な部分である」
エ「それは，実際には『家でないもの』の概念と同じである」

▶第１段第６文に「今ではそれ（＝家）は，私たちが心の中で空間を構成するひとつの方法である」とある。**イが正解。**

(2)「友だちの家に泊まったあと，話し手が帰宅したとき，自分の家に対する認識はどのように変わっていたか」

ア「自分の家はもうよそよそしいものに思われた」
イ「自分の家に対する認識は変わっていなかった」
ウ「自分の家に何かが欠けているように思えた」
エ「自分の家の中の，以前にはまったく気づかなかった物事に気づいた」

▶第２段第８・９文に「翌朝帰宅したら，まるで何も起こらなかったかのようだった。家はまったくいつもどおりだった」とある。**イが正解。**

(3)「話し手によると，次のどれが正しいか」

ア「ある場所に長く滞在すればするほど，そこが自分の家になる可能性が増す」
イ「家にいるように感じさせるのは，その場所の雰囲気であって，そこで過ごす時間の長さではない」
ウ「たとえある場所に20〜30年暮らしていても，まだ自分の家はどこか他にあると感じるかもしれない」
エ「世界のどこであっても，しばらく滞在していれば家のように感じるかもしれないが，それはただ自分の本当の家を忘れ始めたからにすぎない」

▶第3段最終文に「数十年暮らしてもなお，遠く離れた本当の家が恋しいと感じるかもしれない」とある。ウが正解。

(4)「家の永久の喪失の例として言及されているものは次のどれか」

ア「新しい場所への移住」
イ「家の持ち主の死」
ウ「他の家族と一緒に生活しに行くこと」
エ「自分の家を他人が見るように見ること」

▶第5段冒頭で「家は永久に失われることもある」と述べられ，同段の続く個所で祖父が亡くなったために彼の家（house）がもう家（home）とは言えなくなってしまったことが挙げられている。イが正解。

(5)「話し手によると，今日の世界における家の概念を説明しているのは次のどれか」

ア「その価値を失いつつあるように思える」
イ「さまざまな力によって脅かされているように思える」
ウ「その意味を変えつつあるように思える」
エ「かつてよりさらに重要に思える」

▶最終段第2文に「家という概念はこれまでより重要に思える」とある。エが正解。

**ANSWER**

(1)―イ (2)―イ (3)―ウ (4)―イ (5)―エ

## スクリプト

(1) When did the concept of "home" become so important to the human mind? Is our sense of home instinctive? That is, are we programmed by nature to attach special meaning to a particular place, as if it were somehow part of us? Or is "home" a concept that slowly emerged after our ancestors stopped wandering and adopted a settled way of life? We don't know the answers to those questions yet. But whatever home was originally, it's now a way of organizing space in our minds. Home is home, and everything else is not-home. That's the way our world is constructed.

Homesick children know how sharp the boundary between home and not-home can be, because they suffer from the difference. I know because I was one of them. In the small town where I grew up, I usually
(2) felt close to everything. Then, at the age of eight, I went to spend the night with a friend who lived a few blocks away. As we lay in our beds and I listened to the cars going by and the wind blowing through the trees, the town around me seemed alien. Something was missing. Something was wrong. And yet, when I returned home the next morning, it was as if nothing had happened. Home was just as it always was. And that's the point: Home is a place so familiar that you don't even notice it. It's everywhere else that takes noticing.

The ease of travel has made the concept of home more complicated. If you visit Tahiti or Bangalore or Vancouver, after a few days you may say that you

(3) have started to feel at home. But that just means that the not-homeness of the place has decreased since

## 発音

ビカムソーウンポートウントゥー

アドプティダセトードゥ

ホゥムスィッ・チゥドレン

イットワザズイフ

ノットホゥムネサザプレィス

## 全訳

(1)「家」という概念が人間の精神にとってこれほど重要なものになったのはいつのことだろうか。家という感覚は本能的なものだろうか。つまり，私たちは，ある特定の場所に対して，まるで自分の一部であるかのように特別な意味を付与するように，生まれつきプログラムされているのだろうか。あるいは，「家」というのは，私たちの祖先が放浪するのをやめ，定住という生活様式を採るようになってから，ゆっくりと出現した概念なのだろうか。こうした問いに対する答えはまだ出ていない。しかし，もともと家が何であったにせよ，今ではそれは私たちが心の中で空間を構成するひとつの方法である。家は家であり，そのほかはすべて家ではないものだ。私たちの世界はそのように出来上がっている。

ホームシックの子どもは，家と家ではないものの境界がどれほどはっきりしたものでありうるかを知っている。というのも，彼らはその違いに苛まれているからである。私も子どもの頃ホームシックにかかったことがあるので，そのことを知っている。私が育った小さな町では，たいていすべてのものが身近に感じられた。そして8歳のときに，ほんの数ブロック離れたところにある(2)友だちの家に一晩泊まりに行ったことがある。私たちがベッドに入って車が通り過ぎる音や風が木々の間を吹き抜ける音を聞いていると，私を取りまく町がよそよそしいものに思えた。何かが欠けていた。何か具合がおかしかった。それでも，翌朝家に帰ったら，まるで何も起こらなかったかのようだった。家はまったくいつもどおりだった。それこそが重要な点だ。家は気づきさえしないほどなじみのある場所だということである。私たちの気を引くのは家以外のあらゆる場所である。

旅行が楽にできるようになったせいで，家の概念はいっそう複雑になった。タヒチやバンガロール，バンクーバーを訪れれば，数日たった頃には(3)家にいるみたいにくつろぎ始めていると言うかもしれない。しかし，それはただ，最初到着したときからすると，その場所の非家性が低下したということにす

## ポイント

(1) 冒頭ですぐに the concept of "home" が聞こえ，この段で家の定義がなされることがわかる。注意喚起。But whatever home was originally で集中。このあとが「本命」である合図である。organizing space というように，選択肢の語句と同様の表現が使われており，聞き取りやすい。

(2) I went to spend the night with a friend で注意喚起。when I returned home で集中。it was as if nothing had happened は選択肢には使われていない語句だが，述べられていることはとらえやすい。また，友だちの家では Something was missing. Something was wrong. と感じたという内容に続く And yet「それでも」も大きなヒントになる。このあとに missing や wrong とは相反する内容が続くと予想できるからである。

(3) feel at home で注意喚起。選択肢イ・エにも同じ語句があり，この段が関連個所だと推測できる。これより前に述べられたことを思い出そ

| スクリプト | 発音 |
|---|---|
| you first arrived. There's a big difference between feeling at home and being home. If you continue to live there for a year or two, at some point the place might really become your home. Or you might live there for decades and still miss your true home far away. | |
| Just as we can sometimes gain a new home, it's also possible to lose our homes. Sometimes that loss is only temporary. Perhaps you remember a moment, coming home from a trip, when the house you call home looked like just another house on a street full of houses. For a fraction of a second, you could see your house as a stranger might see it. But then the illusion faded and your house became home again. Home is a place we can never see with a stranger's eyes for more than a moment. | ルッ・トゥライクジャスタナザー |
|  Home can also be lost forever. When my grandfather died, my parents and I went to his house, as we had done so many times before. Everything looked the same as when he had been alive, but everything was different. It was as though something had vanished from every object in the house. They had become mere objects. The person whose heart and mind could bind them into a single thing had gone. That house was no longer a home. | アズウェンヒーアダビーナライヴ |
|  Today's world is marked by extraordinary mobility and change. Yet, despite these changes, or perhaps because of them, the idea of home seems more important than ever. Whether the concept of home is instinctive or created, nothing is more natural to our minds than to try to make ourselves at home in the world. | |

## 全訳

ぎない。家にいるようなくつろぎを感じることと家にいることには大きな違いがある。そこで1，2年暮らせば，ある時点でその場所は本当に自分の家になるかもしれない。あるいは，数十年暮らしてもなお，遠く離れた本当の家が恋しいと感じるかもしれないのである。

ちょうど新しい家を手に入れることがあるのと同様に，家を失うこともある。その喪失はほんの一時的な場合もある。旅行から帰ってきたとき，家と呼んでいる家屋が，住宅が立ち並ぶ通りの別の建物とまったく同じに見えた記憶が，たぶんあるだろう。ほんの一瞬，自分の家を他人が見るように見ることができたかもしれない。しかし，やがて幻想は消え，家屋はまた家に戻っただろう。家を他人の目で見ることは，ほんのわずかな間以上は，決してできないのである。

(4)家はまた永久に失われてしまうこともある。祖父が亡くなったとき，両親と私は祖父の家に行ったが，それはそのときまで何度もしたことだった。すべてが，祖父が生きていたときと同じように見えたが，実際にはすべてが違っていた。まるで，家の中にあるすべてのものから何かが消えてしまったかのようだった。それらはただのモノになっていた。その感情や思考がそうしたモノをひとつにまとめていた人がいなくなってしまったからだ。そのような家屋はもはや家ではなかった。

(5)今の世の中は，途方もない移動性と変化が特徴だ。しかし，そうした変化にもかかわらず，あるいはもしかするとそうした変化があるがゆえに，家という概念はこれまでより重要に思えるのである。家という概念が本能的なものであろうと，作り出されたものであろうと，この世界の中で自分が落ち着く場所を持とうとすることほど，私たちの心にとって自然なことはない。

## ポイント

うとするより，次に述べられることに集中すべき。the not-homeness of the place has decreased はエの because 以下と，If you continue to live there for a year or two … の部分はアと，you might live there for decades … の部分はウと同じかどうか慎重に検討する必要がある。2回目でしっかり確認できるようにしたい。

(4) Home can also be lost forever. で集中。When my grandfather died で具体例が述べられると推測できる。また，ここの died はしっかり聞き取りたい。but everything was different や That house was no longer a home. が「祖父の死」と関連していることをつかもう。集中が必要な部分は長いが，それだけに考えるヒントとなるものも多い。あわてず状況を追えば理解できる。

(5) Today's world で注意喚起。the idea of home で集中。more important than ever は聞き取りやすい。

# 11 (B) 海底資源開発が持つ可能性

**[設問文から読み取ろう！]**

①最初に「ある国の議会でなされた発言の模様」と記されている。これだけでは具体的な内容は不明だが，国家レベルの問題を論じていると推測できる。

②設問文から⑴は「同国の経済衰退の原因」，⑵は「同国の経済的繁栄の時期」，⑶は「海床を polymetallic nodules が占める割合」，⑷は「開発を進めるべき海洋資源」，⑸は「深海採鉱で同国が有利である理由」が，それぞれの聞き取りの要点であることがわかる。

⑴「ラゴ博士によると，彼女の国の経済の衰退の原因となってきたのは次のどれか」

ア「税制」
イ「貿易協定」
ウ「彼女の国のビジネスモデル」
エ「農業のやり方」

▶ラゴ博士の発言第 2 段第 3 文最終部分に「わが国の…時代遅れのビジネスモデルの結果」とある。ウが正解。

⑵「ラゴ博士による彼女の国の過去についての説明に基づくと，最大の経済的繁栄があったのは次のどの時期か」

ア「1940 年代から 1950 年代」
イ「1960 年代から 1970 年代」
ウ「1980 年代から 1990 年代」
エ「2000 年以降」

▶ラゴ博士の発言第 2 段第 4 文に「20～30 年前には…わが国は繁栄を極め…」とある。さかのぼって委員長の発言第 2 文で，この場が「2012 年 3 月の会議」であると述べられている。ウが正解。

(3)「ある地域の海中深くにある広野では，海床のどのくらいが多金属団塊に覆われているか」

ア「70パーセント以上」
イ「17パーセント以上」
ウ「70パーセントも」
エ「17パーセントも」

▶ラゴ博士の発言第4段最終文に「場合によっては海床の70パーセントを金属塊が覆っていることもある」とある。ウが正解。

(4)「有価金属に加えて，ラゴ博士は他にどのような海洋資源を開発するように国に促しているか」

ア「熱」
イ「バクテリア」
ウ「石油と天然ガス」
エ「潮力」

▶ラゴ博士の発言第5段第4文に「貴金属に加えて，こうした噴出孔は熱も発しており…エネルギーとして使える」とある。アが正解。

(5)「ラゴ博士は，なぜ彼女の国が深海採鉱で成功するのによい立場にあると考えているのか」

ア「海に近いから」
イ「進んだロボット技術があるから」
ウ「優れた造船産業があるから」
エ「強力な陸上の鉱業があるから」

▶ラゴ博士の発言第6段第1文に「わが国の進んだ造船産業のおかげで…鉱物資源，エネルギー資源を手に入れるのに，私たちは類のない立場にある」と述べられている。ウが正解。

**ANSWER**

(1)―ウ　(2)―ウ　(3)―ウ　(4)―ア　(5)―ウ

スクリプト

発音

Committee Chair : Good afternoon, members of parliament and ladies and gentlemen. I would like to begin the March 2012 meeting of the Economic Development Committee. Today, Dr. Chantelle Lago will make a presentation on behalf of the Natural Resources Industry Council. Dr. Lago, would you please begin ?

Lago : Thank you, Mr. Chairperson. It's a great honor to speak before the committee today.

As you know, our country's economy has been declining over the past ten years. Unemployment has been rising, while exports, business profits, and tax revenues have been falling. This trend is partly due to global circumstances beyond our control, but it is also the result of our aging industries and out-of-date business models. Twenty or thirty years ago, an economic policy based on agriculture and shipbuilding raised our country to its highest level of prosperity and made it one of the richest in the region. But today we face severe competition from countries with cheaper labor. We are not likely to regain our advantage in those areas, so we must find a new engine of economic growth.

Today, I want to call your attention to a source of development that could revive our economy. I'm referring to the vast natural resources that lie beneath the surface of the ocean. Over seventy percent of our planet is covered with water. But, ironically, we know less about those deep sea environments than we do about the surface of the moon. What we do know, however, suggests that great wealth is waiting for those who have the vision and ability to harvest it. Let me give just two

モドゥーズ

ハイエスタレヴォロヴ

## 全訳

委員長：こんにちは，議員のみなさん，その他お越しくださっているみなさん。経済発展委員会の(2)2012 年 3 月の会議を始めたいと思います。本日は，天然資源産業評議会を代表して，シャンテイユ=ラゴ博士が説明をしてくださいます。ラゴ博士，始めていただけますか。

ラゴ：ありがとうございます，委員長。委員会のみなさんの前でお話しできるのはたいへん光栄です。

ご存知のように，(1)わが国の経済は過去 10 年衰退しています。失業率が高まり，一方で，輸出，企業収益，税収が落ち込んでいます。この傾向は，一部には，私たちにはどうしようもない地球規模の状況が原因ですが，わが国の古めかしい産業や時代遅れのビジネスモデルの結果でもあります。(2)20 年，30 年前には，農業と造船を土台とした経済政策のおかげで，わが国は繁栄を極め，地域で最も豊かな国のひとつになりました。しかし，今日，労働力のもっと安い国々との厳しい競争に直面しています。先ほど述べたような分野では優位を取り戻すことが見込めません。ですから，経済を成長させる新しい原動力を見つけなくてはならないのです。

本日は，わが国の経済を再生する可能性のある発展の源泉に，みなさんの注意を向けていただこうと思います。私が申し上げているのは，海面下にある膨大な天然資源のことです。地球の 70 パーセント以上は水で覆われています。ですが，皮肉なことに，そうした深海の環境についてわかっていることは，月面についてわかっていることよりも少ないのです。しかし，現在わかっていることからだけでも，それを得ようという展望と能力のある人たちをたいへんな富が待っていると思われます。2 つだけ例を挙げさせてください。

## ポイント

(1) our country's economy has been declining で注意喚起。partly due to で集中。but it is also でさらに集中度を上げる。but のあとのほうが重要な事柄だからである。our aging industries and out-of-date business models と 2 つ原因が挙がっているが，選択肢と照合すれば容易に選べる。

(2) its highest level of prosperity がキーワードだが，解答の根拠となる Twenty or thirty years ago のほうが前に述べられており，さらにこれが年代ではいつのことになるのかは，最初の委員長の発言にある the March 2012 meeting から計算しなくてはならない。リスニングが始まる前に設問文で年代が聞き取りポイントであることをつかんで，それにあたる数値をともかくメモしておく必要がある。2 回目には確実にとらえたい。

| スクリプト | 発音 |
|---|---|

examples.

First, the bottom of the sea has huge fields of what are called polymetallic nodules. Polymetallic nodules are rocks, each about the size of a potato, that contain rich concentrations of nickel, aluminum, zinc, gold, silver, and platinum. These fields are usually located at depths of four to six kilometers, where nodules sometimes cover as much as seventy percent of the ocean floor.

(3)

ロゥケィティダ・デプサヴ

Even more exciting are the areas around what are called hydrothermal vents. These are openings in the ocean floor through which hot water, rich in valuable metals, is shot into the ocean. As the water cools, it covers the seabed with high quality metals, including copper, lead, silver, zinc, and gold. In addition to precious metals, these vents also generate heat that could be captured and used as energy to reduce our consumption of oil, gas, and nuclear power. Undersea exploration is just beginning, but hundreds of these vents have already been discovered.

With our advanced shipbuilding industry, we are in a unique position to capture the mineral and energy resources waiting for us at the bottom of the sea. On behalf of the Natural Resources Industry Council, I urge the government to spend money now so that we can develop the ships, robots, and other technology needed to harvest those resources. If we lead the way in this industry, the riches of the ocean will make our country rich again.

Thank you for your attention.

## 全訳

まず，海底には(3)多金属団塊と呼ばれるものの莫大な広野があります。多金属団塊とは，ひとつひとつがジャガイモくらいの大きさの岩で，ニッケル，アルミニウム，亜鉛，金，銀，プラチナがたっぷり圧縮された状態で含まれています。こうした広野は通常，深度4キロメートルから6キロメートルのところにあり，場合によっては海床の70パーセントを金属塊が覆っていることもあります。

さらに心が躍るのは，熱水噴出孔と呼ばれている場所の周辺です。熱水噴出孔とは，海床にある開口部で，そこから有価金属を豊富に含んだ熱水が海に吹き出ているのです。熱水が冷えると，銅，鉛，銀，亜鉛，そして金も含めた質の高い金属で海床が覆われます。(4)貴金属に加えて，こうした噴出孔は熱も発していますので，石油，天然ガス，原子力の消費を減らすために，その熱をとらえて，エネルギーとして使えます。海底探査は始まったばかりですが，こうした噴出孔はすでに数百も見つかっています。

(5)わが国の進んだ造船産業のおかげで，海底で私たちを待っている鉱物資源，エネルギー資源を手に入れるのに，私たちは類のない立場にあります。こうした資源を手に入れるのに必要な船舶，ロボット，その他の技術を開発できるようにするため，今こそお金を使うようにと，私は天然資源産業評議会を代表して政府を説得しています。もしこうした産業で私たちがリードすれば，海の天然資源はわが国を再び豊かにしてくれることでしょう。

ご静聴ありがとうございました。

## ポイント

(3) polymetallic nodules で注意喚起。cover で即集中。as much as seventy percent はゆっくり発音されており，選択肢にも同じ語が使われているので選びやすい。seventeen なら teen のほうにアクセントがあるか，少なくとも「ティ」ではなく「ティー（ン）」と長くなるので，その点に注意を払っておけば十分区別できる。

(4) In addition to precious metals で即集中。heat は話し手にとっても重要なポイントなので，ゆっくりはっきりと発音されており，聞き取りやすい。

(5) キーワードとなる in a unique position より，解答の根拠となる個所 With our advanced shipbuilding industry のほうが先に出てくるが，連続した個所であり，選択肢にも shipbuilding industry が使われているので，それほど困難ではない。2回目で十分確認できる。

# 11 (C) 海底資源開発に関する討論

**[設問文から読み取ろう！]**

①前問(B)に続く議論とある。海底資源開発についての議論になることがわかる。

②設問文から，(1)「パッシー委員がさらに知りたがっている事柄」，(2)「シェーン委員が知りたがっている事柄」，(3)「国際海底機構に関する最大の懸念」，(4)「熱水噴出孔周辺の破壊の長期的影響に関するアックライト委員の警告」，(5)「アックライト委員に対するラゴ博士の返答」が，聞き取りの要点だとわかる。

(1)「パッシー委員は…についてもっと知りたいと思っている」

ア「だれがその資源を所有しているか」
イ「どこでその資源を探すべきか」
ウ「どのようにしてその資源を手に入れるべきか」
エ「その資源の潜在的な価値はどういうものか」

▶パッシー委員の発言第5文に「鉱物資源，エネルギー資源が最も容易に手に入れられる場所が…どこなのかに関して，もっと情報が必要だ」とある。**イが正解。**

(2)「シェーン委員は…を知りたがっている」

ア「資源がどこにあるのか容易に特定できるかどうか」
イ「資源を採取する技術があるかどうか」
ウ「深海採鉱が環境を破壊するかどうか」
エ「彼の国が資源を採掘する権利があるかどうか」

▶シェーン委員の最初の発言第3文に「仮に…技術を開発したとしても，それ（＝海底資源）を私たちのものであるとする権利があるのか」とある。**エが正解。**

(3)「国際海底機構に関して持ち上がっている最も重要な懸念は何か」

ア「それは国連に従属している」
イ「その決定がすべての人に受け入れられるわけではないかもしれない」
ウ「それは少数の大国の影響を受けるかもしれない」
エ「それは深海採鉱を規定するガイドラインをまだ作っていない」

▶シェーン委員の2番目の発言に「その組織の管轄権をだれもが認めているのか，つまり，すべての国連参加国がその権威を認めているのか」とある。イが正解。

(4)「熱水噴出孔周辺の領域を破壊することによる長期的な影響について，アックライト委員はどのようなことを警告しているか」

ア「長期的な影響はわからない」
イ「海の食物連鎖が乱されるだろう」
ウ「海床が今より肥沃ではなくなるだろう」
エ「海の環境が今より汚染されるだろう」

▶アックライト委員の発言第5文に「影響がどんなものになるかわからない」とある。アが正解。

(5)「アックライト委員に対するラゴ博士の返答に基づくと，ラゴ博士はⒶのほうがⒷより重要であると考えていると結論づけられる」

ア「Ⓐ職を与えること」「Ⓑ環境を守ること」
イ「Ⓐ技術を開発すること」「Ⓑ生物系を研究すること」
ウ「Ⓐこの地上で起きていること」「Ⓑ深海資源を開発すること」
エ「Ⓐ彼女の国の経済を発展させること」「Ⓑ国際法を尊重すること」

▶ラゴ博士の最後の発言第2～最終文前半に「さらに重要なことは，まさにこの地上で起きていることである。国民は職を必要としている」，最終文後半に「深海資源の開発に実際に取り組めば，彼らは職を得ることができる」とある。アが正解。

**ANSWER**

(1)─イ (2)─エ (3)─イ (4)─ア (5)─ア

| スクリプト | 発音 |
|---|---|
| Chair❶ : Now I'd like to open the discussion among the members of the committee. Representative Passy, would you like to begin ? | |
| Passy❶ : Thank you, Mr. Chairperson. First of all, I'd like to thank Dr. Lago for her interesting presentation. I personally agree that we should study the potential of undersea resources. (1) However, I think it's much too early to consider making a large investment now. We need more information about where the mineral and energy resources are most easily obtained, especially in the waters near our coasts. We should spend at least five more years developing detailed maps of the sea floor. Only then should we start thinking about developing actual equipment for recovering those resources. | making a large investment: メイキンガラージンヴェストゥメントゥ |
| Chair❷ : Thank you, Mr. Passy. Next, Representative Schoene. | |
| Schoene❶ : (2) I would like to ask Dr. Lago a question. Who owns the rights to valuable resources found beneath international waters ? Even if we were to develop the technology to collect those resources, would we have the right to keep them ? | |
| Lago❶ : (3) In 1994, the United Nations created an organization called the International Seabed Authority. That organization is now developing guidelines to regulate deep-sea mining in international waters. | mining in international: マイニングニンターナショノー |
| Schoene❷ : Has everyone accepted the jurisdiction of | |

## 全 訳

委員長❶：では，委員会メンバーで議論を始めたいと思います。パッシー委員，あなたから始めていただけますか。

パッシー❶：ありがとうございます，委員長。最初に，興味深いプレゼンテーションをしてくださったラゴ博士に感謝申し上げたいと思います。私は，個人的には，海底資源の可能性を調査すべきだということには賛成です。(1)**ですが，今大きな投資を行うことを考えるのは時期尚早だと思います。鉱物資源，エネルギー資源が最も容易に手に入れられる場所が，とりわけわが国の沿岸部に近い水域ではどこなのかということに関して，もっと情報が必要です**。詳細な海底地図を作るのに，少なくともあと5年費やすべきだと思います。それができてはじめて，そうした資源を採取する実際の機器の開発を考え始めるべきです。

委員長❷：ありがとうございます，パッシーさん。次は，シェーン委員。

シェーン❶：ラゴ博士にひとつ(2)**お尋ねしたいと思います。国際水域で見つかる貴重な資源に対する権利はだれが持っているのでしょうか**。仮に私たちがそうした資源を採取する技術を開発したとしても，**それを私たちのものであるとする権利がありますか**。

ラゴ❶：1994 年に，国連は(3)**国際海底機構**という組織を設立しました。この組織が，現在，国際水域での深海採鉱を規定するガイドラインを作成中です。

シェーン❷：**その組織の管轄権をだれもが認めているのですか。つまり，すべての国連参**

## ポイント

(1) However, I think it's much too early to … で注意喚起。We need more information で集中。where が非常に弱く発音されているため1回目では聞き逃す可能性がある。同文の最後に especially と断って in the waters near our coasts と「場所」を挙げていることも合わせて考え，2回目に確認したい。

(2) I would like to ask で即集中。Who owns the rights は比較的ゆっくり発音されているので聞き取りやすい。そのあとにも would we have the right とあるので，すぐに確認できる。

(3) the International Seabed Authority で注意喚起。解答の根拠となる個所までは少し遠いが，シェーンが質問しているところで一度集中。jurisdiction がわからなくても，I mean と説明しなおしているところをよく聞き取りたい。それに対する

| スクリプト | 発 音 |
|---|---|
| the organization? I mean, do all the nations in the UN recognize its authority? | |
| Lago❷ : Well, I mean, I don't have the latest numbers, but most countries do. Everyone in our region does. But yes, it's true that some countries still don't recognize it. | エヴリィワニナー |
| Schoene❸ : Hmm. It seems to me that, without a strong agreement accepted by everyone, there's a danger of serious conflict. We could be asking for trouble. | |
| Chair❸ : Thank you, Mr. Schoene. Finally, Representative Acklyte. | |
| Acklyte❶ : It concerns me that not one speaker has mentioned the environmental impact of deep sea mining. Those hydrothermal vents produce rare and amazing biological systems. There are hundreds of species of bacteria and other living things that were completely unknown just a few years ago. If we dig up the floor around those vents, we'll destroy those systems before we have a chance to study them, before we even know what we're destroying. We have no idea what the impact might be. And those nodule fields, too—it took millions of years for them to form. Once they're cleared away, they'll be gone forever. (4) | ノウワッ・ウィア |
| Lago❸ : Mr. Chairperson, if I may. | |
| Chair❹ : Go ahead, Dr. Lago. | |
| Lago❹ : Representative Acklyte is correct that | |

## 全 訳

加国がその権威を認めているのでしょうか。

ラゴ❷ ：えー，その，最新の数は把握していないのですが，ほとんどの国が認めていると思います。私たちの地域の国はすべて認めています。ですが，確かに，まだ認めていない国もありますね。

シェーン❸ ：うーん。すべての国が受け入れるしっかりとした合意がないと，深刻な対立の危険性があると思われます。わざわざ災難を招くようなことになりかねません。

委員長❸ ：ありがとうございます，シェーンさん。では最後にアックライト委員。

アックライト❶ ：深海採鉱が環境に与える影響のことを口にする人がひとりもいないことが気にかかります。お話しになった熱水噴出孔は，類まれなすばらしい生物系を作り出しています。ほんの数年前までまったく知られていなかったバクテリアや他の生物が何百種といます。そうした噴出孔周辺の海床を掘り返せば，その生物系を研究する機会もないうちに，(4)私たちが何を破壊しているのかさえわからないうちに，それらを破壊してしまうことになります。影響がどんなものになるかわからないわけです。そして，多金属団塊野もそうです。それが形成されるのには何百万年もかかっています。いったん取り去ってしまえば，もう永久になくなってしまいます。

ラゴ❸ ：委員長，発言してよろしいでしょうか。

委員長❹ ：どうぞ，ラゴ博士。

ラゴ❹ ：深海採鉱が環境に何らかの影響を与え

## ポイント

ラゴの返答 it's true that some countries still don't recognize it, 続くシェーンの発言 without a strong agreement accepted by everyone の個所もヒントになる。

(4) we'll destroy で注意喚起。We have no idea で集中。what the impact might be は比較的聞き取りやすいが，選択肢では effect と単語が異なるので注意。have no idea＝unknown という関係もヒントになる。

| スクリプト | | 発音 |
|---|---|---|
| | deep-sea mining will have some effect on the environment, but I'm confident that we can minimize that impact by using sound techniques and good technology. (5) What's even more important, though, is what's happening right here on land. Our people need jobs, and they can have them if we really commit ourselves to developing these deep sea resources. | コミッターセウヴズ |
| Chair❺ | : Thank you, Dr. Lago. I'm afraid we're now out of time. We'll continue our discussion at our next meeting in April. | |

## 全 訳

るというのはアックライト委員のおっしゃるとおりですが，きちんとした技法と優れた技術を使うことによって，その影響を最小限にできると私は確信しています。ですが，(5)**さらに重要なことは**，まさにこの地上で起きていることです。**国民は職を必要としています**。そして，もしこのような深海資源の開発に実際に取り組めば，彼らは職を得ることができるのです。

委員長❺：ありがとうございます，ラゴ博士。残念ですが，時間がなくなってしまいました。議論は4月に開かれる次の会合で続けます。

## ポイント

(5) What's even more important で注意喚起。直後の what's happening right here on land はそのおおまかな提示と考えて，ここで集中度を上げたい。Our people need jobs は聞き取りやすい。アックライトが環境問題を挙げたことは了解できているはず。各選択肢のⒶ・Ⓑ両方をよく見て選ぶ。

2012年度　3-(A)

# 12 (A) 宇宙エレベータ構想

**[設問文から読み取ろう！]**

①与えられている図を見ると，なんらかの大規模な仕組みに関する放送と考えられる。
②(1)はディクテーション，(2)は数値の聞き取りであることがわかる。図中の該当箇所の語句に注意を払う必要がある。
③(3)は各設問文から，(3a)「メアリーだけが挙げた新輸送システムの否定的側面」，(3b)「新輸送システムでの移動に関するアンドリューの感想」，(3c)「番組で次に議論される話題」が聞き取りの要点だとわかる。

**(1) (1a)「釣合いをとるための…」 (1b)「機械仕掛けの…」 (1c)「沖合いの…」**

▶それぞれ，メアリーの発言に次のようにある。
(1a) 4番目の発言第2文に an opposing **weight**「釣合いをとるための重り」。
(1b) 6番目の発言第2文に a mechanical **lifter**「機械仕掛けの昇降機」。
(1c) 4番目の発言第1文に an offshore sea **platform**「沖合いの足場」。

**(2)「…キロメートル」**

▶メアリーの4番目の発言第2文に「これ（＝ケーブル）を宇宙にある釣合いをとるための重りまでおよそ one hundred thousand kilometers 延ばします」とある。設問に「数字を入れよ」とあるので，**100,000** と答える。

**(3) (3a)「新しい輸送システムの難点となる可能性のある要素について，メアリーが取り上げ，他の話者は触れていないものはどれか」**

ア「移動速度の遅さ」
イ「放射線被曝」
ウ「人工衛星との衝突」
エ「リボンの強度と柔軟性の不足」

▶メアリーの8番目の発言第2文に「宇宙への移送時間は，従来の宇宙船よりも昇降機の方が遅い」とある。この点には他の2人は触れていない。イはアンドリューの9番目の発言，エはデイビッドの2番目の発言で触れられている。ウはだれも言及していない。**アが正解。**

(3) (3b)「新しい輸送システムで移動することについて，アンドリューはどのように感じているか」

ア「切符が高すぎると思っている」
イ「移動に伴う危険に関する見解が気に入らない」
ウ「NASA が計画したことなので試してみたいと思っている」
エ「どちらかというと，だれか他の人といっしょにそれに乗って行きたいと思っている」

▶アンドリューの 10 番目の発言第 2 文に「自分で静止軌道への切符を買う前に，だれか他の人にやってもらうことにします」とあるが，これは直前のメアリーの発言で「(昇降機の) 乗客の被曝量は (従来の宇宙船よりも) 増す」と述べられていることに対する反応。危険性が高いことを懸念していると考えられる。**イが正解**。

(3) (3c)「番組で次に議論されることになっているのはどんな話題か」

ア「都市計画プロジェクト」
イ「冒険の心理学」
ウ「地球科学の新しい発展」
エ「ディズニーランドで採用されているハイテク」

▶アンドリューの最後の発言最終部分が「デイビッド，もっと地球に近いところの話に移りましょうか。あなたは…新しく建設中の…都市に利用されている科学について，取材されているとのことですが…」で終わっている。**アが正解**。

## ANSWER

(1) (1a) weight (1b) lifter (1c) platform (2) 100,000
(3) (3a)—ア (3b)—イ (3c)—ア

| スクリプト | 発音 |
|---|---|
| Andrew❶ : Hello, and welcome to our weekly science programme. I'm Andrew Price, and with me to discuss some of the week's science stories are Mary Atherton—hello, Mary [Mary : Hello.]—and David Slater. Hello, David. | |
| David❶ : Hello, Andrew. | |
| Andrew❷ : Mary, you've got a crazy story which I'm not sure is science. | |
| Mary❶ : Ah, but it *is* science. It was presented at a recent conference hosted by NASA in the United States, so it must be true. | プリィゼンティダッタ |
| Andrew❸ : So it must be. It's a NASA conference, so it must be true? | |
| Mary❷ : Yeah, it's brilliant. It's great. [Andrew : Go on.] A group of scientists have come up with a way of making travel into Geostationary Earth Orbit much more economical, using what they call a 'Space Elevator'. The current price tag for space missions is around twenty-two thousand dollars per kilogram, but with this new transportation system the cost could come down to as little as two hundred and twenty dollars per kilogram. That's around a hundredth of the cost it is now. | アズリトラズ |
| Andrew❹ : Wow, that sounds almost too good to believe. It might be worth explaining to listeners exactly what Geostationary Earth Orbit *is*, Mary. | |

## 全 訳

アンドリュー❶：こんにちは，週報科学番組にようこそ。アンドリュー=プライスです。そして，今週の科学ニュースをいっしょに議論してくれるのは，メアリー=アサトンさん。こんにちは，メアリー。（メアリー：こんにちは。）それに，デイビッド=スレーターさんです。こんにちは，デイビッド。

デイビッド❶：こんにちは，アンドリュー。

アンドリュー❷：メアリー，途方もないニュースですね。僕には科学かどうかよくわからないんですが。

メアリー❶：ええまあ，でも確かに科学ですよ。その話は合衆国のNASAが主催した最近の会議で発表されたものですから，まちがいなく本当です。

アンドリュー❸：そういうことならまちがいないでしょうね。NASAの会議なんだから，まちがいなく本当だと？

メアリー❷：そうです，すばらしいですよ。たいへんなものなんです。（アンドリュー：続けてください。）ある科学者のグループが，「宇宙エレベータ」と彼らが呼ぶものを使って，地球静止軌道上への旅を，これまでよりもずっと経済的にする方法を考えついたんです。宇宙への派遣にかかる費用は，現在1キログラムあたりおよそ2万2千ドルですが，この新しい輸送システムで，その経費は1キログラムあたり220ドルまで減らせる可能性があるんです。今の費用のだいたい100分の1です。

アンドリュー❹：へえー，話がうますぎてにわかには信じられませんね。地球静止軌道というのがいったい何なのか，リスナーのみなさんに説明してもらえませんか，メアリー。

## ポイント

| スクリプト | 発音 |
|---|---|
| Mary❸ : Right. Well, this is where an object in space, such as a communications satellite, orbits the Earth directly above the equator. It rotates in the same direction as the Earth at a speed that allows it to appear motionless from a fixed point on the ground—a kind of a parallel movement, if you like. | ザタラウズイットゥ |
| Andrew❺ : Okay, so how would this transportation system work exactly? | |
| Mary❹ : Well, the Space Elevator would be made from a carbon nanotube ribbon—a kind of advanced carbon fibre attached to an offshore sea platform at the equator. [Andrew : Right.] This 'high tech cable', if you like, would then stretch to an opposing weight around one hundred thousand kilometers into space. The pulling force of this counterweight would ensure that the ribbon remains stretched—a bit like a guitar string. | |
| Andrew❻ : It sounds rather like the physics behind kite flying, is that right? | |
| Mary❺ : Something like that, yes. | |
| Andrew❼ : So how would we actually get passengers or cargo into space? | |
| Mary❻ : Right. Well, a piece of equipment known as a mechanical lifter would be attached to the ribbon and this would climb up the cable into Geostationary Orbit. | ノウンナザメカニコー |
|  Andrew❽ : David, you're listening to the story with a look of disbelief. It's a story from a NASA conference. Why would it be wrong? | |

## 全　訳

メアリー❸：そうですね。えーっと，これは，たとえば通信衛星のような宇宙空間にある物体が，ちょうど赤道上空で地球の周りを回るところのことです。地上の定点から見ると静止して見えるくらいのスピードで，地球と同じ方向に回っているんです。一種の平行運動と言ってもいいですね。

アンドリュー❺：わかりました。では，この輸送システムは実際どんなふうに機能するんですか？

メアリー❹：それはですね，宇宙エレベータはカーボンナノチューブのリボンで作られることになります。先進カーボンファイバーの一種で，赤道上の(1c)沖合いにある足場につなぐものです。（アンドリュー：なるほど。）「ハイテクケーブル」と呼んでもよいのですが，これを宇宙にある(1a)釣合いをとるための重りまでおよそ(2)10万キロメートル延ばします。この重りの牽引力のおかげで，リボンはぴんと張ったままになります。ちょっとギターの弦に似ていますね。

アンドリュー❻：むしろ，凧揚げの背後に働く物理学のように思えますが，それで合っていますか？

メアリー❺：ええ，そういうものです。

アンドリュー❼：それで，実際に，どのようにして乗客や荷物を宇宙へ運ぶのですか？

メアリー❻：ええ，そうですね，(1b)機械仕掛けの昇降機として知られる装置がリボンに取り付けられて，これがケーブルを伝って静止軌道に上がっていくんです。

アンドリュー❽：デイビッド，(3a)疑わしげな顔でこの話を聞いていますね。これはNASAの会議の話ですよ。まちがっているわけないじゃないですか。

## ポイント

(1c) offshore で即集中。sea が間にあるので多少余裕が生まれる。ただし，platform の冒頭 p と l が連動して「パッフォーム」のように聞こえる。

(1a) 書き取るのは 1 語だが，どこに出てくるか予測がつきにくく，また一瞬で終わるので，即座に反応する必要がある。opposing が比較的ゆっくり発音されているので，即集中して聞き取りたい。

(2)(1)と同様，どこで出てくるか予想がつかないため，数値にすばやく反応する必要がある。比較的ゆっくり発音されており，kilometers が聞こえた段階でさかのぼって思い起こせる可能性もある。2 回目で十分確認したい。

(1b) 設問の順序どおりではないため，聞き逃しやすい。ただし，この語だけはメアリーの 8 番目の発言でもう一度出てくるので，2 回目では注意を払いやすい。mechanical で即集中。

(3a) disbelief で注意喚起。否定的な意見が出てくると予想できる。

| スクリプト | | 発音 |
|---|---|---|
| David❷ | : No, it's not about whether I believe it. It's about whether it's really possible. I mean, the ribbon would have to be extremely strong and flexible to allow a system like this to work. | イッツァバウ |
| Mary❼ | : Well. Yes, you're right, David. The success of the Space Elevator relies on the high strength of carbon nanotubes. They're around a hundred times stronger than steel and as flexible as rubber. So if they're woven into a ribbon, their estimated strength appears to be great enough to make the system possible. | ストレン・サヴ<br>ゼァウォヴンニントゥ |
| Andrew❾ | : I guess exposure to radiation would also be a problem, wouldn't it, Mary? | |
| Mary❽ | : Yes, that's true. Since transit times into space would be slower on the mechanical lifters than they are in a conventional spaceship, the passage through the Van Allen Belts would be longer and this would increase passengers' exposure to radiation. | ヴァナランバウッ |
| Andrew❿ (3b) | : Okay. I think I'll let someone else try that first before I buy my ticket into Geostationary Orbit. | |
| Mary❾ | : Ah, where's your sense of adventure, Andrew? | |
| Andrew⓫ (3c) | : Well, my sense of adventure doesn't extend beyond a trip to Disneyland, I'm afraid. Right. David, moving on to something far closer to Earth, so you've been covering the science behind a new | |

## 全訳

デイビッド❷：いや，私が信じる信じないの問題ではないんです。それが本当に可能かどうかの問題ですよ。つまり，そのようなシステムが機能するには，リボンはきわめて丈夫で，かつ柔軟性のあるものでなければならないですよね。

メアリー❼：ええ，そうです，その通りですよ，デイビッド。宇宙エレベータが成功するかどうかは，カーボンナノチューブの高い強度にかかっています。カーボンナノチューブは，鋼鉄のおよそ100倍丈夫で，ゴムのようにしなやかなんです。ですから，それをリボンに編み上げれば，推定強度はこのシステムが可能になるのに十分なものであるように思えます。

アンドリュー❾：放射線にさらされることも問題になると思うんですが，どうですか，メアリー？

メアリー❽：ええ，そうです。宇宙への移送時間は，従来の宇宙船よりも昇降機の方が遅いですから，バンアレン帯を通過する時間が長くなって，乗客の被曝量が増すことになります。

アンドリュー❿：わかりました。私は自分で静止軌道への切符を買う前に，(3b)だれか他の人にやってもらうことにします。

メアリー❾：あら，あなたの冒険心はどこへ行ったんですか，アンドリュー？

アンドリュー⓫：うーん，私の冒険心はディズニーランドまでしか行けないようです。さて，デイビッド，もっと地球に近いところの(3c)話に移りましょうか。このところあなたは，アブダビの近くで新しく建設中の環境に優しい都市に利用されている

## ポイント

(3a) whether it's really possible. I mean で集中。デイビッドの懸念が表明される。the ribbon would have to be extremely strong and flexible を聞き取る。これで選択肢からエを除外できる。

(3a) exposure to radiation would also be a problem は，キーワードの a problem があとに出てくるが，選択肢をあらかじめ読んでおけばチェックできるだろう。イが除外できる。

(3a) Since で即集中。何らかの理由を述べようとしている。解答の根拠となる transit times into space would be slower の部分は比較的ゆっくり発音されており，選択肢との照らし合わせでチェックできる。

(3b) 声でだれの発言か聞き分ける必要がある。解答の直接の根拠となる I'll let someone else try that first はゆっくりと読まれているが，ここが解答の根拠になるとは即座に判断しにくい。直後の where's your sense of adventure, Andrew? からさかのぼって考えることになるかもしれない。2回目で再度注意喚起。

(3c) 話題が変わることを表す moving on to something で注意喚起。a

スクリプト

発 音

eco-friendly city being built near Abu Dhabi ... .

## 全訳

科学について，取材されているとのことですが…。

## ポイント

new eco-friendly city being built が解答の根拠となる箇所。ただし，選択肢には city という語はなく，urban「都市の」となっているので注意が必要。

2012 年度　3-(B)

# 12 (B) アメリカンフットボールが象徴するもの

**[設問文から読み取ろう！]**

①最初に「文化人類学の講義」と記されている。これだけでは具体的な内容は不明だが，人間の活動に関する講義となることは推測できる。

②(1)は「スポーツ競技の研究に例証される文化人類学の目標」，(2)は「アメリカンフットボールと現代企業の類似点」，(3)は「資本主義の本質的価値観」，(4)は「フットボールの儀式的側面の裏付けとなるもの」，(5)は「フットボールと戦争に関する言及」が，それぞれの聞き取りの要点であることがわかる。

(1)「講義によると，スポーツ競技の最近の研究で例証されている，文化人類学の目標とは何か」

ア「奇妙なものを馴染み深く思わせること」
イ「馴染み深いものを奇妙に思わせること」
ウ「人間の儀式に関する私たちの理解を高めること」
エ「人間の共同体に関する私たちの理解を高めること」

▶第２段第１文に「目標のひとつは奇妙なものを馴染み深く，馴染み深いものを奇妙に思わせることだ」とあり，第２文に「この発言の後半がスポーツ競技に関する近年の研究に当てはまる」とある。**イが正解。**

(2)「一部の学者によれば，アメリカンフットボールはどのような点で現代の企業と似ているか」

ア「それは，資本主義の基本的価値観に基づいている」
イ「それは，アメリカ人の共通の社会的一体感を反映している」
ウ「それは，専門化を通じた協力を強調している」
エ「それは，異なる機能を持つ複数のユニットに分かれている」

▶第５段第３文に「それ（＝アメリカンフットボール）を現代企業のように，異なる機能を持った諸部門に分けて組織されたものと見る人たちもいる」とある。**エが正解。**

(3)「資本主義の本質的価値観として言及されていないのは，次のどれか」

ア「効率」
イ「勤勉」
ウ「協力」
エ「権威への服従」

▶第5段最終文に「協力，勤勉，権威への服従が成功につながるという信念も含め，資本主義の本質的価値観を裏付けている」とある。ここに入っていないアが正解。

(4)「フットボールは自然の基本的な力を祝う儀式であるとする見解を裏付けるのに使われているのは次のどれか」

ア「競技のリズムと生活のサイクルの関連性」
イ「競技の規則と物理法則の関連性」
ウ「試合のスケジュールと1年の季節の関連性」
エ「競技での争いと生存競争の関連性」

▶第6段第2文でフットボールを儀式と見る見解が述べられる。続く同段第3文に「中心となる儀式は生活のサイクルを祝うものである」とあり，第4文には「フットボールのシーズンは収穫期に近い時期に始まり，元日のあとに終わる」とある。ウが正解。

(5)「フットボールと戦争に関して言及されていないのは次のどれか」

ア「フットボールの軍事的な起源」
イ「フットボールの荒々しさが増したこと」
ウ「兵士に期待される規律と勇気」
エ「フットボールの選手たちが着用する防具」

▶最終段第2～4文は，それぞれイ，エ，ウの内容に相当する。アが正解。

## ANSWER

(1)―イ　(2)―エ　(3)―ア　(4)―ウ　(5)―ア

## スクリプト

## 発音

Okay, welcome to class. This week, we're moving on to a new topic : how cultural anthropologists have looked at popular sports.

(1) As you may know, anthropologists have said that one goal of their discipline is to make the strange seem familiar and the familiar seem strange. The second half of this saying certainly holds true for recent studies of popular sporting events. Spectator sports are far more than mere entertainment, some scholars claim. They are public rituals that reflect the inner life of the communities that practice them. In the United States, such analyses have opened a window onto the symbolic meanings of American football, that nation's most popular sport.

American football evolved in the 1880s from rugby. As with rugby, the goal was to carry a ball into the opponent's end of the playing field, but the new sport divided teams into different units for offense and defense. It also offered more ways to advance the ball, and it allowed teams to pause after each play to plan their next move. The result was a physical game of strategy, a kind of blend of rugby and chess.

So what symbolic meanings have scholars uncovered in this uniquely American sport ? Three main interpretations have emerged.

One school sees the sport from an economic point of view, though scholars differ on the details. American football was born during the Industrial Age, and for some it seems to reflect that era by stressing group cooperation through specialization and the division of labor. Others, however,

## 全訳

さて，授業へようこそ。今週は新しい話題に移ります。文化人類学者が大衆スポーツをどのように見ているかについてです。

ご存知かもしれませんが，(1)**人類学者は，自分たちの学問分野の目標のひとつは，奇妙なものを馴染み深いものに，馴染み深いものを奇妙なものに思わせることだと述べてきました。確かに，この発言の後半は，人気のあるスポーツ競技に関する近年の研究に当てはまります**。見て楽しむスポーツは，単なる娯楽をはるかに超えたものだと主張する学者もいます。そうしたスポーツは，それを行う共同体の人々の内面生活を反映した，公共の儀式なのです。合衆国では，そうした分析が，同国の最も人気のあるスポーツであるアメリカンフットボールの象徴的意味を解明するための窓を開きました。

アメリカンフットボールは，1880年代にラグビーから発展して生まれました。ラグビーと同様，目指すのは，競技場の敵陣にボールを運び込むことでしたが，この新しいスポーツでは，ひとつのチームが攻撃と守備の別々のユニットに分けられました。また，ボールを前へ運ぶ方法もラグビーより多く，次の手のプランを立てるために，ひとつひとつのプレーのあとにいったん間を取ることも可能になりました。その結果生まれたのが，戦略の肉体戦，つまり，ラグビーとチェスの融合といったものだったのです。

では，学者たちが明らかにした，このアメリカ独特のスポーツにおける象徴的な意味とは何なのでしょうか。主要な解釈が3つ生まれています。

ある学派は，学者によって細かい点は違いますが，スポーツを経済的な観点から見ています。アメリカンフットボールが生まれたのは産業化の時代であるため，一部の人にはこのスポーツが，専門化と分業を通じた集団の協同を強調しているという点で，その時代を反映しているように思えるわけです。しか

## ポイント

(1) one goal で注意喚起。to make the strange seem familiar … と続くことで，選択肢ア・イに絞れる。そのあとに集中。The second half が比較的ゆっくり発音されていることで，正解を選べるはず。

スクリプト | 発音

see it as being organized like a modern corporation into departments with different functions. Yet despite their differences, these scholars unite in the view that football supports the core values of capitalism, including the belief that cooperation, hard work, and obeying authority lead to success.

スィーイタズビーイン

However, another group of scholars finds something more fundamental beneath the surface of the game. For them, it recalls traditional rituals related to the basic forces of nature. The core ritual, in this view, celebrates the cycle of life. The football season, for example, begins near harvest time and concludes after the New Year. That ancient core, however, is integrated into a largely Christian calendar, with games held each Sunday—the day of worship—and on the religious holidays of Thanksgiving and Christmas. The result is a ritual that blends the sacred and the non-sacred, uniting Americans of all religions and no religion, not under a common god, but under a common social identity.

ナタアンダーラ

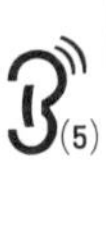

Well, the final interpretation of football is as symbolic war. The game has always involved military language, and the associations with warfare have grown as football has become more complex and violent. Today, like ancient soldiers in suits of armor, the big, powerful players rely on the protection of hard helmets and thick, heavy uniforms to play more aggressively. The game also expresses the military ideals of discipline, courage, honor, and technical excellence. So while other sports also seem to be battles or fights, the military nature of American football is particularly strong.

## 全訳

し，(2)それを現代の企業のように，異なる機能を持った諸部門に分けて組織されたものと見る人たちもいます。ですが，こうした違いにもかかわらず，(3)協力，勤勉，権威への服従が成功につながるという信念も含めて，フットボールが資本主義の本質的価値観を裏付けているという点で，これらの学者の意見は一致しています。

しかし，このスポーツの表面下にあるもっと根本的なものに目を向けている学者たちのグループもあります。彼らにとってフットボールは，(4)自然の持つ基本的な力と関係した伝統的な儀式を思い起こさせるものなのです。この見方では，中心となる儀式は生活のサイクルを祝うものということになります。たとえば，フットボールのシーズンは収穫期に近い時期に始まり，元日のあとに終わります。ですが，古くからあるこの伝統の核は，主としてキリスト教の暦と結びついています。試合は日曜日，つまり礼拝の日ごとに，そして感謝祭やクリスマスといった宗教的祭日に行われます。その結果が，聖と俗を融合し，共通の神ではなく共通の社会的一体感のもとに，あらゆる宗教の，あるいは無宗教のアメリカ人をまとめ上げている儀式なのです。

さて，フットボールの解釈の最後のものは，これを(5)象徴的戦争と見る解釈です。この競技にはこれまでずっと軍事用語がつきもので，フットボールがより複雑で荒々しいものになるにつれ，戦闘との連想が膨らみました。今日では，よろいを着た古代の戦士のように，大きく強靱な体をした選手たちは，さらに攻撃的にプレーするため，固いヘルメットと分厚くて重いユニフォームの保護に頼っています。この競技はまた，規律，勇気，名誉，技術的卓越といった軍隊の理想を表すものでもあります。他のスポーツも戦闘や闘争に見えはしますが，このようにアメリカンフットボールの軍隊的な性質は，とりわけ強いものなのです。

## ポイント

(2) a modern corporation で集中。直後の into departments with different functions を聞き取る。直前の文にある cooperation が紛らわしいが，modern がカギになる。

(3) the core values of capitalism で注意喚起。including the belief で集中する余裕が生まれる。cooperation, hard work, and obeying authority の列挙はゆっくり発音されており，選択肢で使用されている語句も同じなので選びやすい。

(4) rituals related to the basic forces of nature で注意喚起。celebrates で集中。直後に the cycle of life と続くためアを選びたくなるが，for example で述べられている内容をさらに注意深く聞く必要がある。The football season が選択肢ウの the schedule of games にあたることに気をつけたい。

(5) symbolic war で注意喚起。the associations with warfare で1回目の集中。more … violent と，選択肢イにある violence の派生語があることに気づきたい。like ancient soldiers で2回目の集中。類似点が述べられることがわかる。ここも the protection が選択肢エの protective と同語源の語であることに注意を払う。also で3回目の集中。discipline, courage と選択肢ウに使われているのと同じ語が続けて聞こえるのでチェックしやすい。

2012 年度　3-(C)

# 12 (C) さまざまな学説の存在に関する議論

**[設問文から読み取ろう！]**

①前問(B)の講義のあとでなされた，先生と学生二人（Peter と Linda）の会話とある。3人なので，声や話の内容，話す順番などから，だれの発言か勘違いのないように注意する必要がある。

②(1)「アメリカンフットボールの説明に関するピーターの不満」，(2)「日本の犯罪率の低さの理由」，(3)「スポーツの単純性に関する講師の所見」，(4)「アメリカンフットボールの説明に関する講師の示唆」，(5)「サッカーの人気に関する講師の説明」が，聞き取りの要点だとわかる。

(1)「アメリカンフットボールに関する学者たちの説明にピーターが不満なのはなぜか」

ア「彼は，正しい説明と言いうるものはたった1つしかないと考えているから」
イ「彼は，もっと良い他の説明があるに違いないと考えているから」
ウ「彼は，その説明が学者たちの偏見を物語っていると考えているから」
エ「彼は，学者がアメリカンフットボールのようなスポーツを研究するのは不適切だと考えているから」

▶ピーターの4番目の発言第2文に「どうして正しい答えが2つ以上ありうるのか」とある。「正しい答えは1つしかないはずだ」という真意の反語。**アが正解。**

(2)「日本の犯罪率が低いことの説明として言及されていないのは次のどれか」

ア「日本の低い出生率」
イ「日本の尊敬の文化」
ウ「地域に根ざした日本の警備」
エ「日本の比較的平等な経済状況」

▶リンダが2番目の発言第2～最終文で挙げている「若年層の減少という人口問題」，「警察と地域社会との密接な関係」，「子どものしつけの方法」，「貧富の差の小ささ」に含まれていない**イが正解。**

(3)「スポーツの単純性に関する講師の所見と一致するのは次のどれか」

ア「スポーツは単純であればあるほど，人気が出る」

イ「単純であるというだけでは，スポーツの人気を高めるのに十分ではない」
ウ「人気を高めるためにスポーツを単純化しようという試みは，めったに成功しない」
エ「単純なスポーツでも世界的に人気が出るには長い時間がかかることがある」

▶講師の６番目の発言第２文に「単純であることは，あるスポーツが世界的に普及するのに必要なことかもしれないが，確かにそれだけでは不十分だ」とある。**イが正解**。

(4)「アメリカンフットボールに関する学者たちの説明に関して，講師が示唆していることは何か」

ア「こうした説明の中には，サッカーの人気にも当てはまるものがある」
イ「こうした説明の中には，アメリカンフットボールの人気が世界的なものではない理由を示唆しているものもある」
ウ「さまざまな説明が存在するということが，合衆国でアメリカンフットボールが人気がある理由を示唆している」
エ「さまざまな説明が存在するということが，アメリカンフットボールの研究がまだ初期段階にあることを示唆している」

▶講師の最後の発言第６文に「アメリカンフットボールがファンの心に訴えるのは，そのスポーツにこれほど多くの意味があり…からだ」とある。**ウが正解**。

(5)「講師は，サッカーの世界的な人気をどのように説明しているか」

ア「彼は説明していない」
イ「彼はそれを，人々が子どものときにサッカーをするという事実と結びつけている」
ウ「彼は，サッカーには多くの深いレベルで人々の心に触れる，さまざまな象徴的意味があると言っている」
エ「彼は，世界中の人々がサッカーを楽しむのは，ルールが理解しやすいからだと言っている」

▶イ・エはそれぞれピーターの最後の発言，５番目の発言で述べられている。ウは講師の最後の発言第５・６文にあるアメリカンフットボールの説明にあたる。講師は５番目の発言で「サッカーはおそらく世界で最も人気のあるスポーツだが，なぜだろうか」と問題提起はしているが，最後の発言第７文で「説明はまだ見つかっていない」と述べるにとどまり，自ら理由の説明はしていない。**アが正解**。

## ANSWER

(1)―ア　(2)―イ　(3)―イ　(4)―ウ　(5)―ア

| スクリプト | | 発　音 |
|---|---|---|
| Lecturer❶ | : So you see, different scholars have reached different conclusions about the meaning of American football, comparing it to capitalism, religion, and war. What does that tell us about the sport? You first, Peter. | |
| Peter❶ | : I'm more interested in what it tells us about scholars. | ワッイッテゥザサバゥ |
| Lecturer❷ | : What do you mean? | |
| Peter❷ | : I mean, how can different scholars look at the same thing and interpret it so differently? It sounds to me like they don't know what they're talking about. | ラィゼィダンノーワッ |
| Linda❶ | : But isn't that what we do all the time when we want to understand something complex? We try to find an explanation that makes sense, but that doesn't mean our explanation is complete or unique. | |
| Lecturer❸ | : A good point. Can you give an example, Linda? | |
| Linda❷ | : Well, the other day, I was reading a debate on the Internet about why the crime rate in Japan is so low compared to most other countries. Some people said it was because of population factors, such as the declining number of young people. Others said that Japan has less crime because the police have closer ties to the community. Others attribute it to the way Japanese parents raise their children, and still others said the reason | アヴク・ウザタィズ |

(2)

## 全　訳

講師❶：このように，アメリカンフットボールの意味については，学者によって異なる結論に達していて，それは資本主義や宗教，戦争に引き比べられています。このことから，スポーツについて何がわかりますか？　じゃあ，ピーター，あなたからどうぞ。

ピーター❶：僕は，この話で学者についてわかることの方に興味があります。

講師❷：どういうことですか？

ピーター❷：つまり，同じものを見ているのに学者によってそんなに違った解釈ができるのはどういうわけか，ということです。僕からすれば，自分が何のことを言っているのか，彼らはわかっていないように思えます。

リンダ❶：でも，それは何か複雑なことを理解したいと思うときに，私たちがいつもやっていることではありませんか？　私たちは理にかなった説明を見つけようとしますが，だからといって，思いついた説明が完全であるとか，それしかないとかいうことにはなりません。

講師❸：良い点をつきましたね。何か例を挙げてくれますか，リンダ？

リンダ❷：そうですね，この前，他のほとんどの国と比べて(2)日本ではなぜそんなに犯罪率が低いのかという議題に関する討論を，インターネットで読んでいたんです。たとえば，若い人の数が減っているといった，人口上の要因が理由だと言う人もいました。日本で犯罪が少ないのは，警察と地域社会との結びつきが他国よりも緊密だからだと言う人もいました。他には，日本人の親の子どもの育て方にその理由があると言う人もいましたし，さらに，理由は経済

## ポイント

(2) why the crime rate in Japan is so low で注意喚起。取り上げる理由がそれぞれ Some people，Others，Others，and still others で始まるため，集中するポイントがわかりやすい。選択肢と照合しながらチェックできる。

| スクリプト | 発 音 |
|---|---|

was economic, meaning the gap between the rich and the poor is narrower than in other countries.

Peter❸ : What does that show?

Linda❸ : It shows that something as complicated as crime can be explained in different ways.

(1) Peter❹ : But, again, doesn't that just mean that most of those explanations must be wrong? I mean, really, when you think about it, how could there be more than one right answer?

Lecturer❹ : But there could be, Peter. Many or all of those factors might be playing a role. But let's go back to sports for a minute. We already looked at American football, and I mentioned three symbolic interpretations. Are there other sports that could be explained in various ways, too?

Linda❹ : What about soccer?

Lecturer❺ : That's a good example. It's played much more widely than American football. In fact, it's probably the most popular sport in the world. Why is that?

Peter❺ : Well, I think it's just because the rules are so simple. Compared to a sport like American football or baseball, soccer is really easy to understand. That's why people all over the world enjoy it so much.

Linda❺ : But sumo is easy to understand, too, and that's only popular in Japan.

## 全 訳

的なもので，貧富の差が他の国よりも小さいことが要因だと言う人もいたんです。

ピーター❸：それで何がわかるんだい？

リンダ❸：犯罪のようにいろいろな事情が絡んだ事柄に対しては，いろんな説明の仕方が可能だということよ。

ピーター❹：(1)でも，それも同じで，そういう説明のほとんどが間違っているに違いないというだけのことじゃないの？ 要するに，実際，そのことについて考えてみたとして，どうして正しい答えが2つ以上になったりするんだい？

講師❹：いや，ありうるんですよ，ピーター。そういう要因の多く，あるいはすべてが何らかの役割を果たしているかもしれないのです。でも，ちょっとスポーツの方に戻りましょう。アメリカンフットボールのことはもう見ましたし，３つの象徴的な解釈にも触れました。他にもいろいろに説明できる可能性のあるスポーツはありますか？

リンダ❹：サッカーはどうでしょう？

講師❺：良い例ですね。アメリカンフットボールよりも広く行われているものですね。いやそれどころか，サッカーはたぶん世界で最も人気のあるスポーツでしょう。どうしてでしょうか？

ピーター❺：そうですね，僕が思うに，ルールがとても単純だからということに尽きるのではないでしょうか。アメリカンフットボールや野球のようなスポーツに比べると，サッカーは理解するのがとても簡単です。だから世界中の人たちがこんなに楽しんでいるんでしょう。

リンダ❺：でも，相撲もわかりやすいのに，日本でしか普及していないわ。

## ポイント

(1)ピーターの２番目の発言で how can different scholars look at the same thing and interpret it so differently？とあることにまず注意が向く。このピーターの意見に対してリンダは例を挙げて反論している。リンダに対しピーターが再反論する But, again で注意喚起。I mean で集中。解答の直接の根拠となる how could there be more than one right answer？まで間があるので聞き取る準備は十分できるだろう。

| スクリプト | 発音 |
|---|---|

(3)

Lecturer❻ : Yes, true. So being simple might be necessary to make a sport popular worldwide, but it's certainly not sufficient. There are a lot of simple sports, and they can't all be popular. What else might play a role ?

Peter❻ : Well, a lot of people play soccer when they're children. Most of them still like it when they grow up, and so that helps to keep the sport popular.

Lecturer❼ : But, Peter, that's almost like saying that soccer is popular because it's popular. That's not a very interesting explanation.

Linda❻ : So what's your point ? Is it that there's *no* explanation for why soccer is popular ?

Lecturer❽ : No, no, not at all. I'm sure there must be an explanation—or explanations. But the explanations you've come up with just now — about the sport being simple or popular—I don't think they take us very far. So I guess my point is that good explanations of complex things go deeper and require a lot of thought to develop. The various symbolic meanings I gave for American football are like that. In fact, American football probably speaks to its fans precisely because it

(4)

発音: アラタヴソートゥ (a lot of thought to)

## 全 訳

講師❻：その通りです。ということは，(3)単純であることはあるスポーツが世界的に普及するのに必要なことかもしれないけれど，確かにそれだけでは不十分だということですね。単純なスポーツはたくさんありますが，全部人気があるわけではありません。他に重要な要素は何なのでしょう？

ピーター❻：そうですね，子どものときにサッカーをする人はたくさんいます。その大半が，大人になってもまだサッカーが好きで，そのことがサッカー人気の一因になっているんでしょう。

講師❼：でもピーター，それでは，サッカーが人気があるのはサッカーが人気があるからだと言っているようなものですよ。それはあまり興味をかきたてる説明ではないですね。

リンダ❻：では，先生の言いたいことはどういうことですか？ サッカーが人気がある理由は説明できないということなんですか？

講師❽：いやいや，そういうことではありません。きっと何か説明がある，あるいは複数の説明の仕方があるのだと思います。ですが，あなたたちが今挙げた説明，このスポーツが単純である，あるいは人気があるという説明では，あまり深いところまで進めるとは思えません。ですから，私が言いたいのは要するに，複雑な事柄についての良い説明とは，より深い問題の核心に迫り，多くの思考の展開を促すようなものだということなのです。(4)私がアメリカンフットボールについて指摘したさまざまな象徴的意味はそういうものですね。実際，アメリカンフットボールがファ

## ポイント

(3) being simple で注意喚起。might「かもしれない」で「しかし」と続くことを予測したい。but で集中。not sufficient の部分は比較的聞き取りやすいが，選択肢では not enough になっていることに注意。

(4) The various symbolic meanings I gave for American football で注意喚起。because で集中。解答の根拠となる it has so many meanings and touches them at so

スクリプト

発音

(5)

has so many meanings and touches them at so many levels. There are probably similarly deep explanations for the global popularity of soccer, too, but we just haven't found them yet. Maybe in the future *you* can do that.

タッチズゼマット

## 全 訳

ンの心に訴えるのは，まさに，そのスポーツにこれほど多くの意味があり，それがこれほど多くのレベルでファンの心に触れるからなのでしょう。(5)サッカーが世界的に人気があるということについても同様に深い説明ができるのでしょうが，そうした説明がまだ見つかっていないだけのことなのです。もしかすると，将来，あなたたちがそれを見つけることになるのかもしれません。

## ポイント

many levels は，選択肢では同じ語が使われていないので，その意味合いを的確に判断する必要がある。speaks to its fans「ファンに語りかける」も，その主語が American football であることから「ファンの心に訴える」の意であることをつかみたい。

(5) explanations for the global popularity of soccer で注意喚起。続いて but と言っていることから，積極的な答えは持ち合わせていないことの予測はつく。haven't の not の短縮部分は飲み込まれる音になるが，前述の点と yet から否定文であることがわかるはず。

2011 年度　3-(A)

# 13 (A) landscape という言葉の定義

**[設問文から読み取ろう！]**

①設問文を一読してみると，本文は landscape という語に関する講義と考えられる。
②さらに細かく見ると，landscape の意味を論じたものと推測できる。

(1)「辞書によると『風景』という語の意味のひとつは…である」

ア「視覚的に魅力のある土地の一地帯」
イ「土地の一地帯を視覚的に表現したもの」
ウ「人間の活動によって形成された土地の一地帯」
エ「土地の一地帯の個人的解釈」

▶第１段第３文で２つの定義に言及しており，その２番目「土地の一地帯の絵画や写真」にイが該当する。**イが正解。**

(2)「ケネス=クラークにとって，風景とは…である」

ア「ある場所に関するあらゆる絵画や写真」
イ「田園地帯の一部」
ウ「ある場所に関する芸術的に技術の高い絵画」
エ「田園地帯を描かれた像に変換したもの」

▶第２段第２文に「『風景』は何らかの実際の田園地帯を意味していた」とある。**イが正解。**

(3)「講演者によると，風景は撮影者が…ときに創られる」

ア「そこへ行く前にある場所を想像する」
イ「彼または彼女が撮ったその場所の写真を焼きつける」
ウ「ファインダーを通してその場所を見る」
エ「その場所の写真を撮るためにシャッターを切る」

▶第３段第４・５文から「これ（＝目に入るものを選別し，組み立てること）は，カメラのファインダーを通して田園風景を見ているときにすることであり，そうすることでシャッターを切るずっと前にその場所をイメージに変換している」とある。また，同段第2・3文で，講演者はケネス=クラークと異なり，風景とは，それを見るものの内に前もって形成されるイメージであると捉えていると読み取れる。よってウが正解。

(4)「講演者によると，私たちの風景の見方は…によってもっとも強く形作られる」

ア「芸術家の視覚的先入観」
イ「これまでに見た風景のさまざまな像」
ウ「画廊での個人的経験」
エ「風景画に関する自覚的な知識」

▶第4段第2文に「その過程は強く…風景の絵画や写真に関するこれまでの経験に影響されている」とある。イが正解。

(5)「講演者は『風景』という言葉は…のことをいうと述べて締めくくっている」

ア「見る者が楽しむ土地の一地帯」
イ「土地の一地帯の広く知られた像」
ウ「見る者によって頭の中で処理された土地の一地帯」
エ「異なる人々が同じように解釈する土地の一地帯」

▶最終段第1文に「風景とは，見る者がその土地から選び，何が『よい眺め』を作り上げるかということに関する特定の習慣的な考えに従って修正したものと定義できる」とある。ウが正解。

**ANSWER**

(1)―イ (2)―イ (3)―ウ (4)―イ (5)―ウ

## スクリプト

'Landscape' is a complex term, which makes it rather difficult to define and allows different people to interpret it in different ways. (1) According to the dictionary, the word has two basic meanings. On the one hand, it refers to an area of land, usually but not always in the countryside, together with all its natural features; on the other, it can also refer to a picture of an area of land. The first meaning defines a landscape as being something natural, the second as being a work of art.

The famous British art historian, Kenneth Clark, was using the term in the first of these meanings when, more than sixty years ago, he titled his pioneering study of landscape painting *Landscape into Art*. That title assumed a fairly simple relationship between its two key words:

(2) 'landscape' meant some actual countryside, while 'art' was what happened to landscape when it was translated into a painted image by a person with imagination and technical skill. In Clark's title, landscape was just the raw material waiting to be processed by the artist.

The process of creating a picture of landscape can, however, be seen in a more complex way than either the dictionary or Clark suggests. In fact, a landscape, whether cultivated or wild, has already been shaped before it becomes the subject of a work of art. Even when we simply look at land and enjoy the beauty of what we see, we are already making interpretations, and converting land into landscape in our heads. We select and frame what we see, leaving out some visual information in favour of promoting other features.

(3) This is what we do as we look through the camera viewfinder at a countryside scene, and by doing so we are converting that place into an image long

## 発音

difficult to define: ディフィカートゥドゥファイン

art historian: アーティストリアン

## 全 訳

「風景」(landscape) という語は複雑な語であり，それゆえに定義するのがかなり難しく，人が違えばその解釈の仕方も異なる。(1)辞書によれば，この語には2つの基本的な意味がある。一方では，あらゆる自然の特徴を含んだ，常にではないが通常は田園地帯にある，土地の一地帯のことを指す。もう一方で，この語はまた，土地の一地帯の絵画や写真のことも指す。第一の意味は「風景」を何か自然なもの，第二の意味では芸術作品と定義している。

英国の有名な美術史家ケネス=クラークは，60年以上前，風景画の先駆的研究『風景画論』(*Landscape into Art*) のタイトルをつけたとき，これら2つのうちの第一の意味でこの言葉を使っていた。そのタイトルは，2つのカギになる言葉の，かなり単純な関係を想定していた。つまり，(2)「風景」は何らかの実際の田園地帯を意味し，一方「芸術」は，風景が想像力と専門的な技術を持ち合わせた人物によって描かれた像に変換されたときに，それに生じるものだった。クラークのタイトルでは，風景は芸術家によって処理されるのを待っている素材にすぎなかった。

しかし，風景の絵画や写真を創り上げる過程は，辞書やクラークが示唆しているのよりももっと複雑な方法で見ることができる。実際，風景は，人間の手が入ったものであろうと自然のままであろうと，ある芸術作品の題材になる以前に，すでに形作られている。単純に土地を見て目に映るものの美しさを楽しむときでさえも，私たちはすでに解釈を施し，頭の中で土地を風景に変換しているのだ。他の特徴を促進することを選んで何がしかの視覚的情報を無視し，目に入るものを選別したり組み立てたりしているのである。(3)これは，カメラのファインダーを通して田園風景を見ているときに私たちがすることであり，そうすることで私たちは，シャッターを切るずっと前にその場所をイメージに変換しているの

## ポイント

(1) According to the dictionary で集中だが，定義が2つ述べられ，かつ解答の根拠となる2番目の定義は簡潔であるため，選択肢のどれと一致するか即座に判断しにくい。同段最終部分の the second as being a work of art が理解の助けになる。

(2) 'landscape' meant で即集中。いきなりポイントとなる個所が始まるので，2回目には必ずキャッチしたい。注意さえはずさなければ聞き取りやすい個所である。

(3)設問文に photographer とあるので，それと関連する look through the camera viewfinder がキーワードになる。This があるため，解答の

| スクリプト | 発音 |
| --- | --- |
| before we press the shutter button. Thus, although we may well follow an impulse to draw or photograph a particular piece of land and call the resulting picture 'a landscape', it is not the formal making of an artistic record of the scene that has made the land into landscape. The process is in fact twofold: not simply landscape into art, but first land into landscape, and then landscape into art. | |
| (4) The question then of course arises: on what basis do we select and edit what we see, and why do we mentally frame views of land in the ways that we do? One of the answers is that the process is powerfully—and almost always unconsciously—affected by our previous experiences of landscape pictures. Landscape pictures lead to more landscape pictures, and these are not only paintings of the kind we can see in art galleries but also the numerous representations of land we see in photographs, in films, on television, or in advertising. Our long experience of such images in the public world helps to create the visual prejudices that shape how we privately respond both to our natural environment and to pictures of that environment. | ゼノヴコーサライズ<br>イズ |
| (5) A landscape, then, can be defined as what a viewer has selected from the land, modified according to certain conventional ideas about what makes a 'good view'. It is land organised and reduced to the point where the human eye can comprehend its breadth and depth within one frame or with a single glance. This definition will cover both landscape as a viewer's private interpretation of a piece of land, and landscape as a publicly visible picture of a piece of land which has been created by an artist or a photographer. | ブレ・スアンデ・ス<br>パブリ・リヴィズィボー |

## 全　訳

だ。したがって，私たちはたぶんある特定の土地の絵を描きたい，あるいは写真を撮りたいという欲求に従い，その結果である絵画や写真を「風景」と呼ぶのだろうが，それはその土地を風景にした，その景色の芸術的な記録を正式に行っているのとは違う。実のところこの過程は二重になっている。つまり，ただ風景が芸術になるのではなく，まず土地が風景になり，それから風景が芸術になるのだ。

そうなると，当然，次のような問題が持ち上がる。(4)何を基準にして，私たちは目に映るものを選別し編集するのか，そしてなぜそのように土地の眺めを頭の中で組み立ててしまうのか，ということである。答えのひとつは，その過程が強く，そしてほぼいつも無意識のうちに，風景の絵画や写真に関するこれまでの経験に影響されているということだ。風景の絵画や写真は，さらなる風景の絵画や写真につながり，これらは画廊で見られる類の絵画だけでなく，写真，映画，テレビ，あるいは広告で目にする無数の風景描写のことでもある。まわりの世界にあるそうした像に関する長期の経験が，自然環境とその自然環境の絵画や写真の双方に対する私たちの個人的な反応の仕方を形作る，視覚的先入観を作り上げる一因となっているのである。

(5)したがって，風景とは，見る者がその土地から選び，何が「よい眺め」を作り上げるかということに関する特定の習慣的な考えに従って修正したものと定義できる。それは，人間の目がひとつの枠組みの範囲内で，つまりひと目で見て取れる奥行きと幅に構成され，単純化された土地なのだ。この定義なら，ある土地の一部に関する，見る者の個人的解釈としての風景も，芸術家や撮影者によって創り上げられた，ある土地の一部のだれもが目にできる絵画や写真としての風景も含むことができるだろう。

## ポイント

根拠となる個所はキーワードの前にもあると推測できる。しかし，まずは by doing so 以下を注意して聞き，2 回目で This の指す内容を確認すれば，選択肢と照合できる。

(4) on what basis do we select and edit what we see で注意喚起。ここから同段最後までが解答に関係あり。かなり分量はあるが，それだけ考えるためのヒントも多い。Our long experience なども判断を助けてくれる。

(5) can be defined as で注意喚起。what a viewer has … と主体が「見る者」であることを聞き逃したくない。また，その述語動詞，特に modified がわかれば正解は容易。

# 13 (B) 実験的共同体ブルック=ファーム

**[設問文から読み取ろう！]**

①最初に「19 世紀中頃にアメリカ合衆国で作られた共同体についての講義」とある。問題用紙に印刷されているのは選択肢だけで，設問文がない。事前に選択肢をしっかり確認する必要がある。

②選択肢から，(1)は「共同体の労働に関する事柄」，(2)は「共同体にある施設やサービス」，(3)は「共同体の収入」，(4)は「組合員の生活状況」，(5)は不定詞に使われている動詞の意味から「共同体が目指したこと」が，それぞれの設問の内容と推測できる。

(1)「講師はブルック=ファームについて何に言及しているか」

ア「通常の退職年齢」
イ「求職の手順」
ウ「1 日の労働時間の最大限の長さ」
エ「各労働者によって行われる仕事の量」

▶第 2 段最終文に「1 日の労働時間は最長で 10 時間に制限されてもいた」とある。ウが正解。

(2)「組合員は，組合に何の支払いをしなくてはならなかったか」

ア「家」
イ「教育」
ウ「医療」
エ「公衆浴場の使用」

▶第 3 段第 1 文前半に「組合員は居住地の賃貸料を組合に支払っていた」とある。その他の選択肢はいずれも，第 3 段第 2 文に書かれている無料で利用できるものの中に含まれている。アが正解。

(3)「組合はどのようにして収入を得ていたか」

ア「寄付から」
イ「金融投資から」
ウ「会費を課すことによって」
エ「非組合員にものを売ることによって」

▶第 4 段最終文に「お金を調達するために，組合はミルクや他の製品を近隣の町の人たちに売った」とある。**エが正解。**

(4)「どのような点で，ブルック=ファームの共同体は『協同的』だったか」

ア「組合員たちは，私的財産をまったく持たなかった」
イ「組合員たちは，ともに生活し働いた」
ウ「組合員たちは，交代であらゆる仕事をした」
エ「組合員たちは，一括して食料や他の品物を購入した」

▶第 5 段第 2 文前半に「組合員たちはいっしょに食事をし，自由な時間のほとんどをともに過ごした」とある。第 2 段第 4 文で，組合員が共同体のための仕事をしていたと述べられていることと，第 6 段第 3 文の they want to live and work together もヒントになる。**イが正解。**

(5)「ブルック=ファームを始めた人たちがもっとも望んだことは何か」

ア「新しい農法を開発すること」
イ「新しい政治的運動を始めること」
ウ「都会よりも田舎でよりよい生活をすること」
エ「もっと効率のよい商取引の手本を作ること」

▶第 6 段最終文に「人でごった返す都市よりも田舎の方が，生活はもっと価値があるものになると信じていた」とある。**ウが正解。**

## ANSWER

(1)―ウ　(2)―ア　(3)―エ　(4)―イ　(5)―ウ

## スクリプト

## 発音

Lecturer : At the end of last week's class, I mentioned that today we would begin discussing an experimental community that was established in the United States during the mid 19th century and how that experiment was related to larger trends in 19th- and 20th-century history. Let me first describe that community, and then afterwards I would like to hear your thoughts on it.

In 1841, a group of about twenty people moved to a place called Brook Farm not far from Boston, Massachusetts, and they started living together there. They formed what they called a Voluntary Association, and they wrote a constitution setting out the rules for how the Association would operate. The Association was owned and managed by the members themselves. The members worked for the Association, but the constitution gave each member the right to select and perform whatever kind of work he or she felt most suited for. All of the adult members were paid the same amount for their work—it didn't matter how old they were, whether they were men or women, or even what type of work they did. Their work day was limited to at most ten hours, too.

トゥギャザーザー

(1)

(2)

The members paid rent to the Association for their living areas, and they were also billed for their food, fuel, and clothing. But they received free of charge their education and medical care and the use of the public rooms and baths. Children, sick people, and the elderly, meanwhile, didn't have to pay for anything.

The farmers produced most of their food themselves and made many of the other things they needed, but they did not cut themselves off from the

## 全 訳

講師 ：先週の授業の最後に，今日は 19 世紀の半ばに合衆国で設立された実験的共同体のこと，そしてその実験が 19 世紀，20 世紀の歴史のもっと大きな流れとどのように関係しているかということについての議論を始めると言っておきました。まず，その共同体のことを説明させてください。そのあとで，それに関するあなたたちの考えを聞きたいと思います。

1841 年に，およそ 20 人の人々からなるある集団が，マサチューセッツ州のボストンからそれほど遠くないブルック=ファームという場所に移住してきて，そこで一緒に暮らしはじめました。彼らは任意組合と呼ばれるものを結成し，その組合をどのように運営するかという規則を取り決めた憲法を書きました。この組合は，組合員たち自身によって所有，運営されていたのです。(1)**組合員は**組合のために**働きました**が，憲法では，組合員ひとりひとり自分が最も向いていると感じるどんな仕事でも，選んで行う権利を与えていました。成人組合員は全員，自分がする仕事に対して，同じ額の支払いを受けました。彼らが何歳か，男性なのか女性なのか，あるいはどんな種類の仕事をしたかということでさえ，まったく関係なかったのです。**1日の労働時間は最長で10時間に制限されてもいました**。

(2)**組合員は居住地の賃貸料を組合に支払っていました**し，食料，燃料，衣類の代金も請求されました。しかし，**教育，医療，公共の部屋や浴場の使用は無料で提供されていました**。同時に，子ども，病人，高齢者は何に対してもまったくお金を払う必要はありませんでした。

ファームの人たちは，食料のほとんどを自ら生産していましたし，他の必要なものの多くも作っていましたが，外部の経済との関係を断ち切りはしませんでした。ともかく，組合員にその労働に対する支

## ポイント

※１回目では，まだ設問がわからないので，選択肢から推測した事柄に関係する語句が出てきたら注意喚起。選択肢と照合しながら，述べられたもの・そうでないものといったレベルで○×程度の印をつけておく。そして，本文のあとに放送される問いを必ず１回目で聞き取り，２回目の放送で，正解の判断ができるように集中を持続すること。

(1) The members worked で注意喚起。どこまで関連する話が続くか不明で気を抜けないが，解答の根拠となる個所は聞き取りやすい。

(2) １回目の放送では education が注意喚起の語になるだろう。このあと medical care, the use of the public … baths と選択肢イ～エの語句が並ぶ。they received free of charge の意味が理解できていれば，アが正解であるとあたりをつけられる。２回目の放送では，選択肢にある homes と関連する living areas という語句が含まれている第３段第１文に集中しよう。

| スクリプト | 発　音 |
|---|---|
| (3) outside economy. After all, they needed money to pay their members for their work. To raise that money, the Association sold milk and other products to people in the nearby towns. | |
| (4) Brook Farm was thus an experiment in a certain type of cooperative living. The members took their meals together and spent most of their free time together, but they also continued to own private property and were free to leave the group at any time. People did in fact leave from time to time, though for the first few years there were more who wanted to join, and the membership gradually grew. | プライヴェ・プロパティ |
| (5) You may be wondering what the purpose of this experiment was. The founders of Brook Farm were mostly well-educated city people. Why did they want to live and work together on a farm ? Well, they were unhappy with the direction that society seemed to be moving at the time. They didn't like the fact that people were not treated equally. They hated slavery, which still existed then in the southern United States, and they opposed the oppression of women and the poor. They also didn't like the competitive aspects of business and trade, and they believed that life would be more rewarding in the country than in a crowded city. | ファ・ダ |
| They therefore decided to create their own ideal community, one where everyone would be treated equally, one where no one would be taken advantage of, one where the weak would be protected and the healthy would be able to engage in work they enjoyed. That's the kind of community they tried to create at Brook Farm. | ワンウエ |
| That's only the beginning of the story, but let me | |

## 全 訳

払いをするための(3)お金が必要でしたから。そのお金を調達するために，組合はミルクや他の製品を近隣の町の人たちに売ったのです。

ブルック=ファームはこのように，ある種の(4)協同生活の実験だったわけです。組合員たちはいっしょに食事をし，自由な時間のほとんどをともに過ごしましたが，私的財産も所有し続けましたし，いつでも自由に集団を離れることもできました。人々は実際に，時折離れていきました。もっとも，最初の数年は，参加したいという人の方が多く，組合員は徐々に増えましたが。

(5)この実験の目的は何だったのだろうと思っているかもしれませんね。ブルック=ファームの設立者たちは，大半が教育を十分に受けた都会の人たちでした。なぜ彼らは農場でいっしょに暮らし，働きたいと思ったのでしょう。そうですねえ，彼らは当時の社会が向かっているように思われた方向に不満をもっていたのです。彼らは，人々が平等に扱われないという事実が気に入りませんでした。彼らは，当時まだ合衆国南部で存在していた奴隷制を嫌悪しており，女性や貧しい人たちの抑圧に反対していたのです。商取引の競争的な面も嫌だったのです。そして，人でごった返す都市よりも田舎の方が，生活はもっと価値があるものになると信じていたのです。

そのため，彼らは自分たち自身の理想的共同体を作ろうと決めたのです。だれもが平等に扱われ，だれもつけこまれることなく，弱者が守られ，健康な人は自分が楽しめる仕事に携われる社会です。彼らがブルック=ファームで作ろうとした共同体は，そういうものだったのです。

これはまだ話の始まりにすぎませんが，ここでちょっと話を止めましょう。休憩したら，考えを聞き

## ポイント

(3) they needed money で注意喚起。To raise that money で集中。関係する個所が比較的短く，聞き取りやすい。はずしたくない個所。

(4) The members で注意喚起。2回目では設問がわかっており，cooperative で再度集中できる。

(5) the purpose of this experiment で注意喚起。関連する個所は長いが，選択肢との照合をうまく行えば，とらえやすい。

スクリプト

発 音

stop there. After we take a break, I want to hear what you think.

Question 1 : What does the lecturer mention about Brook Farm ?

Question 2 : What did the members have to pay the Association for ?

Question 3 : How did the Association earn money ?

Question 4 : In what way was the community at Brook Farm "cooperative" ?

Question 5 : What did the people who started Brook Farm most want ?

## 全 訳

たいと思います。

問１：講師はブルック=ファームについて何に言及しているか。

問２：組合員は，組合に何の支払いをしなくてはならなかったか。

問３：組合はどのようにして収入を得ていたか。

問４：どのような点で，ブルック=ファームの共同体は「協同的」だったか。

問５：ブルック=ファームを始めた人たちがもっとも望んだことは何か。

## ポイント

# 13 Ⓒ 実験的共同体に関する討論

2011 年度　3-Ⓒ

**[設問文から読み取ろう！]**

①前問Ⓑに続く，先生と学生二人の討論とある。三人なので，声や話の内容，話す順番などから，だれの発言か勘違いのないように注意する必要がある。

②(1)「今日の社会とブルック=ファームの類似点に関するリサの意見」，(2)「企業の社長に関するリサの考え」，(3)「うまく野菜を育てる農家の稼ぎに関するヘクターの考え」，(4)「人間の生来の競争的な性質とそれに関するリサの考え」，(5)「ブルック=ファームの実験が終わった理由」が，聞き取りの要点だとわかる。

(1)「リサは…という点で，今日の多くの社会がブルック=ファームの実験と似ていると考えている」

ア「高齢者は社会からの援助を受けている」
イ「子どもは全員学校へ行くことが要求されている」
ウ「人々は自分が選ぶ通りの生活をする自由がある」
エ「女性と男性は，同じ労働に対して同じ額を支払われる」

▶リサの最初の発言第１文で「彼らがしていたことの中には，今日の私たちの生活とはそれほど違わないこともあった」と述べたのに続いて，第２文後半に「高齢者は年金を受け取っていて，働かなくてもよい」とある。アが正解。

(2)「リサは，企業の社長は…と言っている」

ア「店員よりも多く稼いでいる」
イ「店員よりも多く生産している」
ウ「店員よりも長時間働いている」
エ「店員よりも高い教育を受けている」

▶リサの２番目の発言第２文に「コンビニの店員と比べて，企業の社長が今日どれほど多く稼いでいるか考えてみればよい」とある。アが正解。

(3)「ヘクターはおそらく，よりよい野菜を育てることができる農家は…を稼ぐべきだということに賛成するだろう」

ア「その人が育てた野菜の値段に基づいた額」
イ「その人が育てる野菜の量に基づいた額」
ウ「その人は特別な知識があるのだから，他の農家よりも多く」
エ「人はみんな平等なので，他の農家と同じ額」

▶ヘクターの 2 番目の発言参照。「人は職業や教育にかかわらず平等で，労働に対して同じ額を支払われるのは理にかなっていないか」とある。エが正解。

(4)「リサは，人間は生来競争的である，…と考えている」

ア「しかし，彼女は人間は変わることができるとも考えている」
イ「しかし，彼女は協同の大切さも認識している」
ウ「そして，競争が新しい考えにつながりうると考えている」
エ「そして，社会が協同を基礎に成り立ちうるとは思っていない」

▶ヘクターの 3 番目の発言最終部分で「(社会から) 競争をなくしたり減らしたりできないか」と言ったのに対し，リサは 6 番目の発言第 1 文で「そうは思わない」と述べており，競争はなくならないと考えていることがわかる。エが正解。

(5)「ブルック=ファームでの実験が終わったのは…からだ」

ア「組合員の間で意見が一致しなくなり始めた」
イ「組合は財政的な損失を被った」
ウ「組合員の数が徐々に減った」
エ「組合員が他の実験的共同体へ移り始めた」

▶講師の 6 番目の発言最終文に「組合は財政的に立ち直ることができず，解散した」とある。イが正解。

**ANSWER**

(1)―ア　(2)―ア　(3)―エ　(4)―エ　(5)―イ

| スクリプト | 発音 |
|---|---|
| Lecturer❶: Okay, now let's begin our discussion. Lisa, what were your first reactions to the story of Brook Farm ? | |
| (1) Lisa❶ : Well, some of the things they were doing don't seem too different from our lives today. In many countries, education is free, at least for children, and old people receive pensions and don't have to work. Women and men are supposed to receive the same pay for the same work, although that doesn't always happen. | |
| Hector❶ : But, Professor, didn't you say everyone received the same pay for *all* work ? | |
| Lecturer❷: Yes, that's right, Hector. As I understand it, at Brook Farm, if you were a doctor or a teacher, you would get paid exactly the same as somebody who cleaned the floors or milked the cows. In fact, even the leaders of the Association were paid just about the same, too. | |
| (2) Lisa❷ : Things certainly aren't like that now. Think how much more company presidents make today compared to clerks in convenience stores, even if they both work just as hard. | |
| (3) Lecturer❸: Well, would you want everyone to be paid the same regardless of what work they did ? | リガーレスウォワーク |
| Lisa❸ : I'm not sure. Let me think about that. | |
| Lecturer❹: What about you, Hector ? | |

## 全　訳

講師❶：さあ，議論を始めましょう。リサ，ブルック=ファームの話に対する最初の印象はどうだった？

リサ❶：そうですねえ，彼らがしていたことの中には，(1)今日の私たちの生活とそれほど違わないこともありました。多くの国で，教育は少なくとも子どもに対しては無料だし，高齢者は年金を受け取っていて，働かなくてもいいですよね。女性も男性も，同じ労働に対しては同じ給料を受け取ることになっています。いつもそうだとは限りませんけど。

ヘクター❶：でも，教授，あらゆる仕事に対してみんな同じ給料だっておっしゃいませんでしたか。

講師❷：そのとおりよ，ヘクター。私の理解しているところでは，ブルック=ファームでは，医師や教師だったとしても，床の掃除をする人や乳搾りをする人とまったく同じ給料をもらうの。実は，組合の指導者たちですらも，ちょうど同じくらいの給料を受け取っていたのよ。

リサ❷：今の世の中の事情がそうなっていないのはまちがいないですよね。(2)どちらも同じように一生懸命働いているにもかかわらず，コンビニの店員と比べて企業の社長が今日どれほどたくさん稼いでいるか考えてみればいいわ。

講師❸：じゃあ，(3)どんな仕事をしたかにかかわらず，全員が同じ給料を支払われたらいいと思う？

リサ❸：よくわかりません。ちょっと考えさせてください。

講師❹：ヘクター，あなたはどう？

## ポイント

(1) don't seem too different from our lives today で注意喚起。選択肢と重なる語句が children，old people，women and men の3つある。選択肢の内容と照合しつつ，正確に聞き取りたい。

(2) キーワードの company presidents が出てきた時点では，解答の根拠となる部分が半分終わっている。2回目で確実に内容を把握したい。

(3) everyone to be paid the same で注意喚起。設問で用いられている earn に関連する語 to be paid が登場するので，話題が設問に関係する事柄になったと認識したい。in favor で集中。多少細部がわかりにくくても，続いてリサがヘクターと対立する意見を述べているので，そ

| スクリプト | 発音 |
|---|---|
| Hector❷ : Well, I can see the argument in favor. I mean, everyone has equal rights and the same value as a human being, no matter what their job or education. So, therefore, doesn't it make sense for everyone to be paid the same amount for their work? | |
| Lisa❹ : But what about people who are better at what they do than others? If, for example, a farmer is stronger and can work faster, and can grow better vegetables, shouldn't he get more pay for his work or special knowledge? | ピーポーラーベラウォ |
| (4) Lecturer❺: Oh, you mean, in other words if he is a better competitor, right? Well, see, competition is just what the people who started Brook Farm wanted to eliminate. They thought that the ideal community would be one based on cooperation. | |
| Lisa❺ : But that isn't possible. Human beings are competitive animals. We've ... that's how we've managed to survive all these thousands of years. | |
| Hector❸ : Yes, but that doesn't mean we can't change though, does it, Lisa. I mean, look at other ways society is different from how it used to be. Can't we eliminate, or reduce, competition as well? | |
| Lisa❻ : I don't think so. I guess I'm just less of an idealist than you, Hector. Anyhow, | レソォヴナィディーリスト |

## 全 訳

ヘクター❷：うーん，その主張は好ましいように思えます。つまり，仕事や教育がどうであれ，だれもが人間として同じ権利と同じ価値を持っています。だから，その，自分の労働に対してすべての人が同じ額を支払われるのは理にかなっているんじゃないでしょうか。

リサ❹：でも，自分のやっていることが，他の人よりも上手な人はどうなるの？ たとえば，もしある農業従事者が他の人よりも力があって仕事もはやくできて，よりよい野菜を育てられるとしたら，その人は自分の労働とか特別な知識に対して，より多くの給料をもらうべきじゃないのかしら。

講師❺：ああ，(4)あなたが言っているのは，別の言葉で言うと，もしその人が他の人より競争力があるとしたら，ということよね？ そうねえ，えーっと，競争はまさしくブルック=ファームを始めた人たちが取り除きたいと思っていたものなの。彼らは，理想的な共同体は協同に基づいたものだろうと考えていたのよ。

リサ❺：でも，それは不可能ですよ。人間は競争的な生き物です。私たちはこれまで…そういうふうにして，この何千年もずっとなんとか生き抜いてきたんですから。

ヘクター❸：そうだけど，だからって，人間が変われないっていうことにはならないんじゃないかな，リサ。つまり，これまでとは違った社会のあり方を見るってことなんだけど。競争もなくしたり，あるいは減らしたりできないかな。

リサ❻：私はそうは思わないわ。私はあなたほど理想主義者じゃないみたいね，ヘク

## ポイント

の内容も加味すれば判断しやすい。

(4) competitor で注意喚起。話題が設問に関係する事柄になったことを認識。リサが 5 番目の発言で that isn’t possible，また 6 番目の発言で I don't think so と述べているが，that や so がどのような内容を指すか，しっかり聞き取りたい。

| スクリプト | 発　音 |
|---|---|

(5)

what happened to Brook Farm ?

Lecturer⑥: Well, it's a long story. For the first few years, things went pretty smoothly. I mean, as I said, some members did leave but other members joined. But then, the focus of the group started to move in other directions, and then, in 1846, one of the main buildings on the farm burned down. The Association was unable to recover financially, and it broke up soon after that.

Hector④ : Oh, that's a shame. It would have been nice if it had succeeded.

Lisa⑦ : Really ? I think it was bound to fail. Society just can't function that way.

Lecturer⑦: Well, in any case, regardless of how we feel about that experiment, many of the ideas that inspired the Brook Farmers would continue to be influential in the later half of the 19th century and in the 20th century, too. So, that's what we're gonna talk about next week.

## 全 訳

ター。それはともかく，(5)ブルック=ファームはどうなったんですか。

講師❻：うん，話せば長い話よ。最初の数年間，物事はいたって支障なく進んだの。つまり，前に言ったように，組合員の中には去っていった人たちもいたけれど，他の組合員が入ってきましたからね。でも，その後，この集団が重視することが別の方向へ向き始めて，1846年に農場の主要な建物のひとつが火事で全焼してしまったの。組合は財政的に立ち直ることができなくて，その後まもなく解散してしまったのよ。

ヘクター❹：ああ，それは残念だなあ。もしうまくいっていたら，すばらしかっただろうに。

リサ❼：そうかしら。私は，きっと失敗したと思うわ。ともかく社会なんて，そんなふうには機能しないのよ。

講師❼：さて，ともかく，私たちがこの実験に関してどう感じようと，ブルック=ファームの人たちを奮起させた考え方の多くが，あとの19世紀後半と20世紀にも影響力を持ち続けることになったのよ。そういうわけで，来週話し合うのはそのことについてです。

## ポイント

(5) what happened to Brook Farm ? で注意喚起。But then で集中。それより前は things went pretty smoothly とうまくいっていた話。「しかしそれから」で，「失敗」「終焉」の話になることがわかる。financially が正解の選択肢に含まれる financial と同語源なので，つかみやすいはず。

2010 年度　3-(A)

# 14 (A) 本の定義と図書館の変遷

**[設問文から読み取ろう！]**

①設問文を一読してみると，本文は「図書館」「本」「インターネット」といった語が見られ，情報伝達に関するものだと考えられる。

②設問文や選択肢に「死」(death) や「生きている」(alive) とあり，①に挙げたもののことを生命のあるものの比喩で捉えていることがわかる。

(1)「一部の人たちが図書館を死と結びつけて考える理由として，述べられていないものは以下のどれか」

ア「図書館にいる人たちは静かに話す」
イ「印刷された書物を作るためには木が切られる」
ウ「図書館には古代の歴史に関する多くの本がある」
エ「図書館の多くの本の著者たちは，ずっと以前に死んでいる」

▶第1段第2～4文の各文が，それぞれエ，ア，イの内容に相当する。ウに当たる内容は，どこにも触れられていない。**ウが正解。**

(2)「話し手によると，『本』とは，本質的に何であるのか」

ア「生きているものすべて」
イ「紙に印刷されたものすべて」
ウ「言葉で表現できる考えのすべて」
エ「いかなるものであれ，記憶できる言葉を集めたもの」

▶第2段第2文に「その本質において，本とは，どのようなものであれ，著者によって選ばれ並べられ，記憶できるような形に作られた言葉を集めて固定したものである」とある。**エが正解。**

(3)「以下のうち，話し手が言及していないのはどれか」

ア「絵に描くことによって物語を語った人たち」
イ「最新の出来事について歌を歌った人たち」
ウ「物語を語るために身振りを使った人たち」
エ「彼らが聞いた物語を繰り返し語った人たち」

▶第2段第5文のダッシュの前までに述べられているのが，順にイ，エ，ウに相当する。アのように絵を描くことはどこにも述べられていない。**アが正解。**

(4)「なぜ話し手はインターネットのことを図書館とみなすのか」

ア「それが誰にでも利用可能だから」
イ「それが膨大な『本』を所蔵しているから」
ウ「それが将来の世代のために『本』を保存しているから」
エ「それが世界中からの情報を持っているから」

▶選択肢イ・ウで“books”と引用符が付いていることに注意。第3段第4文に「そのネットワーク（＝インターネット）は…従来の書物だけでなく，個人的なメッセージから政府の報告書まで，ありとあらゆる形態の，膨大な数の言葉がその中にある」とあるが(2)で見たように，話し手が言う「本」とはいわゆる書物だけではない。**イが正解。**containsという語だけで「引っ掛け」の選択肢を選ばないように注意。

(5)「話し手によれば，なぜインターネットは『生きて』いるのか」

ア「それが絶えず変化しているから」
イ「それが最新の情報を伝えるから」
ウ「それが多くの存命の人たちの言葉を含んでいるから」
エ「そのリンクが人間の脳の神経に似ているから」

▶第3段第5・6文に「この図書館が所蔵するものは絶えず変化している」「今日の巨大な世界的規模の図書館の中身は発展している」という内容があり，最終文で「インターネットと呼ばれるこの図書館は，生きているのである」と述べられていることから，**アが正解。**

## ANSWER

(1)―ウ　(2)―エ　(3)―ア　(4)―イ　(5)―ア

## スクリプト

## 発音

(1) It is unfortunate but true that the library has been associated in some people's minds with death. The library has been seen as a place that preserves the works of writers who died long ago, a place where motionless volumes rest like gravestones on silent shelves. In traditional libraries, when people talk at all they speak in hushed voices, as if in a cemetery or at a funeral. In recent years, people concerned about the environment have even referred to printed books as "dead trees," because of the trees that must be cut down to produce paper for those books. That image would make the library a dead forest.

(2) But although a printed book might seem lifeless and unchanging, books do not have to be dead. After all, in its essence a book is any fixed collection of words, words that have been selected and arranged by the author and put into a form in which they can be remembered. And that form does not need to be on paper. Long before the birth of writing, and for a long time thereafter, words were preserved not as static text but in living, dynamic forms. (3) The minstrels of medieval Europe who traveled from town to town telling stories and reporting news in their songs, the storytellers of many cultures who passed on folktales from generation to generation, even the dancers of India and elsewhere who made words out of gestures and told stories through the movements of their bodies—in a sense, their performances were books as well. The words of those books, though, were stored not on the surface of paper but in the brains of the people who remembered them. Their brains were their libraries, libraries made of flesh and blood, libraries whose books changed and developed over

ウィズデッ

トーカットーゥ

ハヴィーヴンリファーットゥ

ニューズインゼーソングズ

## 全 訳

図書館というものが，一部の人の頭の中では死と結びついているのは，残念なことだが真実である。(1)図書館は，ずっと前に死んでしまった著述家の作品を保存する場所，動くことのない書物が墓石のように，しんとした書架の上でじっとしている場所と見られてきた。従来の図書館では，ちょっとでもしゃべるとなれば，墓地や葬式にでもいるかのように，押し殺した声で話す。最近では，環境を気にかける人たちが，印刷された本のことを「死んだ木」とさえ言っている。そうした本に使う紙を生産するためには，木が切り倒されなければならないからだ。そのようなイメージからすると，図書館は死んだ森ということになるだろう。

しかし，印刷された本は命がなく，変化もしないように見えるかもしれないが，本が死んだものである必要はない。そもそも，(2)その本質において，本とは，どのようなものであれ，言葉を集めて固定したものである。その言葉は，著者によって選ばれ並べられ，記憶できるような形に作られたものである。そして，その形態は紙の上にある必要はない。文字が生まれるずっと以前に，またその後長きにわたって，言葉は静止した文書としてではなく，生きた動的な形で保存されていた。(3)物語を語り，歌の中で情報を伝えて町から町へと旅した中世ヨーロッパの吟遊詩人，多くの文化において民話を世代から世代に伝えた物語師，身振りで言葉を表し，体の動きで物語ったインドやその他の地域の踊り手たちさえもそうだが，彼らの行ったことも，ある意味では本だったのだ。しかし，こういった本の言葉は，紙の表面ではなく，それを記憶した人々の頭の中に蓄えられていた。彼らの脳は彼らの図書館だったのであり，それは肉と血でできた図書館，時の流れとともに変化し発展する本のある図書館だったのだ。

## ポイント

(1) associated … with death で注意喚起，即集中。英語の論説では，要点→理由の流れがよく見られる。その際，This is because など「理由」が続くことを知らせる語句はないことも多い。要点→詳細が「当たり前の」展開だからだ。述べられていないものを選ぶタイプの問題の場合，聞き取らなければならない分量が多くなる。選択肢と照合しながら聞くことが重要。

(2) in its essence で注意喚起。設問文では essentially が使われている。このように，設問文や選択肢での表現と本文の表現は，別の語句になっていることが多い。in its essence でピンときさえすれば選びやすいはず。

(3) telling stories で注意喚起。(1)と同様，選択肢と十分照合する。

| スクリプト | 発音 |
|---|---|

time.

Of course, the old-style library of printed books has never been as lifeless as some people imagine; after all, great printed books continue to be loved because of the way their words seem to come alive on the page. But it is true that now, in the twenty-first century, the library is acquiring a new kind of life. For today's library exists not only in a building made of brick or concrete but also in the huge, global
(4) network called the Internet. That network, which consists of millions of computers located in every corner of the Earth, contains a vast number of words in every form, from personal messages to govern-

(5) ment reports as well as traditional books. This library's collection is constantly changing, as more words are added and as meaningful links are created among them by both people and machines. Just as the tales of ancient storytellers changed over time, so, too, is the content of today's vast worldwide library gradually evolving. Like the human brain that stored those tales, this new library, this library called the Internet, is alive.

ラィブルリーウップリンティド

ミーニンフォリンクス

## 全 訳

もちろん，印刷された本のある昔ながらの図書館も，一部の人が思うほど生気のないものだったわけでは決してない。結局のところ，素晴らしい書物は，読めばその言葉がページ上で生き返るように思えることから，愛され続けているのである。しかし，21世紀の今日，図書館は新しい命を獲得しつつあるというのが真実だ。というのも，今日の図書館は，レンガやコンクリートでできた建物の中だけでなく，(4)インターネットと呼ばれる巨大な地球規模のネットワークの中にも存在するからだ。そのネットワークは，地球のいたるところに設置された何百万ものコンピュータで構成されており，従来の書物だけでなく，個人的なメッセージから政府の報告書まで，ありとあらゆる形態の，膨大な数の言葉がその中にある。(5)この図書館が所蔵するものは，人と機械の両方によって，さらに言葉が加えられ，意味のあるリンクがその間に作られて，絶えず変化している。古代の物語師の話が時とともに変化したのとちょうど同じように，今日の巨大な世界的規模の図書館の中身も次第に発展している。かつての物語を蓄えた人間の脳と同様に，この新しい図書館，インターネットと呼ばれるこの図書館は，生きているのである。

## ポイント

(4) the Internet で注意喚起。同文の冒頭からインターネットを「図書館」と見なす話になっているが，理由はこのあと。

(5) 設問文のキーワードである“alive”は，スクリプトの最後にある。したがって，解答の根拠となる個所はそれよりも前。changing，changed，evolving がカギ。2回目には十分確認できるように。

# 14 (B) 卒業後の進路

**[設問文から読み取ろう！]**

①リスニング問題冒頭の説明に放送文の内容が「二人のアメリカ人（ジムとアリス）の会話，引き続いてその日本人の友人（ショウタ）が同窓会で行ったスピーチ」とある。

②(1)は「ジムとアリスが悲しいと思った理由」，(2)は「ジムが卒業前に考えていたこと」，(3)は「ショウタの職業選択に影響を与えたもの」，(4)は「ショウタが合衆国に戻ってきた時期もしくは理由」，(5)は「アリスの近況」が，それぞれの聞き取りの要点だとわかる。

(1)「ジムとアリスが悲しいと思ったのは…からだ」

ア「卒業後何が起こるか不安だった」
イ「本来ならすべきであったほどには勉強しなかったと思った」
ウ「やろうと思えばできた程度まで十分部活動をしなかったと思った」
エ　いずれも一致しない。

▶ジム，アリスのそれぞれの５番目のセリフに，２人の今後の計画が述べられており，不安であるという発言はないので，アは該当しない。アリスの２番目のセリフ第２文に「一生懸命勉強したし，柔道部では最善を尽くした。心残りはない」とあるので，イ・ウはアリスについては該当しない。したがって**エが正解**。

(2)「卒業前に，ジムは…と考えていた」

ア「その後の人生をずっと旅して過ごしたい」
イ「旅行をしてから，また仕事を探したい」
ウ「その後の人生をずっと山で仕事をして過ごしたい」
エ　いずれも一致しない。

▶ジムの５番目のセリフに「旅行をして…来年もまた就職市場にいる計画だ」とある。**イが正解**。

(3)「ショウタは…と言っている」

ア「部活動が彼の職業選択に影響を与えた」
イ「友だちのジムとアリスが彼の職業選択に影響を与えた」
ウ「合衆国での経験が彼の職業選択に影響を与えた」
エ いずれも一致しない。

▶ショウタの話の第2段第6文に「卒業後は，部活で身につけた対人技術や体力を活かしたいと思った」とある。**アが正解**。

(4)「ショウタは…合衆国に戻ってきている」

ア「世界旅行の途中で」
イ「以前の同級生であるジムとアリスを訪ねるために」
ウ「高校のクラスの同窓会に出席するために」
エ いずれも一致しない。

▶ショウタの話の第2段第6文後半に「外交官になり…今は合衆国に戻ってきて，ニューヨークの国連で仕事をしている」とある。したがって**エが正解**。

(5)「アリスは…」

ア「一時的に日本にいる」
イ「ウォールストリートで，非常勤の仕事を続けている」
ウ「日本に引っ越すために大学での仕事を辞めなければならなかった」
エ いずれも一致しない。

▶ショウタの話の第3段最終文に「彼女は今…日本で2カ月の合宿をしている」とある。**アが正解**。

**ANSWER**

(1)―エ　(2)―イ　(3)―ア　(4)―エ　(5)―ア

## スクリプト

It's 1973, and Jim and Alice, classmates from their high school days, are nearing the end of their four years at college in Boston.

Jim❶ : That does it! The last exam of my college life! How about you, Alice?

Alice❶ : My last one's tomorrow. I can hardly wait to get it over with. But at the same time, I feel a bit sad.

Jim❷ : I know what you mean. I had a wonderful time in college, and I feel a bit lonely knowing that graduation is just around the corner.

Alice❷ : Exactly! I studied hard and did my best in the judo club, so I don't have any regrets. I guess I just don't want my college life to end so suddenly.

Jim❸ : I wasn't the scholar you were, but I gave my all to the mountains on weekends and during vacations — hiking and rock climbing from April until October, and skiing the rest of the time. College life was great.

Alice❸ : Well, Jim, you can still go to the mountains even after starting to work. You got a job at a bank, didn't you?

Jim❹ : Oh, didn't I tell you? I decided not to take the job.

Alice❹ : I didn't know that. Why not?

Jim❺ : I want to travel, see the world, and spend some time thinking about my place in it. I plan to enter the job market again next year.

Alice❺ : I envy you. Actually, I would have liked to continue practicing judo full time. My coach

## 発音

ゴッタジョバッタバン・

## 全 訳

時は1973年，高校時代からの同級生，ジムとアリスは，ボストンの大学の4年間を終えようとしている。

ジム❶ ：やっと終わった！ 大学生活最後の試験だよ！ アリス，君の方はどう？

アリス❶：私の最後の試験は明日よ。終わるのが待ちきれないわ。でも同時に，(1)ちょっと悲しいわね。

ジム❷ ：わかるよ。大学は楽しかったからなあ。卒業がもうすぐだって思うと少しさみしいね。

アリス❷：ほんと！ 勉強はがんばったし，柔道部でもやれるだけのことはやったし，心残りはないわ。ただ大学生活がこんなにぷっつりと終わってしまうのがいやなのね，きっと。

ジム❸ ：僕は君みたいに勉強熱心じゃなかったけれど，週末や休暇中は，山一筋だったから。4月から10月まではハイキングにロッククライミング，あとはスキーさ。大学生活はよかったなあ。

アリス❸：ねえ，ジム，仕事を始めても山には行けるわよ。銀行の仕事が見つかったんだったわね。

ジム❹ ：あれ，話してなかったっけ。あの仕事はやらないことにしたんだ。

アリス❹：知らなかったわ。どうしてやめたの？

ジム❺ ：(1)(2)旅して，世界を見て，その中の自分の居場所を考えるのにしばらく時間を使いたいんだ。来年もまた就職市場にいる計画だよ。

アリス❺：うらやましいわ。本当のことを言うと，私，一日ずっと柔道の練習をし続けたか

## ポイント

(1) I feel a bit sad で注意喚起。ここからジムの3番目のセリフまでを聞き終えないと，解答できない。「いずれも一致しない」可能性もあるので，選択肢をあらかじめチェックしておくことが欠かせない。「勉強（する）」「部活」といった語句で集中。

(2) I want to で注意喚起。enter the job market again をしっかり聞き取って意味が理解できることがポイント。

| スクリプト | 発音 |
|---|---|
|  says I have talent. But I have to work to pay back the money I borrowed to go to college. I guess it will just be part-time judo for me after busy days on Wall Street. By the way, where are you going to go? | |
| Jim❻ : From June until September, I want to hike around the Rocky Mountains. I've never been West before. | フラムジューナンティウ |
| Alice❻ : And then? | |
| Jim❼ : And then, the big adventure — traveling around Asia, starting with Japan. You remember Shota from our high school days, don't you? | |
| Alice❼ : Of course. But I haven't heard from him since high school graduation. | |
| Jim❽ : We've been keeping in touch. He's still in a college in Tokyo, and he invited me to visit. | |
| Alice❽ : Sounds great! Give him my regards. | |
| Jim❾ : I will. | |
| More than 30 years have passed. It's high school class reunion day, and now it's Shota's turn to tell his former high school classmates what he's been doing all these years. | |
| This is the first class reunion I've attended. As I look around, I see less hair and more kilograms than I remember, but the same friendly smiles. | |
| After graduating from high school here in the United States, I went back to Japan for college. I was lucky enough to get into my first choice school. I was so tired of studying that I thought I'd never want to | ファース・チョイ・スクーウォ |

## 全 訳

ったのよ。コーチが，私には才能があるって言うの。でも，大学に行くのに借りたお金を返すのに働かなくちゃいけないし。(1)<u>ウォールストリートでの忙しい毎日のあとで，ちょっとだけ柔道をすることになるわね</u>。ところで，どこに行くつもり？

ジム❻：6月から9月までは，ロッキー山脈を散策したいんだ。前に西部には行ったことがないからね。

アリス❻：それから？

ジム❼：そのあとは，大冒険だよ。日本から始めてアジアをぐるっと旅する。高校のときのショウタを覚えているだろう？

アリス❼：もちろんよ。でも，高校を出てから連絡はもらってないわ。

ジム❽：僕ら，ずっと連絡を取り合っていたんだよ。彼はまだ東京の大学にいて，遊びに来いよって誘ってくれたんだ。

アリス❽：いいわねえ！　彼によろしく言ってね。

ジム❾：言っておくよ。

30年以上が過ぎた。この日は高校の同窓会で，今度はショウタがこれまで何をしていたかを以前の高校の同級生たちに話す番である。

僕が同窓会に出るのはこれが初めてです。見回してみると，僕が記憶しているのよりも，頭が薄くなったり太ったりしているようですが，あたたかい笑顔は変わりませんね。

この合衆国で高校を卒業してから，僕は日本に戻って大学へ行きました。運よく，第一志望の大学に入れました。勉強に疲れてしまって，二度と本なん

## ポイント

## スクリプト

## 発音

(3) look at another book again. The biggest event of my college days was joining the cheering club. The good friends I made there inspired me to rethink my life, and I surprised even myself when I started studying again. After graduating, I wanted to put to use the interpersonal skills and good health I got in my club,
(4) and so I became a diplomat, and now I'm back in the United States, working at the United Nations in New York. I'm happy for the opportunities I had to work all around the world.

(5) Jim and Alice couldn't be here today, but they send their best regards. After graduating from college, Jim started out on a world tour. But he only got as far as Japan. While visiting me, he fell in love with Japan, especially the mountains. He studied Japanese, went to graduate school in Tokyo, and now teaches forest ecology at a Japanese university. He's even the faculty advisor to the skiing club. Alice got a job on Wall Street, but quit her company in order to realize her potential for becoming a judo champion. As you know, she represented the United States in a number of international judo tournaments. She's now in Japan at a two month training camp with her judo students from the college in California where she teaches physical education.

Isn't it amazing how life works out ?

## 全　訳

か見たくないと思いました。(3)大学時代の一番の出来事は，応援団に入ったことです。そこでできた良い友人たちに啓発されて，自分の生活を考え直しました。それで，自分でもびっくりしたことに，また勉強を始めたんですね。卒業後は，部活で身につけた対人技術や体力を活かしたいと思いました。それで，外交官になり，(4)今こうして合衆国に戻ってきて，ニューヨークの国連で仕事をしています。世界中で仕事をしなければならなかったさまざまな機会をうれしく思っています。

ジムと(5)アリスは今日ここに来ることができませんでしたが，よろしく伝えてくれと言ってきています。大学卒業後，ジムは世界旅行に出かけました。でも，彼は日本まで来ただけでした。僕のところに来ている間に，日本に，とりわけ山に恋してしまったんです。彼は日本語を勉強し，東京の大学院に進み，今は日本の大学で森林生態学を教えています。スキー部の顧問でもあります。アリスはウォールストリートで職に就きましたが，柔道のチャンピオンになれる可能性を現実のものとするために，会社を辞めました。ご存じの通り，彼女は数々の国際的柔道選手権で，合衆国の代表になりました。彼女は今，体育を教えているカリフォルニアの大学で柔道をやっている学生たちと，日本で2カ月の合宿をしています。

人生がどんな結果になっていくかというのは，おもしろいものですよね。

## ポイント

(3) The biggest event of my college days で注意喚起，After graduating で集中。聞き取るポイントを絞りにくい問題だが，「職業選択に影響したもの」を念頭に置くと，これらの語句でピンときたいところ。

(4) now I'm back in the United States で注意喚起，即集中。比較的ゆっくりはっきりと述べられているので，聞き取りやすい個所。

(5) Alice で注意喚起。解答の根拠となるところまで少し離れている。quit her company のあとをしっかり聞き取って，勘違いのないように注意したい。

2010 年度　3-(C)

# 14 (C) ロール=モデルとは何か

**[設問文から読み取ろう！]**

①ディクテーションであることがわかる。

②放送文が印刷されており，集中すべき個所がわかる。本文の内容だけでなく，空所が文構造上どのような部分（述語動詞を含む，主語にあたるなど）かもざっと確認しておきたい。

**(1)「私たちは，自分が賞賛するような，あるいは少なくとも受け入れられるやり方で…をしている人を求めてあたりを見渡す」**

▶文脈上強調したい we「自分」が強くなっているため，相対的に what がかなり弱く「ウォ」くらいにしか聞こえない。do の目的語がないという文法面と文意の両方から，適切な語を思い浮かべたい。

**(2)「しかし，その言葉を編み出すのには，社会学者たちの…」**

▶ took の最後の k が「飲み込まれて」ほとんど聞こえない。inventing that term「その言葉を編み出すこと」という主語に対する述語動詞であること，目的語が〈時間〉を表すものであることから判断する。

**(3)「1950 年代に，社会学者ロバート=K. マートンは，…人たちを…した」**

▶ made の語尾，不定冠詞 a など弱くなるところも比較的聞き取りやすい。はずしたくない個所である。

**(4)「学生が法科大学院や医大に入るまでの間，…が早い時期になされた…は，誰かしらロール=モデルがいる可能性が非常に高い」**

▶ whose の -se はしっかり発音されているが，those ときたら who と思い込んでいるとそれが「聞こえない」可能性がある。文法面も考えて正しく解答したい。

(5)「今日では，ロール=モデルは…生活全般にわたっても模範となりうる」

▶ as well as はひとつらなりに発音され，次の particular にもつながっていくが，思いのほか聞き取りやすい。skills の複数形 s も聞き取りやすく，(3)と同様，はずしたくないところだ。

(6)「大人になれば，好むと好まざるとにかかわらず，…もロール=モデル…のだとわかっている」

▶ expect の「x」の音が非常に軽く発音されており，「エスペクト」に聞こえる。can の直後であること，to 不定詞を取っていることから，文法的・意味的に可能な語を考えること。

## ANSWER

(1) what we want to do
(2) took years of hard work
(3) made a distinction between
(4) those whose decisions
(5) as well as particular skills
(6) we can expect to become

## スクリプト

## 発音

(1) Sometimes we learn by imitation. We look around for somebody who is doing what we want to do in a way that we admire or at least accept. And then we take that person as an example to follow.

テイザッ・パースン

(2) Now, of course, we call that person a role model, but inventing that term took years of hard work on the part of sociologists. They began by talking about reference groups, the "groups whose behavior serves as a model for others." There are also reference individuals, "particular people that we imitate."

(3) In the 1950s, the sociologist Robert K. Merton made a distinction between people who serve as patterns for living and role models, whom we imitate in specific roles like studying insects, playing basketball, or parenting. We find the latter term in an article about the "student-physician" in 1957: "By the time students enter law or medical school, (4) those whose decisions were made earliest are most likely to have a role model."

フーウィミティト

Today, Merton's careful distinction is long forgotten by everyone, except perhaps sociologists. (5) Nowadays role models can model whole lives as well as particular skills. We seek good role models to follow and criticize those who are bad role models. And we know that when we grow up, for better or worse, (6) we can expect to become role models, too.

モドーズクンモドー
スィーグッ・ローゥモドーズ

## 全 訳

私たちは，模倣によって学ぶことがある。私たちは，自分が賞賛するような，あるいは少なくとも受け入れられるやり方で，(1)自分のしたいことをしている人を求めてあたりを見渡す。それから，その人を従うべき手本とみなす。

もちろん今では，私たちはその人物をロール=モデルと呼んでいるが，その言葉を編み出すのには，社会学者たちの(2)長年にわたる熱心な研究が必要だった。彼らは準拠集団，つまり「その振る舞いが，他の人たちの模範となる集団」について議論することから始めた。また，基準個体，つまり「私たちが模倣する特定の人たち」もある。

1950 年代に，社会学者ロバート=K. マートンは，生活の模範の役割をする人たちと，昆虫の研究やバスケットボール，しつけといった特定の役割において真似られるロール=モデル(3)とを区別した。後者の言葉は，1957 年の「医学生」に関するある論文の中に見られる。つまり「学生が法科大学院や医大に入るまでの間，(4)その決断が最も早い時期になされた学生には，誰かしらロール=モデルがいる可能性が非常に高い」というものである。

今日，マートンの注意深い区別は，誰からもとっくに忘れられており，覚えていたとしても社会学者くらいのものである。今日では，ロール=モデルは(5)特定の技能だけでなく，生活全般にわたって模範となりうる。私たちは，倣うべき良いロール=モデルを探し，悪いロール=モデルを批判する。そして私たちは，大人になれば，好むと好まざるとにかかわらず，(6)自分たちもロール=モデルになりうるのだとわかっているのである。

## ポイント

(1) what が非常に弱いが，doing の目的語が始まるところであり，do の目的語がないことから判断したい。

(2) took が聞き取りにくいが，述語動詞にあたるところである点を文構造からつかんで正解したい。

(3)細部もわかりやすく発音されている。distinction のつづりが不安でも，第 4 段第 1 文にある。ディクテーションではこのようなケースもありうる。見逃したくない。

(4)比較的聞き取りやすい。whose を who と思い違いしないように。decisions が複数形であることも聞き取りやすい。

(5)分量の割りに聞き取りやすい。skills の s もしっかり発音されている。

(6) can expect to がひとつらなりで「キャネスペットゥ」のように聞こえる。1 語 1 語がはっきりしない場合，この音をまねて前後を続けて読んでみるとよい。文意や文構造の中で，何が言われたかが浮かびあがってくる。

# 15 (A) 超常現象に対する人々の態度

2009 年度　3-(A)

**[設問文から読み取ろう！]**

①設問文を読むと，「超常現象」に対する人々の態度に関する英文だとわかる。
②「エジソンの電灯」や「ライト兄弟の飛行機」に関する設問もある。「超常現象」だけでなく，「まったく新しいもの」に対する態度も述べられることがわかる。

(1)「話し手によると，大多数の人々は…」

ア「ある程度幽霊を信じている」
イ「幽霊や UFO の存在を疑っている」
ウ「あらゆることが科学で説明できると考えている」
エ「科学では説明できないことに心引かれる」

▶第 1 段第 5 文参照。「たいていの人はこうした問い（＝幽霊はいるか，UFO は存在するかなど）すべてにノーと言うだろう」とある。**イが正解**。

(2)「話し手は，超常現象に関して強固な意見を持っている人たちを 2 つのグループに分けている。話し手によると，第 1 のグループは…人々から成る」

ア「反科学主義である」
イ「真実を隠そうとしている」
ウ「科学的な説明を求めている」
エ「説明できない出来事の報告を疑う」

▶第 2 段参照。第 3 文の最終部分に「彼らが疑っているのは科学そのものだ」とある。最終文にも「科学者たちは宇宙の不思議についての真実を隠そうとしているのだと彼らは考えている」と述べられており，**アが正解**。

(3)「話し手の意見では，超常現象に対して強固な意見を持っている人々の第 2 のグループは…」

ア「融通が利かない，頑固だ」　イ「知識がある，聡明だ」
ウ「理性的だ」　エ「迷信的だ」

▶第3段第1文参照。「超常現象に関する報告はすべて根拠がないに違いないと，…頭から決めてかかる人たち」とある。**アが正解。**

**(4)「話し手は，エジソンが電灯を発明したとき…研究者がいたと述べている」**

ア「彼が電灯を作ったと信じたので，それを見に行った」
イ「彼が電灯を作ったと信じなかったので，それを見に行かなかった」
ウ「それを見るまで彼が電灯を作ったとは信じなかった」
エ「彼が電灯を作ったと信じたが，わざわざそれを見には行かなかった」

▶第5段最終文参照。「エジソンの電灯を不可能なものと断言し…それを見に行くことを拒否した」とある。**イが正解。**

**(5)「話し手によると，ライト兄弟が初飛行をしたとき…」**

ア「彼らが飛んだとはだれも信じなかった」
イ「彼らが飛んだというジャーナリストたちの報告を人々は信じなかった」
ウ「一般の地元の人たちは彼らが飛んだと信じたが，ジャーナリストたちは信じなかった」
エ「地元のジャーナリストたちは彼らが飛んだと信じたが，全国紙レベルのジャーナリストたちは信じなかった」

▶第6段第1文に「彼らの飛行を何百人もの人たちが見たにもかかわらず，地元のジャーナリストたちはその報道をしなかった」とある。第2文の「そんなことが可能だとは思っていなかった」というのが，その理由。**ウが正解。**

**(6)「超常現象を信じる人たちに関して，話し手が最も興味があるのは…だ」**

ア「彼らはどのようにしてそれに賛成の論を張るのか」
イ「なぜ彼らはそれを信じるのか」
ウ「科学的論証に対する彼らの態度」
エ「超常現象は存在するという彼らの主張」

▶最終段最終文参照。not $A$ but $B$「$A$ ではなく $B$」の $B$ にあたる部分に「なぜ一部の人はそれが存在するとそれほど強く信じたがるのか」とある。**イが正解。**

## ANSWER

(1)―イ　(2)―ア　(3)―ア　(4)―イ　(5)―ウ　(6)―イ

## スクリプト

Do ghosts exist? Do the dead come back to visit the people who have survived them? For many centuries it was believed that they did. More modern questions are: do UFOs exist, and do creatures from outer space visit earth and contact human beings? (1) Most people would answer no to all these questions, but the idea that there are mysteries which cannot be explained by science always remains attractive to some people. Such unexplained phenomena are usually referred to as "the paranormal", a word which means "beyond or beside the normal".

(2) People who have strong opinions about the paranormal generally approach it in one of two opposite ways. On the one hand, there are those who automatically believe that all reports of ghosts, UFOs, or other unexplained happenings are true. Such people are not interested in how—or even whether—these things can be explained by science since what they doubt is science itself. Scientists, they think, are trying to hide the truth about the strangeness of the universe.

(3) On the other hand, there are those who just as automatically assume that all reports of paranormal phenomena *must* be invalid. Such people see themselves as defenders of reason and objectivity, insisting that society must at all costs be protected from the dangers of superstition and popular ignorance.

There is, of course, a third possible attitude to the paranormal, the flexible approach of those who are willing, when faced by something puzzling, to look at it from all angles, realising that what is under investigation may not fit in with current ways of

## 発音

フーァヴスヴァィヴ・デム

ピーポーゥダンサー

リメインザトラクティヴ

メイナッ・フィティン

## 全　訳

幽霊は存在するのだろうか。死者はあとに残された人たちを訪ねに戻ってくるのだろうか。何世紀もの間，そうだと信じられていた。もっと最近の疑問はこうだろう。UFO は存在するのか，宇宙からやってきた生物が地球を訪れ，人間と接触しているのだろうか。(1)たいていの人はこうした問いすべてにノーと言うだろうが，科学では説明できない謎があるという考えは，常に一部の人にとっては魅力的なものであるのに変わりはない。そうした説明できない現象は，通常，「超常現象」と言われており，これは「常態を超えて，あるいは常態からはずれて」という意味の言葉である。

超常現象に対して強固な意見を持っている人たちは，一般に(2)両極端な 2 つのやり方のうちのどちらかを用いてこの問題に迫る。一方には，幽霊やUFO，その他の説明できない出来事に関する報告を，すべて本当のこととして鵜呑みにしてしまう人たちがいる。そういう人たちは，どのようにしてこうしたことが科学で説明できるか，あるいはそもそも説明できるのかどうかにさえ関心がない。彼らが疑っているのは科学そのものだからだ。科学者たちは宇宙の不思議についての真実を隠そうとしているのだと彼らは考えている。

(3)もう一方には，超常現象に関する報告はすべて根拠がないに違いないと，前者同様頭から決めてかかる人たちがいる。こうした人たちは自身を理性と客観性の擁護者と見なしており，社会は，迷信と大衆の無知という危険からなんとしても守られねばならないと主張するのである。

もちろん，超常現象に対しては，第三の態度もありうる。つまり，何か不可解なものに直面したときに，それをあらゆる角度から見ようとし，調査中のことは現在の考え方には合わないかもしれないと認識する人々の柔軟な姿勢である。そういう人たちは，主張されていることをそのまま受け入れもしないし，

## ポイント

(1) Most people で集中。all these questions の内容はこの直前に述べられているので，文脈をしっかりたどれているかが重要となる。もしあいまいなら，2 回目に必ず確認を。

(2) in one of two opposite ways. On the one handで注意喚起。最もわかりやすい解答根拠の個所まで分量があるので，集中が途切れないようにがんばろう。

(3) On the other hand で注意喚起。must が強調されていることに気がつくと有利。invalid を知っているかどうかも大きな要素だが，わからなくてもあきらめず続く内容をしっかり聞き取ろう。

| スクリプト | 発音 |
|---|---|
| thinking. They do not automatically accept or reject claims, but rather try to test them using existing scientific methods. | |
| This third response is clearly the most scientific, but in fact scientists and other supposedly objective investigators have not always taken this approach to things which they do not yet understand. For example, (4) some researchers declared that Edison's electric lamp was an impossibility, and because they thought it was impossible, they refused to go and see it even when Edison used it to light up his laboratory. | ディサ・プロウチタスィングズ<br>サーティトゥワズインパサボー |
| (5) Similarly, from 1904, the Wright brothers made flights over fields close to a main highway and a railway line in Ohio; but even though hundreds of people saw them in the air, local journalists failed to report it. As the publisher of one local newspaper later admitted, none of them believed it was possible and so they did not go to see it with their own eyes. Two years after the Wright brothers' first flight, the important national journal *Scientific American* still refused to believe it had happened; if there had been any truth in the story, the journal said, wouldn't the local newspapers have reported it? | ライニンオハイオゥ<br>ウィ・ゼァオウンナイズ<br>ブリーヴィダドアプンド |
|  Although the editors of *Scientific American* began by rejecting the Wright brothers' claims, they were flexible enough to change their minds when finally presented with the evidence. In contrast, a striking fact about those who strongly believe in the reality of the paranormal is the certainty of their belief despite an almost perfect absence of scientific proof.  (6) The most interesting question, then, is perhaps not whether the paranormal exists, but what makes some people so eager to believe that it does. | |

## 全 訳

拒絶もしない。むしろ，今ある科学的な手法で検証してみようとする。

この第三の反応が最も科学的であるのは明らかだが，実際には，科学者や他のおそらく客観的であるはずの研究者たちは，自分たちに理解できない物事に対して，必ずしもこのような接し方をしてはいない。たとえば，(4)**エジソンの電灯は不可能なものだと断言した研究者もいた。そして，不可能だと思っていたがために，エジソンが自分の実験室の照明にそれを使っていたときでさえも，それを見に行くことを拒否したのだ。**

同様に，1904年から例を挙げれば，(5)**ライト兄弟**がオハイオ州の幹線道路や鉄道から近いところにある野原で飛行した。ところが，**彼らの飛行を何百人もの人たちが見たにもかかわらず，地元のジャーナリストたちはその報道をしなかった。**のちにある地元の新聞社のひとつが認めたように，**彼らのうちのだれ一人としてそんなことが可能だとは思っておらず**，それで出かけて行って自分の目でそれを見ようとはしなかったのである。ライト兄弟の最初の飛行の2年後，米国の有力な雑誌『サイエンティフィック=アメリカン』はなお，そのようなことが起きたと信じようとはしなかった。同誌が言うには，もしその話に真実が含まれているなら，地元の新聞が報道していたのではないかということだった。

『サイエンティフィック=アメリカン』の編集者たちは，はじめはライト兄弟の主張を拒絶していたが，最終的に証拠を突きつけられたとき考えを変えるほどには柔軟だった。対照的に際立つのは，超常現象は現実だと強固に信じている人たちが，科学的な証拠がほとんどまったくないのにもかかわらず，自分たちの信念に確信を抱いていることだ。したがって，(6)**最も興味深い問いとは**，おそらく，超常現象が存在するかどうかではなく，**なぜ一部の人はそれが存在するとそれほど強く信じたがるのか，ということだろう。**

## ポイント

(4) some researchers で注意喚起。〈不可能〉を表す語が2度出てくる（impossibility, impossible）ので，「電灯はありえない」という researchers の考えはとらえやすい。refused to go and see it は，選択肢では did not go to see it と言い換えられているので，これらをうまく結びつけることが重要。

(5) the Wright brothers で注意喚起。failed to report it の意味と，少し離れて述べられている理由（none of them believed it was possible）がとらえられるかどうかがポイント。同段冒頭の Similarly から推測して，これがエジソンの場合と同様の例であるということに気づけるかどうかも内容把握の上で重要。

(6) The most interesting question で注意喚起。not *A* but *B* の流れをつかんで but で集中しよう。最終部分の it does の内容がつかめているかどうかが重要。1回目であいまいなら，2回目で必ず確認を。

# 15 (B) 味覚について

**[設問文から読み取ろう！]**

①リスニング問題冒頭の説明に「味覚に関する… 3 人の学生の会話」とあるので，味覚に関するそれぞれの学生の誤解や知識，新しく知ったことなどが述べられると予測できる。

②(1)は「スーザンの誤解」，(2)は「苦みに対するジョンの主張とデイヴの反論」，(3)は「ジョンの『うまみ』に関する報告」，(4)は「デイヴが『愉快だ』と言っていること」，(5)は「会話の最後でデイヴが知ったこと」が，聞き取りの要点だとわかる。

(1)「最初スーザンは，間違って…と思っている」

ア「人間の舌が感じ取れるのは 4 つの基本的な味だけだ」
イ「私たちは一般に，体に良いものの味を好む」
ウ「人間は何千もの異なる味を区別できる」
エ「複雑な味は，基本的な味が異なった割合で合わさってできている」

▶スーザンが２番目のセリフで「(舌が感じ取れる味は）４つじゃない？」と言っているのに続いて，ジョンが２番目のセリフで「それは人々がかつて考えていたことだよ」と言っているので，今では感じ取れる味は４つではないとわかっているということになる。アが正解。

(2)「ジョンは私たちが苦いものを嫌うのは，それが体に悪いからだと主張している。デイヴは，…によって意見の相違を示している」

ア「コーヒーは有害であると主張すること」
イ「彼にストロングビターのチョコレートをあげること」
ウ「苦いものが私たちにエネルギーを与えてくれると説明すること」
エ「苦い味が好きな人もいることを指摘すること」

▶デイヴの２番目のセリフ参照。「コーヒーやビターチョコレートのような苦いものはいくらでも食べられる」という趣旨の内容を述べている。エが正解。

(3)「ジョンによると…」

ア「2000 人以上の研究者が『うまみ』を基本的な味と認めている」
イ「『うまみ』という味は，甘みを感知するのと同じ探知器で認識される」
ウ「『うまみ』が日本以外の科学者に基本的な味と認められたのはつい最近のことである」
エ「『うまみ』を持つ食物は，約 100 年前まで日本では食べられていなかった」

▶ジョンの 7 番目のセリフ第 2 文参照。「『うまみ』は日本では 100 年ほど前に発見されていたんだけど，他の国で受け入れられるようになってきたのはほんの最近なんだ」とある。**ウが正解。**

(4)「デイヴが『とても愉快だ』と言っているのは…だ」

ア「毒キノコには基本的な味があるという考え」
イ「スーザンが毒キノコを調べてみるという考え」
ウ「毒キノコを食べてみてはどうかというスーザンの提案」
エ「毒キノコの進化に関する彼自身の発言」

▶ very amusing「それは愉快だね」という言葉はデイヴの 7 番目のセリフにある。これは，直前のスーザンの 6 番目のセリフ（「いい考えがあるわ。あなた，そのいくつか（＝毒キノコ）を試してみてはどう？」）に対する反語的な返事である。**ウが正解。**

(5)「会話の最後で，デイヴは…ということを知る」

ア「毎日カレーを食べたい人もいる」
イ「カレーの辛さは基本的な味ではない」
ウ「私たちがカレーの味が好きなのは，体に良いからである」
エ「食べるのがほとんど苦痛なくらい辛いカレーもある」

▶ジョンの最後のセリフ第 2 文に「ひりひりする味とかスパイシーな味というのはない」とある。**イが正解。**

## ANSWER

(1)―ア　(2)―エ　(3)―ウ　(4)―ウ　(5)―イ

| スクリプト | 発音 |
|---|---|
| Susan❶ : John, I hear you've been doing some research on taste? | |
| John❶ : That's right. You know, we can distinguish thousands of different tastes, and yet there are only a few *basic* tastes we can detect. | |
| (1) Susan❷ : Four, isn't it? The human tongue can detect sweet, salty, bitter, and sour tastes, right? | |
| John❷ : That's what people used to think, Susan. And different tastes were supposed to be made up of those four basic components in different proportions. Of course, they were partly right: complex flavours *are* made up of simpler tastes. | made up of：メィダッ・パヴ |
| Susan❸ : That's what I've always thought. And we like certain tastes because they're good for us. For instance, we like the salty taste, because salt is good for us. | what I've always thought：ワタィヴオールウェィズソート |
| Dave❶ : I thought salt was bad—for blood pressure or something. | thought salt was bad：ソートソーウォズバード |
| John❸ : Too much salt, yes. But the body needs salt, Dave—like we need sweet things to give us energy. On the other hand, we dislike bitter tastes because lots of poisons are bitter. | |
| (2) Dave❷ : Well, anyone for a nice cup of poison—I mean—coffee? Or how about some strong dark chocolate? People can't get enough of those things, John, and they're bitter. | can't get enough of：キャン・ゲティナフアヴ |
| John❹ : It's true ... children don't like bitter tastes at all, but for some reason, grown-ups often do. I'm afraid there are still a few mysteries to | |

## 全訳

スーザン❶：ジョン，味覚の研究をしているらしいわね。

ジョン❶：そうなんだよ。知っての通り，僕たちは何千という違った味を区別できるけれど，感じ取れるのはほんのいくつかの「基本的な」味だけなんだ。

スーザン❷：(1)4つ，じゃない？ 人間の舌は，甘い，塩辛い，苦い，すっぱいという味を感じ取れるんでしょう？

ジョン❷：それは，以前に考えられていたことだよ，スーザン。味が異なるのは，その4つの基本の成分の割合が違うことで生み出されていると思われていたんだ。もちろん，部分的には正しいけれどね。複雑な風味は，確かにもっと単純な味からできている。

スーザン❸：ずっとそうだと思っていたわ。それに，ある味が好きなのは，それが私たちにとっていいからだって。たとえば，塩辛い味が好きなのは，塩が私たちにとっていいからだっていうふうにね。

デイヴ❶：僕は塩は良くないと思っていたよ。血圧とかには。

ジョン❸：塩分を摂りすぎたら，そうだね。でも，体は塩分を必要としているんだよ，デイヴ。エネルギーを与えてくれる甘いものが必要なのと同じようにね。一方で，(2)苦みが嫌いなのは，毒の多くが苦いからだ。

デイヴ❷：じゃあ，だれか一杯のおいしい毒はいかが？ コーヒーのことだけど。それともストロングビターのチョコレートはどう？ こういうものはいくらでも食べられるよね，ジョン，苦いけど。

ジョン❹：確かにね…子どもは苦いものは全然だめだな。でもどういうわけか，大人になると好きになることが多いね。まだ

## ポイント

※男性が2人いるので，どちらが発言しているか聞き分けることが重要。セリフの中にたびたび呼びかけがあるので，その都度しっかり確認すること。

(1) Four, isn't it ?で注意喚起。何が「4」なのかは，このあと繰り返されるので確認できる。続くジョンのセリフの That's what people used to think が何を意味するか即座に理解したい。

(2)ジョンの we dislike bitter tastes で注意喚起。続くデイヴのセリフが反論であることは設問からわかっているので，People can't get enough of those things の意味を取り違えないように気をつけたい。

| スクリプト | 発　音 |
|---|---|
| clear up ... | |
| Susan❹ : John, you said people *used* to think there were four ... | |
| John❺ : Right. Since about 2000, most researchers have come to accept a fifth taste. We've discovered that the tongue has another set of detectors, which are associated (like sweetness) with pleasure, for a chemical called glutamate. | アナザーセロヴ |
| Dave❸ : So this—what did you call it?—glutamate must be good for us, is that the idea? | |
| John❻ : That's right, Dave. It's present in things like meat and other proteins, which the body uses to build muscles and so on. | マソーズ |
| Dave❹ : Ah, that rings a bell. There's a Japanese word for this fifth taste, isn't there? What was it ...? | |
| (3) John❼ : It's called *umami*—usually translated as 'savory' in English. *Umami* was actually discovered in Japan about a hundred years ago, but it's only been accepted in other countries recently. It's the taste you find in meat, cheese and green tea ... Also mushrooms. | ジャパンナバウタ<br>ビーナクセプティディン |
| Dave❺ : Mushrooms? | |
| Susan❺ : Don't you like mushrooms, Dave? | |
| Dave❻ : Well, yes, as a matter of fact, I do. But I find it hard to believe that evolution has given me a special mushroom-detector to encourage me to eat them. Lots of mushrooms are poisonous, aren't they? | |
|  (4) Susan❻ : Oh yes. Hey, I have an idea. Perhaps you | |

## 全 訳

明らかにしなくちゃいけない謎がいくつかあるみたいだ。

スーザン❹：ジョン，「以前は」4つあるって思われていたって言ったわよね。

ジョン❺：うん。2000年くらいから，たいていの研究者が5番目の味というのを認め出したんだ。舌にはもうひとつ探知器があるのがわかったのさ。それは，（甘みと同じように）快の感覚と結びついていて，グルタミン酸っていう化学物質を探知するんだ。

デイヴ❸：じゃあ，その…なんて言ったっけ？ グルタミン酸は体にいいに違いない，っていうこと？

ジョン❻：その通りだ，デイヴ。肉とかその他のたんぱく質の中にあって，体はそれを筋肉なんかを作るのに使うんだ。

デイヴ❹：あ，それで思い出した。この5番目の味のことを言う日本語があるんだよね。何だったかな…。

ジョン❼：(3)「うまみ」って呼ばれているよ。英語じゃ，たいてい「savory（味や香りの良い）」って訳している。**「うまみ」は実は日本で100年ほど前に発見されたんだけど，他の国で受け入れられるようになってきたのはほんの最近なんだ。**肉やチーズや緑茶にある味だよ。それからキノコ。

デイヴ❺：キノコ？

スーザン❺：キノコは好きじゃないの，デイヴ？

デイヴ❻：いや，実は好きだよ。でも，キノコを食べたいと思わせるような特別なキノコ探知器が進化でできたとは信じにくいなあ。毒のあるキノコはたくさんあるだろう？

スーザン❻：あら，そうね。ねえ，考えがあるの。(4)**あなた，いくつか試してみちゃどう**？

## ポイント

(3)ジョンの *umami* という言葉で注意喚起。続く2つ目の *Umami* で集中。少し長めの文だが，内容は理解しやすい。

(4)デイヴが何に対して Very amusing と言っているかは，そこまでの会話の流れをたどれていないとわからない。直前のスーザンの発言が大きなヒントである。

| スクリプト | 発　音 |
|---|---|
| could go and investigate some of them ... | |
| Dave❼ : Very amusing ... But aren't there more basic tastes than we've mentioned so far ? What about curry, for example ? Isn't the hot or spicy taste of curry a basic taste ? | |
| John❽ : I have news for you, Dave. In fact, there is no hot or spicy taste. According to most experts, hotness is not a taste but a sensation. It's a physical feeling, like pain, not a taste. | |
| Dave❽ : Oh well, you learn something new every day. | |

## 全　訳

デイヴ❼：そりゃ愉快だね。でも，今まで話してきたのよりももっとたくさん基本の味っていうのはないの？　たとえば，カレーは？　(5)カレーのひりひりするスパイシーな味は基本の味じゃないの？

ジョン❽：それなら情報ありだよ，デイヴ。実は，ひりひりする味とかスパイシーな味というのはないんだ。たいていの専門家が言うところによると，辛いっていうのは味じゃなくて感覚なんだよ。痛みみたいに身体的に感じるもので，味じゃない。

デイヴ❽：へえー，君は毎日何か新しいことを学んでるんだなあ。

## ポイント

(5)デイヴの Isn't the hot or spicy taste of curry a basic taste ?で注意喚起。これに対するジョンの答えに集中。内容は聞き取りやすい。

2009 年度　3-(C)

# 15 (C) 石油危機

**[設問文から読み取ろう！]**

①ディクテーションであることがわかる。

②放送文が印刷されており，集中すべき個所がわかる。本文の内容もざっと確認しておきたい。

**(1)「この石油の一部は暖房や車，トラックの動力に使われている…はプラスチックや農業用の肥料を作るために…」**

▶ but some is の個所は but が弱く「バッ」程度に，some is は「サミィズ」とつながって聞こえるが，比較的聞き取りやすい。

**(2)「しかし，それ（＝ピーク・オイル理論）は，簡単に採掘し加工できる石油はほとんどすべて…と主張している」**

▶ has now been found の now の位置が予想外かもしれない。そこで意味内容に気をとられすぎると後の been found の音を聞き逃す可能性もあるので注意。

**(3)「…がどれほど急激なものになるか，またそれが正確にはいつ始まるのか，だれにもわからない」**

▶ the fall in oil production は fall in oil の部分が「フォーリンノイウ」とつながって聞こえる。ただ，ここまでで oil の音には慣れているだろう。むしろ冒頭の the を書き落とさないように注意したい。

**(4)「しかし，来たるべき石油不足が…に影響を及ぼすであろうことは間違いないようだ」**

▶ every aspect of our way of life 全体がゆっくりはっきりと発音されており，聞き取りやすい。強いて言えば，our way の個所は音がこもる。way of life が定番の表現なので，そこから逆に our だと判断したい。

**ANSWER**

(1) but some is also used (2) has now been found (3) the fall in oil production (4) every aspect of our way of life

| スクリプト | 発音 |
|---|---|
| The world presently uses about 86 million barrels of oil a day. Some of this oil is burned to provide heat or to power cars and trucks, but some is also used to produce plastics and fertilizers for agriculture. Unfortunately, according to a theory called Peak Oil, the world's oil production has now reached its maximum. The theory admits that there is still a lot of oil in the ground and under the sea, but it argues that almost all the oil which is easy to extract and process has now been found. For example, an important new find in the Gulf of Mexico, announced in 2006, lies more than 8 kilometres below the sea. What's more, it would provide enough for only two years of US consumption, at present levels. No one knows how steep the fall in oil production will be, or exactly when it will begin. But it seems clear that the coming shortage of oil will affect every aspect of our way of life: food, transport and heating are all daily necessities. | プレズンｰ・リィユーズィザバゥ<br>バロゥズ<br>リーチティッツ<br>フォーリンノイゥ |

(1) but some is also used
(2) has now been found
(3) the fall in oil production
(4) every aspect of our way of life

## 全　訳

世界は現在，1日8600万バレルの石油を使っている。この石油の一部は暖房や車，トラックの動力に使われている(1)が，一部はプラスチックや農業用の肥料を作るのにも使われる。残念ながら，ピーク・オイルと呼ばれる理論によると，世界の石油生産量は今その最大に達している。その理論では，地中，海底にはまだ多くの石油があると認めつつも，簡単に採掘し加工できる石油は(2)すでにほとんどすべて発見されていると主張している。たとえば，2006年に伝えられたメキシコ湾での重要な新発見は，海底8キロメートル以上のところに眠っているのだ。しかも，それを用いたとしても，現在の使用量なら合衆国で消費される石油の2年分にしかならない。(3)石油生産の減少がどれほど急激なものになるか，あるいはそれが正確にはいつ始まるのか，だれにもわからない。しかし，来たるべき石油不足が(4)私たちの生活様式のあらゆる面に影響を及ぼすであろうことは間違いないようだ。食料，輸送，暖房といったものはすべて日常の必需品である。

## ポイント

(1) some is が「サミィズ」とつながって聞こえるが，同文冒頭に Some of this oil とあるので，再び some が使われたと推測することができる。

(2) now been の now が聞き取りにくいかもしれない。その場合，直後の been も認識しづらくなる。
found がはっきり聞き取れるので，主語が oil であることから受動態でなければならないという文法面の整合性も考えるとよい。

(3) fall in oil の fall をしっかり聞き取って，foreign oil ではないことを押さえたい。次文の the coming shortage of oil もヒント。

(4) aspect of our way が「アスペクトヴァワウェイ」とつながるので，続くコロン以下の内容もふまえて，何を言われたか考えたい。

2008年度　3-(A)

# 16 (A) ブータンの現状と将来

**[設問文から読み取ろう！]**

①設問文を一読すると，本文はブータン（Bhutan）の政治や現状に関するものだということがわかる。

②「公務員の責任」,「選挙の目的」,「政策の色」,「国民の幸福の概念」などに関する内容が問われている。

③(4)では“a major change since 1961”と年号が出てくるので，それに注意して「主な変化」を聞き取る必要がある。

(1)「城郭内にいる公務員の責任として，述べられていないのは次のどれか」

ア「洪水の管理制御」
イ「税徴収」
ウ「宗教教育」
エ「森林管理」

▶第1段第4文（Here …）参照。「税の徴収，樹木の植栽や伐採，洪水対策」が述べられている。**ウが正解**。

(2)「話し手が最近行われたと言っている選挙の目的は何か」

ア「新しい国王を選ぶため」
イ「有権者が投票に慣れるのを手助けするため」
ウ「国の政府を選ぶため」
エ「普通の人々が政府内の地位をまちがいなく確保するため」

▶第2段第1文（The civil servants …）参照。mock elections「にせの選挙」とあり，同文最終部分で「人々は，本物を行う前に投票の練習をする機会を与えられた」とある。**イが正解**。続く第2文冒頭の practice elections もヒント。

(3)「投票者が拒否したと話し手が言っている政策の色は何か」

ア「赤」
イ「緑」
ウ「青」
エ「黄」

▶第 2 段最終文（Voters in almost all areas …）の最終部分参照。「工業発展という新しい考えを拒否して」とある。同段第 3 文には「赤は工業化を表す」とあるので，**ア「赤」が正解**。

(4)「1961 年以降の主な変化として，述べられていないのは次のどれか」

ア「出生率の上昇」
イ「人々の健康の増進」
ウ「輸送システムの発展」
エ「字が読める人の数の増加」

▶第 3 段第 5 文（Since then …）・最終文（Free hospitals …）参照。「道路網が発展した」「無料の病院や学校の建設」「寿命の伸び」「識字率の向上」が挙げられているが，ア「出生率の上昇」には触れられていない。したがって**アが正解**。

(5)「ブータンにおける『国民の幸福』という概念の説明として，最もよいものは次のどれか」

ア「経済的発展が幸福をもたらす」
イ「民主主義は将来の幸福への道である」
ウ「人々の将来は彼らの手の中にある」
エ「社会的な安定が裕福であることよりも重要である」

▶最終段第 4 文（The idea of …）参照。「発展に突き進むことより，安定した社会に価値を置く」とある。したがって**エが適切**。

## ANSWER

(1)―ウ　(2)―イ　(3)―ア　(4)―ア　(5)―エ

## スクリプト

## 発音

(1) The town of Punakha is located among the snow-covered mountains of central Bhutan. Inside the town's crowded 17th-century castle are 172 civil servants sharing the space with almost ten times as many priests and monks. These civil servants run the affairs of thousands of villagers. Here taxes are collected, plans made for the planting and harvesting of trees, and precautions taken against the dangerous floods that occasionally rush down from the mountains.

(2) The civil servants have also been busy organising mock elections ; soon the country will have its first parliamentary elections, so people have recently been given the chance to practise voting before they do the real thing. In these practice elections people did not vote for real political parties, but were asked to (3) choose between four imaginary parties. Each party was identified by a colour representing a policy : red was for industrialisation, green for environmentalism, blue for community values, and yellow for heritage and tradition. Voters in almost all areas of the country chose the yellow party, rejecting new ideas of industrial development.

The shift towards democracy has not been popular, however. Many people seem to prefer to be ruled by the king, feeling that it is too early for them to be given power. The reason for this reluctance to accept democracy lies in the king's success in preserving Bhutan's traditions while opening its doors to prosperity. Bhutan is still poor but its progress has been remarkable, given that the first paved road in (4) the country only appeared in 1961. Since then the road system has grown, and Bhutan has flourished in

civil: スィヴォ

taken against the: ティクンナゲインス・ザ

real: リーォ

shift towards: シイフ・トゥウォーズ

accept democracy: アクセ・ディマクラスィ

## 全訳

プナカの町は，ブータン中央の雪に覆われた山々の中にある。(1)町にある17世紀に築かれた，込み合った城の中では，172人の公務員が，その10倍近い数の僧侶や修行僧と，その空間を共有している。この公務員たちが何千もの村人たちに関わる仕事を取り仕切っている。ここで税金が徴収され，樹木の植栽や伐採の計画が立てられ，ときに山から猛烈な勢いで流れ込んでくる危険な洪水に対する予防策が取られたりする。

公務員たちは，ここのところ，模擬選挙を執り行うのにも忙しかった。もうじき，この国では初めての議会選挙が行われることになっており，それで(2)最近，本当の投票の前に，人々は投票の練習をする機会が与えられたのである。この模擬選挙で，人々は実在の政党に投票するのではなく，架空の4つの政党から選ぶように言われていた。(3)それぞれの政党は政策を象徴する色で識別されていた。すなわち，赤は工業化を，緑は環境保護を，青は共同体の価値観を，そして黄色は遺産や伝統を表していた。国のほとんどすべての地域で，投票者は工業的な発展という新しい考え方を拒否し，黄色党を選んだ。

しかし，民主主義へ向かう動きはそれほど広まっていない。多くの人が国王に統治される方がよいと思っているようなのだが，これは，彼らが主権を与えられるのは時期尚早だと感じているかららしい。民主主義を受け入れるのをこのように渋っている理由は，国王が，繁栄への扉を開きつつ，ブータンの伝統をうまく保存することに成功したことにある。ブータンはまだ貧しいが，国で初の舗装道路ができたのがつい(4)1961年であったことを考えると，その進歩にはめざましいものがある。それ以降，道路網は発展し，ブータンは他の多くの点でも繁栄してい

## ポイント

(1) Inside … castle are … civil servants で注意喚起。直接答えとなる個所まで少し間があるので，身構えやすい。taxes，trees，floods がキーワード。

(2) recently で集中。直後に practise voting before they do the real thing，続いて practice elections が聞こえてくるので，それらで判断できる。

(3) a colour representing a policy で注意喚起。そのあとにそれぞれの色が表す政策が続くので，ここをしっかり聞くこと。rejecting new ideas of industrial development と考え合わせて答えを選ぶ。

(4) 1961 と年号が出てきたところで注意喚起。直後に the road system has grown とあり，flourished in many other ways「他の多くの点で

| スクリプト | 発音 |
| --- | --- |
| many other ways. Free hospitals and schools have been built: life expectancy has risen from 40 years old to 66 years old, and the percentage of the population who can read and write has soared from 20% in 1992 to almost 60% today. | フキャンリードゥンライト |
|  (5) To protect a Bhutanese sense of identity the king has promoted the concept of "national happiness". This is based on Buddhist ideas that economic growth alone does not create satisfaction. The result is that Bhutan ranks 134th in global wealth leagues but is the 13th "most happy" place on the planet. The idea of national happiness values a stable society more than the rush for growth, and Bhutanese people certainly seem to favour that: in a 2005 census that asked, "Are you happy?", only 3.3% of Bhutanese said they were not. If the king's plans are successful, however, the people's future happiness will be in their own hands rather than his. | ザタースクト |

## 全 訳

る。無料の病院や学校が建設され，平均寿命は40歳から66歳に延び，読み書きのできる人口の割合は1992年の20パーセントから今日では60パーセント近くに跳ね上がったのである。

ブータンらしさを守るために，国王は(5)「国民の幸福」という概念を推進してきた。これは，経済成長だけでは，満足を生み出すことはできないという仏教の思想に基づいている。その結果，ブータンは富のランクでは世界134位だが，「幸福」という点では地球上で13位である。国民の幸福という考えは，発展に突き進むことより，安定した社会に価値を置くものであり，ブータン国民は確かに賛同しているようである。2005年の調査では，「あなたは幸せですか」と問われたが，幸せではないと答えたブータン人は3.3パーセントにすぎない。しかし，もし国王の計画がうまくいけば，国民の将来の幸福は，国王よりも彼ら国民自身の手によるものとなるだろう。

## ポイント

も栄えた」と続くので，このあとに他の解答ポイントがくるとわかる。

(5) "national happiness" で注意喚起。もう一度 The idea of national happiness と聞こえてくるまで集中力を持続すること。values a stable society がキーワード。

2008 年度　3-(B)

# 16 (B)　集合住宅建設計画のための集まり

**[設問文から読み取ろう！]**

①最初に「ある集合住宅の建設をめぐる関係者の議論」とある。設問文を一読すると，建築場所や建物の計画が述べられると予測できる。

②「地方自治体」の関係者（人名），「建設予定地の状況」，「建物規制（禁止事項）」などが問われている。

③(2)では数字で答えなければならない。また(5)では「B プランを上から見た図」がどうなるか，を頭に描きつつ聞き取らなければならない。

(1)「地方自治体に勤めている人物は…」

ア「クラレンス氏」
イ「ボブ=ニュートン」
ウ「ヘレン=パーマー」
エ「ウェリントン氏」

▶ヘレン=パーマーの１番目のセリフ最終文参照。「都市計画室代表のクラレンス氏」と言っている。**アが正解。**

(2)「建設予定地の広さはおよそ…平方メートルである」

▶ヘレン=パーマーの４番目のセリフ第２段最終文参照。**「約 30,000 平方メートル」**と言っている。

(3)「ヘレン=パーマーは集まった人たちに，建設予定地は…と述べている」

ア「かつては小さな公園だった」
イ「すでにいくつかの家が建っている」
ウ「地方自治体のものである」
エ「便利で複雑ではない形をしている」

▶ヘレン=パーマーの４番目のセリフ第２段第３文参照。「申し分のない正方形の土地で，扱いにくい突き出た角や飛び出た部分がなく，２辺が道から非常に入りやすい」とある。**エが適切。**イについては同セリフ同段第２文を参照。「しっかりと住宅供給がなされている高級住宅地に，建設予定地がある」と言っているが，この予定地に住宅が建っているわけではない。

(4)「地方自治体の建設規制のため，建築家は…ことが禁じられている」

ア「壁を湾曲させたり角をつけて曲げたりする」
イ「建設地の 60 パーセント未満しか使わない」
ウ「10 メートルを超える建物を作る」
エ「住民が認めない色を使う」

▶ヘレン=パーマーの 4 番目のセリフ第 3 段第 2 文参照。その後半に「10 メートルを超えないものを建てることが要求されている」とある。**ウが適切**。

(5)「ヘレン=パーマーは他の人たちに 3 つのプランを示している。B プランの俯瞰図としてもっとも正確なものは次のどれか」

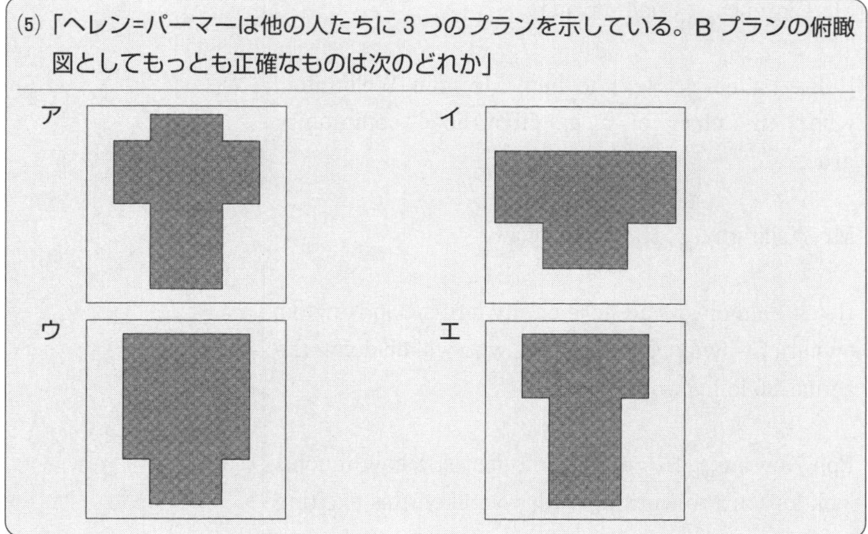


▶ヘレン=パーマーの 4 番目のセリフ第 4 段第 5 文参照。「B プランは大文字の T の形。もっとも，上の横棒が通常より長いが」とある。これに合う**イが正解**。

## ANSWER

(1)―ア (2) 30, 000 (3)―エ (4)―ウ (5)―イ

## スクリプト

## 発音

Helen Palmer❶ : Good morning and thank you for coming. As you know, we're here to discuss plans for the Prospect Hill site. But perhaps I'd better begin by introducing the members of this informal planning committee. On my right, Mr Clarence, representing the City Planning Office.

(1)

Mr. Clarence❶ : Good morning.

Helen Palmer❷ : Next to him, Mr. John Wellington, who's the chair of a neighbourhood community group.

Mr Wellington❶ : Hello, everyone.

Helen Palmer❸ : And here on my left is Bob Newton, owner of Newton Construction, who will be doing the actual building work.

Bob Newton❶ : Hi—and let me just say how much I look forward to working with you all on this exciting project.

Helen Palmer❹ : Thank you. To introduce myself—my name's Helen Palmer and I'm lead architect for the project, from Lindstrom Design.

Perhaps I can begin by setting out some of the basics, just to make sure that we're all on the same page, so to speak. The site itself is in a prime residential area with well-established housing, a good primary school almost next door, and several small parks in the area. It's a nice square site

(3)

## 全　訳

ヘレン=パーマー❶：おはようございます。お越しくださってありがとうございます。ご存知のように，プロスペクト=ヒルの建設予定地についての計画を話し合うためにお集まりいただきました。ですが，おそらく最初にこの非公式の計画委員会のメンバーをご紹介するのがよいかと思います。私の右にいらっしゃるのは，(1)<u>都市計画室代表のクラレンス氏</u>です。

クラレンス氏❶：おはようございます。

ヘレン=パーマー❷：彼の隣は，地域のコミュニティーグループの議長のジョン=ウェリントン氏です。

ウェリントン氏❶：みなさん，こんにちは。

ヘレン=パーマー❸：そして，私の左は，実際の建設工事を行うことになっているニュートン建設のオーナー，ボブ=ニュートンです。

ボブ=ニュートン❶：どうも，ひと言申し上げさせていただければ，このわくわくするような計画でみなさまといっしょに仕事ができることをたいへん楽しみにしております。

ヘレン=パーマー❹：ありがとうございます。自己紹介いたしますと，私はヘレン=パーマーと申しまして，リンドストローム設計の者ですが，この計画の建築主任でございます。

まず，基本事項をいくつか整理しておきましょう。いわば，念のために私たちがみんな共通の理解に立っているかの確認です。(3)<u>建設予定地自体は高級住宅地にあり，しっかりと住宅供給がなされておりまして，いい小学校がほんのすぐ隣といってよい近さにあり，地区内には小さな公園もいくつかあります。ここは申し分のない正方形の土地で，扱いにくい突</u>

## ポイント

(1)それぞれの固有名詞が出てきたら注意。Mr. Clarence で集中，the City Planning Office が解答のカギ。残りの人たちについても，確認のためにしっかり聞くこと。

(3) The site itself で注意喚起。「プラスイメージ」の情報であることは容易に理解できる。かなり音が連なっているので，1語1語を聞き取るより，流れをかたまりで捉えた方がよい。

## スクリプト

(2) without awkward angles or extensions, and there's excellent access on two sides. Finally, the site is of a substantial size, measuring about 30,000 square metres.

(4) On the other hand, there are a number of definite limitations. Local government regulations require us to build on no more than 60% of the total land area, and to build no higher than ten metres. We are also forbidden to use certain colours, such as shocking pink. Mr Clarence has already been kind enough to confirm that these rules cannot be 'bent' in any way.

Lindstrom Design has therefore prepared a number of plans for you to look at. These all consist basically of a three-storey building or buildings, containing around thirty modern living units in total. There will of course be many points of detail for us to discuss in future meetings, but I hope that we can focus today on the basic design layout. If you look at the overhead views in your information pack, you'll find Plan A—that's this one here—which is basically

(5) two separate L-shaped buildings. Plan B—here—is the shape of a capital T (though the top bar is unusually long). And Plan C is a square enclosure with a central garden area. These are of course just artist's drawings and we are not committed to the colours or design details you see here. We can talk about all that once we've decided on the basic layout.

Now, let me ask for comments and ideas. How do you feel about these different layouts?

## 発音

ウィザウトークウォーダンゴー

エクセレンタクセス

トートゥランダリア

セプレッテル

シェィパヴァカピトーティー

セントロガーデネリア

## 全 訳

き出た角や飛び出た部分がありませんし，2辺が道から大変入りやすくなっております。最後に，(2)敷地は相当の広さで，約3万平方メートルあります。

他方，はっきりした制限もいくつかあります。(4)地方自治体の規制で，建ぺい率は総面積の60パーセントまで，建物の高さは10メートルまでです。また，派手なピンクといった特定の色を使うことも禁止されています。ご親切にも，クラレンス氏が，こうした規制はいかようにも「曲げ」られることはないとすでに確認してくださっています。

したがいまして，リンドストローム設計では，みなさんにご覧いただくプランをいくつかご用意いたしました。これらのプランではすべて，基本的には3階建ての建物が1棟ないしは複数棟で，最新式の家族用住居が合計でおよそ30世帯分になります。もちろん，今後の会合で私たちが話し合うべき詳細な点はいくつもございますが，今日は，配置の基本設計に焦点が当てられればと存じます。情報資料に入っております俯瞰図をご覧いただければ，Aプラン，こちらのこれがそうですが，そのプランでは，基本的にL字型の建物が2棟になっております。(5)Bプランはこちらですが，こちらでは大文字のTの形です（もっとも，上の横棒が通常より長いですが）。そしてCプランでは，真ん中に庭園スペースを配し，それを四角く囲う形になります。もちろん，これらは単にデザイナーが描いたもので，ここにある色やデザインの詳細が確定しているわけではありません。そうしたことにつきましてはすべて，基本の配置が決定してから，話し合いたいと思います。

さて，何かご意見やお考えをお聞かせ願えますか。これらのそれぞれ異なった配置についてはどうお感じでしょうか。

## ポイント

(2) the site is of a substantial size で集中。thirty thousand はゆっくり発音されている。thirty で30とメモ，thousand で0が3つ，というように数値の言い方に慣れるとともに，うまくメモできるように練習しておきたい。

(4) Local government regulations で集中。no more than 60%, no higher than ten metres のように no＋比較級はその数値を超えないことを表す。つまり，60パーセント，10メートルまでなら大丈夫ということ。

(5) Plan B で注意喚起。a capital T の capital がわからなくても選択肢からも判断できる。unusually が多少聞き取りにくいが，the top bar と long がわかれば選べる。

# 16 (C) 集合住宅建設計画の話し合い

**[設問文から読み取ろう！]**

①「A プラン」と「C プラン」をめぐって意見が交わされている。
②「ウェリントン氏が A プランに反対している理由」，それに対する「ボブ=ニュートン」の意見，「ウェリントン氏が C プランを好まない理由」，「ヘレン=パーマーが述べる C プランの良い点」が順に問われている。
③(5)のディクテーションは，書き取る部分の前から印刷されており，親切。

(1)「ウェリントン氏が A プランに反対しているのは，彼が…と考えているからである」

ア「フェンネル通りで事故が起こるかもしれない」
イ「人々が仕事に行くのは危険だ」
ウ「駐車場から出て行く車に，地元の子どもがはねられるかもしれない」
エ「新しい集合住宅の子どもは学校へ行くのにライム通りを歩いていかなければならない」

▶ウェリントン氏の 3 番目のセリフ参照。「車の出入りする通りは子どもの通学路にあたり，事故を招くだけではないか」と述べている。よって**ウが正解**。

(2)「ウェリントン氏の反対意見に対処するのに，ボブ=ニュートンは…を提案している」

ア「フェンネル通りの安全性を高めること」
イ「新しい建物を少し南に移動すること」
ウ「クラレンス氏に安全の問題について考えてもらうこと」
エ「フェンネル通りを小学校へ行く道にすること」

▶ボブ=ニュートンの 2 番目のセリフ第 2 文参照。「2 つの建物をもう数メートル南に移動することができると思う」とある。したがって**イが正解**。

(3)「ウェリントン氏がＣプランを好まないのは，彼が…と考えているからである」

ア「中央に庭園スペースがある方がよい」
イ「建物が通りから３メートル以上離れることになる」
ウ「外から見ると，その集合住宅はあまり魅力的には見えない」
エ「建設者は集合住宅の価格を下げるのには気が進まない」

▶ウェリントン氏の７番目のセリフ参照。「向かいの家に住んでいる人たちは，威圧的な背面の壁を見るだけになり，それはあまり魅力的なものではない」と言っている。**ウが正解。**

(4)「ヘレン=パーマーがＣプランを気に入っているのは…からである」

ア「より広い駐車場ができる」
イ「以前にうまくいったプロジェクトと同じような設計だ」
ウ「幼い子どものいる人たちは，そういったデザインを好む」
エ「四角い構造は柔軟性がそれほどなく，したがってより安全だ」

▶ヘレン=パーマーの５番目のセリフ参照。「そこ（＝中央にある庭園スペース）は小さな子どもが遊ぶのには安全な場所で，幼い子どものいる家庭にはとても人気がある」と言っている。**ウが適切。**

(5)「話し合いの終わりで，次のようなやりとりが交わされる。放送されるとおりの正確な語句で空所を埋めよ」

ウェリントン氏：そう思いませんか。
ヘレン=パーマー：えー，みなさん，話し合わなくてはならないことが本当にたくさんあると思いますが，____？　私どもの以前のプロジェクトで，とてもうまくいった例をひとつ，ビデオでお見せしたいのですが。

▶ how about は about の最初が聞こえにくいかもしれない。「ハウアバウト」ではなく「ハーバウ」のように聞こえる。taking a はひと連なりに発音されるので，不定冠詞 a を忘れないように注意。また，from our discussion の部分は our が弱くなり，聞き取りにくいかもしれない。

## ANSWER

(1)―ウ　(2)―イ　(3)―ウ　(4)―ウ
(5) how about taking a short break from our discussion

| スクリプト | 発音 |
|---|---|
|  (1) Mr. Wellington❶ : Helen, if I understand this overhead view properly — I'm talking about the two L-shaped buildings in Plan A — you'd have a parking area all along Lime Street. Is that right ? | トーキンガバウ・ |
| Helen Palmer❶ : Yes, that's right. | |
| Mr. Wellington❷ : So there would be cars going out in the morning as people drive off to work ? | ゼァウォッビィカーズ |
| Helen Palmer❷ : There would indeed. | |
| Mr. Wellington❸ : Well, you see, lots of local children walk along Lime Street on their way to school in the morning. Isn't it just asking for accidents, if we have cars going in and out where primary school children are walking ? | ゴーインギナンナウッ |
| Bob Newton❶ : That's a very good point, Mr. Wellington. Now, as you know, the other access road is Fennel Avenue, which leads out onto the main road. (2) Do you think it would be safer to have the parking area face onto Fennel Avenue ? | ウィ・リーザゥタントゥ |
| Mr. Wellington❹ : Well, yes I do. | |
| Bob Newton❷ : What do you think of that idea Mr. Clarence ? We could move the two buildings a few metres to the south, to make space. | トゥザソウ・ |
| Mr. Clarence❶ : I don't see any problems from the Building Regulations point of view. | |

## 全 訳

ウェリントン氏❶：ヘレン，この俯瞰図を，(1)**Aプランの2棟のL字型の建物のことを言っているのですが**，それを私が正しく理解しているとしたら，駐車スペースは全部ライム通り沿いになります。それで合っていますか。

ヘレン=パーマー❶：ええ，そうです。

ウェリントン氏❷：ということは，朝人々が仕事へ行くとき，出て行く車があるということですね。

ヘレン=パーマー❷：たしかに。

ウェリントン氏❸：えー，ご承知でしょうが，**朝は学校へ行くのに，地元の子どもたちがたくさんライム通りを歩きます。小学生が歩いているところに車が出入りするのでは，事故を招いているだけではありませんか**。

ボブ=ニュートン❶：たいへんよいご指摘です，ウェリントンさん。それで，ご覧のように，もうひとつ出入りできる道はフェンネル通りで，こちらはそのまま大通りへつながります。(2)**駐車場をフェンネル通りに面するようにしたらもっと安全だと思いませんか**。

ウェリントン氏❹：ええ，そう思います。

ボブ=ニュートン❷：その考えをどう思われますか，クラレンスさん。場所を確保するために，**2つの建物をもう数メートル南に移動することができると思いますが**。

クラレンス氏❶：建築規制の点からは何も問題はないですね。

## ポイント

※男性が3人いるので，だれが発言しているのかわかりにくい。「だれ」を意識するより，発言内容に注意を払っておくこと。折々呼びかけで名前が入るので，そこでチェックするとよい。

(1) Plan A で注意喚起。A プランの確認が少し続くが，lots of local children で集中。asking for accidents がカギ。

(2) Mr. Wellington の懸念の内容から，it would be safer が注意喚起の合図になる。この直後では，まだ判断できない。集中力を持続。move the two buildings a few metres to the south が具体的な提案である。

| スクリプト | 発音 |
|---|---|
| Helen Palmer❸ : Hmm ... safety is a high priority, of course, but moving the parking area would mean that residents in the South Building would have significantly further to walk to and from their cars. In bad weather, you know ... | |
| Bob Newton❸ : That's very true, Helen. After all, we're expecting people to pay as much money for the South Building apartments as for those in the North Building. | |
| (3) Helen Palmer❹ : Perhaps we could look at Plan C instead ? How do you think local residents would feel about the square enclosure layout, Mr Wellington ? | フィーラバゥ・ザスクウエアーレンクロゥジャ |
| Mr. Wellington❺ : Well, the thing that strikes me about that is how close the building is to the street. I think the people living in the houses on the other side of the road would prefer the new apartments to be moved back a little more, if possible. | ポッスィボー |
| Mr. Clarence❷ : Yes, we'd like to see at least three metres between the building and the street—though I ought to say that's more of a recommendation than a strict rule. | |
| Bob Newton❹ : Unfortunately, with Plan C, we don't have the same flexibility, as builders. Moving this particular building is a lot more complicated, for various technical reasons. | テクニコー |
| Mr. Wellington❻ : Of course, I admit that for the people who live there, that garden area would be very nice. | |

## 全訳

ヘレン=パーマー❸：うーん，安全はもちろん最も優先すべきですが，駐車場を移動するということは，南棟の住民は車に行き来するのに，今の計画よりかなり歩かなくてはいけないということになりますね。天気が悪いとねえ…。

ボブ=ニュートン❸：それはまったくその通りですね，ヘレン。いずれにしても，こちらでは南棟の人にも北棟の人たちと同じ金額を払っていただくことを考えています。

ヘレン=パーマー❹：では，代わりに(3)Cプランを検討してはどうでしょう。四角く閉じた配置を地元の住民はどう感じると思われますか，ウェリントンさん。

ウェリントン氏❺：そうですね，そのプランで私が感じるのは，建物が通りとどれだけ接近しているかという点です。通りをはさんで向かいの家に住んでいる人たちは，新しい集合住宅が，できればもう少し奥へ退いてくれたらと思うのではないでしょうか。

クラレンス氏❷：そうですね，建物と通りの間に少なくとも3メートルはほしいですね。もっとも，厳格な規則というより，そうお勧めしたいということですが。

ボブ=ニュートン❹：残念ながら，Cプランでは，建設者の立場からすると前と同じような融通は利かないですね。この建物に限っていえば，動かすのはいろいろな技術的理由で，ずっと複雑です。

ウェリントン氏❻：もちろん，そこに住む人にとっては，庭園スペースはとても素敵なものだというのはわかっていますよ。

## ポイント

(3) Plan C で注意喚起。Mr. Wellington と呼びかけも入るので集中。people living … on the other side of the road「道の反対側に住んでいる人たち」のことを挙げている点に注意。ただ，この直後ではまだよくわからない。7番目のセリフの people living in the houses opposite で再び集中。not so attractive がカギになる。

| スクリプト | 発 音 |
|---|---|
|  Helen Palmer❺ : And it's a safe area for small children to play in—very popular with young families. | |
|  Mr. Wellington❼ : Well that's true, but on the other hand, people living in the houses opposite would only see these overwhelming back walls, Helen, which is not so attractive. Don't you agree ? | 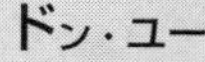 ドン・ユー |
|  Helen Palmer❻ : Well, I do think we have a great deal to talk about, gentlemen. But how about taking a short break from our discussion ? I'd like to show you a video presentation about one of our—very successful—earlier projects. | |

## 全　訳

ヘレン=パーマー❺：それに，(4)そこは小さなお子さんたちが遊ぶのには安全な場所ですよね，幼いお子さんのいるご家庭にはとても人気があります。

ウェリントン氏❼：ええ，たしかにそうですが，一方で，(3)向かいの家に住んでいる人たちは，威圧的な背面の壁を見るだけになるでしょう，ヘレン，それはあまり魅力的なものとは言えません。そう思いませんか。

ヘレン=パーマー❻：えー，みなさん，話し合わなくてはならないことがたくさんあるとは思うのですが，(5)ちょっと議論を中断するのはどうでしょう。私どもの以前のプロジェクトで，とてもうまくいった例をひとつ，ビデオでお見せしたいのですが。

## ポイント

(4)女性は 1 人だけなので，注意しやすい。a safe area for small children, very popular with young families で十分解答できる。

(5) short の t が飲み込み音になっていて聞こえない。また our の r を強く発音していないので，a と思うかもしれない。しかし，それなら長くはっきり発音されることはないので，よく考えて答えたい。

# 17 (A) 現代人が歩かない理由

**[設問文から読み取ろう！]**

①ウォーキングに関する話であることがわかる。
②ウォーキングは過去には人気があったが，最近人々は歩きたがらない。

(1)「話し手によると，歩くことは…の時期に最も人気があった」

ア「1800 年頃」　イ「1870 年頃」　ウ「1900 年頃」　エ「1970 年頃」

▶第 2 段第 1 文参照。「20 世紀への変わり目あたりで頂点に達したウォーキング黄金時代」とある。**ウが正解。**

(2)「話し手によると，最近で最もふつうの歩きとは…」

ア「運動としてのウォーキング」
イ「楽しみのための散歩」
ウ「車まで行く，あるいは車から降りてからの歩き」
エ「市立公園の中を歩き回ること」

▶第 3 段最終文参照。「駐車場と建物の間のような短い距離では人はまだ歩いている」とある。**ウが正解。**

(3)「話し手は，人々が郊外で歩くことを避ける理由をいくつか挙げている。彼が挙げていない理由は，郊外を歩くことは…ということだ」

ア「退屈である」　イ「奇妙である」　ウ「効率がよくない」　エ「危険である」

▶第 4 段参照。「述べられていないもの」を選ぶので，出てきたものをチェックして，何が残るか見ればよい。第 3 文に「郊外は面白くなく，退屈だ」とある。これがアに相当する。

▶第 4 文には「道が曲がっていて，実際よりも長い距離を移動しなくてはならない」とある。これがウに相当する。

▶最終文には「歩くことが日常的な行動ではないので，ふつうではないことをしているような落ち着かない気分になりかねない」とある。これがイに相当する。

▶エの「危険である」には触れていないどころか，最終文冒頭には「郊外は一般に安全だ」とあり，まったく逆のことが述べられている。**エが正解。**

(4)「話し手がサンフランシスコを“walking city”と呼ぶのは，…という意味である」

ア「サンフランシスコの人たちは，通常よく歩く」
イ「サンフランシスコは，歩いて移動するのが楽である」
ウ「サンフランシスコの通りは，たいへん広い」
エ「サンフランシスコは，心の郊外化には影響されていない」

▶第5段第2文に that kind of “walking city” とあり，聞き取るべき内容は，キーワードである walking city よりも前の第1文に出てくる。places where it（= walking）is a good way of getting around「歩くのが移動するのによい手段である場所」となっている。**イが正解**。

(5)「話し手によると，最近では人々は一般にほんの…しか歩きたがらないようである」

ア「約50ヤード」　イ「10分くらい」
ウ「5分くらい」　エ「およそ4分の1マイル」

▶最終段最終文後半参照。it is no more than the fifty yards or so「それはほんの50ヤード程度である」とあるので**アが正解**。it が指す内容 how far they are willing to walk は，長い同文の冒頭にあり，話についていけているかどうかがカギである。

## ANSWER

(1)―ウ　(2)―ウ　(3)―エ　(4)―イ　(5)―ア

## スクリプト

## 発音

Walking, in my opinion, is one of life's great pleasures: when we walk, we not only use our bodies in a healthy, enjoyable way, but also have time to observe both our own thoughts and the details of our surroundings in a way that is hardly possible if we are driving a car at forty miles an hour rather than walking at three miles an hour. Nowadays in the United States, however, walking is very much under threat from our car-centered culture.

(1) There was in fact a sort of golden age of walking that began in the late eighteenth century and reached a peak around the turn of the twentieth century, when walking was a common recreation, walking clubs were flourishing, and North Americans and Europeans were as likely to make a date for a walk as for a drink or a meal. By that time the nineteenth-century introduction of sidewalks and the creation of green city parks, such as New York's Central Park, which was completed in 1873, had made cities good places to walk. In addition, rural developments such as national parks were in first bloom.

ゴールデンネィジォヴォーキン
ゥリーチタピーカラウン・ザ
ルォロォ

Perhaps 1970, when the U.S. Census showed that the majority of Americans were — for the first time in the history of any nation — suburban, marks the end of this golden age. Suburbanization has radically changed the nature of everyday life, and ordinary Americans now perceive, value, and use time, space, and their own bodies in very different ways than they did before. (2) Walking still covers the short distances between parking lots and buildings, but walking as a cultural activity, as a pleasure, as travel, as a way of getting around, is fading.

※ダッシュは当然放送では聞こえない。文構造に注意。

パーキン・ロッアン・ビルディングズ

(3) American suburbs are built to be traveled around

トラヴダラウンディン

## 全訳

私の意見では，歩くことは人生の大きな楽しみの一つである。歩くとき我々は，健康的で，楽しく体を使うばかりか，自分自身の考えも，我々を取り囲むものの細部も，時速3マイルで歩かずに時速40マイルで車を運転していたなら不可能であろう仕方でじっくりと観察する時間が持てる。しかし合衆国では近ごろ歩くことは，車中心社会のために相当脅かされている。

実は，かつて(1)**ウォーキング黄金時代ともいうべきものがあり，それは18世紀の終わり頃に始まり，20世紀への変わり目あたりで頂点に達した**のだが，その頃には散歩はどこででも見られるレクリエーションであったし，散歩クラブが隆盛を誇り，北米人やヨーロッパ人はお酒を飲んだり食事をしたりするのと同じくらい，人と一緒に歩きに出かけていた。その頃には，19世紀に導入された歩道や，1873年に完成したニューヨークのセントラルパークのような市立の緑地公園建設のおかげで，都市は歩くのによい場所になっていた。さらに国立公園のような田舎の開発が盛んに行われた最初の時期だったのである。

たぶん，アメリカ人の大半が郊外居住者である――これはいかなる国でも史上初のことだが――ことが合衆国の国勢調査で明らかになった1970年に，この黄金時代が終わりを告げた。郊外化は日常生活の性質を根本的に変え，今やごくふつうのアメリカ人が，時間や空間，自分自身の身体を，以前とは非常に異なった仕方で理解し，評価し，使うようになっている。(2)**駐車場と建物の間のような短い距離では今でも人は歩いている**が，文化的活動，楽しみ，旅行，移動の手段としての歩きは廃れかけている。

(3)**アメリカの郊外は**車で移動するために建設され

## ポイント

(1)まず聞こえてくるのは the late eighteenth century「18世紀の終わり頃」である。reached a peak「頂点に達した」=「最も人気があった」のが around the turn of the twentieth century「20世紀への変わり目あたり」。何年代にあたるか落ち着いて考えること。

(2) still「今でも」に続く内容に注意（設問文中の in recent times「最近では」と対応）。between parking lots and buildings「駐車場と建物の間」とはどういうことか考えて答えを選ぶ。

(3) There are many reasons「多く

| スクリプト | 発音 |
|---|---|
| in by car ; people are no longer expected to walk, and they seldom do. There are many reasons for this. Suburbs generally are not exciting place to walk, and the experience of moving through them can become very dull indeed at three miles an hour instead of forty or sixty. Moreover, many suburbs were designed with curving streets that vastly expand distances ; sometimes, in order to reach a destination only a quarter of a mile away, the traveler must walk or drive more than a mile. Also, although suburbs are generally safe, since walking is not an ordinary activity, a lone walker may feel ill at ease about doing something unexpected and unusual. | ダリンディード<br>アクウォーターオヴァマイラウェイ<br>イラッティーズ |
| Walking is thus an ineffective means of transportation in the suburbs, but the suburbanization of the American mind has made walking increasingly rare even in places where it is a good way of getting around. San Francisco, where I live, is very much that kind of "walking city," yet even there people routinely drive distances that could be covered more quickly on foot. For example, once I made my friend Maria — who is a surfer, an athlete, and a world traveler—walk for about ten minutes from her house to a restaurant on Sixteenth Street, and she was surprised and pleased to realize how close it was, for it had never occurred to her before that it was accessible on foot. People have a clear sense of how far they are willing to walk ; urban planners generally suppose that it is around a quarter of a mile, the distance that can be walked in about five minutes, but in fact it seems to have shrunk until now it is no more than the fifty yards or so from car to building. | アニフェクティヴミーンズ<br>(4) グッ・ウェイアヴゲテインガラウン<br>オカー・タハー<br>※こもる r 音が連続して聞き取りづらい個所。<br>(5)<br>バティンファー・ト |

## 全 訳

ている。人々はもう歩くことは求めておらず，実際めったに歩かない。これには多くの理由がある。郊外は一般に，歩いても面白くない場所であり，時速40マイルとか60マイルではなく3マイルでそこをとおってみれば，実際，退屈きわまりないものになる。さらに，多くの郊外は曲がった道になるように設計されており，これが距離を大幅に伸ばしてしまう。場合によっては，ほんの4分の1マイル離れたところにある目的地に行くのに，1マイル以上歩いたり車を走らせたりしなければならないこともある。また，郊外は一般に安全ではあるものの，歩くことが日常的なものではないため，1人で歩いていると何か思いもよらぬふつうでないことをしているような落ち着かない気持ちになりかねない。

このように，歩くことは郊外では効率の悪い移動手段であるが，アメリカ人の郊外化の精神のせいで，(4)歩くのが移動するよい手段である場所でさえ，歩くことはだんだんまれになってきている。私の暮らしているサンフランシスコは，大いにそういった「歩く町」である。しかしそこでさえ，人々は歩いた方が早い距離でもお決まりのように車で移動する。たとえば，前に一度友達のマリア——彼女はサーファーであり，アスリートであり，世界中を旅している——に彼女の家から16番街にあるレストランまで10分ほど歩いてもらったことがあるが，すると彼女はそれがどれほど近いかわかって驚くとともに喜んだ。というのは，それ以前には歩いていけるということが一度として思い浮かんだことがなかったからだ。人は，(5)どのくらいなら自分が進んで歩く気になるかということについて，はっきりとした感覚を持っている。都市計画者は一般に，4分の1マイル程度だと考えているが，これは5分ほどで歩ける距離である。しかし，現在ではそれ（＝歩く気になる距離）は，実のところ車から建物へ行くほんの50ヤード程度に縮まってしまったように思える。

## ポイント

の理由がある」で集中。直後に1つ目の理由が挙がる。Moreover「さらに」で2つ目，Also「また」で3つ目，という合図になるので，それぞれの個所に集中。Moreoverで2つ目に挙がった理由は直後のセミコロン以下で例が挙げられていることに注意。この文を一言で要約すれば，“inefficient”ということになる。

(4)キーワードである“walking city”の内容は，その直前に述べられている。何を言っていたか選択肢を使って確認しなおそう。放送は2回あるのだから，あわてる必要なし。

(5)解答の根拠となる文が長い。around a quarter of a mile「およそ4分の1マイル」やabout five minutes「およそ5分」も聞こえてくるが，カギはbut in fact「しかし実のところ」である。つまり，前に聞こえたものは「実情とは異なる」ということ。そのあとに注意を払い，no more than the fifty yards or so「ほんの50ヤード程度」を聞き取る。

# 17 (B) 魔術信仰の社会的機能——講義

2007年度 3-(B)

**[設問文から読み取ろう！]**

①エヴァンズ=プリチャードという人物が，アフリカのアザンデ族を研究していた。
②アザンデ族は魔術や託宣を信じていたが，これらは社会にある程度役立っていた。

(1)「話し手（シェルビー教授）は次の文を述べる。放送されるとおりの正確な語句で空所を埋めよ」

「エヴァンズ=プリチャードは1920年代後半に中央アフリカへ行き，アザンデ族の人々，彼らの伝統的な＿＿を研究した」

▶第1段の最終文が解答個所にあたる。書き取る部分は短いが，customs の s を聞き逃したり，way の前に a を「勝手に」入れてしまう間違いをしないように注意。

(2)「話し手は，アザンデ族は…と信じていたと言う」

ア「魔法使いは病を癒すことができる場合が多かった」
イ「魔術は，生まれつきの才能，能力である」
ウ「魔法使いは昼の光の中では生きられない」
エ「魔術は魔力を意識的に使うことによる」

▶第3段参照。第3文に「アザンデ族は，魔術を遺伝による霊的な力と見なしていた」とあり，inherited は直後で「父から息子へ，あるいは母から娘へ」と言い換えられている。**イが正解**。他の選択肢と関連する語句も聞こえるが，単語だけではやはり判断できないので周辺をしっかり聞き取りたい。

(3)「エヴァンズ=プリチャードの記述によれば，アザンデ族のある託宣は…」

ア「魔術を調べるものである」
イ「王子を死から守る」
ウ「だれかを病気にする方法である」
エ「隣人たちの間の疑念を増す」

▶oracle という語が初めて出てくるのは第4段第3文だが，「託宣」がどういうものかはすでに講義の前半で述べられている。test は直前にあり耳に残るだろう。文頭の For this purpose の「この目的」が何かを聞き逃したら，同段の冒頭で述べられているので２回目でしっかり確認をとること。アが正解。

(4)「ニワトリ託宣は，さまざまな点で間違うこともある。話し手によると，間違う理由のひとつは…ことである」

ア「ふつうのニワトリが使われていたかもしれない」
イ「魔法使いが問題を認識していないかもしれない」
ウ「ニワトリが疑り深くて毒を食べないかもしれない」
エ「怒りと敵意が託宣の結果に干渉するかもしれない」

▶ the chicken oracle に関することは長々と述べられているが，最終段第２文が参照個所の中心。「託宣を完全に裏づけるには…まさに最高のニワトリだけを使うことに依存していた」とある。アが適切。

(5)「話し手によると，アザンデ族の魔術に対する信仰は，彼らの社会が支障なく機能するのに役立っていた。なぜならば…からである」

ア「魔法使いは通常礼儀正しかった」
イ「王子が魔法使いを保護した」
ウ「人々は託宣があてにできないこともあるのを知っていた」
エ「魔力を受け継いだ魔法使いだけが罰せられた」

▶最終段参照。第２文の However「しかし」以下で実情が述べられている点に注意。Also「また」のあとが参照個所。「託宣は間違った結果を出すこともあると人々は信じていた」とある。ウが正解。

## ANSWER

(1) customs and way of life　(2)―イ　(3)―ア　(4)―ア　(5)―ウ

## スクリプト

Prof Shelby : OK. Today's seminar continues the topic of African systems of belief. I'm going to sum up some of the main points from our text by Evans-Pritchard, and then I hope we'll have an interesting question-and-answer session. As you know, Evans-Pritchard went to central Africa in the late 1920s to study the Azande people, their traditional customs and way of life.

The resulting book, published in 1937, has become a classic of anthropology, and it is still widely read today. Evans-Pritchard carefully describes the various forms of magic used by the Azande. Though he clearly does not accept these beliefs himself, he is able to see that they have a useful and constructive role in Azande society. Evans-Pritchard does not dismiss these beliefs as foolish or irrational, as anthropologists of an earlier generation might have done.

According to Azande belief, some people—witches—have special magical power. They are able to use this power at night, to harm others, for example, to strike a nearby rival with anything from minor illness to death. According to Evans-Pritchard, the Azande saw witchcraft as an inherited spiritual power, passed from father to son, or from mother to daughter. It could not be taught, and in fact, it might remain unused throughout the witch's whole life. It could also operate without the witch's knowledge or consent.

Now, how do you know when witchcraft is being used? If someone is using witchcraft against you, how do you discover who it is? For this purpose, the Azande used a kind of test which Evans-Pritchard

## 発音

タピッカヴアフリクンスィステムズ

ダズナッタクセッ・

イラシォノー

アザンニンヘリティド

## 全 訳

シェルビー教授：では始めましょう。今日のゼミはアフリカの信仰体系の話題の続きです。これからエヴァンズ=プリチャードのテクストの要点をまとめ，そのあと興味深い質疑応答の時間が持てたらと思います。知ってのとおり，エヴァンズ=プリチャードは1920年代後半，アザンデ族の人々，彼らの伝統的な(1)習慣や生活様式を研究するために中央アフリカへ行きました。

1937年に出版されたその報告は，人類学の古典となり，今日でもまだ広く読まれています。エヴァンズ=プリチャードはアザンデ族が使うさまざまな魔術の形態を丹念に描写しています。彼自身はこうした信仰を受け入れていないのは明らかですが，それらがアザンデ族の社会においては有用で建設的な役割を果たしていることは理解できました。エヴァンズ=プリチャードは，こうした信仰をばかばかしくて非合理的なものと退けてはいません。初期の人類学者たちならそうしたかもしれませんがね。

(2)アザンデ族の信仰によれば，ある人たち――要するに魔法使いですが――そういう人たちは特別な魔力を持っているのです。彼らは，他の人々に害を及ぼすのにこの力を夜使うことができます。たとえば，近くにいる対抗者に軽い病気から死にいたるまで，あらゆる打撃を加えるために使うのです。エヴァンズ=プリチャードによれば，アザンデ族は魔術を，遺伝する，つまり父親から息子へ，あるいは母親から娘へと受け継がれる，霊的な力と見なしていました。それは教えることはできないし，実際，魔法使いの生涯を通して使われないまま終わるかもしれないものだったのです。また，魔法使いが知らないうちに，あるいは承諾しないでもその力がはたらいてしまうこともありました。

(3)さて，魔術が使われていることはどうやってわかるのでしょうか。だれかがあなたに対して魔術を使っているとして，それがだれだかどうやって発見しますか。この目的のために，アザンデ族の人たち

## ポイント

(1) and は「アンド」ではなく「アン」くらいになるが，「ア」と違って「飲み込み」の間があることで区別できる。自分でも and way of life と a way of life を声に出して言ってみると違いが体感できる。

(2) saw witchcraft as an inherited の部分がひと連なりに聞こえてくるので，inherited が聞き取りにくいかもしれないが，そのあと passed from father to son, or from mother to daughter と言い換えがされているので，そこで理解を補いたい。It could not be taught「教えられない」もヒントになる。

(3)キーワードである oracle が出てきたときには，それがどういうものかはすでに述べられたあとである。同段冒頭では，疑問文の形で話題提示をしており，それが For this pur-

| スクリプト | 発音 |
| --- | --- |
| called an oracle. The most reliable kind of oracle was the chicken oracle, and indeed, chickens were kept mostly for this purpose. Suppose your wife is ill, and you suspect that a neighbour, jealous of her good looks, is using magic to make her unwell. You give a special substance—a kind of poison—to a chicken, saying, 'If my neighbour is responsible for my wife's illness, let this chicken die'. If the chicken dies, your suspicions are confirmed. | オラコー<br>ワィフィズイォ |
| You might think that this would create anger and resentment between members of Azande society. (4) (5) However, full confirmation of the oracle's message was expensive and depended on using only the very best chickens, which belonged to the Prince. Also, people believed that an oracle might give the wrong result because someone was using magic to influence it. So even in Evans-Pritchard's time, it was rare for people who were thought to be witches, to be punished in any serious way. Instead, people politely asked the witch—who after all might not be aware of the problem—to control his or her magic. In this way, the Azande beliefs in magic did not, in practice, seriously damage relations between neighbours. Evans-Pritchard had the insight to realise that these beliefs about magic helped Azande society to function smoothly and well. | |

## 全　訳

は，エヴァンズ=プリチャードが託宣と呼ぶ一種のテストを使いました。最も信頼できる託宣はニワトリ託宣で，実際，ニワトリは主にこの目的のために飼われていたのです。あなたの妻が病気で，あなたは彼女の美貌をねたんだ隣人が彼女を病気にする魔術を使っていると疑っているとしましょう。あなたは「もし隣人が妻の病の原因なら，このニワトリを死なせよ」と言いながら，ニワトリに特殊な物質，毒の一種ですが，それを与えます。もしニワトリが死ねば，あなたの抱いた疑いが確証されたということになります。

こんなことをすればアザンデ族の社会を構成する人々の間に怒りと敵意が生まれると思うかもしれません。(4)(5)しかし，託宣を完全に裏づけるにはお金がかかり，まさに最高のニワトリだけを使うことに依存していたのですが，最高のニワトリは王子のものだったのです。また，だれかが託宣に影響を及ぼす魔術を使っているせいで，託宣が間違った結果を出すかもしれないと人々は信じていました。ですから，エヴァンズ=プリチャードの時代でも，魔法使いと考えられた人々がひどく罰せられるということはまれだったのです。代わりに人々は魔法使いに魔力を抑えてくれるように丁寧に頼みました。もっとも，魔法使いの方は起こっている問題に気づいていないかもしれないのですが。このように，アザンデ族が魔術を信じていても，実際には，隣人たちの関係を著しく損なうことはありませんでした。エヴァンズ=プリチャードは，魔術に対するこうした信仰はアザンデ族の社会が円滑にうまく機能するのに役立っていると気づく洞察力を持っていたわけです。

## ポイント

pose「この目的で」につながることを押さえる。

(4)・(5) However 以降は前文とは逆（つまり託宣では社会に怒りも敵意も生まれない）の内容が続くと予想できる。その1つ目が，「完全な託宣には王子のニワトリが必要であること」（これが(4)の答え）であり，2つ目が，Also のあとの「託宣が間違った結果を出すかもしれないと人々は信じていた」（これが(5)の答え）である。However や Also などの接続表現に注意。

# 17 (C) 魔術信仰の社会的機能——討論

2007 年度 3-(C)

**[設問文から読み取ろう！]**

①討論には，シェルビー教授の他に，少なくともルミコ，ジョー，ドンの 3 人が参加している。

②エヴァンズ=プリチャードやアザンデ族についての質疑応答が行われる。

(1)「ルミコがスコットランド人の友人に言及しているのは，…と考えているからだ」

ア「彼が一種の魔術を信じている」

イ「彼がよく占い師のところへ行く」

ウ「彼にはすぐれたユーモアのセンスがある」

エ「彼がたぶんジョーと同じ意見だ」

▶ルミコの１番目のセリフ参照。第１文で「魔法を本当に信じている人はたくさんいると思う」と述べ，そのあと列挙している具体例のひとつに，ウサギの足（＝幸運のお守り）を持ち歩いているスコットランド人の友人のことが出てくる。**アが適切。**

(2)「ジョーの意見では，アザンデ族の魔術に関する信仰は…」

ア「ニワトリに対して残酷すぎる」

イ「ほんの少数の人に信じられているだけである」

ウ「あまりに理屈に合わないので研究する価値がない」

エ「彼らの社会においては，それほど重要な役割を持っていない」

▶決め手は，シェルビー教授の５番目のセリフ最終文で「ジョー，もし彼ら（＝アザンデ族）の信仰が間違っているとしたら，彼らは研究する価値がないと思うか」と尋ねているのに対するジョーの返答。「正しかったら，もっとおもしろい」つまり「間違っているからおもしろくない」というのがジョーの意見。**ウが適切。**

(3)「次の文は，ドンが最初に主張をするときに言うものである。放送されるとおりの正確な語句で空所を埋めよ」

「シェルビー教授は何が彼らの社会をまとめ，うまく機能させているかを説明したいと思っていらっしゃいます。なぜ____十分な理由だと____？」

▶ can't のtの「存在」が認識できるかどうかが第1のポイント。these are all はひと連なりの音として聞こえてくる。特に these are が聞き取れることが重要だ。

(4)「シェルビー教授によると，エヴァンズ=プリチャードは…」

ア「アザンデ族の社会が時とともに変わってしまったのがわかった」
イ「人類学の性質に関して自分の意見を変えた」
ウ「アザンデ族と意思疎通するのに通訳を必要とした」
エ「人類学者たちの動機は込み入っていることが多いのに気づいた」

▶シェルビー教授の9番目のセリフ参照。第2文に「彼の姿勢も時がたつと変わった」とある。**イが正解**。単語だけで反応すると，motives are often complicated（第1文）でエ，translating「翻訳する」（最終文）でウかと思ってしまうかもしれない。

(5)「ドンが『なるほど，ありがとうございます』と言うとき，彼は…というシェルビー教授の考えを受け入れていることを意味している」

ア「人類学は，確固たる事実を客観的に集めることではない」
イ「エヴァンズ=プリチャードは，自分の仕事が実際の役に立つと考えていたかもしれない」
ウ「人類学は，異なる思考方法を通訳することだ」
エ「エヴァンズ=プリチャードはアザンデ族の人々が家族の概念を理解する手助けをしたいと思っていた」

▶シェルビー教授の10番目のセリフ参照。it's not impossible that …「…ということはありえないわけではない」=「…ということもありうる」という少々持って回った表現の理解が重要。that 節の内容は「彼は現実の世界で何らかの具体的な利益になればと思っていた」なので，**イが正解**。

## ANSWER

(1)―ア　(2)―ウ
(3)(Why) can't we say (that) these are all (good reasons ?)
(4)―イ　(5)―イ

| スクリプト | | 発音 |
|---|---|---|
| Joe❶ | : Professor Shelby, I have a question. | |
| Shelby❶ | : Go ahead, Joe ... | |
| Joe❷ | : You mentioned the attitude of earlier anthropologists—that these beliefs are just *wrong*, a primitive superstition. | |
| Shelby❷ | : Yes. | |
| Joe❸ | : Well, my question is : weren't those early anthropologists right ? Surely, none of *us* believe in magic, do we ? | ナノヴアㇲ |
| Shelby❸ | : That's a good question. What do the rest of you think about that ? | |
|  (1) Rumiko❶ | : I think a lot of people do believe in magic. How many people think it's bad luck to break a mirror ? How many people go to fortune-tellers for advice about the future ? I have a Scottish friend who carries a rabbit's foot around with him everywhere he goes ... | バッ・ラッ・ㇳ ブレイカミラ<br>フッㇳラウン・ウィズィム |
| Joe❹ | : That's not the same, Rumiko. People who do those things just do it as a joke. | ジャㇲㇳドゥイタザ |
| Rumiko❷ | : I don't agree. *Some* people are pretty serious about these things. | |
| Joe❺ | : A small minority, maybe. But it's not widespread, is it ? It's not the basis of our society. | |
| Shelby❹ | : Well, for the sake of argument, suppose we agree with Joe that the Azande beliefs of that time were mistaken. What follows from that ? | |
| Joe❻ | : It shows that their whole way of life was totally different from ours. | |

## 全 訳

ジョー❶：シェルビー教授，質問があります。

シェルビー❶：どうぞ，ジョー。

ジョー❷：こうした信仰は端的に間違っていて，原始的な迷信だとする，初期の人類学者の態度についてふれられました。

シェルビー❷：ええ。

ジョー❸：僕の質問は，そういう初期の人類学者たちは正しかったのではないか，ということです。間違いなく，僕たちのだれも魔法なんて信じていないですよね。

シェルビー❸：それはいい質問ですね。他の人たちはそれについてどう思いますか。

ルミコ❶：(1)魔法を本当に信じている人はたくさんいると思います。鏡を割ってしまうのが不吉だと考える人がどれほどたくさんいるでしょうか。どれだけ多くの人が将来について助言をもらうために占い師のところへ行くでしょう。私には，どこへ行くにもウサギの足を肌身離さず持っているスコットランド人の友だちがいます。

ジョー❹：それは話がまた別だよ，ルミコ。そういうことをする人たちはただ冗談でやっているだけだ。

ルミコ❷：そうかしら。こういうことに相当真剣な人もいるわ。

ジョー❺：たぶん，ごく一部の人はそうかもしれない。でも，そんなに広くは見られないよね。僕たちの社会の基盤にはなっていない。

シェルビー❹：えー，議論の糸口として，当時のアザンデ族の信仰は間違っているというジョーの意見に従うことにしてみましょう。そこから次に言えることは何でしょうか。

ジョー❻：彼らの全生活様式が僕たちのとは完全に違うということを示しています。

## ポイント

(1)ルミコの発言の意図が何であるかを最初につかむことがポイント。a lot of people do believe in magic の do は「本当に，現に」を表す強調の do。このあとの発言は，スコットランド人の友人も含めて，「魔術を信じている人が多い」ことの実例である。

| スクリプト | 発音 |
| --- | --- |
| Rumiko❸: So you think we have nothing to learn from them ? | |
| Joe❼: Well, do you want *us* to start poisoning chickens ? | |
| Shelby❺: Our job is to understand how other societies work—or worked at a particular time. We might adopt some idea from a given culture, or we might not. But our first task is to understand what the idea really is. (2) Joe, do you think that if their beliefs are wrong, they're not worth studying ? | マイタダプ・ |
| Joe❽: Well, they'd be *more* interesting if they were right, wouldn't they ? | |
| Rumiko❹: Not at all. It's more interesting to see how their beliefs can make sense to them, even if they *are* wrong. | |
| Shelby❻: Don, you have a question .... | |
| Don❶: Yes. Surely we can study the same thing for very different reasons. Joe thinks we should study something to improve our own way of doing things. Rumiko wants to understand the way they think. Professor Shelby wants to explain what holds their society together and makes it work. (3) Why can't we say that these are all good reasons ? | |
| Shelby❼: That's an interesting point, Don. | |
| Don❷: And I have a related question about this. | クウエスチョンナバゥ・ディス |
| Shelby❽: Go ahead .... | |
| Don❸: I'm curious about Evans-Pritchard himself. | |

## 全訳

ルミコ❸：じゃあ，彼らから学べることは何もないってことね。

ジョー❼：それなら，僕たちにもニワトリに毒を盛らせたいわけ？

シェルビー❺：私たちのつとめは，他の社会がどのように機能しているのか，あるいは特定の時期に機能していたのかを理解することです。ある文化から何らかの考えを採用するかもしれないし，しないかもしれない。ですが，第一にすべきことは，その考えが実際どういうものなのかを理解することです。(2)ジョー，もし彼らの信仰が間違っているとしたら，彼らは研究する価値がないと思いますか。

ジョー❽：そうですね，彼らが正しかったら，もっと興味深いのではないでしょうか。

ルミコ❹：全然そんなことないわ。たとえ間違っていても，どうして彼らの信仰が彼らにとって意味を持ちうるのかを理解する方がずっとおもしろいわ。

シェルビー❻：ドン，何か質問があるのですね。

ドン❶：はい。きっと，同じことを実にさまざまな理由で研究できると思います。ジョーは僕たちの物事のやり方をよりよくするために何かを研究するべきだと思っているし，ルミコは彼らの考え方を理解したいと思っています。シェルビー教授は何が彼らの社会をまとめ，うまく機能させているかを説明したいと思っていらっしゃいます。(3)これらすべてが十分な理由だとは言えませんか。

シェルビー❼：それは興味深い点ですね，ドン。

ドン❷：もうひとつこれに関連した質問があります。

シェルビー❽：どうぞ。

ドン❸：僕はエヴァンズ=プリチャードその人に好

## ポイント

(2)ここまででジョーが魔術というものを懐疑的に見ているということを理解しておきたい。ジョーの発言は仮定法過去であり，その「ウラ」を読みたい。were が強調されているのも「もし正しかったら」=「実際には正しくない」という気持ちの表れである。

(3) can't の t は「飲み込み音」になって「ト」とは聞こえない。can we と can't we を自分でも声に出して言ってみれば違いが体感できる。these are all の，特に these are はひとかたまりの音として流れてくる。これを聞きわけるには，音のつながりやリズムを日頃自ら声に出していることが重要。

| スクリプト | 発音 |
|---|---|
| What was *his* motive for studying the Azande? | |
| Shelby❾ : Well, motives are often complicated. Also his attitude changed over time. In the 1930s, he seems to have seen himself as a scientist, objectively collecting solid facts. By the 1950s, however, he had decided that anthropology is not a science, but a matter of translating between two very different ways of thinking. | スィームズタハヴスィーンニムセォフ |
| Don❹ : Did Evans-Pritchard think of his work as pure research — knowledge for its own sake—or did he think it would have some useful practical result? | イッ・ウッダヴ |
| Shelby❿ : It's hard to be sure, but it's not impossible that he hoped for some concrete benefits in the real world. | イッツナッツティンパスィボー |
| Don❺ : I see, thank you. | |
| Shelby⓫ : Well, time's up, I'm afraid. Thanks for your questions. Next week we'll be looking at African concepts of the family. | |

(4) (5)

## 全　訳

奇心をそそられます。アザンデ族を研究しようと思った，彼の動機は何だったのですか。

シェルビー❾：うーん，動機というのは込み入っていることが多いですね。それに，(4)時がたつと彼の姿勢も変わりました。1930年代には，彼は自分を確固たる事実を客観的に集める科学者だと考えていたようです。しかし，1950年代には，人類学は科学ではなく，2つの非常に異なる思考様式の間に橋をかけることだと結論していました。

ドン❹　：エヴァンズ=プリチャードは，自分の仕事を純粋な研究，つまり知識のための知識と考えていたのですか。それとも，何か実際の役に立つ結果を持つものと考えていたのでしょうか。

シェルビー❿：はっきりと言うのは難しいですが，(5)彼が現実の世界で何らかの具体的な利益になればと思っていた，というのはありえないことではないですね。

ドン❺　：なるほど，ありがとうございました。

シェルビー⓫：えー，残念ながら時間がきたようです。質問を出してくれてありがとう。来週は家族に関するアフリカの人々の概念を見てみましょう。

## ポイント

(4)解答のポイントになる個所が短く，聞き取りやすい。選択肢では同じ語句を使っていないことが多いので，聞き取った内容から判断するように注意したいところである。

(5) it's not impossible の not は強調して読まれるので聞き取りやすい。ただ，これが続く im-とひと連なりに聞こえてくる。即座に単語に変換できなくても，音のかたまりとしてとらえ，あとで possible ではなく impossible だと判断できればよい。

2006 年度　3-(A)

# 18 (A) 英国のサマータイム

**[設問文から読み取ろう！]**

①英国の時間のシステムに関する話であることがわかる。

②年代などが多く見られることから，この時間のシステムの歴史が述べられると思われる。

**(1)「デイライト=セービング=タイムは…」**

ア「1907 年に英国で初めて使われた」
イ「グリニッジ平均時としても知られている」
ウ「10 月に時計を進めることを意味する」
エ「英国では 1 年のうち 7 カ月使われている」

▶第 1 段最終文～第 2 段第 1 文参照。「3 月終わりから 10 月終わりにかけて，…英国のサマータイムが使用される。英国のサマータイムは，デイライト=セービング=タイムとしても知られているが…」とある。**エが正解。**

▶ Daylight Saving の直訳は「日光の節約」だが，これだけでもイやウはあやしいと推測できる。アの「1907 年」は「初めて提案された」年。

**(2)「ウィリアム=ウィレットのもともとの提案では，時計は…変えられる」**

ア「1 年に合計 8 回」
イ「3 月に 1 回，10 月に 1 回」
ウ「夏の間ひと月に 20 分ずつ」
エ「4 月の第 4 日曜日と 9 月の第 4 日曜日に」

▶第 2 段第 4 文参照。「4 月の 4 回の日曜日ごとに 20 分ずつ進め，9 月の 4 回の日曜日ごとにそれを戻す」という方法。**アが正解。**

(3)「英国の時計は，…夏に2時間進められていた」

ア「1971年まで」　イ「1916年以降，毎年」
ウ「第二次世界大戦中」　エ「第一次世界大戦中の一時期」

▶第4段第3文参照。「第二次世界大戦中は，夏の時計はグリニッジ平均時より2時間進んでいた」とある。**ウが正解。**

(4)「1968年から1971年の間に使われていたデイライト=セービング=タイムのパターンは…」

ア「英国の企業には好都合だった」
イ「徐々にヨーロッパ中に取り入れられた」
ウ「主にエネルギーを節約するために取り入れられた」
エ「冬に学校へ行く子供にはよかった」

▶第4段第4～6文参照。「ヨーロッパの他の地域と同じ時間帯にするために，1年中グリニッジ平均時よりも1時間進んでおり，企業には都合がよかったが，冬は真っ暗なうちに学校へ行かなくてはならない子供にはたいへんだった」とある。**アが正解。**

(5)「現在の時間のシステムは…」

ア「冬の夕方をより暗くすることはない」
イ「子供が友だちと遊ぶのが楽になっている」
ウ「道路事故につながるので，批判されている」
エ「いくつかの不都合な点があるので，そのうち変更されそうだ」

▶第5段第1～2文参照。「10月の終わりに時計を平均時に戻す（＝現在のシステム）と，冬の間，車の運転が危険になる。冬には夕刻の死傷事故が多い」とある。**ウが正解。**

▶「10月の終わりに時計を戻す」のが「現在のシステム」であることは即座にはつかみにくいが，消去法も併用すれば正解を絞りこめるはず。

## ANSWER

(1)ーエ　(2)ーア　(3)ーウ　(4)ーア　(5)ーウ

| スクリプト | 発音 |
|---|---|
| If it's midnight in Tokyo on Saturday, October 28th, 2006, what time is it in London? Four in the afternoon, eight hours behind. But just one day later, on October 29th, when it's midnight in Tokyo, it will be 3 p.m. in London. London is suddenly nine hours behind. How is this possible? Well, here's the answer: for five months, from the last Sunday in October through to the last Sunday in March, Britain uses standard global time, known as Greenwich Mean Time. (1) But from late March to late October, its clocks are moved one hour forwards, and it uses British Summer Time. | ミッ・ナイティン トウキオウ<br>ナインナワーズビハインド<br>グロウボー |
| British Summer Time—or Daylight Saving Time as it's also known—was first proposed in 1907 by a Londoner called William Willett. He had noticed that in the summer the sun had already been shining for several hours in the morning by the time most people woke up. But in the evening, it was already getting dark by the time they were on their way home. (2) He therefore proposed advancing Britain's clocks in April, putting them forwards by twenty minutes on four Sundays in a row, and then, at the end of the summer, putting them back on four Sundays in September, again by twenty minutes on each occasion. That way, British people would get an extra eighty minutes of sunlight every day from the beginning of May to the end of August. | |
| This proposal wasn't accepted at the time, and it wasn't until the First World War that Daylight Saving Time was introduced in Britain as part of the wartime effort to save energy. When it was introduced in 1916, though, the system, like today's, was simpler than the one proposed by Mr. Willett: | ウォズンタクセプテイッダッ・ザタイム |

## 全訳

今東京が 2006 年 10 月 28 日土曜日の真夜中だとしたら，ロンドンは何時だろうか。8 時間遅れた午後 4 時である。しかし，ちょうど 1 日後の 10 月 29 日だと，東京が真夜中の頃，ロンドンは午後 3 時である。突然，ロンドンは 9 時間遅れになる。どうしてこのようなことが起こるのだろうか。実はこれが答えだ。10 月最後の日曜日から 3 月最後の日曜日までの 5 カ月間，英国では，グリニッジ平均時として知られている世界標準時を使っている。しかし，(1)3 月の終わりから 10 月の終わりにかけて，英国では時計が 1 時間進められて，英国のサマータイムが使用されるのである。

英国のサマータイムは，デイライト=セービング=タイムとしても知られているが，1907 年にウィリアム=ウィレットというロンドン市民によって初めて提案された。彼は，夏にほとんどの人が起きるまでに，朝すでに太陽が数時間も照っていることに気づいていた。しかし，夕方人々が家路につくまでにすでに暗くなり始めている。(2)そこで彼は，4 月の 4 回の日曜日ごとに 20 分ずつ英国の時計を進め，夏の終わりには 9 月の 4 回の日曜日ごとにまた 20 分ずつ戻すことを提案した。そうすれば，英国の人々は 5 月の初めから 8 月の終わりまでの間，毎日 80 分余分に日光を得られるようになるというわけである。

この提案はその当時は受け入れられず，第一次世界大戦のときになってやっと，戦時中のエネルギー節約の取り組みの一環として，デイライト=セービング=タイムが英国に導入された。しかし，1916 年に取り入れられたときには，そのシステムは，ウィレット氏が提案したものより単純な，今日でも使われているものになった。時計は春に 1 時間進められ，

## ポイント

(1)キーワードの Daylight Saving Time は，解答のポイントとなる説明が終わってから出てくる。2 回目で必ず確認が取れるように注意しておこう。「3 月終わりから 10 月終わりにかけて」が何カ月になるか，計算を間違えないように。

(2) He … proposed で集中。説明は比較的長く，少々込み入っている。four Sundays を the fourth Sunday と聞き違えないことが大きなポイント。注意個所の最後に on each occasion とあることもヒント。1 回きりなら each「それぞれの」とは言えない。

## スクリプト

the clocks were advanced one hour in spring, and returned to Greenwich Mean Time in autumn.

Some form of Daylight Saving Time has been in use in Britain ever since. There have been some variations in the system, however.

During the Second World War, for example, the clocks in summer were *two* hours ahead of Greenwich Mean Time. Later, from 1968 to 1971, clocks ran one hour ahead throughout the whole year. The main reason for this particular version of Daylight Saving Time was to put Britain in the same time zone as the rest of Europe. This worked well for businesses, but it was hard on schoolchildren who lived in the north of Britain, who in winter had to go to school in the morning in complete darkness. In 1972, Britain returned to the original system, using Daylight Saving Time only in summer.

However, safety experts argue that putting the clocks back at the end of October makes driving more dangerous throughout the winter. They estimate that about 450 deaths or serious injuries are caused every month in the winter by that hour of evening darkness. Children are particularly at risk: in the morning they usually go directly to school, but in the evening they tend to spend more time outside, either playing or on their way to the houses of friends. Despite this disadvantage, however, there are—for the time being at least—no plans to change the current system.

## 発音

hours ahead of: アウワーザヘッダヴ

at risk: アッ・リスク

either: アイザー
※もとは《英》「アイザー」,《米》「イーザー」だったが,現在は,国による区別はあいまい。

## 全 訳

秋にグリニッジ平均時に戻されるといったものである。

それ以後，なんらかの形のデイライト=セービング=タイムが英国では使われている。しかし，いくつか違ったシステムも存在する。(3)たとえば，第二次世界大戦中は，夏の時計はグリニッジ平均時より2時間進んでいた。(4)のちに，1968年から1971年の間は，1年中1時間進められた。この特殊なパターンのデイライト=セービング=タイムが使われた主な理由は，英国の標準時間帯をヨーロッパの他の地域と同じにするためだった。これは，企業には都合がよかったが，英国の北部に暮らしている学齢の子供たちにはつらいものであった。冬の間は，朝まだ真っ暗な中を学校へ行かなければならなかったからだ。1972年に，英国はもとのシステムに戻り，夏の間だけデイライト=セービング=タイムを使うようになった。

(5)しかし，保安の専門家たちは，10月の終わりに時計を戻すことで，冬期の運転がより危険なものになると主張している。彼らの見積もりでは，冬の間，夕方に薄暗い時刻が生じるせいで，毎月約450件の死亡事故や重傷の事故が起きているという。特に子供たちが危険にさらされている。朝は，たいていまっすぐ学校に行くが，夕方は遊んだり友だちの家に寄ったりして，もっと長い時間を外で過ごす傾向があるからだ。だが，この短所にもかかわらず，少なくとも当面は，現在のシステムを変える計画はない。

## ポイント

(3)解答となる During the Second World War は，設問でのキーワード two hours forwards（スクリプトでは two hours ahead）より前に出てくる。耳に聞こえてくる情報をその順序のまま「蓄えて」いく習慣をつけよう。

(4)ここはキーワードの from 1968 to 1971 が先に出てくるので注意は払いやすいが，説明が長い。選択肢とすり合わせて絞りこむことになる。たとえば，The main reason と聞こえたら，即座に選択肢ウの in order to 以下とすり合わせて取捨する。

(5)設問の順序から考えて The current time system についての言及は，いちばん最後に来るものと予想しておく。その上で消去法を用いれば正解を絞りこめるはず。(4)同様聞こえたものから処理すればよい。

2006年度　3-(B)

# 18 (B) 新素材を生む技術――記者会見

**[設問文から読み取ろう！]**

①場面はある架空の新素材に関する記者会見で，その新素材は「X15」と呼ばれているらしい。

②トニーの前置きのあと，フレミング博士がプレゼンテーションをするようだ。

(1)「X15という名前は…」

ア「機密に属する」
イ「一時的なものにすぎない」
ウ「すでによく知られている」
エ「暗号の一部である」

▶トニーのセリフ第1段第2文後半参照。「さしあたってX15と呼んでいる」とある。**イが正解**。フレミング博士のセリフ第3段第3文にも「今のところX15と呼んでいる」と述べられているので，ここを参照してもよい。

(2)「次の文は，トニーが行った，記者会見の前置き部分で述べられる。放送されるとおりの正確な語句で空所を埋めよ」

「ですが，フレミング博士のプレゼンテーションに続いて，質疑応答の＿＿」

▶ anが聞き取りにくいが，there is構文なのだから，文法的に考えて不定冠詞が必要だと判断したい。その際も，うっかりaとしないように注意。

(3)「フレミング博士がX15を青銅にたとえているのは…からだ」

ア「どちらも作るのが比較的容易である」
イ「どちらも3つの主な段階を経て発展してきた」
ウ「どちらも混合という製法で作られる」
エ「どちらもこれまで人類の歴史の中で重要だった」

▶フレミング博士のセリフ第1段第2文～第3段第1文参照。X15と青銅の共通点は，mix，combine，uniteといった語で示されているように，「混合・結合」がなされる点にある。**ウが正解**。

(4)「ニューファイバー=インダストリーは…（して）いない」

ア「シリコンと秘密の素材を結合して」
イ「きわめて軽く丈夫な素材を作って」
ウ「X15 を衣料やデータ送信に応用して」
エ「さまざまな素材にはたらきかける新しい技術を発見して」

▶フレミング博士のセリフ第 3 段参照。第 2 文よりアとエが，第 3 文よりイが消去できる。第 4 文に「衣料やデータ送信に応用できると考えている」とあり，応用は今後のことであるから，残った**ウが正解**。

(5)「次の文は，サリー=フレミングのプレゼンテーションの終わり近くで述べられる。放送されるとおりの正確な語句で空所を埋めよ」

「もちろん，私たちはまだこのすばらしい新領域のスタートに立ったところであり，顕微鏡レベルでどのように力や素材を管理するかについては____」

▶比較的聞き取りやすいが，still have と much to learn がそれぞれひとかたまりに聞こえる点に注意。

## ANSWER

(1)ーイ (2) there will be an opportunity (3)ーウ (4)ーウ (5) still have much to learn

| スクリプト | 発　音 |
|---|---|
| Tony : Ladies and gentlemen, let me welcome you to Nufiber Industries. We've called today's press conference to announce our discovery of a revolutionary new material, which for the time being we're calling X15. We believe it has the potential to transform the way we live. | マテリオー |
| (1) | |
| In a moment, I'm going to ask the Project Leader, Dr. Sally Fleming, to explain all about X15. As you will understand, some information concerning X15 is sensitive and cannot be released. But following Dr. Fleming's presentation, there will be an opportunity to ask questions. Sally, over to you. | エクスプレインノーラバウ・テクス<br>ゼアゥオビーアノポチユニティー |
| (2) | |
| (3) SF : Thank you, Tony. Perhaps the easiest way to explain X15 is to use a concept which is already familiar. You all know that it's possible to mix metals. Bronze, for example, is made of copper and tin, and it is harder than pure copper. You also know that bronze was a vitally important material in human culture and development. Most human cultures have passed through three main ages, named after the material from which tools were generally made—a stone age, a bronze age, and an iron age. | メトーズ |
| Now what does all this have to do with X15? Combining metals is relatively easy : you simply melt the two metals and physically mix them. Human beings learned to do this more than five thousand years ago. Other elements, of course, combine naturally : hydrogen and oxygen combine to form water. But there are many substances which do not want to combine. If only we could persuade | |

## 全訳

トニー：みなさん，ニューファイバー=インダストリーへようこそ。本日記者会見を開きましたのは，革命的な新素材の発見について発表するためです。(1)我々はさしあたってこの素材をX15と呼んでおります。この素材は，我々の生活様式を大きく変える可能性を秘めていると信じております。

すぐあとで，プロジェクト主任のサリー=フレミング博士に話を聞き，X15について細かく説明してもらいます。ご理解いただけると思いますが，X15に関する情報の中には，機密に属するため公表できないものもあります。ですが，フレミング博士のプレゼンテーションに続いて，質疑応答の(2)時間を設けております。サリー，どうぞ。

SF：ありがとう，トニー。(3)おそらく，X15を説明するのに最も簡単な方法は，すでにおなじみの概念を使うことでしょう。金属を混合することができるのは，みなさんご存知ですね。たとえば，青銅は銅とスズから作られ，それは純銅よりも硬いです。また，青銅は人類の文化や発展にとってきわめて重要な素材だったこともご承知のとおりです。人類の文化はほとんどが3つの主要な時代を経てきています。一般に種々の道具を作るのに使った素材にちなんで，石器時代，青銅器時代，そして鉄器時代と名づけられています。

さて，こうしたことがいったいX15とどのような関係があるのでしょうか。金属を混合するのは比較的易しいことです。ただ2つの金属を溶かし，物理的に混ぜるだけです。人類は，このことを5,000年以上も前に学びました。もちろん，他の元素も自然に結合しています。水素と酸素が結合すれば水になります。しかし，結合したがらない物質もたくさんあります。こうした結合しにくいもの同士をなんとか結合させさえすれば，すばらしい新素材が生ま

## ポイント

(1) for the time being「さしあたって」を知っておきたい。これがわかっていれば，あとで出てくる some information concerning X15 is sensitive にも惑わされないだろう。

(2) there will be はひとまとまりの音として聞こえてくる。「エル」の音は，「オ」「ウ」程度にしか聞こえない。またそのあとの不定冠詞の an はもともと弱くしか読まれないのに加えて，あとに続く opportunity の冒頭の母音と「溶け合う」ように発音されている。

(3)参照個所は3段に及ぶ。要点を押さえよう。下線部に注目しつつ大まかに流れをつかむと，［①金属（青銅）は混合可能→②金属では混合は容易→③結合困難な物質を結合させることで新素材（X15）が誕生］のようになるだろう。X15と青銅では，難易の差こそあれ，「混合・結合」される点が共通である。

| スクリプト | 発音 |
|---|---|
| reluctant partners such as these to unite, they might produce wonderful new materials—as important to our way of life as bronze once was. | リラクタン・パー・ナーズサチァ・ズィーズ |
| Well, that's what we at Nufiber have done. By using a completely new technique for working on materials at the microscopic level, we have discovered how to combine silicon and another material whose name we cannot reveal into microscopic thread-like structures. The resulting material, called X15 for now, is both light and strong as well as extremely stable chemically. We believe that, as a result of this unique combination of characteristics, X15 will have important applications in such areas as clothing and data transmission. | ユニー・カンビネィション |
|  Of course, we are still at the beginning of this exciting new field, and we still have much to learn about how to control forces and materials at the microscopic level. But I think it's important to stress that X15 is not just a *chemical* discovery. What we've discovered is a new technique for working on the micro-structure of any material. X15 is only the first practical result of using this new technique. | |

## 全 訳

れるかもしれません。これは，青銅がかつてそうだったように，私たちの生活には重要なことなのです。

さて，それこそが，私たちがニューファイバーで行ったことなのです。(4)顕微鏡レベルで素材にはたらきかけるまったく新しい技術を使って，シリコンと，名前は明かせませんが，ある素材とを結合し，非常に微細な糸状の構造体を作る方法を発見しました。その結果生まれた，現在X15と呼んでいる素材は，化学的にきわめて安定しているだけでなく，軽くて丈夫です。この独特な特徴を組み合わせた結果として，X15は衣料やデータ送信といった分野で重要な応用ができると思っています。

もちろん，私たちはまだこのすばらしい新領域のスタートに立ったところであり，顕微鏡レベルでどのように力や素材を管理するかについては，(5)まだ明らかにすべきことがたくさんあります。しかし，私は，X15がただの化学的な発見なのではないと強調することが重要だと思っています。私たちが発見したものは，どのような素材であれ，そのミクロレベルの構造にはたらきかける新技術なのです。X15は，この新技術を使った実用的な結果の第1号にすぎません。

## ポイント

(4)いわゆる「当てはまらないもの」を選ぶ問題なので，1カ所だけ把握してもだめである。選択肢をよく読んで，出てきたものからチェックすること。この問題では，選択肢と本文で使われている語句が同じものがほとんどなので，聞き取りやすい。

(5)比較的聞き取りやすいが，(2)のwillと同様，stillの語尾の「エル」は「ウ」程度で，次のhaveと合わさって聞こえる。much to learnもmuchの-chとtoのtが同じ舌先を歯に当てて破裂させる音であるため，これらが一体に聞こえる。

# 18 (C) 新素材を生む技術——質疑応答

**[設問文から読み取ろう！]**

①前問(B)に続く記者会見で，X15 に関する質疑応答が行われるらしい。

②フレミング博士，トニーに加え，ジム=フレデリクス，スズキヨウコといった人物が発言するらしい。

(1)「ジム=フレデリクスは『デイリー=ヘラルド』紙の名前を挙げたが，それは…からだ」

ア「トニーが人々に彼らの（所属する）組織を述べるように頼んだ」
イ「ジムは有名な新聞社に勤めているのが誇りだ」
ウ「フレミング博士が『デイリー=ヘラルド』紙は重要だと考えている」
エ「『デイリー=ヘラルド』紙はよく科学に関する記事を載せている」

▶トニーが1番目のセリフ第3文で「質問の前に，お名前と所属なさっている組織をおっしゃってください」と言っている。**アが正解。**

(2)「ジム=フレデリクスは…を心配している」

ア「科学の進歩を妨げること」
イ「X15 を徹底的にテストする費用」
ウ「環境に対する危険の可能性」
エ「この発表の意外性」

▶ジムの1番目のセリフ第1文および第3文参照。「環境に関する質問があります」，「X15 には何か環境面での危険性があるとみていますか」と言っている。3番目のセリフでも「何か他の素材が X15 と相互作用して何らかの危険なことになるという可能性は？」と問うている。**ウが正解。**

(3)「スズキヨウコは…」

ア「K2ラジオの人である」
イ「3列目にいる」
ウ「K2ファッションの人である」
エ「2列目にいる」

▶トニーの2番目のセリフ第2文参照。「2列目…いえ，3列目の方，どうぞ」と言ったあとにスズキヨウコが発言している。**イが正解**。なお，ヨウコが所属しているのはK2テレビである。

(4)「フレミング博士は，X15の重要な実用的利点は…ことだと言っている」

ア「清潔さを自ら保つ」
イ「人の寿命を延ばす」
ウ「装飾品を作るのに使える」
エ「切れたあと，またつながる」

▶フレミング博士の5番目のセリフ参照。two advantages「利点は2つ」として，ひとつ目に「丈夫であること」を挙げている。これは選択肢にないので，2つ目に注意。self-healing properties「自己修復性」でもわかるが，そのあとit can heal itself，it can fix itselfと2回言い直していることで確認できる。**エが正解**。

(5)「スズキヨウコはX15がファッション産業にとっては問題かもしれないと言っているが，それは…からだ」

ア「作るのにお金がかかりすぎる」
イ「人工的に染色しなくてはならない」
ウ「人々は，絹のような天然素材の方を好むだろう」
エ「人々はそれほどたくさん新しい服を買う必要がなくなるだろう」

▶ヨウコの4番目のセリフに「それはファッション産業にとっては悪い知らせかもしれませんね」とある。「それ」は直前のフレミング博士の言葉「X15で作ったドレスやスーツは一生ものですね」（7番目第2文）を受けている。丈夫で長持ちするなら，それほど買い替えなくてよい。**エが正解**。

## ANSWER

(1)―ア (2)―ウ (3)―イ (4)―エ (5)―エ

スクリプト　　　発　音

(1)

Tony❶: Thank you, Dr. Fleming. Ladies and gentlemen, I'd like to invite questions now. Could I ask you to give your name and organisation before asking your question...

(2)

JF❶: I have a question about the environment. Oh, my name is Jim Fredriks and I'm the science correspondent for the *Daily Herald*. Dr. Fleming, do you foresee any environmental dangers in X15 ?

SF❶: Thank you—that's an important question. X15 should pose no more of a threat to the environment than glass—which it resembles in some ways.

モーロヴァスレッ・

JF❷: I see. Have you done actual tests to support this or are you basing your belief just on the nature of the material ?

SF❷: Well, we wanted to make this announcement as quickly as possible of course. But there is a program of experiments currently under way, looking for unexpected effects.

JF❸: It's possible, for example, that some other material might interact with X15 in some harmful way ?

SF❸: It's most unlikely, but that's the kind of thing we're looking for, yes.

JF❹: Well, in that case, don't you think you should

## 全 訳

トニー❶：ありがとうございます，フレミング博士。それではみなさんからご質問をお受けしたいと思います。(1)質問の前に，お名前と所属されている組織をおっしゃってください。

JF❶：(2)環境に関して質問があります。ああ，私の名前はジム=フレデリクスで，『デイリー=ヘラルド』紙の科学部の通信員です。フレミング博士，X15には，何か環境面での危険性があるとみておられますか。

SF❶：ありがとうございます，それは重要な質問ですね。X15はガラスと同程度に環境には危険はないはずです。X15とガラスはいくらかの点で似ているのです。

JF❷：なるほど。このことを裏付ける実際の試験はすでにされたのですか。それとも，単にその素材の性質に基づいてそう思われているだけですか。

SF❷：そうですね，もちろん私どもとしてはこの発表をできるだけ早くしたいと思っておりました。ですが，思いがけない影響が出ないか，一連の実験プログラムは現在進行中です。

JF❸：たとえば，何か他の素材が，X15と相互作用して何らかの危険なことになるという可能性は？

SF❸：それは非常に可能性が薄いですが，現在調べているのは，まさにそういうことです，ええ。

JF❹：じゃあ，その場合，X15を世に出す前にもっ

## ポイント

(1) give your name and organisation の name はゆっくり発音されている。organisation は前の and とひと連なりに発音されており，少しとまどうかもしれない。

(2) Jim は最初に「環境に関する質問がある」と述べ，名前を名乗ったあと，再び「何か環境面での危険性があるとみていますか」と言っている。キーワードの environment(al) は聞き取りやすいので，選択肢とすり合わせれば容易に選べる。

| スクリプト | 発音 |
|---|---|
| test X15 more thoroughly before releasing it into the environment ? | |
| SF❹: I understand your concern. But I don't think we can hold back progress just because there *might* be some danger which we can't presently foresee ... | |
| JF❺: Or are you just trying to save money ? | |
| (3) Tony❷: Let's move on to the next question. The person in the second ... no, third row, please ... | |
| YS❶: Thank you. I'm Yoko Suzuki and I'm with K2 Television. Dr. Fleming, you mentioned clothing as a possible application for X15. Could you tell us more about that ? | テラスモーラバウザッ・ |
| (4) SF❺: I'd be glad to. X15 has two advantages over standard artificial fibres. One is that it's stronger. The other is that it has remarkable self-healing properties. If an X15 microfibre is damaged, it can heal itself. Even if it comes apart completely, it can fix itself if the two halves are not too far from each other. | |
| YS❷: That's amazing. But as cloth, how flexible would it be ? | |
| SF❻: As light and flexible as the finest silk. | |
| YS❸: But also long-lasting ? | |

## 全 訳

と徹底したテストをするべきだと思われませんか。

SF❹：ご懸念はわかります。ですが，目下予見できない何らかの危険があるかもしれないというだけで，前進をやめることはできないと思いますが…。

JF❺：あるいは，単に費用の節約をしようとしているんじゃないですか。

トニー❷：次の質問に移りましょう。(3)2列目…いえ，3列目の方，どうぞ。

YS❶：ありがとうございます。スズキヨウコと申します。K2テレビの者です。フレミング博士，X15が応用できる可能性のあるものとして衣類を挙げられました。そのことについてもっとお話しいただけますか。

SF❺：もちろんです。(4)X15は通常の人工繊維に比べて2つ利点があります。ひとつは，より丈夫であること。もうひとつは，注目に値する自己修復特性があるということです。もしX15のマイクロファイバーが傷ついたら，自分で修復するのです。たとえ，完全に切れてしまったとしても，半分になった2つがそれほど離れていなければ，自己修復できます。

YS❷：それは驚きですね。でも，布としてはどれほどのしなやかさがありますか。

SF❻：最も上等な絹と同じくらい軽くてやわらかですよ。

YS❸：それでいて長持ちもしますか。

## ポイント

(3) the second と言ってから no とはっきり発音しているので，third に注意は向くだろう。ただ，ヨウコが発言するのがこのあとなので，前に出てきた情報を頭の中で手繰り寄せることになる。

(4)新素材の利点なので，フレミング博士はゆっくり強調して述べている。self-healing ははっきり聞き取れる。言い換えている個所でも heal itself はとりわけゆっくりなので，選択肢と異なる語句ではあるが，意味を考えることは難しくない。

| スクリプト | 発音 |
|---|---|
|  (5) SF❼: Yes indeed. A dress or suit made of X15 would last a person's lifetime. | |
| YS❹: That sounds like bad news for the fashion industry! | |
| SF❽: Maybe so. But there's a piece of good news too. X15 can be coloured, of course, but its natural appearance is iridescent. It reflects light like the surface of a soap bubble, or like an insect's wing. You know, bronze is a very beautiful metal—people still make ornaments from bronze. I think it's wonderful that X15 is beautiful too. | オヴァソウ・バボー |
| Tony❸: Ladies and gentlemen, that's all we have time for. Thank you all for coming. Please remember to pick up your information packs at Reception as you leave. | |

## 全 訳

SF❼：ええ，もちろんです。(5)X15で作ったドレスやスーツは，一生ものですね。

YS❹：それはファッション産業にとっては悪い知らせかもしれませんね。

SF❽：そうかもしれません。でも，いいこともありますよ。X15はもちろん染めることができますが，そのままで真珠光沢があります。石鹸の泡の表面やある昆虫の羽根のように光を反射するのです。ご存知のように，青銅はたいへん美しい金属ですね。今でも青銅で装飾品を作ります。X15が美しいということもすばらしいことだと思いますよ。

トニー❸：みなさん，時間となりました。お越しくださり，ありがとうございました。お帰りの際には，受付で情報資料一式をお受け取りになるのをお忘れなきようお願いします。

## ポイント

(5) would last の last が多少聞き取りづらい。ただ，その前にヨウコが long-lasting と言っているので，それが聞き取りの準備になるだろう。選択肢は表現をひとひねりしてあるので，「長持ち」が「ファッション産業にとって悪いニュースになる」のはなぜか考えよう。

2005 年度　3-(A)

# 19 (A) 今日のエネルギー問題

**[設問文から読み取ろう！]**

①さまざまなエネルギー源（従来のもの・原子力・風力）について，とくにそれぞれの問題点について論じていることがうかがえる。

②数値に関する情報が読まれるようだ。計算もあるかもしれない。

(1)「従来のエネルギー源に関する次の問題のうち，話し手が直接言及しているのはどれか」

ア「石炭，石油，ガスの使用は地球温暖化の原因になる」

イ「私たちは石炭，石油，ガスのようなエネルギー源を使い尽くしつつある」

ウ「石炭，石油，ガスは，大気汚染の原因になる『汚れた』形態のエネルギーである」

エ「石油と天然ガスの生産は，限られた数の国に管理されている」

▶第1段第2文後半～最終文参照。「これらのエネルギー源には限りがある。遅かれ早かれ，石油は無くなり，炭鉱は空になってしまうだろう」とある。イが正解。

(2)「原子力に関する次の問題のうち，話し手が直接言及しているのはどれか」

ア「原子力発電所は，実は天然資源を浪費している」

イ「原子力発電所は，テロ行為の目標になりうる」

ウ「原子力技術は，核兵器を作るのに使われる可能性がある」

エ「原子力は，過去の大きな事故のせいで，ヨーロッパでは不人気である」

▶第2段第3文後半参照。「原子力発電所に大事故やテロ攻撃があれば，大惨事になるだろう」とある。イが適切。

(3)「空所に数字を入れて問い(a)，(b)に答えよ」

(a)「今日，英国にはいくつの風力発電機があるか」

「[　a　] の風力発電機がある」

(b)「新しい風力発電基地が稼動するようになれば，合計何戸の英国の家庭が風力発電電力を供給されることになるか」

「およそ [　b　] 戸である」

▶(a)第4段第4文参照。Britain's eight hundred and sixty-two (862) wind power generators「英国にある862の風力発電機」とある。3ケタくらいの数は，聞いてすぐわかるようにしておきたい。

▶(b)第4段第4文参照。すでに供給を受けているのがtwo hundred and sixty thousand (260,000) = 26万戸。新しい風力発電基地が稼動したらanother four hundred thousand (400,000) homes「さらに40万戸」が電力供給を受けるだろうとある。合計すれば，66万戸になる。ケタの大きな数ではあるが，細かくはないので聞き取りやすい。

(4)「新しい風力発電基地に関して，最大の苦情は何か」

ア「風景の中で風力発電基地は目立ちすぎる」
イ「風力発電基地ではあまり多くの人を雇わないし，新しい仕事を生むわけでもない」
ウ「風力発電基地のある地域では住宅価値が下がっている」
エ「風力発電基地によって生じる競争で，炭鉱産業が崩壊しかけている」

▶第5段第4～最終文参照。地元の人たちは自然の美しい風景の中に風力発電機が立ち並ぶのに反対している。また第6段第4～最終文では，「観光客は美しい風景を見に来るのであって，風力発電機が立ち並んでいるのを見に来るのではない」という観光産業関係者の言葉を挙げている。**アが正解。**

(5)「ダン=バーロウの主張の要点を最もよく表しているのは次のどれか」

ア「気候変動を止めることの方が，景観を保存することよりも重要だ」
イ「ヨーロッパの専門技術が，世界中に風力発電基地を建設するのに使われるべきだ」
ウ「環境保護団体は，風力発電基地問題のことで対立するのをやめて，協力し合うべきだ」
エ「公害を起こさないエネルギー源への転換の方が，環境保護団体を支援するよりも重要だ」

▶ダン=バーロウの発言の引用は最終段第3～最終文。「気候変動のせいで，生命や住む場所が危険にさらされているというのに，景観のことで文句を言うのはぜいたくだ」というのがその主旨である。**アが正解。**

**ANSWER**

(1)―イ (2)―イ (3)(a) 862 (b) 660, 000 (4)―ア (5)―ア

## スクリプト

## 発 音

Energy is a big problem in the world today. The disadvantages of traditional energy sources like coal, oil, and natural gas have been obvious for a long time,
(1) and we now have to face the fact that these energy sources are limited. Sooner or later, there won't be any oil left and the coal mines will be empty.

There was a time when nuclear power seemed to
(2) be the answer. But now we know that nuclear power, too, has major problems. The waste products are dangerous and impossible to get rid of, and a major accident or terrorist attack at a nuclear power plant would be disastrous. So, where do we go from here ? Perhaps we can look to Europe for some answers.

ゲッ・リダヴ

In Europe today, an increasingly popular response to the energy problem is to concentrate on energy sources that are *not* limited. More and more European projects are being planned to gather energy from so-called 'renewable sources,' that is to say, energy from the sun, from waves, and from wind.

ザターナッ・

In Britain, a recent government report proposed that by 2020 at least 20 % of the country's electricity could be produced by renewable energy sources. Wind power is at the center of the British plan. Not only is wind power clean, renewable, and inexpensive — Britain is also the windiest country in Europe.

(3) Britain's 862 wind power generators already supply roughly 260,000 homes with energy, and a new 'wind farm' in the west of Britain will soon start supplying another 400,000 homes with power.

But not everybody is happy with this solution to the national energy problem. Many of the people who live in areas where wind farms are being planned are

(4) complaining. What's the problem ? Well, wind farms

## 全　訳

　今日の世界ではエネルギーが大きな問題になっている。石炭，石油，天然ガスのような従来のエネルギー源の不利な点は，ずっと以前から明らかであり，いまや(1)こうしたエネルギー源には限りがあるという事実を正視しなければならなくなっている。遅かれ早かれ，石油は無くなり，炭鉱は空になってしまうだろう。

　原子力が解決策のように思われたときもあった。しかし，現在では(2)原子力にも大きな問題があることがわかっている。廃棄物は危険で，処理することができず，原子力発電所に大事故やテロ攻撃があれば，大惨事になるだろう。では，これからどこに向かえばよいのだろうか。もしかすると，いくつかの解決策を得るのにヨーロッパに目を向けることができるかもしれない。

　今日のヨーロッパで，エネルギー問題の答えとして徐々に広まっているのは，有限でないエネルギー源に目を向けることである。ヨーロッパでは，いわゆる「再生可能エネルギー源」，つまり太陽や波や風から得られるエネルギーを集める計画が，ますます多く立てられている。

　英国では，最近の政府の報告で，2020 年までには国の電力の少なくとも 20 パーセントを再生可能エネルギー源によって生み出すことができるということが示された。英国の計画の中心をなしているのは風力である。風力は公害を起こさないし，再生可能でコストがかからないというだけでそう言っているのではない。――英国はヨーロッパで最も風の吹く国でもあるのだ。(3)英国にある 862 の風力発電機はすでにおよそ 26 万戸に電力を供給しており，英国西部の新しい「風力発電地帯」は近いうちにさらに 40 万戸に電力を供給し始める。

　しかし，同国のエネルギー問題に対するこの解決策にすべての人が満足しているわけではない。風力発電地帯の建設が計画されている地域に暮らしている人たちの多くは，不満を述べている。何が問題な

## ポイント

(1)… are limited は聞き取りやすい。それを言い換えた Sooner or later 以下の部分でも won't be の両方が強く発音され「無くなるだろう」と言っていることがよくわかる。

(2) nuclear power, too, has major problems に注意。The waste products「廃棄物」と選択肢アを勘違いしないように。a major accident と聞こえてくるが，would be disastrous と「大惨事になるだろう」と言っていることで，エの major past accidents と区別したい。

(3)数値の聞き取りは「3 ケタずつ聞き取る」のがコツ。(a)は細かい数値だが，eight hundred で 800 はすぐ浮かぶだろう。あとは sixty-two だけであり，そのまま意味も取れる。(b)では 2 つの数値を聞き取る必要がある。いずれも大きな数値だが，two hundred and sixty を聞き取れれば，あとは thousand でゼロが 3 つ増えるだけ。

| スクリプト | 発音 |
|---|---|
| are usually located in wild, open country — often, very beautiful country. People want to live in those areas because they love the wild scenery. They are very strongly against the idea of hundreds of wind machines suddenly appearing in the middle of their favourite landscape. | ロッケイティディン<br>アピャリンギンザミドラヴ |
| Home-owners are not the only people protesting. In Scotland, for example, where some huge wind farms are now being planned, people fear the loss of local jobs. As James McNab of the Tourist Association explains: "In Scotland, we've lost our ship-building industry, our steel industry, our coal-mining industry — and now the government seems determined to take away our tourist industry as well. Tourists and visitors come here to see natural, beautiful scenery. They don't want to see miles and miles of wind machines stretching across the landscape." | スカッ・ラン・<br>シッ・ビルディンギンダストリ |
|  Not surprisingly, people from environmental groups disagree. Dan Barlow, for example, says that the anti-wind-farm groups are missing the point. "It's a luxury," he says, "to complain about the visual impact of wind farms while the lives and homelands of millions of people around the world are at risk from climate change. Scenery is nice, but life and death should come first." | クライメッ・チェインジ |

## 全 訳

のだろうか。じつは(4)風力発電地帯は通常，自然のままの，広々とした土地――非常に美しい地方であることが多い――に設けられる。人々はその手付かずの風景を愛しているからこそこうした地域に暮らしたいと思っているのだ。彼らは，自分たちの気に入っている風景の真ん中に突如として風力発電機が何百も立ち現れるという構想にたいへん強く反対している。

反対の声を上げているのは，そこに居を構えている人たちだけではない。たとえば，スコットランドでは現在巨大な風力発電地帯がいくつか計画されている最中なのであるが，人々は地元の仕事が無くなることを恐れている。観光協会のジェームズ=マックナブは次のように説明している。「スコットランドでは，これまでに造船業を失い，鉄鋼業を失い，炭鉱業を失ってきました。――そして今，政府は観光産業までをも奪うことに決めたようです。旅行者やここを訪れる人たちは，自然の美しい風景を見にやって来るのです。この景色に何マイルも風力発電機が広がっているのを見たいのではありません」

当然のことだが，環境保護団体の人たちの意見は違う。(5)たとえば，ダン=バーロウは，風力発電地帯に反対している団体は大事な点を見逃していると言う。「ぜいたくなんですよ」と彼は言う。「世界中で何百万もの人たちの生命やふるさとが気候変動のために危険にさらされているときに，風力発電地帯の見た目の影響のことで文句を言うなんて。景観も結構ですが，生死の問題の方が先じゃないですか」

## ポイント

(4) not everybody is happy や are complaining が集中の合図。「自然の美しい景観」を表す語句が繰り返し出てくるので，「景観問題」であることはつかみやすい。もうひとつの実例である James McNab の言葉でも最後に natural, beautiful scenery が出てくるので，最初の例と同じ問題であることがわかる。

(5) Dan Barlow と固有名詞が出てくるので，注意するポイントがわかる。"It's a luxury," と he says の間はひと呼吸あるが，このあとの to complain はすぐに続いて読まれているため少し聞き取りにくいかもしれない。

2005年度　3-(B)

# 19 (B) 新しい身分証明書の是非──番組

[設問文から読み取ろう！]

①テレビのディベート番組であり，EU で統一の身分証明書（ID card）について論じているらしいことがわかる。

②今，身分証明書が必要な理由や，認証方法などが話題になっていることがわかる。

(1)「下記は番組の冒頭部である。話し手が使うとおりの言葉で空所を埋めよ」

「今夜の『エキスパート・ディベート』では，非常に異なった（　a　）をお持ちのお二人をお招きしています。著名なジャーナリストで作家のマーク=ケリーさん，そして欧州議会の議員であるジョイス=タルボットさんです。お二人には，欧州連合（　b　）ための新しいひとつの身分証明書があるべきかどうか議論していただきます」

▶ 2カ所を続けて聞き取るので，ひとつ目は特に集中して即答したい。

▶ a は最初の views が多少聞き取りにくいかもしれない。特に複数形の s に注意。about security は聞き取りやすいだろう。

▶ b の all citizens of は意味がすぐに取れるだろう。ここでは all the citizens とは言っていない。

(2)「レポートの中で，ジェレミー=ウォーカーは私たちがすでに使っているさまざまな種類のカードのことを述べている。彼が言及していないのはどれか」

ア「キャッシュカード」
イ「クレジットカード」
ウ「図書カード」
エ「運転免許証」

▶レポートの第1段第1～2文参照。最初は選択肢どおりの「…カード」とは言っていないが，library，car，credit と，カギになる語で判断ができる。そのあと，選択肢どおりの … card といった言い方で繰り返されるので，解答は比較的容易。

(3)「レポートによると，なぜ現在多くのヨーロッパ諸国で身分証明書が『施行されるべき時が来たアイデア』と見なされているのか」

ア「地球規模の犯罪組織が，裕福な欧州連合諸国でますます活発化している」

イ「暮らしたり働いたりするために，国境を越えてヨーロッパに流入してくる人が増えている」
ウ「欧州連合内では，どの加盟国の市民も自由に旅行し，暮らし，仕事ができる」
エ「欧州連合は，外国人観光客の目的地としてますます人気が高まっている」

▶レポート第2段第2文参照。「現在，欧州連合市民は加盟国内を自由に移動し，そこでの旅行や生活，仕事も自由であるため，治安上，厳密にだれがどこにいるのかを調べる新しい手段が必要になっている」ことが述べられている。**ウが正解。**

▶同段冒頭に international crime「国際犯罪」という語が出てくるが，特に欧州連合内で活発化しているとは言っていないので，アは当てはまらない。

(4)「レポートによると，顔の認識が指紋よりも勝っている主な点は何か」

ア「実行する費用がずっと安い」
イ「簡単な写真が必要なだけである」
ウ「その人の協力を必要としない」
エ「専門的知識なしに操作できる」

▶レポートの第4段第1文参照。「顔は，指紋と違って，その人にそれと知られずに検査できる」とある。指紋は本人に拇印を押してもらうといった必要があるが，顔はそのまま見えるということ。**ウが適切。**

(5)「ジェレミー=ウォーカーのレポートの最後で，彼は『ある人たちにとっては，治療法の方が病気よりも悪いようだ』と言っている。彼らはなぜそう思うのか」

ア「彼らは身分証明書が簡単に複製できるだろうと考えているから」
イ「彼らは身分証明書が非民主的かもしれないと考えているから」
ウ「彼らは身分証明書が医療面で有用だと考えているから」
エ「彼らは身分証明書がテロよりもましだろうと考えているから」

▶レポートの最終段参照。第1文で「すべてが1枚の身分証明書に依存するような世界で本当に暮らしたいだろうか」と問いかけている。第2～5文では，カードがなければ何もしてもらえない例を列挙している。特に第5文で「身分証明書を拒否する人には投票権を与えないというのは民主的だろうか」と述べている。**イが適切。**

## ANSWER

(1) a. views about security　b. all citizens of
(2)―ア　(3)―ウ　(4)―ウ　(5)―イ

## スクリプト

## 発音

(1) *On this evening's 'Expert Debate', we welcome two people with very different* (1)a *views about security: Mark Kelly, a well-known journalist and author, and Joyce Talbot, a Member of the European Parliament. They're going to discuss whether there should be a new single identity card for* (1)b *all citizens of the European Union.*

ヴューザバゥ・シキュォリティ

*But first, what is this new identity card, and why has it caused so much controversy? Here's a report from Jeremy Walker ...*

(2) The basic concept of identity cards is nothing new—we're all familiar with cards which allow us to use a library, cards which prove that we can legally drive a car, cards which allow us to buy things on credit without using cash. But no one forces you to carry a library card, a driving licence, a credit card. It's all down to the free choice of the individual—unlike the proposed new ID card.

インディヴィジュウォ

In the modern world—the world of international crime and international terrorism—governments are becoming increasingly nervous. (3) And with European Union citizens now free to move throughout Europe, able to travel, live, and work freely in any member state, the people responsible for keeping us safe are calling for new methods of checking who, exactly, is where. In many countries, the identity card seems an idea whose time has come.

スルーアゥ・チョーロップ

イグザッ・クリィ

It may also be an idea whose *technology* has come. Identity cards which use a simple photograph can be easily made by anyone. And cards which include a

## 全 訳

今夜の「エキスパート・ディベート」では，(1)a安全に関して非常に異なった見解をお持ちのお二人をお招きしています。著名なジャーナリストで作家のマーク=ケリーさん，そして欧州議会の議員であるジョイス=タルボットさんです。お二人には，欧州連合(1)bの市民全員が一人一枚，新しい身分証明書を持つべきかどうか議論していただきます。

しかし，まずはその前に，この新しい身分証明書とはどんなものなのでしょうか，そしてなぜそれがこれほどの議論を巻き起こしているのでしょうか。ジェレミー=ウォーカーのレポートです。

＊　　＊　　＊　　＊

身分証明書という基本的な概念はなんら新しいものではありません。(2)図書館が利用できるカードや，合法的に車を運転できることを証明してくれるカード，現金を使わず，信用をもとに商品が買えるカードなどについてはだれでもなじみがあります。ですが，図書カード，運転免許証，クレジットカードを持ち歩くように強制されることはありません。それはまったく個人の自由選択に任されています。――（現在）提案されている新身分証明書はその点が違っているのです。

現代の世界――つまり，国際犯罪や国際テロの世界――では，各国政府はますます神経をとがらせています。(3)そして欧州連合の市民に関しては，現在ヨーロッパ中を自由に移動し，加盟国のどこでも気軽に旅をし，暮らし，働けますが，私たちの安全を守る責任のある人たちは，厳密にだれがどこにいるのかを調べる新しい手段を必要としているのです。多くの国では，この身分証明書は施行されるべき時が来たアイデアであると思われているようです。

それは，それを可能にする技術が実現したアイデアとも言えるかもしれません。ただの写真を使った身分証明書はだれにでも容易に作れます。指紋付き

## ポイント

(1) a　views と about の間にはひと呼吸あるが音は切れておらず，-s と a がつながっている。そのため「アバウト」ではなく「ザバウ」くらいに聞こえる。
b　citizens の複数形の s は弱く発音されるが，発音していないわけではないので of との連なりの中に「存在」が感じ取れるように，自分でも声に出して確かめよう。

(2) それぞれのカードは，最初は選択肢のように… card という言い方では出てこない。しかし，library, (drive) a car, credit というキーワードは聞こえてくる。そのあとには，a library card, a driving licence, a credit card と言い直されているので，ここで確認できる。

(3) European Union citizens で集中。直後の now free to move throughout Europe が第一のカギ。あくまで EU 諸国内で，その加盟国市民が自由に行き来できるということがつかめれば，選択肢と照合して判断できる。

| スクリプト | 発音 |
| --- | --- |
| fingerprint have also been tried without success. But a new technology has recently become available, based on computer analysis of the structure of the face. | |
| (4) Faces, unlike fingerprints, can be checked without the person knowing anything about it, and the results can be matched against a huge database of faces. Current technology means that, in less than a second, any one face can be compared with 100,000 of the faces already stored in the computer. What's more, the analysis is based on the fundamental structure of the face: it won't be deceived by a false beard or make-up. | チエッ・トウィザゥ・ |
| (5) But do we really want to live in a world in which everything depends on an ID card? No health care without a card? No education for your children unless they all have cards? No travel unless your government knows all about it? And there's a deeper question about democratic rights: is it democratic to refuse a vote to people who refuse a card? Even if ID cards would make us more secure, to some people, the cure seems worse than the disease. | リフューザヴォウト |

## 全 訳

の証明書も試されましたが，うまくいきませんでした。しかし，ある新技術が最近利用できるようになりました。それは顔の作りをコンピュータ分析することがもとになっています。

(4)顔は指紋と違って，検査されている人にそうと知られずに検査できますし，結果を顔の膨大なデータベースと照合することができます。現在の技術では，1秒足らずでどんな顔でもすでにコンピュータに登録された10万の顔と比較できることになります。さらに，その分析は顔の基本的な造作に基づいています。つまり，付け髭や化粧ではだまされないということです。

(5)しかし，あらゆることを1枚の身分証明書に依存するような世界で本当に暮らしたいでしょうか。証明書がなければ何の医療も受けられないのでしょうか。お子さんたちがみんな証明書を持っていなければ，教育も受けられないのでしょうか。政府が全部把握していないと旅行もできないのでしょうか。そして，もっと深刻な民主的権利の問題があります。つまり，身分証明書を拒否する人の投票を拒否することは民主的でしょうか。証明書が私たちをより安全にしてくれるとしても，ある人たちにとっては，その治療法は病気よりもひどいようにも見えます。

## ポイント

(4)直前に the face とあり，そこで集中。checked without the person knowing までの音のつながりがうまく聞き取れることがポイント。とりわけ without が重要。

(5)設問文で与えられるヒント to some people, the cure seems worse than the disease は最後に出てくるが，直前で a deeper question about democratic rights と述べ，改めて is it democratic …？と問いかけていることから，democratic がカギになるとつかめるはず。

2005 年度　3-(C)

# 19 (C) 新しい身分証明書の是非――討論

**[設問文から読み取ろう！]**

①前問(B)の報告に続いて，いよいよディベートが始まるので，２人の論者（ジョイス=タルボットとマーク=ケリー）それぞれの意見を聞き取る。

②ジョイス=タルボットの発言では，Britain, France and Germany の３カ国に共通の事柄や，EU 諸国に関する事柄に注意を向ける。

③マーク=ケリーの発言に関しては，テロリスト，顔認識および彼が身分証明書について広く議論することを歓迎している理由に注意を払うべきとわかる。

(1)「ジョイス=タルボットによると，英国，フランス，ドイツは…」

ア「身分証明書は，磁気システムを使うべきだと考えている」

イ「おおよそ身分証明書の導入には賛成していない」

ウ「おそらく外国へ働きに出て行く人の数の方が，受け入れている人よりも多い」

エ「他の国の人々が自国へやって来て暮らすだろうと考えている」

▶ JT の１番目のセリフ前半の magnet countries for immigrants「移民を引きつける国」の例として英国，フランス，ドイツを挙げている。**エが正解。**

(2)「ジョイス=タルボットによると，欧州連合諸国は…」

ア「お互いをあてにできないと見ている」

イ「拒否に対する罰則に関してまだ合意していない」

ウ「政府レベルではすでに身分証明書を持っている」

エ「身分証明書に必要な詳細の大半をすでに決定している」

▶ JT の２番目のセリフ第２文前半参照。「決めなければならない詳細な点がまだたくさんある」と言い，その例として「拒否に対する罰則」を挙げている。**イが正解。**

(3)「マーク=ケリーは…と言っている」

ア「テロリストの多くは犯罪歴がない」
イ「テロリストに対しては，不十分な証拠しかないことが多い」
ウ「テロリストは，普通の犯罪者の中から選ばれる」
エ「テロリストは，身分証明書が導入されるのを妨害するためなら何でもするだろう」

▶ MK の1番目のセリフ第4文参照。「こうした恐ろしい攻撃（＝テロ）の多くは何の犯罪歴もない人たちによって実行されている」とある。**アが適切**。

(4)「マーク=ケリーによって行われた研究は…ということを示唆している」

ア「顔認識は化粧で混乱させられることがある」
イ「顔認識はかなり簡単にごまかせる」
ウ「顔認識は，簡単に多くのテロリストをだませる」
エ「くちびるの薄い人は，顔認識を簡単にごまかせる」

▶ MK の2番目のセリフ第2文参照。「(顔認識の) 最高のプログラムでも，それを混乱させるには，眉毛をちょっと剃ったり，くちびるを少し細めたりするだけでよい」と言っている。**イが適切**。

(5)「マーク=ケリーが身分証明書に関する公の討論を歓迎すると言っているのは…からだ」

ア「民主主義を信奉している」
イ「それが自分の言いたいことを証明してくれると確信している」
ウ「一般の人々の意見を聞かないのは危険だ」
エ「専門家と普通の人々は考えが異なる」

▶ MK の最後のセリフ後半参照。「それ（＝討論）は身分証明書が不必要で，お金がかかり，危険なものだと示すだろう」と述べている。ケリーは身分証明書の導入に反対していることがここまでの議論でわかっている。討論で自分が正しいことが明らかになるだろうと言っていることになる。**イが適切**。

## ANSWER

(1)—エ (2)—イ (3)—ア (4)—イ (5)—イ

| スクリプト | 発　音 |
|---|---|
| *Thanks Jeremy, for an interesting report. Can I turn to you first, Joyce Talbot, and ask what the latest thinking is in the European Union? Do all the member countries agree that ID cards are a good idea?* | カントリーザグリー |
| (1) JT❶: Well, countries who fear they may be magnet countries for immigrants — such as Britain, France and Germany—are generally keener on the new identity card than countries—such as Spain and Portugal — which may be overall exporters of labour. | |
| *But is any consensus beginning to emerge?* | |
| JT❷: I think that the general principle of ID cards has been widely accepted at governmental levels. (2) There are still many details to be decided — regarding penalties for refusal for example—but most governments are beginning to realise that *some* form of citizen identification is essential in today's world. | イゼセンショー |
| *But that's a conclusion, Mark Kelly, that you would strongly challenge, is it not?* | |
| MK❶: Absolutely. We've seen no evidence to show that ID cards would do anything at all to prevent terrorist attacks. Why should they?  (3) Many of these terrible attacks are carried out by people with no previous criminal record — terrorists aren't common criminals after all. And I'm not convinced that the new technology | |

## 全 訳

ジェレミー，興味深いレポートをありがとう。さて，まずジョイス=タルボットさん，欧州連合での最新の考えはどういったものかお伺いしてもよろしいですか。加盟国全部が，身分証明書はいい考えだということで合意しているのでしょうか。

JT❶：そうですね，(1)英国，フランス，ドイツといった，移民が流入して来るだろうと考えている国は，全体としては労働力が流出するかもしれないスペインやポルトガルといった国よりも，概して新しい身分証明書に熱心ですね。

でも，なんらかの大筋での意見の一致は見え始めているのですね。

JT❷：政府レベルでは，身分証明書の根本方針は広く受け入れられていると思います。(2)たとえば，証明書拒否に対する罰則に関してなどのように，決めなければならない詳細な点はまだたくさんありますけれども，各国政府のほとんどは，今日の世界では何らかの形態で市民を特定するものが必要不可欠だと気づき始めています。

ですが，マーク=ケリーさん，それこそあなたが強く異議を唱えるところですね，そうではありませんか。

MK❶：まったくそのとおりです。身分証明書が，テロリストの攻撃を防いでくれるということを示す証拠は何も見えていません。いったいどうして身分証明書がそんなことをしてくれますか。(3)こういった恐ろしい攻撃の多くは何の犯罪歴もない人たちが実行しているのです。——いずれにせよテロリストは通常の犯罪者とは違うんです。それにレポートでも説明されて

## ポイント

(1) magnet countries が多少聞き取りにくい，あるいは音は取れてもどういう意味かがすぐにはわからないかもしれない。しかし，直後の for immigrants と，対比されるスペイン，ポルトガルが exporters of labour と言い換えられていることから推測できる。

(2)単語レベルでは，発言と選択肢中で重なるものは多い。ポイントは still many details。「まだ多くの詳細」が「決まっている」とはならないはず。to be decided「決定されるべき」と not はないが，強調されている上記の個所で要点はわかる。

(3) with no previous criminal record は1語1語はっきり発音されている。話し手の強調したい点であり，聞き取りはそれほど困難ではない。

| スクリプト | 発音 |
|---|---|
| described in your report will work as well as governments suppose. | |
| JT❸: I can assure you that it *will* work. | |
| (4) MK❷: There's already reason to believe that face recognition will be rather easy to deceive. Studies I have carried out suggest that you only need to shave a little off the eyebrows and narrow your lips slightly to confuse the best programmes now available. I'm afraid governments are enthusiastic about the technology simply because they like the idea of having information about everybody. | ァリトロフジアィブラウズ |
| JT❹: Oh really, Mr. Kelly, that's a very foolish thing to say. The fact is that governments have a duty to do everything possible to protect the lives of their citizens. When we remember how destructive a modern terrorist attack could be ... | |
| MK❸: If I may say so, the question is whether ID cards would help prevent these attacks. Since there seems little reason to suppose that they would, and since there's every reason to suppose that they will seriously reduce our freedom, the balance is clearly *against* introducing them. | |
| *We're coming to the end of our programme. I wonder if I might ask you, Joyce Talbot, for a closing word ...* | |

## 全 訳

いた新しい技術が，各国政府が思っているほどうまく機能するとは思えません。

JT❸：うまく機能すると保証しますよ。

MK❷：(4)顔の認識はかなり簡単にごまかせると信じられるだけの根拠がすでにあります。私が行った研究では，現在利用できる最高のプログラムを混乱させるには，眉毛をちょっと剃ったり，くちびるを少し細めたりするだけでいいということがわかっています。各国政府は，単にすべての人間の情報を握れるという考えが気に入っているというだけの理由で，この技術に熱心なのではないかと思います。

JT❹：あらまあ，ケリーさん，ばかなことをおっしゃいますね。実際問題として，政府は国民の生命を守るのに可能なことはなんでもしなければならないという義務があるんですよ。現代のテロ攻撃がどれほど破壊的かを思い出してみれば…

MK❸：そうだとしても，問題は身分証明書がそういった攻撃を防ぐ手助けになるかどうかです。手助けになるという理由がほとんどないようですし，身分証明書のせいで私たちの自由が大幅に減少するだろうという理由は十分あるのですから，その差引勘定では明らかに身分証明書の導入はおかしいです。

番組の終わりに近づいてきました。ジョイス=タルボットさん，締めくくりに一言お願いできますか。

## ポイント

(4)ここも話し手が強調したい点である easy to deceive が強調されている。Studies I have carried out が出てくるのはこのあとだが，要点→詳細（言い換え，根拠，例）の順で述べる展開であり，解答の選択は容易。

| スクリプト | 発　音 |
|---|---|
| JT❺: Yes. I think governments are generally in favour of some sort of identification system. I hope we can now have a calm and intelligent public debate so that a decision can be made before the end of the year. | アカーマンニンテリジェン・ |
| *Thank you. Mark Kelly, what's your reaction ?* | |
|  MK❹: I would welcome the kind of debate Ms. Talbot describes, because it will show ID cards to be unnecessary, expensive and dangerous. | |
| *I'd like to thank our guests for taking part in this evening's programme, and you, the viewers at home, for watching another edition of 'Expert Debate' ...* | |

## 全 訳

JT❺：ええ。各国政府は何らかの認識システムにはだいたい賛成していると思います。今年度の終わりまでには結論が出せるように，今，冷静で知的な討論が広く公に持たれることを望みます。

ありがとうございます。マーク=ケリーさん，あなたはどうですか。

MK❹：(5)タルボットさんがおっしゃるような討論は歓迎ですね。そうすれば，身分証明書が不必要で，お金がかかり，危険なものだとわかるでしょうからね。

今夜の番組にご参加いただいたことをゲストのお二人に感謝いたします。そして，テレビの前にいらっしゃる視聴者の皆様も「エキスパート・ディベート」をご覧いただいてありがとうございました。

## ポイント

(5)「公の討論」は設問文では public discussion，会話中では public debate となっている点に注意。Mark が言う ID cards の特徴，unnecessary, expensive and dangerous は1語1語はっきり発音されており，これが彼の「言いたいこと」である。

2004年度　3-(A)

# 20 (A) 書籍の販売形態の実状

**[設問文から読み取ろう！]**

①近年の書籍販売の実状（新刊出版数など）と今後の展望が述べられているようだとわかる。

②従来型の書店と新しい構想の両方について触れられている。

(1)「毎年米国ではどれだけの新刊が出版されているか」

ア「約1,000冊」
イ「約10,000冊」
ウ「約100,000冊」
エ「約1,000,000冊」

▶第1段第2文参照。about one hundred thousand と述べられる。数値は耳で聞いてすぐわかるようにしておくこと。**ウが正解。**

(2)「話し手は従来型の書店の方が，チェーン店より多くの選択の余地を客に与えると主張している。従来型の書店で売られているものとして，話し手が取り上げていないのは，次のうちどの種類の書物か」

ア「古典の本」
イ「ベストセラー」
ウ「中古本」
エ「学術書出版社が出す書物」

▶第3段第3文参照。「ベストセラーだけでなく，古典的な作品や学術書出版社が出す硬い作品も売る」とある。触れられていないものは，**ウ「中古本」。**

(3)「『オンデマンド出版』というアイデアはどのようなものか」

ア「書店では需要の高い本だけを売る」
イ「客はコンピュータのボタンを押して，本を探し出すことができる」
ウ「客は買う本がどんなものでも表紙と装丁を選べる」
エ「それほど人気がない本は，客が求めた場合に印刷される」

▶第4段第3～最終文参照（publishing-on-demand 自体は，第2文最終部分にある。ここで集中する)。第3～5文で実際の手順を具体的に説明しているが，これは on-demand「需要に応じて」であらかじめわかる。

▶解答のポイントはポイントで述べた点に加えて同段最終文。「よく売れる本は相変わらず店の棚にあるのだが，それほど出ないものはコンピュータの中にだけ収まっていることになるだろう」とある。店員がコンピュータを操作して，その場で高速印刷製本されるのは「それほど売れない本」である。エが正しい。

(4)「話し手によると，従来型の書店での買い物に関して，最もよい点は次のどれか。客は…ことができる」

ア「本の表紙や説明を見る」
イ「探している特定の本を簡単に見つける」
ウ「最もよく売れている本を棚に簡単に見つける」
エ「買う予定になかった興味深い本を頻繁に見つける」

▶最終段第3文参照。特にその後半で「偶然そこで見かけなかったら決して買うことなど考えなかったすばらしい本を棚に見つけることがよくあるかもしれない」と述べている。エが同じ内容。

(5)「話し手の結論は何か。21世紀には…可能性が高い」

ア「従来の書物も従来型の書店も生き残る」
イ「チェーンの書店が従来型の書店を業界から追い出す」
ウ「新しい技術のせいで，従来の本が消えることになる」
エ「売れ行きの遅い本の多くは，『オンデマンド出版』でしか手に入らなくなる」

▶最終段最終文参照。「従来の書物も従来型の書店も21世紀に消滅することはなさそうだ」とある。アが同じ内容。

**ANSWER**

(1)―ウ　(2)―ウ　(3)―エ　(4)―エ　(5)―ア

## スクリプト

(1) The book trade at the beginning of the twenty-first century seems surprisingly healthy. In the United States alone, about 100,000 new titles are published every year, and most of these books are bought in bookstores.

The last twenty years have seen the rise of chain bookstores—that is, shops which are branches of big, often nationwide companies. In chain bookstores, which operate more like supermarkets than traditional bookstores, a typical paperback will only stay on the shelves for a period of about six weeks to three months. Such stores make money by selling a lot of copies of a very few titles, often offering best-sellers at big discounts to attract customers. They usually don't have many older or slower-selling titles—and this, of course, reduces choice for the customers. At first, it was thought that competition from such chain bookstores would lead to the disappearance of traditional bookstores where the salespeople actually know about books and are not content to sell only this season's best-sellers.

(2) The traditional bookstore has not, however, been driven out of business by the chains. Instead, a new generation of stores that sell books to enthusiastic book lovers has emerged. Such places, which stock an enormous number of books, and which feel more like libraries than dynamic sales centres, sell not only best-sellers but classic books and serious works from academic publishers. The success of such stores shows that there are enough book lovers to guarantee the survival of traditional booksellers.

But how will we all—book lovers, booksellers, and publishers — deal with the book of the future?

## 発　音

ザブッ・トレィダッザ
ビギニンガヴ
タイトーザー

オフトゥン
※ t を発音している。t を入れないのが標準的だが発音する人もまれではない。

イッ・ワズソー・ザッ・

スタッカニノーマス

## 全　訳

21世紀初頭の出版業は驚くほど好況のようである。(1)米国だけで，毎年約10万冊の新刊が出版されており，これらの本は大半が書店で購入されている。

過去20年間にわたり，チェーンの書店――つまり，多くの場合，全国的な規模の大企業の支店にあたる店――が登場してきた。チェーンの書店は，従来の書店よりもむしろスーパーマーケットのように運営されており，普通のペーパーバックで，棚に並んでいるのは，ほんの6週間から3カ月という短期である。そのような店では非常に少ない種類の本を大量に売って稼いでいるが，よくあるのは，客を集めるのにベストセラーを大幅に値引きして売るという方法である。古い本や売れ行きの比較的遅い本はそれほどそろえていないのが普通で，当然のことながら，このことによって客の選択の余地は小さくなる。当初は，本のことをよく知っており，今期のベストセラーを売るだけでは満足しない店員のいる従来の書店は，そのようなチェーン店との競争で消えていくことになるだろうと思われていた。

ところが，(2)従来型の書店はチェーン店が増えても業界から消えてはいない。代わりに，熱烈な読書愛好家に本を売る新世代型の書店が登場している。こうした書店には，膨大な数の本の在庫があり，販売の動きが大きい書店というよりも図書館のような感じで，ベストセラーだけでなく，古典的な作品や，学術的書物を扱う出版社が出すような硬い作品も販売している。こうした書店の成功は，従来型の書店の生き残りを保証できるだけ，読書愛好家が十分にいることを表している。

しかし，我々全員――つまり，読書愛好家，書店，出版社だが――は，将来の本をどのように扱

## ポイント

(1) In the United States alone「米国だけで」が合図。one hundred thousand ですぐ「10万」が思い浮かばなくても，100と1,000のゼロの数（位取り）から考えられるようになっておけば，答えは得られる。

(2) sell not only *A* but (also) *B* and *C*「*A*だけでなく*B*と*C*も売っている」という流れがつかめれば十分。選択肢を見ながら*A*，*B*，*C*にあたるものをチェックして正解を残す。選択肢は放送で出てくる順番どおりではない点とbest-sellersが言い換えられている点に注意。

| スクリプト | 発 音 |
|---|---|
| (3) Perhaps with something called publishing-on-demand. The idea is that a customer will go into a bookstore and be able to look at covers and descriptions of books. If the customer wants to buy an item that's not a current best-seller, the shop assistant will find it on the store's computer, push a button, and tell the customer to come back in twenty minutes. When the customer returns, the book, created on the spot by high-speed copying and binding, will be ready to take away. Stores will still have copies of the most popular books on their shelves, but the more unusual ones would only be on the computer. | find it on：ファィンディティオン<br>button：バ・ゥン |
| Looking at covers and descriptions of books, however, is not the same as being able to take actual books off shelves and turn their pages. Moreover, the publish-on-demand system works best if you have a particular book in mind when you go into a bookstore. (4) The traditional bookstore, with its large stock of books of all different kinds, has one great advantage for the customer : often you may find on the shelves a wonderful book which you would never have thought of buying if you hadn't seen it there by chance.  (5) Because of this, it seems likely that neither the traditional book nor the traditional bookstore will disappear in the twenty-first century despite changes in economic circumstances and in technology. | book in mind：ブッキンマィン・<br>advantage：アドヴァニッジ<br>hadn't seen it there：ハドゥン・スィーニッ・ゼァ |

## 全 訳

うことになるだろうか。おそらく，(3)オンデマンド出版と呼ばれるもので扱うことになるだろう。このアイデアは，客が書店に行き，本の表紙や説明を見ることができるというものである。もし客がそのときのベストセラーに入っていない本を買いたいときは，店員が店のコンピュータで探し出し，ボタンを操作し，客に 20 分後にまたおいで下さいと告げる。客が戻ってくると，高速の印刷と製本によりその場で作られた本が持って帰れる状態になっているのである。よく売れる本は相変わらず店の棚にあるのだが，それほど出ないものはコンピュータの中にだけ収まっていることになるだろう。

しかし，本の表紙と説明を見ることは，実物を本棚から手にとり，ページを繰ることができるのとは違う。さらに，オンデマンド出版という仕組みは，書店に行ったとき，すでにある本を買おうと思っているときに最もうまく機能する。(4)あらゆる種類の本の在庫が大量にある従来型の書店は，客にとって大きな利点がある。つまり，もし偶然そこで見かけなかったら買おうとは思わなかったすばらしい本を，書店の棚で見つけるかもしれないことがよくある，ということだ。こういう理由があるので，経済環境や技術の変化があっても，(5)従来の本も従来型の書店も 21 世紀に消滅することはなさそうだ。

## ポイント

(3)放送では具体的な手順が述べられている。客が何をし，店員がどうするのかをきちんとつかむ。カギは an item that's not a current best-seller「そのときのベストセラーに入っていない品物」である。「オンデマンド出版」が活用されるのがこの場合だとつかめば，解答が容易になる。

(4) one great advantage for the customer「客にとっての大きな利点」で集中。仮定法過去完了で表現されており，文法的な知識が耳で聞いただけですぐ呼び起こされることが重要。

(5) it seems likely that「～ことになりそうである」に集中。neither *A* nor *B* will disappear「*A* も *B* も消えそうにない」は「*A* も *B* も残る」ということ。日本語では文末になる否定語が文頭にあるが，意味的には「両方残る」ところがポイント。

# 20 (B) サッカーに関する本の紹介

2004 年度 3-(B)

**[設問文から読み取ろう！]**

①まず，放送内容がラジオ番組という設定であること，司会者とレポーターの会話であることが示されている。
②ラジオ番組の冒頭では，司会者と，スーザン=アレンというレポーターが，サッカーに関して話していることがわかる。
③次に，アメリカのサッカー事情が話題となることがわかる。
④最後は，イタリアのあるサッカーチームが話題になるようだ。

(1)「スーザン=アレンはリスナーに新しい…を紹介する」

ア「著者」　イ「本」　ウ「映画」　エ「インタビュー」

▶ A（司会者，ジェイムズ）の最初のセリフで 'Book of the Day' と番組名が，our 3-minute introduction to a book「3 分の書籍紹介」と内容が述べられる。このセリフの最後にも what's the book of the day ?「今日の本は何？」とある。**イ「本」が正解**。

(2)「その競技（サッカー）は…世紀後半に世界中に広まり始めた」

▶ B（スーザン）の 2 番目のセリフ最終文後半に in the late nineteenth century と出てくる。「1 語の英語」で答えるので，19th より nineteenth とつづるのがよい。

(3)「彼女は，…世紀の日本で行われていた初期の形態のフットボールに言及する」

▶ B の 3 番目のセリフ参照。(2)と同様，seventh とつづっておこう。

(4)「世界中で行われ観戦されるようになったのは，…式の競技だった」

▶ B の 4 番目のセリフ最終文参照。It's the English form of soccer とある。

(5)「アメリカ合衆国の…はこの競技にあまり注意を払っていない」

ア「日系アメリカ人」　イ「メキシコ系アメリカ人」
ウ「10 代の人たち」　エ「メディア」

▶ B の 5 番目のセリフ最終文参照。the US media とある。**エが正解**。

(6)「サッカーの盛んな国から来た…の間ではサッカーに対する強い関心がある」

ア「移民」　イ「選手」　ウ「学生」　エ「観光客」

▶Bの5番目のセリフ最終文後半に「少なくともひとつの集団の間ではサッカーに熱い関心が集まっている」とあり，ここで聞き取りの準備ができる。

▶続くAのセリフはSchool children?「小学生？」だが，直後にBがNoと否定して，immigrantsと正している。**アが正解。**

(7)・(8)「彼女は，地方レベルで行われるサッカーをグローバルな現象にするカギとなる要因を3つ特定している。すなわち，テレビ，…，世界規模の…である」

▶Bの7番目のセリフ最終文参照。設問文のような前置きはなく，いきなりTelevisionと始まるが直後のthe internetはわかりやすい。worldwideが合図になるadvertisingも落ち着いて聞けば正解できるだろう。

(9)「たとえば，ドイツ出身の新しい選手はドイツや…北部での，このチームに対する関心を高めてくれるだろうと期待されている」

▶Bの10番目のセリフ最終文参照。not only in Germany but all over northern Europeとある。

(10)「この新しいチームメンバーの特別な意味を表すキーワードは，…であろう」

ア「主将」　イ「有名である」　ウ「得点選手」　エ「北」

▶Bの10番目のセリフ参照。第3文に「チームはそれまで北部のサッカーファンの注意を引くことはそれほどできていなかった」と述べられている。それが「一流選手のフランツ=シュミットが来て，すべてが変わった」（第4文）のである。これだけでも「北部の注意を引くことになった」と推測できるが，続く最終文でall over northern Europe「ヨーロッパ北部全体」と「北」が強調されている。**エが正解。**

## ANSWER

(1)−イ　(2) nineteenth　(3) seventh　(4) English　(5)−エ　(6)−ア
(7) Internet [internet]　(8) advertising　(9) Europe　(10)−エ

| スクリプト | 発　音 |
|---|---|
| A❶:［4時の時報］... and it's four o'clock. Time now for 'Book of the Day,' our 3-minute introduction to a book that's coming into the bookstores this week. Susan Allen is in the studio with me. Right, Susan, what's the book of the day ? (1) | ブッカゥザデイ |
| B❶: OK, James, here it is : *The World of Soccer*, by Alison Farthing. | |
| A❷: Right, so, it's a book about sport. | イッツァブッカバゥ・ |
| B❷: It certainly is, James. And it's called *The World of Soccer* because it's about how soccer became the world's favourite sport, enjoyed today by billions of people. The book starts with the story of where the game was first played, and how it started to spread all over the world in the late 19th century. (2) | |
| A❸: It started in England ? | |
| B❸: Well, James, one of the surprising things I learned from this book was that a very early form of football was almost certainly already being played in Japan in the seventh century. (3) | ウォズザラ |
| A❹: So it's the Japanese who taught the world to play soccer ? | |
| B❹: Well, no. It seems that the Japanese game never left Japan. It's the English form of soccer that came to be played and watched all over the world. (4) | ネヴァーレフ・ジュペン |
| A❺: All over the world except in the United States ... ! | |
| B❺: Well, James, that's another surprising thing I learned from the book. It's true that the US media don't pay much attention to soccer, and we don't think of it as an American sport, but it turns out there's quite a passionate interest in soccer among at least one group of people living (5) | ミーディア<br>スインカヴィッタザン<br>ナメリクン |

## 全 訳

A❶：［4 時の時報］…さて，4 時です。「(1)今日の本」の時間ですよ。今週書店に並ぶ本を 3 分でご紹介します。スーザン=アレンがスタジオに来てくれています。さて，スーザン，今日の本は何ですか。

B❶：はい，ジェイムズ，これです。アリソン=ファージングの『サッカーの世界』です。

A❷：なるほど，ではスポーツ関連の本ですね。

B❷：そのとおりです，ジェイムズ。この本のタイトルが『サッカーの世界』なのは，サッカーがどのようにして世界中で愛されるスポーツになり，今日何十億もの人々に親しまれているかについての本だからです。本書は，このスポーツが最初にどこで行われたか，そして(2)19 世紀後半にどのように世界中に広まり始めたかといった話で始まります。

A❸：サッカーは英国で始まったんですよね。

B❸：実は，ジェイムズ，この本で知ったびっくりする事実のひとつは，非常に初期の形態のフットボールは，ほぼ確実に，(3)7 世紀の日本ですでに行われていたことなんです。

A❹：じゃあ，世界にサッカーをすることを教えたのは日本人なんですか。

B❹：いえ，そうじゃありません。日本人の競技は日本から外には出なかったようです。世界中で行われ観戦されるようになったのは，(4)英国式のサッカーです。

A❺：アメリカ合衆国を除く，世界中でね！

B❺：実はね，ジェイムズ，この本を読んでもうひとつ驚いた点が，それなんですよ。確かに(5)合衆国のメディアはあまりサッカーに注目していませんし，私たちもアメリカ的な競技だとは思っていません。でも，合衆国で暮らしている人々のうち，少なくともひとつの集団の間ではサッカーに熱い関心が集まっているんです。

## ポイント

(1)最初の男性のセリフで，book という言葉は 3 回（bookstore も含めれば 4 回）も出てくる。選択肢に聞き間違えやすい語が挙がっているわけでもないので，容易に答えられるだろう。

(2) in the late が比較的ゆっくり発音されているので，注意を払うゆとりがある。ただ，「〜世紀」なので序数 nineteenth が正しいが，語尾の -thはほとんど聞こえない。知識でカバーすること。

(3) (2)と同様，耳にはほとんど seven と聞こえるが知識で補う。直後の century の前にちょっと「溜め」があるように聞こえるのはここで -th が発音されているからである。

(4)誤りを正している個所なので，ゆっくり強調して発音されている。聞き取りやすい個所である。

(5)設問文の do not pay much attention「あまり注意を払っていない」がカギになるが，解答に該当する語句はこれより前になる。少なくとも 2 回目には確実に聞き取れるはず。

| スクリプト | 発音 |
|---|---|
| in the United States. | |
| A❻: School children? | |
| (6) B❻: No, immigrants, who were born outside the US borders. Did you know that there are currently about 56 million people living in the United States who were born in other countries and moved to the United States later in life? 12 million US residents, for example, were born in Mexico—a country with a strong soccer tradition. | |
| A❼: Hmmm, interesting. So there's probably a surprising amount of support for the Mexican national team in the United States. | サプライズィンガマゥンタヴ |
| (7)(8) B❼: That's right. And it's not just at the international level that we see this interest in teams playing elsewhere. Local teams, too, have worldwide fan clubs. Television and the internet — and, of course, worldwide advertising—have made local soccer a global phenomenon. | |
| A❽: Can you give me an example? | |
| B❽: Well, OK, the example that Alison Farthing gives is the Italian team AC Verona. She explains that in the 2002 season, Verona usually had 4 or 5 players on the field who were not Italian. They had a French-Algerian player, an African goalkeeper, and two brilliant goal-scorers from South America. These players attracted a lot of interest in their home countries and regions. So even though Verona were an Italian team, playing in the Italian national championships, they had people watching their games in Algeria, Argentina, Brazil, Ghana ... | フーワーナッティタリアン<br>ブリリァンゴウウスコォローズ |

## 全 訳

A❻：小学生ですか。

B❻：いいえ，(6)移民です。合衆国国境の外で生まれた人たちですよ。他の国で生まれて，後に合衆国に移ってきた人たちが，現在アメリカには約5,600万人暮らしているって，知ってました？ 例えば，1,200万人の合衆国の居住者はメキシコ生まれです。メキシコはサッカーの伝統の強い国ですよね。

A❼：へえ，おもしろいですね。じゃあ，おそらく合衆国におけるメキシコのナショナルチームへの支持はびっくりするほどあるんですね。

B❼：そのとおりです。よそで競技をしているチームに対して，こういった関心が見られるのは，何も国際的なレベルでだけじゃありません。地元のチームでも世界規模のファンクラブがあります。(7)(8)テレビやインターネット，そしてもちろん世界規模の広告のおかげで，地方で行われるサッカーがグローバルな現象になったというわけです。

A❽：何か例を挙げてもらえますか。

B❽：ええ，いいですよ。アリソン=ファージングが挙げているのは，イタリアのチーム，ACヴェローナの例です。彼女の説明では，2002年のシーズンに，ヴェローナはイタリア人でない選手を，たいてい4，5人試合に出していました。ヴェローナには，フランス系アルジェリア人選手が1人，アフリカ人のゴールキーパーが1人，南米出身の優れた得点選手が2人いました。この選手たちが本国や出身地域の関心を大いに引いたのです。それで，ヴェローナはイタリアのチームで，イタリアの国内選手権で競技してはいても，アルジェリア，アルゼンチン，ブラジル，ガーナでも彼らの試合を見ている人たちがいたわけです。

## ポイント

(6) among at least one group of people「少なくともひとつの集団の間では」が先に出てくるので，そのあとの女性のセリフを注意して待ち構えていられる。ここも，(4)と同様に男性の誤りをNoと否定して，正しいことを強調している。

(7)・(8) 3つ挙げられる要因の最初がtelevisionなのが設問文からわかるので，これが集中の合図。internetは容易に耳に残る。advertisingは前にand, of course, worldwideとひと呼吸入り余裕ができるので，集中し直せるだろう。

## スクリプト

A❾: Ah ... and then in 2003 ...

B❾: Exactly. In 2003, AC Verona bought the German team captain, Franz Schmidt.

A❿: A great player.

(10) B❿: And even more to the point, James, a German player. Up until then, all of Verona's international players had been from the south. The team really hadn't been able to attract much attention from soccer fans in the north. But with the arrival of the great Franz Schmidt, all that changed. Suddenly a huge new market opened up for the club not only in Germany but all over northern Europe. (9)

A⓫: Amazing. And I thought they bought him because he scored goals!

B⓫: Well, as I found out, James—nothing is quite that simple, in 'the world of soccer'.

## 発音

ボー・ザ

アッパンティゥゼン

ハドゥン・ビーンネイボートゥ

アライヴォー

オウプンダッ・

ナトンリー

**[設問文の訳]**

ラジオ番組のこのコーナーで，スーザン=アレンはリスナーに新しい(1)[本] を紹介する。話題にしているのは，今日のサッカー界のことである。現在サッカーは世界中の多数の人たちに楽しまれていることから話を始めて，最初にサッカーの始まりについて触れている。それから，サッカーが(2)[19] 世紀後半に世界中に広まり始めたと説明している。彼女は，(3)[ 7 ] 世紀の日本で行われていた初期の形態のフットボールについて触れているが，世界中で行われ観戦されるようになったのは，(4)[英国] 式のゲームだったことを指摘している。

彼女は，次に，アメリカ合衆国に注目して，国のレベルでのサッカーチームとサッカーファンのことを話す。アメリカ合衆国の(5)[メディア] はこのスポーツにあまり注意を払っていないが，サッカーが盛んな国から来た(6)[移民] の間では，サッカーに対する強い関心があることを強調している。最後に，地元レベルの話に移り，今日では地元のチームでも世界的な関心を呼ぶことができることを説明している。彼女は，地方レベルで行われるサッカーをグローバルな現象にするカギとなる要因を3つ特定

## 全　訳

A❾：はあ，おまけに今度は，2003 年に…

B❾：そう，2003 年，AC ヴェローナは，ドイツチームのキャプテン，フランツ=シュミットと契約しました。

A❿：すばらしい選手ですよね。

B❿：(10)そして，もっと重要なことはね，ジェイムズ，ドイツ人選手だということなんですよ。それまでヴェローナの外国人選手は全員南の出身でした。北のサッカーファンの注意を引くことは，それほどできていなかったわけです。でも，一流選手のフランツ=シュミットが来て，すっかり変わりました。突然，このクラブチームにとって新しい大きな市場が開けたんですよ。ドイツだけじゃなくて，(9)ヨーロッパ北部全体にね。

A⓫：驚きだなあ。シュミットがゴールを決める選手だから契約したと思っていましたよ。

B⓫：さて，私が気づいたところではね，ジェイムズ，「サッカーの世界」では，ことはそれほど単純じゃないんですよ。

## ポイント

(10)他の設問個所とは違い，何か 1 語聞き取ればすむ問題ではない。Franz Schmidt「フランツ=シュミット」がなぜ取り上げられているか，最後から 2 番目の女性の発言全体の意図を理解すること。(9)の解答と考え合わせたいところである。

(9) in Germany「ドイツで」が集中の合図。話のポイントになる個所なのでゆっくり発音されており，Europe の正しい発音を知っていれば容易。

している。それは，テレビ，(7)[インターネット]，世界規模の(8)[広告] である。

最後に，彼女はあるイタリアのサッカーチームに焦点を当てる。このチームにはイタリア人以外の選手がたくさんいる。彼女は，このチームがイタリア以外でも有名になるのに，そういった選手がどのように貢献してきたかを説明している。たとえば，ドイツ出身の新しい選手は，ドイツや(9)[ヨーロッパ] 北部での，このチームに対する関心を高めてくれるだろうと期待されている。チームの世界的な人気という点で，この新しいチームメンバーの特別な意味を表現するキーワードは，(10)[北] であろう。

2004年度　3-(C)

# 20 (C) 苦情電話の応対

**[設問文から読み取ろう！]**

①不動産屋さんがアパートの借り主からの苦情電話を処理しているらしい。
②苦情の内容をいくつか聞き取らなければならないので心構えをしておく。
③不動産屋さんの立場としては，「スタッフが修理を開始する」のはいつであるかを答えなければならないようである。
④最後に，どのようにこの受け答えが終わったかを問われている。

(1)「スミス氏が最初に挙げる不満のたねは…ことだ」

ア「エレベーターが動かない」
イ「電気がつかない」
ウ「玄関のベルが鳴らない」
エ「冷蔵庫が使えない」

▶ロバーツの4番目のセリフ第1文に The lights don't work. とある。**イが正解**。
▶選択肢であえてまぎらわしいと言えばアの lift だが，doesn't の部分の音も異なるので区別できるはず。

(2)「スミス氏は…ことについても文句を言っている」

ア「窓が1つ壊れている」
イ「窓が3つ壊れている」
ウ「夜盗が窓を2つ壊してしまった」
エ「修理工が窓を4つ壊してしまった」

▶7番目のセリフ参照。Three broken windows? で数が聞き取れるはず。**イが正解**。

(3)「スミス氏はさらにそのあと…ことで文句を言っている」

ア「お風呂が詰まっている」
イ「通り道がふさがっている」
ウ「風呂場の鍵が開かない」
エ「玄関の鍵が開かない」

▶ 9番目のセリフ第1文参照。And your bath is blocked? と聞き返している。アが正解。

(4)「ロバーツ氏はスタッフが…に修理を始めることになると言っている」

ア「今夜」 イ「今週末」 ウ「来週の月曜日」 エ「約3週間後」

▶ 12番目のセリフ第7文参照。少し言いよどんでから in about three weeks, or so と述べている。エが正解。

▶このあと Will that suit you?「それでご都合はよろしいでしょうか」と確認を取っていることにも注意。途中がどうあれ，これがロバーツの提案である。

(5)「受け答えは…という理由で終わる」

ア「ロバーツ氏が電話を切る」
イ「電話が通じなくなってしまったらしい」
ウ「ロバーツ氏が別の客からの電話を受ける」
エ「5時になり，ロバーツ氏は帰宅しなければならない」

▶最後のセリフ参照。ロバーツが何度も Hello?「もしもし」と呼びかけている。これまでの話の流れから，スミスが怒って切ったようにも取れるが，選択肢にそれがないことに注意。

▶「電話の具合がおかしいのかな」「不通になってしまったようだ」というロバーツのセリフに注意する。イが正解。

▶結局，スミスが借りた部屋で唯一問題のなかった電話さえも，とうとうダメになってしまったというオチである。

## ANSWER

(1)ーイ (2)ーイ (3)ーア (4)ーエ (5)ーイ

| スクリプト | 発音 |
| --- | --- |
| ［電話の呼び出し音］<br>Hello. Merton Property Management. Tim Roberts speaking. Can I help you ? | |
| I see. You're renting one of our new apartments in the town centre. Ah yes, Mr James Smith. You have number 345 in the apartment building we've just opened. I see you sent us a letter this morning. I hope you find the apartment quite satisfactory ? | ワナヴァー<br>センタサレター |
| You don't ? Oh dear, what seems to be the trouble ? | |
| (1) The lights don't work. I see. Have you tried changing the light bulbs ? | |
| I'm sorry—of course, I didn't mean to be rude, Mr Smith. It is just that some of our customers don't check before they telephone us. But if you have changed them already, then I'm sure you're right that there is a problem. It's very likely that there's a fault in the electricity somewhere. | |
| And the broken window hasn't been fixed ? Oh dear, where exactly is that ? | |
| (2) Three broken windows ? In the living room ? I am so sorry. Is it the glass or the locks that are broken ? | |
| Both ? Dear me, that is very bad, Mr Smith. I am sorry. I'm sure you are worried about burglars—yes, there's a terrible crime problem these days. I know what you mean. | アイアムソーリー |

## 全　訳

［電話の呼び出し音］

はい，マートン不動産のティム=ロバーツです。ご用件をどうぞ。

そうですか。中心街にある，当方取り扱いの新築アパートをお借りいただいているんですね。ええ，ジェイムズ=スミス様。ちょうどオープンしたばかりのアパートの345号室ですね。今朝お手紙が届いておりました。お部屋にご満足いただけているとよろしいのですが。

お気に召さない？　それはそれは，お困りの点はどういったことでしょうか。

(1)電気がつかない？　なるほど。電球を替えてみるというのはお試しになりましたか。

すみません，もちろん，失礼なことを申し上げるつもりではなかったんです，スミス様。ただ，お客様の中には，お電話下さる前にお調べにならない方もいらっしゃいますので。でも，もうすでにお取り替えになられたのでしたら，おっしゃるとおり問題があるに違いありません。電気系統に何らかの欠陥がある可能性が非常に高いですね。

それに壊れた窓が直っていない？　そうなんですか，それは厳密に言うとどの窓ですか。

(2)壊れた窓が3つ？　リビングに？　本当に申し訳ございません。壊れているのはガラスでしょうか，カギでしょうか。

両方とも？　まったく，それはひどいことで，スミス様。あいすみません。夜盗がご心配でしょうね。ええ，最近は犯罪が大きな問題になっておりますから。おっしゃることはわかります。

## ポイント

(1) The lights don't work. は比較的ゆっくり発音されている。あとに出てくる light bulbs や electricity などの語句でも確認が取れる。

(2)最初に window という語が出てくるときは単数だが，あとで Three broken windows？が聞こえるので，そこで解答を決定できる。

## スクリプト

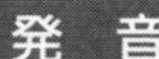

(3) And your bath is blocked? Oh dear. So you can't have a bath? Have you tried unblocking it yourself? You could try to stick a pencil down it, or something like that.

キャンタヴァバス

I—I'm so sorry, of course I understand you've tried to unblock it. It must be very badly blocked if you've spent two hours trying to unblock it. That's quite serious.

アンブラッキッ・

The problem is that it is Friday afternoon, and I have to leave the office at 5 o'clock today. And I'm so sorry but we don't have any staff available to do repairs over the weekend.

スタッファヴェィラボー

Of course we'll do our best to help next week. Certainly we'll do our best. We have a staff of five repairmen, who are specially trained, and we'll be contacting them on Monday. I do have to warn you, I'm afraid, that this is the holiday period, and unfortunately four of the five repairmen are on holiday from next week. And we do have a waiting list of repairs. But we'll certainly put you on the waiting list.

(4) And I hope we'll be able to come and see you very soon—in about, um—in about three weeks, or so. Will that suit you?

リスタヴルペァーズ

ウィークスァーソゥ

No? Oh dear, I am sorry. Yes I agree, it is very bad if the rain is coming in through the broken windows. But I'm afraid there's nothing we can do just now. Could you telephone again on Monday next week?

Mr Smith, please don't get angry with me. We want to do our best for all our customers. I think it's a

## 全 訳

(3)それにお風呂が詰まっている？　なんともはや。それで入浴できないのですか。詰まっているものを取り除くことを試されましたか。鉛筆とか，そういったものを突っ込んでみるなどできますよ。

ああ，誠に申し訳ございません，もちろん，もうお試しですよね。きっと相当ひどく詰まっているようですね，2時間も試されたのでしたら。ずいぶん深刻ですね。

困ったことにですね，今，金曜日の午後でして，私は今日は5時には社を出なくてはならないんです。それから，たいへん申し訳ないのですが，週末は修理に伺えるスタッフが一人もいないのです。

もちろん，来週にはなんとかできるように最善を尽くします。間違いなく手を尽くします。修理工は5人おりまして，皆よく訓練されていますし，月曜日に連絡をとります。ただ，どうしてもご承知おきいただかなくてはならないのですが，休暇の時期でして，残念ながら5人の修理工のうち4人が来週から休暇に入るんです。それに修理待ちがありまして。でもお客様も間違いなくその修理待ちのリストに登録いたします。(4)すぐにお伺いできると思います——だいたい，そうですね——3週間後か，そのくらいになりますが。それでご都合はよろしいでしょうか。

よろしくない？　ああ，本当にすみません。ええ，そのとおりですね，壊れた窓から雨でも入るとたいへんです。ですが，ただ今お役に立てることが残念ながらございません。来週の月曜日にもう一度お電話いただけますか。

スミス様，どうかお怒りにならないで。私どもではすべてのお客様のために最善を尽くしたいと思って

## ポイント

(3) And your bath is blocked？で bath や blocked の聞き取りが不安でも，you can't have a bath や繰り返し出てくる unblock(ing)で確認が取れるはず。block の b は日本語の「ブ」のように母音は伴わないが，lock に比べて最初が「はじける」ように聞こえる。block と lock を自分でも声に出して比べてみると，空気の「はじける」感じがつかめるはず。

(4)長々としゃべっているが，粘り強く待ちたい。最終部分で in about three weeks, or so と言っていることに注意。長く話しているのは，結論が出てきていないということでもある。

| スクリプト | 発　音 |
| --- | --- |
| bit of an exaggeration to say that nothing in your apartment works at all. For example, the telephone works, doesn't it—or you wouldn't be speaking to me now ! | ビッタゥアンニグザジャレィシュン |

(5)

Mr Smith—are you there ? Are you still there ? Is there something wrong with the telephone ? Hello ? The line seems to have gone dead. Hello ? Hello ?

## 全 訳

おります。お客様の部屋では何一つちゃんと機能していないとおっしゃるのは，少し大げさではないでしょうか。たとえば，電話はつながっていますでしょう？　そうでなければ今こうやってお話ししてはいないでしょうから。

(5)スミス様――お聞きになっていらっしゃいますか？　聞こえていますか？　電話の具合がおかしいのかな。もしもし？　不通になってしまったようだな。もしもし？　もしもし？

## ポイント

(5) Hello ?「もしもし」と何度も言っていることから，電話がつながっていないことがわかる。このことと選択肢の内容とを考え合わせて選ぶことになる。

難関校過去問シリーズ

# 東大の英語リスニング

## 20カ年［第9版］

別冊 問題編

# 東大の英語リスニング20カ年[第9版]

別冊 問題編

# 音声配信のご案内

英語リスニング問題の音声を，
専用サイトにて配信しています。

ストリーミング再生
&
ダウンロード対応(PC推奨)

## 以下からアクセス！

**PCで開く**

https://akahon.net/nlstng/todai/

ブラウザのアドレスバーにURLを入力してください。

**スマートフォンで開く**

本書利用者のみの特典となります。
それ以外のご利用はお控えください。
URLの共有は固く禁止いたします。

パスワード：naut09

**ウェブで再生する場合**

- **スマホ**や**タブレット**でもご利用いただけます。
- 音声の**再生スピード**を **4 段階**で調整できます。

**オフラインで再生する場合**

- 各年度のページから音声ファイル（MP3 形式・ZIP圧縮）をダウンロードしてご利用ください。

**配信期間**

**2026年
3月末まで**(予定)

※ダウンロードした音源は，上記期間を過ぎてもご利用いただけます。
※配信期間は，予告なく変更する場合がございます。

**対応ブラウザ**

▶**PC** … Microsoft Edge* ／ Google Chrome* ／ Mozilla Firefox* ／ Apple Safari*
▶**スマートフォン・タブレット** … Android 4.4 以上 ／ iOS 9 以上　　※最新版（2024 年 3 月現在）

**【利用上の注意】**

- 本サービスの内容は，予告なしに変更・中断・中止される場合がございます。利用ができなかった場合に損害が生じたとしても，当社は一切の責任を負いかねます。
- 本サービスのコンテンツは著作権法によって保護されています。同法により認められた範囲を超えて利用することはできません。
- ご使用の機器や音声再生ソフト，インターネット環境などに関するご質問につきましては，当社では対応いたしかねます。各製品のメーカーにお尋ねください。

## 英語リスニング問題　専用サイトの配信内容

◆以下は 2024 年 3 月時点の配信内容です。

◆著作権等の理由により，予告なく変更される可能性がございます。あらかじめご了承ください。

| 年度 | 問題番号 |
|---|---|
| 2023 | 〔3〕(A) |
| | 〔3〕(B) |
| | 〔3〕(C)は著作権の都合上省略 |
| 2022 | 〔3〕(A)は著作権の都合上省略 |
| | 〔3〕(B) |
| | 〔3〕(C) |
| 2021 | 〔3〕(A) |
| | 〔3〕(B) |
| | 〔3〕(C) |
| 2020 | 〔3〕(A)は著作権の都合上省略 |
| | 〔3〕(B)は著作権の都合上省略 |
| | 〔3〕(C) |
| 2019 | 〔3〕(A) |
| | 〔3〕(B) |
| | 〔3〕(C) |

| 年度 | 問題番号 |
|---|---|
| 2018 | 〔3〕(A) |
| | 〔3〕(B) |
| | 〔3〕(C) |
| 2017 | 〔3〕(A) |
| | 〔3〕(B) |
| | 〔3〕(C) |
| 2016 | 〔3〕(A) |
| | 〔3〕(B) |
| | 〔3〕(C) |
| 2015 | 〔3〕(A) |
| | 〔3〕(B) |
| | 〔3〕(C) |
| 2014 | 〔3〕(A) |
| | 〔3〕(B) |
| | 〔3〕(C) |

| 年度 | 問題番号 |
|---|---|
| 2013 | 〔3〕(A) |
| | 〔3〕(B) |
| | 〔3〕(C) |
| 2012 | 〔3〕(A) |
| | 〔3〕(B) |
| | 〔3〕(C) |
| 2011 | 〔3〕(A) |
| | 〔3〕(B) |
| | 〔3〕(C) |
| 2010 | 〔3〕(A) |
| | 〔3〕(B) |
| | 〔3〕(C) |
| 2009 | 〔3〕(A) |
| | 〔3〕(B) |
| | 〔3〕(C) |

| 年度 | 問題番号 |
|---|---|
| 2008 | 〔3〕(A) |
| | 〔3〕(B) |
| | 〔3〕(C) |
| 2007 | 〔3〕(A) |
| | 〔3〕(B) |
| | 〔3〕(C) |
| 2006 | 〔3〕(A) |
| | 〔3〕(B) |
| | 〔3〕(C) |
| 2005 | 〔3〕(A) |
| | 〔3〕(B) |
| | 〔3〕(C) |
| 2004 | 〔3〕(A) |
| | 〔3〕(B) |
| | 〔3〕(C) |

**【ご使用にあたって】**

- 設問文は各年度の問題編に掲載されています。
- これらの音声ファイルは，大学から公表された資料をもとに当社が独自に録音して再現したものであり，実際の放送音源とは異なります。英文を読むスピードは，編集部推定によるものです。

●放送を聞いて問題(A), (B), (C)に答えよ。

●(A), (B), (C)のいずれも2回ずつ放送される。
●聞き取り問題は**試験開始後45分**経過した頃から約30分間放送される。
●放送を聞きながらメモを取ってもよい。
●放送が終わったあとも，この問題の解答を続けてかまわない。

# 1 (A)

2023 年度 3-(A)

×2

これから放送するのは，伝書鳩が特定のルートを通って帰巣(homing)する特性についての研究の紹介である。これを聞き，(6)～(10)の問題に対して，それぞれ最も適切な答えを一つ選び，マークシートの(6)～(10)にその記号をマークせよ。

注
zoologist　動物学者
loft　ハト小屋

(6) How often are animals required to use the information stored several years before, according to Dora Biro?
- a) Almost every day.
- b) Hardly ever.
- c) Once a month.
- d) Once a year.
- e) Once in four years.

(7) The study by Biro and her colleagues examined if domestic homing pigeons would take the same route from
- a) a farm 8.6 kilometers away, after an interval of three or four years.
- b) a farm built in 2016, without GPS devices attached to the pigeons' backs.
- c) a hill located as far as 8.6 kilometers away, after a gap of ten years.

d) a house three or four kilometers away, after several years.

e) three or four different places, which are located 8.6 kilometers away from one another.

(8) The flight paths which a group of pigeons took in 2016

a) proved to be similar when they were escorted by the pigeons which knew the route.

b) varied as many pigeons lost their way.

c) were surprisingly similar to their routes in 2019 or 2020.

d) were never followed by the other pigeons which did not know their way.

e) were significantly different from those taken by pigeons flying in 2019 or 2020.

(9) The research confirms that homing pigeons depend on

a) the information which they memorize only when they fly alone.

b) the memory of landmarks which they store only while flying in company.

c) their internal compasses and sense of smell.

d) their memory of landmarks as well as their internal compasses.

e) visual signs as well as their peers.

(10) According to Vermer Bingman, the research shows that animals' capacity is

a) almost equal to humans', just as we tend to think it should be.

b) closer to what we thought of as humans' capacity.

c) equal to humans' in terms of memory capacity.

d) much more developed than humans' in comparing the lengths of different routes.

e) only slightly inferior to humans', just as we imagine it should be.

# 1 (B)

2023 年度 3-(B)

×2

これから放送するのは，大気中の二酸化炭素を減らす取り組みについての説明である。これを聞き，(11) ~ (15) の問題に対して，最も適切な答えを一つ選び，マークシートの (11) ~ (15) にその記号をマークせよ。

注
buoy　ブイ(浮標)
kelp　昆布など大形で緑褐色の海藻
robotics　ロボット工学
limestone　石灰石

(11) The "buoys" designed by Running Tide are intended to
  a) be boiled in water and eaten.
  b) float away into the atmosphere.
  c) release carbon into the atmosphere.
  d) sink to the bottom of the sea.
  e) warn ships of shallow waters.

(12) Which of the following is NOT a reason for Running Tide to use kelp as its material of choice?
  a) It can be allowed to sink to the ocean floor.
  b) It can be easily discarded.
  c) It can be harvested.
  d) It can be used as a building material.
  e) It can grow fast and absorb a lot of carbon.

(13) According to Marty Odlin, how much carbon produced by fossil fuels do

we need to remove in order to effectively combat climate change?

a) Gigatons.

b) Hundreds of gigatons.

c) Hundreds of tons.

d) Megatons.

e) Thousands of tons.

(14) What happens in the "fast cycle"?

a) Carbon becomes neutral.

b) Carbon is pumped deep into the ocean.

c) Carbon is transferred to fossil fuels.

d) Carbon moves from fossil fuels to the air to plant matter.

e) Carbon remains locked away in the earth.

(15) Which of the following statements about Odlin is NOT correct?

a) He founded Running Tide in 2017.

b) He is CEO of Running Tide.

c) He lives in Maine.

d) He taught robotics in college.

e) He was born into a fishing family.

## 1 (C)

2023 年度 3-(C)

（著作権の都合上，放送内容省略）

これから放送するのは，脱成長(degrowth)に関する本を書いた Jason Hickel をゲストに迎えたラジオ番組の一部である。これを聞き，(16) ~ (20) の問いに対して，それぞれ最も適切な答えを一つ選び，マークシートの (16) ~ (20) にその記号をマークせよ。

注

indigenous　先住民族の

(16) According to Hickel, the aim of "degrowth" is

a) combining traditional economics with indigenous philosophies.

b) holding high-income countries accountable for environmental destruction.

c) promoting capitalism at the expense of environmental protection.

d) providing good lives for all through technological innovation.

e) reducing inequality and resource use to stay within planetary boundaries.

(17) According to Hickel, the idea of "growth"

a) has been sold by countries in the Global South to high-income countries.

b) is a fundamental concept in the emerging field of ecological economics.

c) is a natural phenomenon in nature, but is unnatural in the discipline of economics.

d) is essential for economists, but needs to be redefined.

e) is generally accepted on both sides of the political spectrum.

(18) Which of the following statements about "the steady-state" in ecological economics is NOT consistent with what Hickel says in the interview?

a) It is important to maintain a balance with the ecosystem that you live with.

b) It is similar to indigenous thoughts about economies and exchange.

c) You should never extract more from the environment than can be replaced on a yearly basis.

d) You should never extract natural resources from indigenous communities.

e) You should never produce more waste than the environment can safely absorb.

(19) The interviewer suggests that ecological economics

a) has rebranded ideas from indigenous knowledge for the Global North.

b) is fundamentally different from indigenous knowledge.

c) is highly critical of ideas from indigenous knowledge.

d) is just catching up with indigenous knowledge that has been around for thousands of years.

e) is just copying ideas from indigenous knowledge that has been around for thousands of years.

(20) According to Hickel, people who live close to the land interact with the living world

a) in a variety of ways.

b) in similar ways.

c) in the same ways as rich economies do.

d) in ways which have remained the same for thousands of years.

e) with respect for their ancestors.

放送を聞いて問題(A), (B), (C)に答えよ。

- (A), (B), (C)のいずれも 2 回ずつ放送される。
- 聞き取り問題は**試験開始後 45 分**経過した頃から約 30 分間放送される。
- 放送を聞きながらメモを取ってもよい。
- 放送が終わったあとも，この問題の解答を続けてかまわない。

## 2 (A)

2022 年度　3-(A)

（著作権の都合上，放送内容省略）

これから放送するのは，オウム貝の一種である crusty nautilus の生体を発見した記録である。これを聞き，(6) ～ (10) の問題に対して，最も適切な答えを一つ選び，マークシートの (6) ～ (10) にその記号をマークせよ。

注

crust　外殻　　ecosystem　生態系

buoy　ブイ（浮標）　　coral reef　サンゴ礁

(6) The speaker became interested in the crusty nautilus because

a) as a marine biologist, she is interested in the life cycle of the creatures.

b) empty shells seen on the beach suggested that it may have died out.

c) from an interest in conservation, she wanted to know whether they still exist.

d) marine biologists have speculated that the crust on its shell only forms in certain areas.

e) the crust covering the creature is environmentally significant.

(7) The speaker felt that the trip should be undertaken soon because

a) deep-sea ecosystems may be under threat, and gathering information could help preserve them.

b) due to climate change, deep-sea environments are changing rapidly.

c) it was important to capture the creatures on video before they died out.

d) mining companies were moving to prevent environmental research in the area.

e) waste from mining on the land in Papua New Guinea was affecting the nearby sea.

(8) After flying to Papua New Guinea from Brisbane, the team travelled to

a) an island recently declared a protected area in order to meet local communities.

b) an island where the crusty nautilus was found alive in the 1980s.

c) greet a local community whose chief had declared the beach protected.

d) greet a small island community which had been trying to protect the crusty nautilus.

e) Manus Island, then to a smaller island to see some crusty nautiluses caught by locals.

(9) From the island, after taking a banana boat out to sea, the team lowered

a) a trap 300 metres deep, though this trap did not return anything.

b) traps overnight, but were disappointed to find the traps completely empty.

c) traps with buoys on the surface, but the buoys drifted away from the traps.

d) traps without realising that traps would not be useful in the fast currents.

e) two traps at the same depth, which both drifted during the night.

(10) After the initial disappointment,

a) based on advice from older fishermen, the team left the traps in the water longer.

b) rather than raising the traps, the speaker dived down to inspect them.

c) the team decided to use traps that the elder fishermen had successfully used in the past.

d) the team took the traps to where the creatures were last seen in 1984.

e) the traps were put in water not as deep as the first attempt.

## 2 (B)

2022年度 3-(B)

×2

これから放送する講義を聞き，(11)～(15)の問題に対して，それぞれ最も適切な答えを一つ選び，マークシートの(11)～(15)にその記号をマークせよ。

(11) According to the speaker, the difficulty in investigating our own minds is that

a) attempting to look at one's own mind necessarily modifies it.

b) clarifying our own minds is not as simple as just turning on a light.

c) in the same way that we cannot shine a light on a light itself, the mind cannot think of itself.

d) it can be emotionally difficult to see the darkness in our thoughts.

e) when we try to look at our own thoughts, it is unclear how to measure them.

(12) According to psychologist Russell Hurlburt,

a) in daily life we think in words, but with a surprisingly limited vocabulary.

b) in normal circumstances, people do not have as many thoughts as they suppose.

c) people assume that they think in words, but this is often not true.

d) the words we use in our thoughts are a lot more varied than previously assumed.

e) we use words to think in various situations.

(13) In the small study involving 16 college students,

a) after reading short stories, college students were asked to record their opinions.

b) hardly any of the thoughts sampled involved inner speech and most were wordless.

c) only a third of the thoughts students had while reading involved words.

d) over 25 percent of thoughts sampled involved inner speech.

e) while listening to short stories, college students were asked to think freely.

(14) In Famira Racy's research, the participants talked to themselves

a) about a wide variety of topics.

b) especially when walking and getting in and out of bed.

c) in emotional situations.

d) in the same way as they talk to other people.

e) mainly about other people.

(15) Jill Bolte Taylor's case is referred to as evidence that

a) as we get older, inner speech becomes more important to our identity.

b) brain damage can be affected by inner speech.

c) inner speech is important to our sense of self.

d) the lack of inner speech can lead us to reflect on who we are.

e) without inner speech, short-term memory disappears.

2022 年度 3-(C)

# 2 (C)

×2

これから放送する講義を聞き，(16) ～ (20) の問題に対して，それぞれ最も適切な答えを一つ選び，マークシートの (16) ～ (20) にその記号をマークせよ。

(16) According to the lecture, what is forensics?

a) The analysis of the reliability of enhanced audio recordings.

b) The analysis of witness accounts.

c) The use of advanced technology in criminal courts.

d) The use of DNA evidence to convict a suspect.

e) The use of scientific methods to investigate a crime.

(17) In this lecture, the instructor tells us that DNA evidence

a) can be too easy to manipulate in some cases.

b) can give a false sense of confidence to the court.

c) is certainly available.

d) is most likely inaccurate.

e) is not always reliable.

(18) According to the instructor, it is

a) challenging to identify specific voices.

b) difficult to know whether a person is tired from a recording.

c) easy to match a voice with a recording.

d) important to record witness statements.

e) impossible to use a recording to convict a criminal.

(19) Which of the following statements about “enhanced audio recordings” is NOT correct?

a) It can give the listeners a false impression.

b) It is produced by manipulating the speech signal.

c) It is sometimes presented to criminal courts.

d) It makes the court more confident.

e) It makes the recording easier to understand.

(20) According to the instructor, the transcript of the audio recording

a) can be misleading.

b) can never be used in court.

c) is fairly reliable.

d) is usually of very poor quality.

e) must be presented to the court.

放送を聞いて問題 (A), (B), (C) に答えよ。

- (A)と(B)は内容的に関連している。(C)は独立した問題である。(A), (B), (C)のいずれも 2 回ずつ放送される。
- 聞き取り問題は**試験開始後 45 分**経過した頃から約 30 分間放送される。
- 放送を聞きながらメモを取ってもよい。
- 放送が終わったあとも，この問題の解答を続けてかまわない。

2021 年度 3-(A)

# 3 (A)

×2

これから放送するのは，絵画の贋作について，美術研究者 Noah Charney に行ったインタヴューである。これを聞き，(6) ~ (10) の問いに対して，それぞれ最も適切な答えを一つ選び，マークシートの (6) ~ (10) にその記号をマークせよ。

(6) What is “craquelure”?

a) Faults caused by covering a painting over time.

b) Lines produced by paint expanding and contracting.

c) Marks produced by spiders on the surface of a painting.

d) Patterns produced by worms eating through a painting.

e) Stains on a painting produced by artists.

(7) Of all the people Charney writes about, why is Eric Hebborn his favorite?

a) Because he has the same level of skill as the artists whose work he copies.

b) Because he has written several books on the subject of faking art.

c) Because he invented numerous techniques for imitating paintings.

d) Because he is the most famous.

e) Because he is the only person to successfully reproduce craquelure.

(8) Which of the following statements about wormholes is NOT true?

a) They are difficult to reproduce mechanically.

b) They are not regularly shaped.

c) They are one of the most difficult aspects of a painting to copy.

d) They are produced by insects eating the painting.

e) They can easily be reproduced by using the right kind of tools.

(9) According to Charney, the reason many fake paintings are not recognized as such is that

a) few works of art undergo close examination.

b) specialists seldom look at the frame of a painting.

c) the fakers have too many ways to imitate paintings.

d) there are not enough effective ways to identify fake paintings.

e) we have too little knowledge about how paintings change over time.

(10) We can distinguish an imitation from an authentic work most clearly

a) by checking that the style matches other known works by the artist.

b) by identifying the precise material used in the painting.

c) by looking at the writing and other marks on the back of the painting.

d) by studying the documented history attached to the painting.

e) by using the latest scientific techniques to test the painting.

2021 年度　3-(B)

# 3 (B)

これから放送するのは，司会者と Noah Charney による，(A) と内容的に関連した会話である。これを聞き，(11) ～ (15) の問いに対して，それぞれ最も適切な答えを一つ選び，マークシートの (11) ～ (15) にその記号をマークせよ。

(11) Which of the following is NOT mentioned by Charney as a feature of the fake Rothko painting?

a) It is a large painting.

b) It is an abstract painting.

c) It is painted in Rothko's style.

d) It is painted on a canvas once used by Rothko.

e) It uses red and black.

(12) According to the dialogue, the painting resembles a work of Rothko so much that it deceived

a) Noah Charney.

b) the chairman of Sotheby's.

c) the columnist who first wrote about it.

d) the judge in a Manhattan court.

e) the reporter covering the trial.

(13) Where is the painting now?

a) It has been destroyed.

b) It is being used for education.

c) It is in a courtroom.

d) It is in a museum collection.

e) It is in Noah Charney's possession.

(14) Which of the following does the art world usually rely on to decide whether a painting is authentic?

a) Analysis of style.

b) Documented history.

c) Expert opinion.

d) Record of ownership.

e) Rigorous testing.

(15) Which of the following statements is an opinion shared by Noah Charney about art fakes?

a) They bring shame on people who are tricked by them.

b) They should be destroyed to prevent anyone from making a profit from them.

c) They should be preserved for educational purposes.

d) They should be tested scientifically to reveal how they were produced.

e) They should be treated like any other work of art and displayed in a museum.

2021 年度　3-(C)

# 3 (C)

これから放送する講義を聞き，(16) ～ (20) の問いに対して，それぞれ最も適切な答えを一つ選び，マークシートの (16) ～ (20) にその記号をマークせよ。

注

Mayan　マヤの

ecosystem　生態系

Sumer　シュメール

(16) Which of the following statements does NOT match the collapse of the Mayan civilization?

a) An increasing number of people died as the civilization declined.

b) Some areas continued to flourish in spite of the downfall of the civilization.

c) Some cities were deserted because of the drop in population.

d) Some cultural activities continued until the arrival of the Spanish.

e) The Mayan civilization was destroyed relatively quickly.

(17) Which of the following statements about civilizational collapse is NOT mentioned in the lecture?

a) It is like a forest fire in which an entire ecosystem is forever lost.

b) It is part of a natural process of growth and decline.

c) It made it possible for the nation-state to emerge in Europe.

d) It tends to be seen in negative terms because we usually see history from the viewpoint of elites.

e) We have few records of what happened to the poorest members of a society.

(18) According to the lecture, the collapse of Sumer in ancient Mesopotamia

a) is an example of a decline that only affected cities.

b) led to heavy taxation.

c) took place at the end of the second millennium BCE.

d) was a relief to the lower classes of Sumerian society.

e) was the best thing that could have happened to land owners.

(19) Choose the statement that best matches the lecturer's observations on the blackout in New York in the 1970s.

a) A lot of people were injured by accidents in the subways.

b) Civilizational collapse can take place anywhere and at any time.

c) New York City should have taken more action to reduce crimes.

d) Our reliance on technology is now greater than at any other time.

e) The loss of electricity allowed criminals to escape from prisons.

(20) According to the lecture, modern societies are more likely to collapse than earlier ones because

a) climate change poses an urgent threat.

b) people are anxious about the possibility of a dark future.

c) the world is more interconnected than ever before.

d) their political structures are more fragile.

e) wars now have much greater destructive potential.

●放送を聞いて問題(A)，(B)，(C)に答えよ。

●(A)と(B)は内容的に関連している。(C)は独立した問題である。(A)，(B)，(C)のいずれも2回ずつ放送される。
●聞き取り問題は試験開始後45分経過した頃から約30分間放送される。
●放送を聞きながらメモを取ってもよい。

2020年度 3-(A)

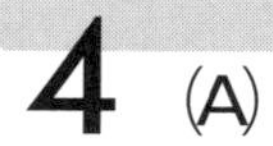

# 4 (A)

（著作権の都合上，放送内容省略）

これから放送するのは，心理学者 Gopnik 博士の著書 *The Gardener and the Carpenter*（『庭師と大工』）に関するインタヴューである。これを聞き，(6)〜(10)の問いに対して，それぞれ最も適切な答えを一つ選び，マークシートの(6)〜(10)にその記号をマークせよ。

(6) Which of the following statements does NOT match the carpenter concept of parenting?

a) It assumes parenting is like shaping basic materials into a particular form.
b) It includes a clear idea of the final goal of parenting.
c) It involves following a specific plan for raising children well.
d) It is the dominant model of parenting in the developed world today.
e) It requires cooperation between parents and other active agents.

(7) Which of the following changes in human society has been more important for producing the dominant model of parenting in the developed world?

a) The development of an industrial economy.
b) The emergence of higher education.
c) The reduced experience of caring for children before having one's own.
d) The rise of large, extended families.
e) The shift from hunting and gathering to settled agricultural society.

(8) Which of the following statements is NOT mentioned in the interview?

a) In modern society, people often start a family without first having the experience of caring for children.

b) Parenting began to change in the 20th century.

c) Parenting has been viewed as similar to going to school or working.

d) Parenting will go more smoothly if you first have a successful career.

e) Some parents look for the right manual in order to bring up their children well.

(9) Which of the following does Gopnik mention as a reason why humans have an especially long childhood?

a) It allows them to acquire language.

b) It allows them to become more flexible and adaptable.

c) It allows them to develop a larger brain.

d) It allows them to experience life more fully.

e) It allows them to protect their surrounding environment.

(10) Based on this conversation, which of the following statements best describes the views of Gopnik and the host, Vedantam?

a) Gopnik and Vedantam both prefer the carpenter model.

b) Gopnik and Vedantam both prefer the gardening model.

c) Gopnik and Vedantam find much to appreciate in both models.

d) Gopnik prefers the carpenter model, but Vedantam prefers the gardening model.

e) Gopnik prefers the gardening model, but Vedantam prefers the carpenter model.

2020 年度 3-(B)

# 4 (B)

（著作権の都合上，放送内容省略）

これから放送するのは，司会者（Vedantam）と Gopnik 博士，Webb 博士の 3 人による，(A)と内容的に関連した会話である。これを聞き，(11)〜(15)の問いに対して，それぞれ最も適切な答えを一つ選び，マークシートの(11)〜(15)にその記号をマークせよ。

(11) According to Gopnik, what is a likely outcome of the carpenter model of parenting?

a) Children will achieve more by taking chances.
b) Children will be better able to deal with uncertainty.
c) Children will be more likely to be cautious.
d) Children will be well-balanced in their later life.
e) Children will benefit from greater freedom.

(12) According to Vedantam, what does Gopnik argue?

a) Children learn valuable lessons by taking risks.
b) Children need to develop specialized skills from an early age.
c) Parents need to have specific goals for their children.
d) The carpenter model is designed to increase the child's sense of freedom.
e) The current culture of parenting needs only minor adjustments to be successful.

(13) What objection does Webb raise to Gopnik's argument?

a) Giving children a lot of freedom can limit their future opportunities.
b) If you are going to be free of anxiety, you need a structured life.
c) If you are going to succeed, you need to try a lot of things before choosing one.
d) In order to be an Olympic athlete, you must start taking lessons before the age of fourteen.
e) Success in life is based on a child's natural ability.

(14) What does Gopnik think about the problem Webb describes ?

a ) Children should be encouraged to trust their parents.

b ) Children should not be expected to work that hard in order to succeed.

c ) Parents in a competitive culture should make great demands of their children.

d ) Parents should give children every advantage possible to help them succeed.

e ) We should feel sympathy for parents in this situation.

(15) What conclusion does Webb finally draw from this discussion ?

a ) Life is like an unfair competition.

b ) Most models of parenting do not prepare children well enough for life.

c ) Not enough parents understand how to help their children succeed in life.

d ) Parenting can be a very unrewarding activity.

e ) The real problem lies in society.

2020 年度　3-(C)

## 4 (C)

×2

これから放送する講義を聞き，(16)～(20)の問いに対して，それぞれ最も適切な答えを一つ選び，マークシートの(16)～(20)にその記号をマークせよ。

(16) Which scientific advance made the recent progress in speed breeding possible ?

a ) Better space flight technology.

b ) Developments in LED technology.

c ) Improvements in climate control technology.

d ) More efficient methods of harvesting.

e ) The invention of the carbon arc lamp.

(17) When did scientists in China achieve their breakthrough in making one of the world's vital food crops resistant to a disease ?

a ) 2002
b ) 2004
c ) 2008
d ) 2012
e ) 2014

(18) Which of the crops listed below is NOT used to illustrate how gene editing has protected plants from disease ?

a ) Bananas
b ) Barley
c ) Rice
d ) Soybeans
e ) Wheat

(19) Which of the following is NOT mentioned as a location where research projects are currently carried out ?

a ) Australia
b ) China
c ) Europe
d ) India
e ) South Korea

(20) According to Hickey, meeting the future challenges of food security will require

a ) continuing advances in speed breeding.
b ) efforts to control population growth.
c ) new breakthroughs in gene editing.
d ) the application of all available technologies.
e ) the development of new tools.

●放送を聞いて問題(A), (B), (C)に答えよ。

●(A)と(B)は内容的に関連している。(C)は独立した問題である。(A), (B), (C)のいずれも 2 回ずつ放送される。
●聞き取り問題は**試験開始後 45 分**経過した頃から約 30 分間放送される。
●放送を聞きながらメモを取ってもよい。

2019 年度　3-(A)

# 5 (A)

これから放送するのは，文化人類学者 Turner 博士による講義である。これを聞き，(7)〜(11)の問いに対して，それぞれ最も適切な答えを一つ選び，マークシートの(7)〜(11)にその記号をマークせよ。

(7) Which of the following best describes the location where the lecture is being held ?

a ) A center of local government.
b ) A ski resort.
c ) A university town.
d ) An ancient historical site.
e ) An athletic training field.

(8) What example does the lecturer give of ancient sports helping people find their places in society ?

a ) Sports as training for combat.
b ) Sports functioning as a rite of passage.
c ) Sports occurring in a religious ceremony.
d ) Sports representing an ideal social order.
e ) Sports serving as an early form of education.

(9) Which of the following does not match any of the core elements of team sports mentioned by the lecturer ?

a ) Ability.　b ) Discipline.　c ) Luck.
d ) Rules.　e ) Tactics.

(10) Which of the following best describes the chief goal of team sports for school systems?

a) They want students to become good citizens.
b) They want students to obey rules and respect authority.
c) They want students to practice fair play.
d) They want students to show consideration for others.
e) They want students to value teamwork.

(11) Near the end of Dr. Turner's lecture, he argues that modern team sports appear to place supreme value on ___(ア)___ but, in fact, ___(イ)___ is of equal importance.
(*Each choice contains a pair of expressions that can fill in the blanks to complete the sentence.*)

a) (ア) effort (イ) cheating
b) (ア) fair play (イ) victory
c) (ア) skill (イ) chance
d) (ア) the group (イ) the individual
e) (ア) winning (イ) losing

2019 年度 3-(B)

# 5 (B)

×2

これから放送するのは，司会者と DeBoer 博士，Van Klay 博士の 3 人による，(A)と内容的に関連した会話である。これを聞き，(12)〜(16)の問いに対して，それぞれ最も適切な答えを一つ選び，マークシートの(12)〜(16)にその記号をマークせよ。

(12) Why does Van Klay object to Turner's analysis?

a) He thinks Turner's analysis doesn't match the contemporary world.
b) He thinks Turner's analysis doesn't put enough emphasis on socialization.
c) He thinks Turner's analysis focuses too much on team sports.
d) He thinks Turner's analysis is too Western-oriented.
e) He thinks Turner's analysis puts too much emphasis on politics.

(13) What new thesis does Van Klay add to the discussion about sports?
a) Sports can never play a role in social or political reform.
b) Sports do not reflect core values in every society.
c) Sports reflect real life, not entertainment.
d) The values reflected by a sport differ from society to society.
e) When a sport moves from one society to another, it no longer reflects core values.

(14) DeBoer says that Van Klay is unfair to Turner because
a) Turner actually agrees with Van Klay.
b) Turner did not have a chance to hear Van Klay's objection.
c) Van Klay does not accurately describe Turner's argument.
d) Van Klay's point is not relevant to the context Turner was analyzing.
e) Van Klay's thesis is not proven.

(15) What is the final conclusion drawn by DeBoer from the example of the rugby player?
a) It is difficult to come out as gay in a sport like rugby.
b) It is hard to come out in a conservative society.
c) Society and sports can influence each other.
d) Society can change a sport for the better.
e) Sports like rugby are too male dominated.

(16) DeBoer believes a sport can have its greatest impact when
a) it challenges established assumptions.
b) it has little or no political meaning.
c) it is changed by progressive attitudes.
d) it teaches a sense of proper fair play.
e) it teaches us how to follow the rules of the game.

# 5 (C)

2019 年度 3-(C)

×2

これから放送する講義を聞き，(17)〜(21)の問いに対して，それぞれ最も適切な答えを一つ選び，<u>マークシートの(17)〜(21)</u>にその記号をマークせよ。

(17) Which of the following best corresponds to one of the lecturer's early childhood memories?

a ) Collecting rocks by the sea.
b ) Finger-painting on a playground.
c ) Seeing a movie about ocean creatures.
d ) Tracing letters in his bedroom.
e ) None of the above.

(18) Before the 1980s, most psychologists thought that early childhood memories

a ) are blocked out for self-protection.
b ) are built in a "construction zone."
c ) are naturally unstable.
d ) have only a 40% chance of being remembered.
e ) will persist in a distorted form.

(19) Which of the following is <u>not</u> a finding from a study conducted in the 1980s?

a ) At 6 months of age, memories last for at least a day.
b ) At 9 months of age, memories last for a month.
c ) At the age of 2, memories last for a year.
d ) Children $4\frac{1}{2}$ years old can recall detailed memories for at least 18 months.
e ) The memories of children aged 3 and under persist, but with limitations.

(20) Which of the statements below was a finding of the 2005 study?

a) Children create memories faster than adults, but then forget faster as well.

b) Children's memories vanish as they build up adult experiences.

c) Five-and-a-half-year-olds retain 80% of the memories formed at age 3.

d) Seven-and-a-half-year-olds retain half of the memories formed at age 3.

e) Three-year-olds only retain 14% of their memories.

(21) The lecturer most wants to claim that:

a) Childhood memories are lost because they are formed in a brain that is rapidly developing.

b) Our earliest memories are more reliable than once thought.

c) The infant brain is still developing, which gives it great flexibility.

d) We forget most of our childhood memories so that we can retain the most valuable ones.

e) We have more links between brain cells in early childhood than in adulthood.

放送を聞いて問題(A)，(B)，(C)に答えよ。

●(A)と(B)は内容的に関連している。(C)は独立した問題である。(A)，(B)，(C)のいずれも2回ずつ放送される。
●聞き取り問題は**試験開始後45分**経過した頃から約30分間放送される。
●放送を聞きながらメモを取ってもよい。

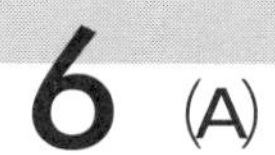

2018年度 3-(A)

# 6 (A)

これから放送するのは，あるラジオ番組の一部である。これを聞き，(6)〜(10)の問いに対して，それぞれ最も適切な答えを一つ選び，マークシートの(6)〜(10)にその記号をマークせよ。なお，放送の中で使われている umbilical cord という表現は「へその緒」という意味である。

(6) According to Dr. Gisemba, what is one risk that the "Cord" system has traditionally protected against?
 a) The risk of losing money due to theft.
 b) The risk of getting involved in too many obligations.
 c) The risk of harm to mother and child during pregnancy.
 d) The risk of losing cattle due to extended periods without rain.
 e) The risk of large-scale loss of cattle in a community-wide epidemic.

(7) Which of the following best describes the way the "Cord" system works in actual practice?
 a) It is like the umbilical cord that connects a mother and her unborn child.
 b) As with friendship groups, members can freely ask each other for favors.
 c) Everyone is connected to one other person who will help in times of difficulty.
 d) In times of trouble, people in the same network must volunteer to help each other.
 e) Assistance is always given on request from anyone in your network when it is needed.

(8) What is the "puzzling fact" referred to by Dr. Gisemba ?

a ) Humans are the most generous animals.

b ) Even chimpanzees are not generous to each other.

c ) Small children try to help adults when they drop something.

d ) Humans tend not to help others if there is no advantage to themselves.

e ) When small children see an adult drop something, they know it is accidental.

(9) What is Dr. Gisemba's "main interest" in studying the Maasai ?

a ) The Maasai help us understand how herding cultures reduce risk.

b ) The Maasai help us understand the development of human generosity.

c ) The Maasai show how modern societies can preserve or increase generosity.

d ) The Maasai are a good example of a culture in which generosity is a fundamental feature.

e ) The Maasai show how a single system can protect a society against many different risks.

(10) Which sentence below best matches the main finding of the computer simulation ?

a ) Generous individuals tend to live longer.

b ) Generous societies are as successful as more selfish societies.

c ) Individuals who are part of a family system live longer than those who are not.

d ) Communities survive better when giving is practiced without expectation of being repaid.

e ) When a very severe problem affects an entire community, giving generously can make things worse.

2018 年度 3-(B)

# 6 (B)

×2

これから放送するのは(A)のラジオ番組の続きである。これを聞き，(11)〜(15)の問いに対して，それぞれ最も適切な答えを一つ選び，マークシートの(11)〜(15)にその記号をマークせよ。

(11) What, according to Mr. Park, is the main danger of “giving freely”?

a） If people do not work, they will eventually become unemployable.

b） It encourages people to receive something without giving anything back.

c） People who are given things for free stop wanting to do things for themselves.

d） In a society where free giving is very common, it stops being appreciated.

e） When people are given things for free, they gain no sense of accomplishment.

(12) What, according to Mr. Park, is one important way in which modern urban societies differ from Maasai society?

a） The Maasai have fewer material needs.

b） The Maasai have a stronger instinct for generosity.

c） The Maasai do not have a tax system to redistribute income.

d） The Maasai are more likely to be jealous of their neighbors’ wealth.

e） The Maasai find it easier to know whether those around them are in trouble.

(13) According to Dr. Gisemba, how does the *kerekere* system in Fiji encourage generous behavior?

a） Fijians tend to be generous towards loyal friends.

b） Fijians tend to be generous to those who need the money most.

c） Fijians with a reputation for being generous tend to be rewarded.

d） Fijians work hard so that they can be more generous with their money.

e） Fijians with a reputation for being generous give away more money than others.

(14) Based on the conversation, which of these statements would Dr. Gisemba be most likely to agree with ?

a ) Society is becoming less kind towards the poor.
b ) Societies where wealth can be easily hidden are less generous.
c ) People are unlikely to try to cheat within systems of generosity.
d ) Modern financial systems make it easier to redistribute money from rich to poor.
e ) No society can be considered civilized as long as some people have excessive wealth.

(15) Based on the conversation, which of these statements does Mr. Park agree with ?

a ) Governments should not help the poor.
b ) The basic needs of the poor should be met by charities.
c ) Systems of free giving may work in small communities.
d ) The tax system should be replaced with voluntary donations.
e ) We should not be more generous to friends than to strangers.

2018 年度 3-(C)

# 6 (C)

×2

これから放送するのは，海洋で見られるある現象に関する講義である。これを聞き，(16)～(20)の文それぞれの空所に入れるのに最も適切な表現を一つ選び，マークシートの(16)～(20)にその記号をマークせよ。

(16) Monster waves are more ______ than previously thought.

a ) common　　b ) enormous　　c ) forceful
d ) predictable　　e ) sudden

(17) Evidence suggests that the monster wave that hit the German cargo ship was at least ______ meters high.

a ) 9　　b ) 12　　c ) 20
d ) 26　　e ) 27

(18) In 2003, a survey using satellite images found 10 waves that were 25 meters or more in height within a period of ______.

a) one week b) three weeks c) ten weeks
d) one year e) ten years

(19) The special claim of the new theory is that ______.

a) it is better to think of waves in terms of their energy
b) waves should not necessarily be treated as individuals
c) wave formation is even more unpredictable than we thought
d) individual waves can pass through or merge with other waves
e) an early warning system for monster waves will be difficult to develop

(20) The narrator suggests that, in the future, we may find ways to protect against the threat of monster waves, such as ______.

a) preventing their formation
b) increasing awareness of them among sailors
c) reducing the impact of global warming on ocean systems
d) designing structures that can withstand being hit by them
e) ensuring that fewer lives are lost when ships are sunk by them

●放送を聞いて問題(A), (B), (C)に答えよ。

●聞き取り問題は**試験開始後45分**経過した頃から約30分間放送される。
●放送を聞きながらメモを取ってもよい。
●聞き取り問題は大きく三つに分かれている。(A)と(B)は内容的に関連している。(C)は独立した問題である。(A), (B), (C)のいずれも2回ずつ放送される。

2017年度 3-(A)

# 7 (A)

これから放送するのは，囲碁（Go）についての講義である。これを聞き，(6)〜(10)の問いに対して，それぞれ正しい答えを一つ選び，マークシートの(6)〜(10)にその記号をマークせよ。

(6) Why, according to the speaker, was Deep Blue able to defeat Kasparov?
  a) Kasparov did not take the match seriously.
  b) Deep Blue was receiving help from some human experts.
  c) Deep Blue's processing power was too much for Kasparov.
  d) The stress of playing against a computer was too much for Kasparov.

(7) Some people argued that Go would be a better test of computer intelligence than chess because
  a) Go depends more on recognising visual patterns.
  b) Go players are said to be cleverer than chess players.
  c) it takes a longer time to become skilful at Go than at chess.
  d) there are too many possibilities in a game of Go to analyse.

(8) Before the March 2016 match against Lee Sedol, AlphaGo
  a) played many practice games against itself.
  b) won a match against a strong European amateur.
  c) won a match against a Go professional by four games to one.
  d) played many practice games against various human opponents.

(9) AlphaGo's victory against Lee was impressive because
a ) it still showed certain weaknesses.
b ) it was far more powerful than Deep Blue.
c ) it was able to find creative and original moves.
d ) it was able to calculate many more possibilities.

(10) Choose the least appropriate title for this passage.
a ) From Deep Blue to AlphaGo
b ) Is Human Intelligence Unique ?
c ) Recent Increases in Computer Power
d ) The Evolution of Computer Intelligence

2017年度 3-(B)

# 7 (B)

これから放送するのは，二人の男性（Alex と Daniel）と一人の女性（Megan）による，(A)と内容的に関連した会話である。これを聞き，(11)〜(15)の問いに対して，それぞれ正しい答えを一つ選び，マークシートの(11)〜(15)にその記号をマークせよ。

(11) According to Megan, what is one reason why humans are sometimes worse at making decisions than computers ?
a ) Humans make decisions based on faulty information.
b ) Humans become distracted by their subjective desires.
c ) Humans give up too easily when faced with unpleasant decisions.
d ) Humans are not good at choosing among a large number of options.

(12) According to Megan, how do chess programs make decisions ?
a ) The programs evaluate the opponent's playing style.
b ) The programs use moves from previously played games.
c ) The programs evaluate each possible move systematically.
d ) The programs use moves based on input from human experts.

(13) Why does Alex not want computers to make important decisions?
  a) Computer programs can pose security risks.
  b) Computers have no sense of right and wrong.
  c) Computer programs often crash and have bugs.
  d) Computers have no personal interest in what they decide.

(14) According to Megan, how might computers be more "caring" than human doctors?
  a) Computers can be programmed to interpret the feelings of patients.
  b) Computers can calculate the amount of medicine each patient needs.
  c) Computers can be programmed to interact more warmly with patients.
  d) Computers can encourage patients to share personal information more easily.

(15) What is one reason Daniel is worried about computers?
  a) He thinks that they might start a war.
  b) He thinks that they might control the human race.
  c) He thinks that they might take over the police force.
  d) He thinks that they might eliminate the need for people to work.

# 7 (C)

2017 年度　3-(C)

×2

これから放送するのは，ナイジェリア出身の作家による，姉 Uche についての回想である。これを聞き，(16)～(20)の問いに対して，それぞれ正しい答えを一つ選び，マークシートの(16)～(20)にその記号をマークせよ。

(16) The speaker has been close to her sister Uche ever since
  a) Uche calmed her crying regularly.
  b) Uche stopped her from crying on the stairs.
  c) Uche became attached to her at four years old.
  d) Uche led her by the hand around their new house.

(17) Uche was considered tough because
a) she would ignore insults.
b) she would wear boys' clothes.
c) she would use rough language.
d) she would ignore social expectations.

(18) Uche once
a) made a dress from materials she found.
b) apologized for hitting the neighbor's son.
c) cooked okra with liver sauce for the speaker.
d) took sandals from her mother without asking.

(19) Which of the following is <u>not</u> a way the sisters are described to differ？
a) patience
b) hair style
c) toughness
d) occupation

(20) Which of the statements best summarizes the speaker's description of her sister？
a) Uche is curious and bold.
b) Uche is strong and caring.
c) Uche is rich and generous.
d) Uche is talkative and intelligent.

●放送を聞いて問題(A), (B), (C)に答えよ。

●聞き取り問題は**試験開始後 45 分**経過した頃から約 30 分間放送される。
●放送を聞きながらメモを取ってもよい。
●聞き取り問題は大きく三つに分かれている。(A)と(B)は内容的に連続している。(C)は独立した問題である。(A), (B), (C)のいずれも 2 回ずつ放送される。

2016 年度　3-(A)

# 8 (A)

これから放送するのは，あるラジオ番組の一部である。これを聞き，(6)〜(9)の問いに対して，それぞれ正しい答えを一つ選び，マークシートの(6)〜(9)にその記号をマークせよ。

(6) According to the speaker, what was important about the sale of the painting?

a) It was sold to an anonymous buyer.
b) It was sold for much less than the estimate.
c) It was sold during a historic online auction.
d) It was sold at the highest price for any painting in a public auction.

(7) According to the speaker, how does Picasso's painting differ most clearly from the Delacroix painting that inspired it?

a) The degree of originality.
b) The location of the scene.
c) The liveliness of the image.
d) The number of women shown.

(8) According to the speaker, how is Picasso's painting connected to Henri Matisse?

a) It was a gift from Picasso to Matisse.
b) It uses colors that Matisse often used.
c) It is based on themes borrowed from Matisse.
d) It was Picasso's first painting after Matisse's death.

(9) According to the speaker, the price of the painting increased...
a) from $250,000 in 1956 to $179,000,000 now.
b) from $32,000 in 1956 to $179,000,000 in 1997.
c) from $32,000,000 in 1997 to $179,000,000 now.
d) from $250,000 in 1956 to $179,000,000 in 1997.

2016年度 3-(B)

# 8 (B)

×2

これから放送するのは，(A)の続きである。司会者に加えて，女性（Fatima Nasser）と男性（Lucas Mendez）が出演している。これを聞き，(10)～(15)の問いに対して，それぞれ正しい答えを一つ選び，マークシートの(10)～(15)にその記号をマークせよ。

(10) What does Fatima Nasser say about a painting's value?
a) It is determined by the reputation of the artist.
b) It is determined by the artistic quality of the work.
c) It is determined by the budgets of major museums.
d) It is determined by the highest price that is offered for it.

(11) According to Lucas Mendez, what can happen to the value of privately owned masterpieces?
a) It can increase because they can no longer be criticized.
b) It can decrease because young artists cannot study them.
c) It can increase because museums continue to compete to display them.
d) It can decrease because private owners might not take sufficient care of them.

(12) According to Lucas Mendez, why do people pay such high prices for paintings like this?
a) Because they believe the paintings are masterpieces.
b) Because they believe their own social status will be enhanced.
c) Because they believe it is better than putting money in the bank.
d) Because they believe the paintings should be preserved for future generations.

(13) Which of the following is not mentioned by Fatima Nasser as a reason why people buy art ?
a ) To increase their wealth.
b ) To educate their children.
c ) To leave as an inheritance.
d ) To appreciate the art itself.

(14) On which point are Fatima Nasser and Lucas Mendez most likely to agree ?
a ) "Women of Algiers" is a very good painting.
b ) Roads and bridges should not be privately owned.
c ) Selling artworks privately might reduce their value.
d ) Paintings like "Women of Algiers" should be sold only to genuine art lovers.

(15) What does the moderator say is the main topic of the next *Art in Focus* ?
a ) A supposed fake that was found to be genuine.
b ) A famous masterpiece that was found to be a fake.
c ) A modern painter who sells his original paintings for millions of dollars.
d ) A former criminal who is now earning a reputation for his own paintings.

# 8 (C)

2016年度　3-(C)

×2

これから放送する講義を聞き，(16)〜(20)の問いに対して，それぞれ正しい答えを一つ選び，マークシートの(16)〜(20)にその記号をマークせよ。

(16) What does the speaker say about mosquitoes biting people ?
a ) 20 % of people are rarely or never bitten.
b ) 20 % of people are bitten more often than others.
c ) 20 % of people are not protected from bites by insect spray.
d ) Scientists have discovered a new treatment for bites that works for 20 % of people.

(17) Which of the following does the speaker not say?

a) Mosquitoes bite people in order to get proteins from them.
b) Most people release a chemical indicating their blood type.
c) 15% of mosquitoes are unable to distinguish a person's blood type.
d) People with Type B blood are bitten by mosquitoes more often than people with Type A blood.

(18) According to the speaker, what is one reason why children are bitten less than adults?

a) Children move around more than adults.
b) Children have smoother skin than adults.
c) Children breathe out less $CO_2$ than adults.
d) Children notice mosquitoes on their skin more than adults.

(19) According to the speaker, why do people tend to get bitten on their ankles and feet?

a) Because those parts of the body tend to be exposed.
b) Because those parts of the body tend to sweat more.
c) Because those parts of the body have a lot of bacteria.
d) Because those parts of the body are not as sensitive to the touch.

(20) What is the "good news"?

a) It might be possible to modify mosquito genes so they do not bite people.
b) It might be possible to modify human genes to keep mosquitoes away naturally.
c) Natural blood proteins might be utilized to make people resistant to mosquito bites.
d) Chemicals naturally produced by mosquito-resistant people might be utilized to make more effective sprays.

●放送を聞いて問題(A), (B), (C)に答えよ。

●聞き取り問題は**試験開始後 45 分**経過した頃から約 30 分間放送される。
●放送を聞きながらメモを取ってもよい。
●聞き取り問題は大きく三つに分かれている。(A)と(B)は内容的に連続しており，(B)は(A)をふまえたうえでの問題である。(C)は独立した問題である。(A), (B), (C)のいずれも 2 回ずつ放送される。

2015 年度　3-(A)

# 9 (A)

これから放送するのは，あるラジオ番組の一部である。これを聞き，(6)〜(10)の問いに対して，それぞれ正しい答えを一つ選び，マークシートの(6)〜(10)にその記号をマークせよ。

(6) What will be the most important feature of the new telescope?
  a) It will be able to magnify up to 800 times.
  b) It will strengthen international cooperation and goodwill.
  c) It will collect more light than all existing telescopes combined.
  d) It will correct and sharpen images distorted by the earth's atmosphere.

(7) Which claim is not made by the speaker?
  a) The new telescope will be built 3,000 metres above sea level.
  b) The new telescope will be built in the middle of the Atacama Desert.
  c) The new telescope will use technology derived from telescopes based in space.
  d) The new telescope will have a mirror larger than that of any current telescope.

(8) The telescope's main mirror is made up of reflective plates which are:
  a) 5 centimetres wide.
  b) 100 centimetres wide.
  c) 140 centimetres wide.
  d) 800 centimetres wide.

(9) The speaker refers to several advantages of the location of the new telescope. Which of the following is not mentioned?
a) It has very clean air.
b) It is one of the driest places on earth.
c) It is in a country with low construction costs.
d) It has a view of the southern sky, which is more interesting to astronomers.

(10) Which of the following is not mentioned as a positive outcome of the project?
a) More young people may want to become scientists.
b) Relations among the countries sponsoring the project will be improved.
c) It will make it possible for future telescopes to use computers to correct distorted images.
d) It will stimulate technological progress that will contribute to the development of things other than telescopes.

2015年度 3-(B)

# 9 (B)

×2

これから放送するのは，(A)の内容について，一人の女性（Jodi）と二人の男性（Shawn と David）が行なった会話である。これを聞き，(11)～(15)の問いに対して，それぞれ正しい答えを一つ選び，マークシートの(11)～(15)にその記号をマークせよ。

NOTE
An asteroid is a rocky object in space smaller than a planet.

(11) Which incorrect detail do the speakers agree on?
a) The size of the new telescope's mirror.
b) The identity of the world's driest desert.
c) The identity of the new telescope's builders.
d) The general reason for putting the facilities underground.
e) The effect of conditions at the observatory on the telescope's performance.

(12) Which detail are the speakers clearly unable to agree on ?

a ) The size of the new telescope's mirror.

b ) The identity of the world's driest desert.

c ) The identity of the new telescope's builders.

d ) The general reason for putting the facilities underground.

e ) The effect of conditions at the observatory on the telescope's performance.

(13) What does Shawn probably do for a living ?

a ) He is a barber.

b ) He is a comedian.

c ) He is a researcher.

d ) He is an eye doctor.

(14) David is doubtful about the telescope project. Which of the following gives his main reason for feeling doubtful ?

a ) The giant telescope may provide great images of space, but that won't justify the cost.

b ) Nations build giant telescopes in order to gain status, but that strategy never succeeds.

c ) The money used to build the giant telescope would be better spent on things like urban towers.

d ) The giant telescope won't tell us about the current state of the universe, only about how it used to be.

(15) When Jodi says the new telescope may help humans find a new planet if the earth is struck by a giant asteroid, what specific fact does Shawn point out ?

a ) The new planet might not support human life.

b ) The new planet might be hit by an asteroid after humans settle there.

c ) The new planet might have been hit by an asteroid by the time humans see it.

d ) The new planet might be hit by an asteroid while humans are on the way to it.

# 9 (C)

2015年度 3-(C)

×2

これから放送する講義を聞き，(16)〜(20)の問いに対して，それぞれ正しい答えを一つ選び，マークシートの(16)〜(20)にその記号をマークせよ。

NOTE
Text messages are short, written messages sent and received by mobile phones.

(16) Based on the lecture, which of the following statements is true?
a) The speaker thinks e-mail was initially a good thing.
b) Before 1992, text messages combined intimacy and speed.
c) The speaker believes she can say exactly when the revolution began.
d) Before about 1995, there was one nightly news broadcast each evening.

(17) Which of the following would the speaker probably regard as the worst aspect of the new communication technologies?
a) They are highly addictive.
b) They have made it harder for us to concentrate.
c) Correct spelling and punctuation have declined.
d) Communication has become shorter and less personal.

(18) Which of the following does the speaker mention as a positive aspect of the new technologies?
a) They have expanded communication.
b) They have helped to promote democracy.
c) They have allowed us to go into things more deeply.
d) They have brought people together for music and dancing.

(19) On average, students scored 20% lower on tests when they:
a) studied alone before taking the test.
b) accessed the web while taking the test.
c) checked their e-mail while taking the test.
d) received text messages while taking the test.

(20) According to the speaker, how are some young people resisting the changes she describes?

a) By sounding the alarm.

b) By explaining what we have lost.

c) By adopting older ways of living.

d) By trying to live without electricity.

●放送を聞いて問題(A), (B), (C)に答えよ。

●聞き取り問題は**試験開始後 45 分**経過した頃から約 30 分間放送される。
●放送を聞きながらメモを取ってもよい。
●聞き取り問題は大きく三つに分かれている。(A), (B), (C)はそれぞれ独立した問題である。(A), (B), (C)のいずれも 2 回ずつ放送される。

# 10 (A)

2014 年度 3-(A)

これから放送する講義を聞き，(1)〜(5)の問いに対して，それぞれ正しい答えを一つ選び，その記号を記せ。

(1) Why were there no zoos in prehistoric times?
ア Because wild animals were frightening.
イ Because wild animals were thought to be sacred.
ウ Because wild animals were a normal part of everyday life.
エ All of the above.

(2) According to the speaker, what did the Seventeenth Century French philosopher René Descartes say about animals?
ア He said that animals should not be bought and sold.
イ He said that children should have contact with animals.
ウ He claimed that animals' souls are part of their physical bodies.
エ He claimed that animals are fundamentally different from human beings.

(3) According to the speaker, what happened in the Industrial Era?
ア Children spent less time playing outdoors.
イ Zoos began to imitate nature more realistically.
ウ Children spent more time with imitation animals.
エ Zoos began to appear more frequently in literature and art.

(4) According to the speaker, what happened in the Twentieth Century ?
ア People began to prefer cute animals as pets.
イ People began to treat their pets like children.
ウ Animal toys and cartoon characters became a big business.
エ Animal toys and cartoon characters were given human characteristics.

(5) According to the speaker, what can we learn from zoos ?
ア That animals are a gift to us from nature.
イ That we need to preserve not only animals but all of nature.
ウ That real nature is different from the nature that we imagine.
エ That human life and nature are two aspects of the same phenomenon.

## 10 (B)

2014 年度 3-(B)

×2

これから放送するのは，あるラジオ番組でなされたインタビューの模様である。これを聞き，(1)〜(5)の問いに対して，それぞれ正しい答えを一つ選び，その記号を記せ。

(1) Which of the following does Dr. Lillian not mention about medieval trade fairs ?
ア They focused on easily transportable products.
イ They were held regularly in the same locations.
ウ Their main purpose was buying and selling goods.
エ Their products included textiles, spices, and leather.

(2) According to Dr. Lillian, which of the following describes Nineteenth Century fairs ?
ア The largest fair was held in London.
イ National governments helped to sponsor the fairs.
ウ Entertainment was increasingly used to advertise products.
エ New business methods changed the buying and selling process.

(3) Which of the following technologies does Dr. Lillian not mention as having been promoted at a world's fair ?

ア Satellites.

イ Television.

ウ Electric lighting.

エ Moving sidewalks.

(4) According to Dr. Lillian, what did the 2010 Shanghai expo prove ?

ア That world's fairs are still popular.

イ That world's fairs can still be profitable.

ウ That world's fairs are good for the environment.

エ That world's fairs can promote international understanding.

(5) According to Dr. Lillian, what is the main reason people continue to enjoy going to world's fairs ?

ア Because they find the total experience so powerful.

イ Because they enjoy attending with many other people.

ウ Because they find the latest technologies so fascinating.

エ Because they enjoy seeing in person what they've already seen through the media.

## 10 (C)

2014年度 3-(C)

これから放送するのは，あるテレビ番組についての Ashley と Victor の会話である。これを聞き，(1)〜(5)の問いに対して，それぞれ正しい答えを一つ選び，その記号を記せ。

(1) Ashley and Victor are having a conversation. What day is it ?

ア Saturday.

イ Sunday.

ウ Monday.

エ Unknown.

(2) Victor identifies some bad results of bosses' unpleasant characteristics. Which of the following does Victor not mention ?

ア Employees might quit.

イ Employees might work less.

ウ Employees might not feel respected.

エ Employees might become dishonest.

(3) According to Ashley, how do some employers get workers to accept sacrifices willingly ?

ア By being charming and clever.

イ By being friendly and unselfish.

ウ By being decisive and respectful.

エ By being demanding and aggressive.

(4) According to Victor, which of the following might solve what is wrong with some businesses today ?

ア Training executives to have better management skills.

イ Creating systems to limit the actions of top executives.

ウ Having workers and managers share company ownership.

エ Bringing more truly nice executives into upper management.

(5) What will be the theme of next week's TV program ?

ア Workers' rights.

イ Politics and government.

ウ How kind people can succeed in business.

エ Methods of decision-making in companies.

放送を聞いて問題(A), (B), (C)に答えよ。

●聞き取り問題は**試験開始後 45 分**経過した頃から約 30 分間放送される。
●放送を聞きながらメモを取ってもよい。
●聞き取り問題は大きく三つに分かれている。(A)は独立した問題であるが, (B)と(C)は内容的に連続している。(A), (B), (C)のいずれも 2 回ずつ放送される。

# 11 (A)

2013 年度 3-(A)

これから放送する講義を聞き, (1)〜(5)の問いに対して, それぞれ正しい答えを一つ選び, その記号を記せ。

(1) What does the speaker say about the concept of "home"?
ア It emerged slowly over time.
イ It is a way our minds organize space.
ウ It is an instinctive part of human nature.
エ It is actually the same as the concept of "not-home."

(2) When the speaker returned home from a stay at a friend's house, how had his perception of his home changed?
ア His home now seemed alien.
イ His perception of his home had not changed.
ウ It seemed as if something were missing from his home.
エ He noticed things in his home he had never noticed before.

(3) According to the speaker, which of the following is correct?
ア The longer you stay somewhere, the more likely it will become your home.
イ It is the atmosphere of a place, not the length of time you spend there, that makes you feel at home.
ウ Even if you live in a place for twenty or thirty years, you might still feel that your home is somewhere else.
エ You may feel at home anywhere in the world after staying there for a while, but that's just because you have started to forget your real home.

(4) Which of the following is mentioned as an example of a permanent loss of home ?

ア Migration to a new place.
イ The death of a homeowner.
ウ Going to live with another family.
エ Seeing your home as a stranger sees it.

(5) According to the speaker, which of the following describes the concept of home in today's world ?

ア It seems to be losing its value.
イ It seems threatened by many forces.
ウ It seems to be changing its meaning.
エ It seems even more important than it used to be.

## 11 (B)

2013 年度 3-(B)

これから放送するのは，ある国の議会でなされた発言の模様である。これを聞き，(1)〜(5)の問いに対して，それぞれ正しい答えを一つ選び，その記号を記せ。

(1) According to Dr. Lago, which of the following has been a cause of her country's economic decline ?

ア Its tax system.
イ Its trade treaties.
ウ Its business models.
エ Its agricultural practices.

(2) Based on Dr. Lago's account of her country's past, which of the following periods saw the greatest economic prosperity ?

ア 1940s-1950s.
イ 1960s-1970s.
ウ 1980s-1990s.
エ Since 2000.

(3) In some deep sea fields, how much of the ocean floor do polymetallic nodules cover?

ア Over seventy percent.

イ Over seventeen percent.

ウ As much as seventy percent.

エ As much as seventeen percent.

(4) In addition to valuable metals, what other ocean resource(s) does Dr. Lago encourage her country to develop?

ア Heat.

イ Bacteria.

ウ Oil and gas.

エ Tidal power.

(5) Why does Dr. Lago think her country is in a good position to succeed at deep sea mining?

ア Because it is near the ocean.

イ Because it has advanced robot technology.

ウ Because it has a good shipbuilding industry.

エ Because it has a strong onshore mining industry.

# 11 (C)

2013年度 3-(C)

これから放送するのは，(B)に続く議論である。これを聞き，(1)〜(5)について，放送の内容と一致するように，それぞれ正しい答えを一つ選び，その記号を記せ。

(1) Representative Passy wants to know more about

ア who owns the resources.

イ where to find the resources.

ウ how to obtain the resources.

エ what the potential value of the resources is.

(2) Representative Schoene wants to know

ア if the resources can be easily located.

イ if the technology exists to collect the resources.

ウ if deep sea mining will damage the environment.

エ if his country has the right to mine the resources.

(3) What is the most important concern raised about the International Seabed Authority?

ア It is subject to the United Nations.

イ Its decisions may not be accepted by everyone.

ウ It might be influenced by a few large countries.

エ It has not yet developed guidelines to regulate deep sea mining.

(4) What does Representative Acklyte warn about the long-term effect of destroying the areas around hydrothermal vents?

ア The long-term effect is unknown.

イ The ocean food chain will be upset.

ウ The sea floor will become less fertile.

エ The marine environment will become more polluted.

(5) Based on Dr. Lago's reply to Representative Acklyte, one can conclude that Dr. Lago thinks ＿(A)＿ is more important than ＿(B)＿.

ア (A) providing jobs
　(B) protecting the environment

イ (A) developing technology
　(B) studying biological systems

ウ (A) what's happening here on land
　(B) developing deep sea resources

エ (A) developing her country's economy
　(B) respecting international law

放送を聞いて問題Ⓐ，Ⓑ，Ⓒに答えよ。

●聞き取り問題は**試験開始後 45 分**経過した頃から約 30 分間放送される。
●放送を聞きながらメモを取ってもよい。
●聞き取り問題は大きく三つに分かれている。Ⓐは独立した問題であるが，ⒷとⒸは内容的に連続している。Ⓐ，Ⓑ，Ⓒのいずれも 2 回ずつ放送される。

# 12 Ⓐ

2012 年度 3-Ⓐ

×2

これから放送するのは，ラジオ番組の一部である。放送の内容と一致するように(1)～(3)の問いに答えよ。次の図は放送に基づいて作られたメモである。

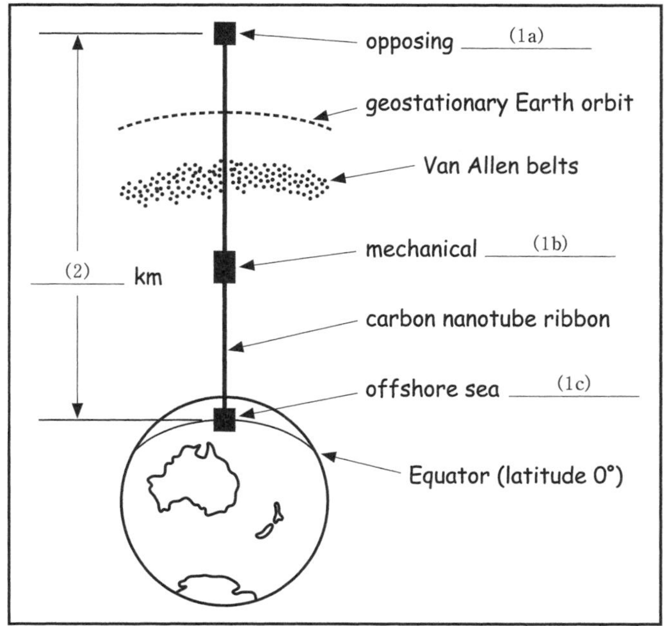


(1) 放送で使われている英単語一語を用いて空所(1a)～(1c)を埋めよ。

(2) 空所(2)に数字を入れよ。

(3) (3a)～(3c)の問いに対して，それぞれ正しい答えを一つ選び，その記号を記せ。

(3a) Which possible negative aspect of the new transportation system is raised by Mary and not by the other speakers?

ア Slow rates of travel.

イ Exposure to radiation.

ウ Collisions with satellites.

エ Insufficient strength and flexibility of the ribbon.

(3b) How does Andrew feel about travelling on the new transportation system?

ア He thinks a ticket would be too expensive.

イ He doesn't like the idea of the risks involved.

ウ He wants to try it because NASA designed it.

エ He would rather travel on it with someone else.

(3c) What topic is going to be discussed next on the programme?

ア An urban planning project.

イ The psychology of adventure.

ウ A new development in Earth science.

エ The high technology employed at Disneyland.

# 12 (B)

2012 年度 3-(B)

これから放送するのは，文化人類学（cultural anthropology）の講義である。これを聞き，(1)～(5)の問いに対して，それぞれ正しい答えを一つ選び，その記号を記せ。

(1) According to the lecture, which goal of cultural anthropology is illustrated by recent studies of sporting events?

ア To make the strange seem familiar.

イ To make the familiar seem strange.

ウ To increase our understanding of human rituals.

エ To increase our understanding of human communities.

(2) In which way is American football similar to a modern corporation, according to some scholars ?

ア It is based on the core values of capitalism.

イ It reflects Americans' common social identity.

ウ It stresses cooperation through specialization.

エ It is divided into units with different functions.

(3) Which of the following is NOT mentioned as a core value of capitalism ?

ア Efficiency.

イ Hard work.

ウ Cooperation.

エ Obeying authority.

(4) Which of the following is used to support the view that football is a ritual that celebrates the basic forces of nature ?

ア The relationship between the rhythm of the game and the cycle of life.

イ The relationship between the rules of the game and the laws of physics.

ウ The relationship between the schedule of games and the seasons of the year.

エ The relationship between the conflicts in the game and the struggle for survival.

(5) Which of the following is NOT mentioned with regard to football and war ?

ア The military origins of football.

イ The increasing violence of football.

ウ The discipline and courage expected of soldiers.

エ The protective equipment worn by football players.

# 12 (C)

これから放送するのは，(B)の講義のあとでなされた，先生と学生二人（Peter と Linda）の会話である。これを聞き，(1)～(5)の問いに対して，それぞれ正しい答えを一つ選び，その記号を記せ。

(1) Why is Peter dissatisfied with the scholars' explanations of American football?

ア Because he thinks only one explanation can be correct.

イ Because he thinks there must be another, better explanation.

ウ Because he thinks the explanations reveal the scholars' prejudices.

エ Because he thinks it is inappropriate for scholars to study sports like American football.

(2) Which of the following explanations for Japan's low crime rate is NOT mentioned?

ア Japan's low birthrate.

イ Japan's culture of respect.

ウ Japan's community-based policing.

エ Japan's relative economic equality.

(3) Which of the following agrees with the lecturer's comments about the simplicity of sports?

ア The simpler a sport is, the more popular it will be.

イ Being simple is not enough to make a sport popular.

ウ Attempts to simplify sports in order to make them more popular rarely succeed.

エ It can take a long time for even a simple sport to become popular worldwide.

(4) What does the lecturer imply about the scholars' explanations of American football?

ア Some of those explanations can be applied to soccer's popularity as well.

イ Some of those explanations also suggest why American football is not popular worldwide.

ウ The existence of various explanations suggests why American football is popular in the United States.

エ The existence of various explanations suggests that the study of American football is still in its early stages.

(5) How does the lecturer explain the global popularity of soccer?

ア He doesn't.

イ He links it to the fact that people play soccer in their childhood.

ウ He says that soccer has various symbolic meanings that touch people at many deep levels.

エ He says that people all over the world enjoy soccer because the rules are easy to understand.

●放送を聞いて問題(A), (B), (C)に答えよ。

●聞き取り問題は**試験開始後 45 分**経過した頃から約 30 分間放送される。
●放送を聞きながらメモを取ってもよい。
●聞き取り問題は大きく三つに分かれている。(A)は独立した問題であるが, (B)と(C)は内容的に連続している。(A), (B), (C)のいずれも 2 回ずつ放送される。

2011 年度 3-(A)

# 13 (A)

これから放送する講義を聞き, (1)〜(5)の各文が放送の内容と一致するように, それぞれ正しいものを一つ選び, その記号を記せ。

(1) According to the dictionary, one meaning of the word 'landscape' is
ア a visually attractive area of land.
イ a visual representation of an area of land.
ウ an area of land shaped by human activities.
エ a personal interpretation of an area of land.

(2) For Kenneth Clark, a landscape is
ア any picture of a place.
イ an area of countryside.
ウ an artistically skilful painting of a place.
エ a transformation of countryside into a painted image.

(3) According to the lecturer, landscape is created by a photographer when he or she
ア imagines a place before going there.
イ prints his or her picture of the place.
ウ looks through the viewfinder at the place.
エ presses the shutter button to take a picture of the place.

(4) According to the lecturer, our ways of seeing landscape have been most strongly shaped by

ア the visual prejudices of artists.

イ the landscape images we have seen.

ウ our private experiences in art galleries.

エ our conscious knowledge of landscape art.

(5) The lecturer concludes by saying that the term 'landscape' refers to

ア an area of land enjoyed by a viewer.

イ a widely known image of an area of land.

ウ an area of land which has been mentally processed by a viewer.

エ an area of land which different people interpret in a similar way.

## 13 (B)

2011 年度 3-(B)

×2

これから放送するのは，19 世紀中頃にアメリカ合衆国で作られた，Brook Farm という共同体（community）についての講義である。講義が放送された後，その内容に関する問い(1)〜(5)が放送される。(1)〜(5)の問いに対して，それぞれ正しい答えを一つ選び，その記号を記せ。

(1) ア The usual retirement age.

イ The process of applying for jobs.

ウ The maximum length of the work day.

エ The amount of work done by each worker.

(2) ア Their homes.

イ Their education.

ウ Their medical care.

エ Their use of the public baths.

(3) ア From contributions.
イ From financial investments.
ウ By charging a membership fee.
エ By selling things to nonmembers.

(4) ア The members had no private property.
イ The members lived and worked together.
ウ The members took turns doing every job.
エ The members bought food and other items together.

(5) ア To develop new farming methods.
イ To start a new political movement.
ウ To live a better life in the country than in the city.
エ To create a model for more efficient business and trade.

## 13 (C)

2011年度 3-(C)

×2

これから放送するのは，(B)に続く，先生と学生二人（Lisa と Hector）の討論の模様である。これを聞き，(1)～(5)の各文が放送の内容と一致するように，それぞれ正しいものを一つ選び，その記号を記せ。

(1) Lisa thinks that many societies today are similar to the Brook Farm experiment in that
ア old people are supported by society.
イ all children are required to go to school.
ウ people have the freedom to live their lives as they choose.
エ women and men are paid the same amount for the same work.

(2) Lisa says that company presidents
ア earn more than store clerks.
イ produce more than store clerks.
ウ work longer hours than store clerks.
エ are more highly educated than store clerks.

(3) Hector would probably agree that a farmer who can grow better vegetables should earn

ア an amount based on the price of his vegetables.

イ an amount based on the quantity of vegetables he grows.

ウ more than other farmers because of his special knowledge.

エ the same amount as other farmers because all people are equal.

(4) Lisa believes that human beings are naturally competitive,

ア but she also thinks that they are capable of change.

イ but she also recognizes the importance of cooperation.

ウ and she thinks that competition can lead to new ideas.

エ and she does not think that society can be based on cooperation.

(5) The experiment at Brook Farm ended because

ア the members started to disagree.

イ the Association suffered financial losses.

ウ the number of members gradually declined.

エ members started moving to other experimental communities.

●放送を聞いて問題(A), (B), (C)に答えよ。

●聞き取り問題は**試験開始後 45 分**経過した頃から約 30 分間放送される。
●放送を聞きながらメモを取ってもよい。
●聞き取り問題は大きく三つに分かれている。(A), (B), (C)はそれぞれ独立した問題である。(A)と(B)は放送を聞いてその内容について答える問題, (C)は音声を聞いて書き取る問題（ディクテーション）である。(A), (B), (C)のいずれも 2 回ずつ放送される。

2010 年度 3-(A)

# 14 (A)

これから放送する講義を聞き, (1)〜(5)の問いに対して, それぞれ最も適切な答えを一つ選び, その記号を記せ。

(1) Which of the following is NOT mentioned as a reason why some people associate libraries with death?
ア People in libraries speak quietly.
イ Trees are killed in order to make printed books.
ウ Libraries contain many books about ancient history.
エ The authors of many library books died a long time ago.

(2) According to the speaker, what, essentially, is a “book”?
ア Anything that is alive.
イ Anything that is printed on paper.
ウ Any idea that can be expressed in words.
エ Any collection of words that can be remembered.

(3) Which of the following does the speaker NOT mention?
ア People who told stories by drawing pictures.
イ People who sang songs about current events.
ウ People who used body gestures to tell stories.
エ People who retold stories that they had heard.

(4) Why does the speaker regard the Internet as a library?
ア Because it is accessible to anyone.
イ Because it contains a large collection of "books."
ウ Because it preserves "books" for future generations.
エ Because it contains information from throughout the world.

(5) According to the speaker, why is the Internet "alive"?
ア Because it is constantly changing.
イ Because it conveys up-to-the-minute information.
ウ Because it contains the words of many living people.
エ Because its links are like the nerves in a human brain.

# 14 (B)

2010年度 3-(B)

×2

これから放送するのは，二人のアメリカ人 Jim と Alice の会話である。引き続いて，その日本人の友人 Shota がある同窓会で行ったスピーチが放送される。それらを聞き，(1)〜(5)について，放送の内容と一致するものがある場合はそれをア，イ，ウから選び，また一致するものがない場合はエを選んで，その記号を記せ。

(1) Jim and Alice felt sad because
ア they feared what might happen after graduation.
イ they thought that they hadn't studied as much as they should have.
ウ they believed that they hadn't done their club activities as well as they could have.
エ いずれも一致しない。

(2) Before graduation, Jim thought
ア that he wanted to spend the rest of his life traveling.
イ that he wanted to travel and then look for a job again.
ウ that he wanted to spend the rest of his life working in the mountains.
エ いずれも一致しない。

(3) Shota says

ア that his club activities influenced his career choice.

イ that his friends Jim and Alice influenced his career choice.

ウ that his experience in the United States influenced his career choice.

エ いずれも一致しない。

(4) Shota has returned to the United States

ア during his trip around the world.

イ to visit his former classmates Jim and Alice.

ウ in order to attend the reunion of his high school class.

エ いずれも一致しない。

(5) Alice

ア is in Japan temporarily.

イ continues to work on Wall Street part-time.

ウ had to quit her job at a college in order to move to Japan.

エ いずれも一致しない。

# 14 (C)

2010 年度 3-(C)

×2

以下の文章が放送と一致するように空所（ (1) ）～（ (6) ）を埋めよ。

Sometimes we learn by imitation. We look around for somebody who is doing ( (1) ) in a way that we admire or at least accept. And then we take that person as an example to follow.

Now, of course, we call that person a role model, but inventing that term ( (2) ) on the part of sociologists. They began by talking about reference groups, the "groups whose behavior serves as a model for others." There are also reference individuals, "particular people that we imitate."

In the 1950s, the sociologist Robert K. Merton ( (3) ) people who serve as patterns for living and role models, whom we imitate in specific roles like studying insects, playing basketball, or parenting. We find the latter term in an article about the "student-physician" in 1957 : "By the time students enter law or medical school, ( (4) ) were made earliest are most likely to have a role model."

Today, Merton's careful distinction is long forgotten by everyone, except perhaps sociologists. Nowadays role models can model whole lives ( (5) ). We seek good role models to follow and criticize those who are bad role models. And we know that when we grow up, for better or worse, ( (6) ) role models, too.

From *America in So Many Words: Words That Have Shaped America* by David K. Barnhart, Allan A. Metcalf, Houghton Mifflin

放送を聞いて問題Ⓐ・Ⓑ・Ⓒに答えよ。

●聞き取り問題は**試験開始後 45 分**経過した頃から約 30 分間放送される。
●放送を聞きながらメモを取ってもよい。
●聞き取り問題は大きく三つのパートに分かれている。Ⓐ, Ⓑ, Ⓒはそれぞれ独立した問題である。ⒶとⒷは放送を聞いてその内容について答える問題，Ⓒは音声を聞いて書き取る問題（ディクテーション）である。それぞれのパートごとに設問に答えよ。Ⓐ, Ⓑ, Ⓒのいずれも 2 回ずつ放送される。

# 15 Ⓐ

2009 年度　3-Ⓐ

×2

これから放送する講義を聞き，(1)〜(6)の問いに対して，各文が放送の内容と一致するように，それぞれ正しいものを一つ選び，その記号を記せ。

(1) According to the speaker, the majority of people
ア believe to some extent in ghosts.
イ doubt the existence of ghosts and UFOs.
ウ think everything can be explained by science.
エ are attracted by things which cannot be explained by science.

(2) The speaker divides people who have strong opinions about the paranormal into two groups. According to the speaker, the first group consists of people who
ア are anti-scientific.
イ are trying to hide the truth.
ウ want scientific explanations.
エ doubt reports of unexplained happenings.

(3) In the speaker's opinion, the second group of people who have strong opinions about the paranormal are
ア inflexible.
イ knowledgeable.
ウ reasonable.
エ superstitious.

(4) The speaker tells us that when Edison invented the electric lamp, there were some researchers who

ア believed he had made an electric lamp and so went to see it.

イ did not believe he had made an electric lamp and so did not go to see it.

ウ did not believe he had made an electric lamp until after they had seen it.

エ believed he had made an electric lamp but did not bother to go and see it.

(5) According to the speaker, when the Wright brothers made their first flights

ア nobody believed they had done it.

イ people didn't believe journalists' reports that they had done it.

ウ ordinary local people believed they had done it, but journalists did not.

エ local journalists believed they had done it, but national journalists did not.

(6) What interests the speaker most about people who believe in the paranormal is

ア how they argue for it.

イ why they believe in it.

ウ their attitude to scientific evidence.

エ their claim that the paranormal exists.

# 15 (B)

2009年度　3-(B)

これから放送するのは，味覚に関する，スーザン，ジョン，デイヴ，３人の学生の会話である。これを聞き，(1)〜(5)の問いに対して，各文が放送の内容と一致するように，それぞれ正しいものを一つ選び，その記号を記せ。

(1) Susan at first mistakenly believes that

ア the human tongue can detect only four basic tastes.

イ we generally like the tastes of things which are good for us.

ウ human beings are able to distinguish thousands of different tastes.

エ complex tastes are made up of different proportions of basic tastes.

(2) John claims that we dislike bitter things because they are bad for us. Dave shows his disagreement by

ア arguing that coffee is poisonous.

イ giving him some strong dark chocolate.

ウ explaining that bitter things give us energy.

エ pointing out that some people love bitter tastes.

(3) According to John,

ア more than 2,000 researchers have accepted *umami* as a basic taste.

イ the *umami* taste is identified by the same set of detectors as sweetness.

ウ *umami* has only recently been accepted by scientists outside Japan as a basic taste.

エ foods with the *umami* taste were not eaten in Japan until about a hundred years ago.

(4) What Dave finds "very amusing" is

ア the idea that poisonous mushrooms have a basic taste.

イ the thought of Susan investigating poisonous mushrooms.

ウ Susan's suggestion that he eat some poisonous mushrooms.

エ his own comment about the evolution of poisonous mushrooms.

(5) At the end of the conversation, Dave learns that

ア some people like to eat curry every day.

イ the hotness of curry is not a basic taste.

ウ we enjoy the taste of curry because it's good for us.

エ some curries are so hot that they are almost painful to eat.

# 15 (C)

2009 年度 3-(C)

以下の文章が放送と一致するように空所（ (1) ）〜（ (4) ）を埋めよ。

The world presently uses about 86 million barrels of oil a day. Some of this oil is burned to provide heat or to power cars and trucks, ( (1) ) to produce plastics and fertilizers for agriculture. Unfortunately, according to a theory called Peak Oil, the world's oil production has now reached its maximum. The theory admits that there is still a lot of oil in the ground and under the sea, but it argues that almost all the oil which is easy to extract and process ( (2) ). For example, an important new find in the Gulf of Mexico, announced in 2006, lies more than eight kilometres below the sea. What's more, it would provide enough for only two years of US consumption, at present levels. No one knows how steep ( (3) ) will be, or exactly when it will begin. But it seems clear that the coming shortage of oil will affect ( (4) ): food, transport and heating are all daily necessities.

●放送を聞いて問題Ⓐ・Ⓑ・Ⓒに答えよ。

●聞き取り問題は**試験開始後 45 分**経過した頃から約 30 分間放送される。
●放送を聞きながらメモを取ってもよい。
●聞き取り問題は大きく三つのパートに分かれている。Ⓐは独立した問題であるが，ⒷとⒸは内容的に連続している。それぞれのパートごとに設問に答えよ。Ⓐ，Ⓑ，Ⓒのいずれも 2 回ずつ放送される。

# 16 Ⓐ

2008 年度 3-Ⓐ

これから放送する講義を聞き，(1)～(5)の問いに対して，それぞれ正しい答えを一つ選び，その記号を記せ。

(1) Which of the following is NOT mentioned as a responsibility of the civil servants in the castle?
ア Flood control.
イ Tax collection.
ウ Religious education.
エ Forest management.

(2) What was the purpose of the election which the speaker says were recently held?
ア To elect a new king.
イ To help voters get used to voting.
ウ To elect the government of the country.
エ To make sure ordinary people hold positions in government.

(3) What is the colour of the policy which the speaker says the voters rejected?
ア Red.
イ Green.
ウ Blue.
エ Yellow.

(4) Which of the following is NOT mentioned as a major change since 1961?

ア A rise in the birth rate.
イ An improvement in people's health.
ウ The development of the transport system.
エ An increase in the number of people who can read.

(5) Which of the following is the best explanation of the concept of "national happiness" in Bhutan?

ア Economic growth brings happiness.
イ Democracy is the way to future happiness.
ウ The future of the people is in their own hands.
エ Social stability is more important than being rich.

# 16 (B)

2008年度 3-(B)

これから放送するのは，ある集合住宅の建設をめぐる関係者の議論である。これを聞き，(1)，(3)，(4)，(5)については，各文が放送の内容と一致するように，それぞれ正しいものを一つ選び，その記号を記せ。(2)については数字で解答を記せ。

(1) The person who works for the local government is

ア Mr. Clarence.
イ Bob Newton.
ウ Helen Palmer.
エ Mr. Wellington.

(2) The size of the building site is approximately ______ square metres.

(3) Helen Palmer tells the meeting that the site

ア used to be a small park.
イ already has some houses on it.
ウ belongs to the local government.
エ is a convenient and uncomplicated shape.

(4) Because of local government building regulations, the architects are forbidden to

ア make the walls curved or bent.

イ use less than 60 % of the site area.

ウ make the building higher than 10 metres.

エ use a colour not approved by the residents.

(5) Helen Palmer shows the others three plans. Which of the following is the most accurate overhead drawing of Plan B ?

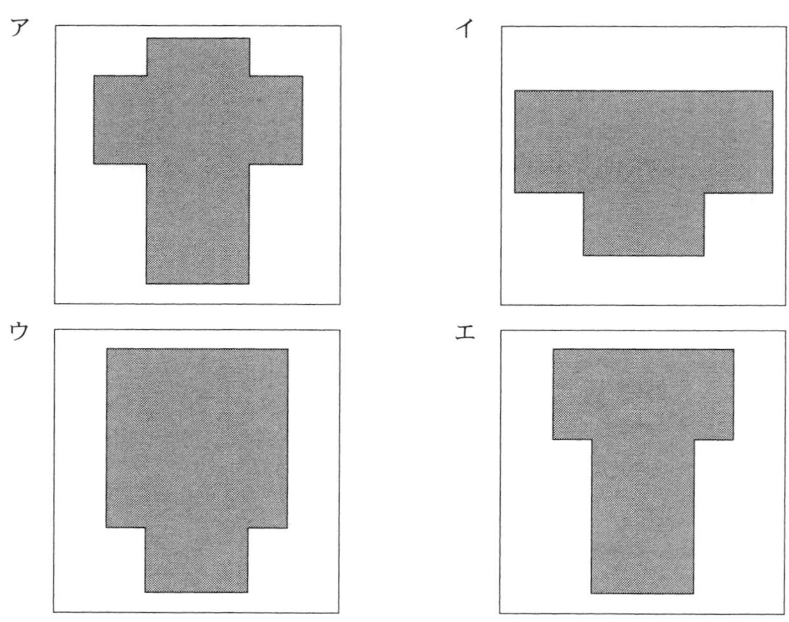

2008 年度　3-(C)

# 16 (C)

×2

これから放送するのは，(B)に続く議論の模様である。これを聞き，(1)～(4)については，各文が放送の内容と一致するように，それぞれ正しいものを一つ選び，その記号を記せ。(5)については英語で解答を記せ。

(1) Mr. Wellington objects to Plan A because he thinks that
ア there might be accidents in Fennel Avenue.
イ it would be dangerous for people going to work.
ウ local children might be hit by cars which are leaving the parking area.
エ children from the new apartments would have to walk along Lime Street to get to school.

(2) Bob Newton proposes to deal with Mr. Wellington's objection by
ア improving safety in Fennel Avenue.
イ moving the new buildings a little to the south.
ウ asking Mr. Clarence to think about the safety issues.
エ making Fennel Avenue the access road to the primary school.

(3) Mr. Wellington dislikes Plan C because he thinks that
ア it would be nicer to have a garden area in the middle.
イ the building will be more than three metres from the street.
ウ the apartments will not look very attractive from the outside.
エ the builders are unwilling to reduce the price of the apartment.

(4) Helen Palmer likes Plan C because
ア there will be more parking space.
イ it's the same design as a successful earlier project.
ウ people with young children like that kind of design.
エ the square structure is less flexible and therefore safer.

(5) At the end of the discussion, the following exchange takes place. Fill in the blank with the exact words you hear.

Mr. Wellington : Don't you agree ?

Helen Palmer : Well, I do think we have a great deal to talk about, gentlemen. But ______________________________

______________________________

______________? I'd like to show you a video presentation about one of our —very successful—earlier projects.

●放送を聞いて問題(A)・(B)・(C)に答えよ。

●聞き取り問題は**試験開始後45分**経過した頃から約30分間放送される。
●放送を聞きながらメモを取ってもよい。
●聞き取り問題は大きく三つのパートに分かれている。(A)は独立した問題であるが，(B)と(C)は内容的に連続している。それぞれのパートごとに設問に答えよ。(A)，(B)，(C)のいずれも2回ずつ放送される。

# 17 (A)

2007年度 3-(A)

これから放送する講義を聞き，(1)〜(5)の各文が放送の内容と一致するように，それぞれ正しいものを一つ選び，その記号を記せ。

(1) According to the speaker, walking was most popular in the period
ア around 1800.
イ around 1870.
ウ around 1900.
エ around 1970.

(2) According to the speaker, the most usual kind of walking in recent times is
ア walking as exercise.
イ walking for pleasure.
ウ walking to and from cars.
エ walking around in city parks.

(3) The speaker gives several reasons why people avoid walking in the suburbs. One reason which he does *not* mention is that such walking
ア is boring.
イ is strange.
ウ is inefficient.
エ is dangerous.

(4) When the speaker calls San Francisco a "walking city," he means that
ア San Franciscans usually walk a lot.
イ San Francisco is easy to walk around in.
ウ San Francisco's streets are very spacious.
エ San Francisco has not been affected by the suburbanization of the mind.

(5) Nowadays, according to the speaker, people generally seem willing to walk only
ア about fifty yards.
イ for about ten minutes.
ウ for about five minutes.
エ about a quarter of a mile.

## 17 (B)

2007年度 3-(B)

×2

これから放送するのは，アフリカのある社会慣習についての人類学（anthropology）の講義である。これを聞き，(1)については英語で解答を記し，(2)～(5)については，各文が放送の内容と一致するように，それぞれ正しいものを一つ選び，その記号を記せ。

(1) The speaker (Professor Shelby) says the following sentence. Fill in the blank with the exact words you hear.

Evans-Pritchard went to central Africa in the late 1920s to study the Azande people, their traditional ____________________________.

(2) The speaker tells us that the Azande believed that
ア a witch was often able to cure illness.
イ witchcraft is a natural talent or ability.
ウ a witch was not able to live in the daylight.
エ witchcraft consists in the conscious use of magic.

(3) According to Evans-Pritchard's description, an Azande oracle
ア is a test for witchcraft.
イ protects the Prince from death.
ウ is a way of making someone ill.
エ increases suspicion between neighbours.

(4) The chicken oracle might fail in various ways. According to the speaker, one reason it might fail is that
ア an ordinary chicken might have been used.
イ the witch might not be aware of the problem.
ウ the chicken might be too suspicious to eat the poison.
エ anger and resentment might interfere with the oracle's results.

(5) According to the speaker, Azande beliefs about magic helped their society to run smoothly because
ア witches were usually polite.
イ the Prince protected witches.
ウ people knew that oracles could be unreliable.
エ only witches who had inherited their power were punished.

# 17 (C)

2007年度 3-(C)

×2

これから放送するのは，(B)に続く教室での討論の模様である。これを聞き，(1)，(2)，(4)，(5)については，各文が放送の内容と一致するように，それぞれ正しいものを一つ選び，その記号を記せ。(3)については英語で解答を記せ。

(1) Rumiko mentions her Scottish friend because she thinks that
ア he believes in a kind of magic.
イ he often goes to fortune-tellers.
ウ he has a good sense of humour.
エ he would probably agree with Joe.

(2) In Joe's opinion, Azande beliefs about magic are
ア too cruel to chickens.
イ held by only a small minority.
ウ too unreasonable to be worth studying.
エ not really an important part of their society.

(3) The following sentences are said by Don when he makes his first point. Fill in the blanks with the exact words you hear.

Professor Shelby wants to explain what holds their society together and makes it work. Why ________________ that ________________ good reasons?

(4) According to Professor Shelby, Evans-Pritchard
ア saw that Azande society had changed over time.
イ changed his mind about the nature of anthropology.
ウ needed a translator to communicate with the Azande.
エ realised that anthropologists' motives are often complicated.

(5) When Don says, "I see, thank you", he means that he accepts Professor Shelby's point that
ア anthropology is not a matter of objectively collecting solid facts.
イ Evans-Pritchard might have thought his work would be useful in practice.
ウ anthropology is a matter of translating between different ways of thinking.
エ Evans-Pritchard hoped to help the Azande understand concepts of the family.

放送を聞いて問題Ⓐ・Ⓑ・Ⓒに答えよ。

- 聞き取り問題は**試験開始後 45 分**経過した頃から約 30 分間放送される。
- 放送を聞きながらメモを取ってもよい。
- 聞き取り問題は大きく三つのパートに分かれている。Ⓐは独立した問題であるが，Ⓑとⓒは内容的に連続している。それぞれのパートごとに設問に答えよ。Ⓐ，Ⓑ，Ⓒのいずれも 2 回ずつ放送される。

# 18 Ⓐ

2006 年度 3-Ⓐ

これから放送する講義を聞き，(1)～(5)の各文が放送の内容と一致するように，それぞれ正しいものを一つ選び，その記号を記せ。

(1) Daylight Saving Time

ア was first used in Britain in 1907.
イ is also known as Greenwich Mean Time.
ウ means putting the clocks forwards in October.
エ is used in Britain for seven months of the year.

(2) According to William Willett's original proposal, the clocks would be changed

ア a total of eight times a year.
イ once in March and once in October.
ウ by twenty minutes a month throughout the summer.
エ on the fourth Sunday of April and the fourth Sunday of September.

(3) Clocks in Britain were put two hours forwards in summer

ア until 1971.
イ every year after 1916.
ウ during the Second World War.
エ for part of the First World War.

(4) The version of Daylight Saving Time used from 1968 to 1971
ア was an advantage to British businesses.
イ was gradually introduced throughout Europe.
ウ was introduced mainly in order to save energy.
エ was good for children going to school in winter.

(5) The current time system
ア makes the winter evenings less dark.
イ makes it easy for children to play with their friends.
ウ has been criticised because it leads to road accidents.
エ has several disadvantages, so is likely to be changed soon.

## 18 (B)

2006 年度 3-(B)

これから放送するのは，ある架空の新素材に関する記者会見の模様である。これを聞き，(1)，(3)，(4)については，各文が放送の内容と一致するように，それぞれ正しいものを一つ選び，その記号を記せ。(2)と(5)については英語で解答を記せ。

(1) The name "X15"
ア is sensitive.
イ is only temporary.
ウ is already familiar.
エ is part of a secret code.

(2) The following sentence occurs during Tony's introduction to the press conference. Fill in the blank with the exact words you hear.

But following Dr. Fleming's presentation, ＿＿＿＿＿＿＿＿＿＿ to ask questions.

(3) Dr. Fleming compares X15 to bronze because

ア they are both relatively easy to make.

イ they have both developed in three main stages.

ウ they are both made by a process of combination.

エ they have both been important in human history.

(4) Nufiber Industries have *not*

ア combined silicon with a secret material.

イ made an extremely light and strong material.

ウ applied X15 to clothing and data transmission.

エ discovered a new technique for working on materials.

(5) The following sentence occurs near the end of Sally Fleming's presentation. Fill in the blank with the exact words you hear.

Of course, we are still at the beginning of this exciting new field, and we ______________________________ about how to control forces and materials at the microscopic level.

# 18 (C)

2006 年度 3-(C)

これから放送するのは，(B)に続く記者会見の模様である。これを聞き，(1)〜(5)の各文が放送の内容と一致するように，それぞれ正しいものを一つ選び，その記号を記せ。

(1) Jim Fredriks mentions the *Daily Herald* because

ア Tony asked people to state their organisation.

イ Jim is proud of working for a famous newspaper.

ウ Dr. Fleming thinks the *Daily Herald* is important.

エ the *Daily Herald* often runs articles about science.

(2) Jim Fredriks is concerned about

ア holding back scientific progress.

イ the cost of testing X15 thoroughly.

ウ possible damage to the environment.

エ the unexpectedness of this announcement.

(3) Yoko Suzuki is

ア with K2 Radio.

イ in the third row.

ウ with K2 Fashion.

エ in the second row.

(4) Dr. Fleming says that an important practical advantage of X15 is that

ア it can keep itself clean.

イ it can extend a person's lifetime.

ウ it can be used to make ornaments.

エ it can re-connect after being broken.

(5) Yoko Suzuki says that X15 could be a problem for the fashion industry because

ア it is too expensive to make.

イ it has to be coloured artificially.

ウ people would prefer a natural material like silk.

エ people would not need to buy so many new clothes.

●放送を聞いて問題Ⓐ・Ⓑ・Ⓒに答えよ。

●聞き取り問題は**試験開始後 45 分**経過した頃から約 30 分間放送される。
●放送を聞きながらメモを取ってもよい。
●聞き取り問題は大きく三つのパートに分かれている。Ⓐは独立した問題であるが，ⒷとⒸは内容的に連続している。それぞれのパートごとに設問に答えよ。Ⓐ，Ⓑ，Ⓒのいずれも 2 回ずつ放送される。

# 19 Ⓐ

2005 年度 3-Ⓐ

これから放送する講義を聞き，(1)〜(5)の問いに答えよ。(1)，(2)，(4)，(5)に関しては記号で，(3)に関しては数字で解答を記せ。

(1) Which one of the following problems with traditional energy sources does the speaker directly mention ?

ア The use of coal, oil, and gas contributes to global warming.
イ We are running out of energy sources like coal, oil, and gas.
ウ Coal, oil, and gas are “dirty” forms of energy that cause air pollution.
エ Oil and natural gas production is controlled by a limited number of countries.

(2) Which one of the following problems with nuclear power does the speaker directly mention ?

ア Nuclear power plants actually waste natural resources.
イ Nuclear power plants are possible targets for acts of terrorism.
ウ Nuclear power technology can be used to make nuclear weapons.
エ Nuclear power is unpopular in Europe because of major past accidents.

(3) Answer the following questions (a) and (b) by filling in the blanks with numbers.

(a) How many wind power generators are there in Britain today?

There are [ a ] wind power generators.

(b) What will be the total number of homes in Britain supplied with wind-generated electricity when the new wind farm starts operating?

About [ b ] homes.

(4) What is the biggest complaint about the new wind farms?

ア Wind farms stand out too much in the landscape.

イ Wind farms do not employ many people or create new jobs.

ウ House prices in areas that have wind farms are going down.

エ Competition from wind farms is destroying the coal-mining industry.

(5) Which of the following best describes Dan Barlow's main point?

ア Preventing climate change is more important than preserving scenery.

イ European know-how should be used to build wind farms around the world.

ウ Environmental groups should stop disagreeing on the wind-farm issue and work together.

エ Switching to a clean energy source is more important than encouraging environmentalist groups.

# 19 (B)

2005 年度 3-(B)

×2

これから放送するのは，あるテレビ番組の一部である。これを聞き，(1)～(5)の問いに答えよ。(1)に関しては英語で，(2)～(5)に関しては記号で解答を記せ。

(1) Here is the beginning of the programme. Fill in the blanks with the exact words the speaker uses.

On this evening's 'Expert Debate', we welcome two people with very different ＿＿＿a＿＿＿: Mark Kelly, a well known journalist and author, and Joyce Talbot, a Member of the European Parliament. They're going to discuss whether there should be a new single identity card for ＿＿＿b＿＿＿ the European Union.

(2) In his report, Jeremy Walker mentions different kinds of cards we already use. Which one does he NOT mention ?

ア a cash card
イ a credit card
ウ a library card
エ a driving licence

(3) According to the report, why is the ID card now regarded in many European countries as 'an idea whose time has come' ?

ア Global criminal networks are increasingly active in wealthy European Union countries.
イ More and more people are moving into Europe from beyond its borders to live and work.
ウ Within the European Union, citizens of any member country can travel, live and work freely.
エ The European Union is becoming an increasingly popular destination for international tourists.

(4) According to the report, what is the major advantage that face recognition has over fingerprinting ?
ア It is much cheaper to carry out.
イ It only requires a simple photograph.
ウ It does not require the person's cooperation.
エ It can be operated without expert knowledge.

(5) At the end of Jeremy Walker's report, he says, 'to some people, the cure seems worse than the disease'. Why do they think so ?
ア Because they think that ID cards will be easily copied.
イ Because they think that ID cards might be undemocratic.
ウ Because they think that ID cards will be useful in health care.
エ Because they think that ID cards might be better than terrorism.

2005 年度 3-(C)

## 19 (C)

これから放送するのは，(B)に続くテレビ番組の一部である。これを聞き，(1)〜(5)の各文が放送の内容と一致するように，それぞれ正しいものを一つ選び，その記号を記せ。

(1) According to Joyce Talbot, Britain, France and Germany
ア think that ID cards should use a magnetic system.
イ are generally not in favour of the introduction of ID cards.
ウ probably send more people abroad to work than they receive.
エ believe that people from other countries will come to live there.

(2) According to Joyce Talbot, European Union countries
ア do not regard each other as reliable.
イ do not yet agree about penalties for refusal.
ウ already have ID cards at governmental levels.
エ have decided most of the details needed for ID cards.

(3) Mark Kelly says that

ア many terrorists have no previous criminal record.

イ there is often insufficient evidence against terrorists.

ウ terrorists are recruited from among common criminals.

エ terrorists would do anything to prevent ID cards being introduced.

(4) Studies carried out by Mark Kelly suggest that

ア face recognition can be confused by make-up.

イ face recognition will be fairly easy to deceive.

ウ face recognition will easily deceive many terrorists.

エ people with narrow lips can easily deceive face recognition.

(5) Mark Kelly says he welcomes public discussion of ID cards, because

ア he believes in democracy.

イ he is sure it will prove his point.

ウ it is dangerous not to consult the public.

エ experts and ordinary people think differently.

放送を聞いて問題(A)・(B)・(C)に答えよ。

●聞き取り問題は**試験開始後45分**経過した頃から約30分間放送される。
●放送を聞きながらメモを取ってもよいが，解答は解答用紙の所定欄に記入せよ。
●聞き取り問題は独立した三つのパートに分かれている。それぞれのパートごとに設問に答えよ。(A)，(B)，(C)のいずれも2回繰り返して放送される。

# 20 (A)

2004年度　3-(A)

これから放送される講義を聞き，次のそれぞれの質問に対する答えが講義の内容と一致するように，それぞれ正しいものを選び，その記号を記せ。

(1) How many new titles are published in the United States every year?
ア　About 1,000.
イ　About 10,000.
ウ　About 100,000.
エ　About 1,000,000.

(2) The speaker claims that traditional bookstores offer more choice to customers than chain bookstores. Which of the following kinds of books does she *not* mention as being on sale in traditional bookstores?
ア　Classic books.
イ　Best-selling books.
ウ　Second-hand books.
エ　Books from academic publishers.

(3) What is the idea of "publishing-on-demand"?
ア　Bookstores will only sell books for which there is a great demand.
イ　Customers will be able to find books by pushing a button on a computer.
ウ　Customers will be able to choose the cover and binding of any book they buy.
エ　Books which are less popular will be printed when customers ask for them.

(4) According to the speaker, which of the following is the best thing about shopping in a traditional bookstore? Customers can

ア look at covers and descriptions of books.
イ easily find particular books they are looking for.
ウ easily find the most popular books on the shelves.
エ often find interesting books that they did not plan to buy.

(5) What is the speaker's conclusion? In the twenty-first century it is likely that

ア traditional books and traditional bookstores will survive.
イ chain bookstores will drive traditional bookstores out of business.
ウ new technology will cause the disappearance of the traditional book.
エ many slow-selling books will only be available by "publishing-on-demand."

# 20 (B)

2004 年度 3-(B)

×2

これから放送するのは，あるラジオ番組における司会者とレポーターの会話である。次の文章が会話の内容と一致するように，(1)，(5)，(6)，(10)については，それぞれ選択肢の中から正しいものを１つ選び，その記号を記せ。それ以外の空所については，それぞれ１語の英語を記入せよ。なお，会話のなかに出てくるチーム名，選手名はすべて架空のものである。

In this section of a radio program, Susan Allen introduces the audience to a new (1)[ア author イ book ウ film エ interview]. Her subject is the world of soccer today. Starting with the point that soccer is now enjoyed by an enormous number of people around the world, she first refers to the beginnings of soccer, and then explains that the game began to spread around the world in the late (2)[　　　] century. She mentions an early form of football that was played in (3)[　　　]-century Japan, but notes that it was the (4)[　　　] form of the game that went on to become played and watched all over the world.

Next, she talks about soccer teams and soccer fans at the national level, focusing on the USA. She emphasizes that although (5)[ア Japanese

Americans イ Mexican Americans ウ teenagers エ the media] in the USA do not pay much attention to the game, there is a strong interest in soccer among (6) [ア immigrants イ players ウ students エ visitors] from soccer-playing countries. Finally, she moves to the local level, explaining that even local teams today can attract worldwide interest. She identifies three key factors that have helped to make local soccer a global phenomenon : television, the (7)[ ], and worldwide (8)[ ].

Finally, she focuses on one particular Italian football team. This team has a lot of international players. She explains how these players have helped the team become well-known, even outside Italy. A new player from Germany, for example, is expected to raise interest in the team in Germany and northern (9)[ ]. In terms of the club's worldwide popularity, the key word to describe the particular significance of this new team member would be : (10)[ア captain イ famous ウ goal-scorer エ north].

## 20 (C)

2004 年度 3-(C)

これから放送するのは，不動産会社（Merton Property Management）に勤務する Tim Roberts が，その会社の管理するアパートの借り主 James Smith からの電話に応じて行った受け答えの一部始終である。次の各文が放送の内容と一致するように，それぞれ正しいものを選び，その記号を記せ。

(1) The first thing Mr. Smith is not satisfied about is that
- ア the lift doesn't work.
- イ the lights don't work.
- ウ the doorbell doesn't work.
- エ the refrigerator doesn't work.

(2) Mr. Smith also complains that
- ア a window is broken.
- イ three windows are broken.
- ウ a burglar has broken two windows.
- エ the repairman has broken four windows.

(3) Mr. Smith complains later that

ア the bath is blocked.

イ the path is blocked.

ウ he can't unlock the bathroom.

エ he can't unlock the front door.

(4) Mr. Roberts says that staff will start doing the repairs

ア this evening.

イ this weekend.

ウ next Monday.

エ in about three weeks.

(5) The conversation finishes because

ア Mr. Roberts hangs up.

イ the telephone seems to have stopped working.

ウ Mr. Roberts gets a call from another customer.

エ it's five o'clock and Mr. Roberts has to go home.

MEMO

MEMO

MEMO

MEMO

MEMO

MEMO

MEMO